Fuerza de la Naturaleza

Tres mujeres recorren el Sendero John Muir

Joan M. Griffin

Black Rose Writing | Texas

Título original: *Force of Nature*

© 2023 Joan M. Griffin
© 2025 Spanish With A Gringo LLC *por la traducción*

Todos los derechos reservados. Ninguna parte de este libro puede ser reproducida, almacenada en un sistema de recuperación o transmitida en cualquier forma o por cualquier medio sin el permiso previo por escrito de los editores, excepto por un crítico que pueda citar breves pasajes en una reseña para ser publicada en un periódico, revista o diario.

El autor otorga la aprobación final de este material literario.

Primera edición

Es posible que se hayan cambiado algunos nombres y detalles de identificación para proteger la privacidad de las personas.

ISBN: 978-1-68513-695-6 (Tapa blanda); 978-1-68513-696-3 (Tapa dura)
PUBLICADO POR BLACK ROSE WRITING
www.blackrosewriting.com

Traducido por SPANISH WITH A GRINGO
www.spanishwithagringo.com

Impreso en los Estados Unidos de América
Precio de venta sugerido (SRP): $25.95 (Tapa blanda); $30.95 (Tapa dura)
Fuerza de la Naturaleza está impreso en Garamond Premier Pro

*Como una editorial comprometida con el medio ambiente, Black Rose Writing hace todo lo posible para reducir el uso innecesario de papel y los costos de energía, sin comprometer la experiencia de lectura. Como resultado, es posible que el conteo final de palabras versus la cantidad de páginas no cumpla con las expectativas comunes.

Fotografía del autor cortesía de Marta Franco
Diseño de portada de Laurel Mathe de Mystic Design www.mysticdesign.net

Elogios para
Fuerza de la Naturaleza

«¡Épico! *Fuerza de la Naturaleza* es una fusión entre *lo salvaje* y *Un paseo por el bosque*, donde aventuras impresionantes y contratiempos divertidos se narran en un entorno que solo Joan Griffin puede describir con palabras. La caminata completa de Griffin por el Sendero John Muir es un viaje de autodescubrimiento y un testimonio del espíritu humano. En sus palabras: *El miedo pierde su poder ante alguien que ha conocido el coraje*. ¡5 estrellas!»

—**Cam Torrens,** excursionista del Sendero de los Apalaches y autor galardonado de *Stable and False Summit*

«Una magnífica autobiografía del Muir Trail con maravillosas descripciones de la majestuosidad del sendero y los desafíos mentales y físicos que encontramos a lo largo del camino».

—**Ethan Gallogly,** autor del galardonado libro *The Trail*, una novela ambientada en el Sendero John Muir

«Algunos leen sobre ello. Otros sueñan con ello. Muy pocos lo hacen, y aún menos escriben con éxito sobre ello, pues es una experiencia transformadora. *La Fuerza de la Naturaleza de Griffin* no es solo otra guía para recorrer el mundialmente famoso sendero John Muir, *donde hay que girar a la izquierda y caminar 11 kilómetros*. Es, en cambio, una colección cuidadosamente elaborada y hábilmente expresada de experiencias reales compartidas por amigos, viejos y nuevos. Desde cielos azules y días soleados hasta días con aguaceros torrenciales, este pequeño grupo de mujeres valientes enfrentó cada día con decisión, con una clara misión: alcanzar su objetivo de recorrer todo el Sendero y llegar a la cima del Monte Whitney».

—**Joe Medeiros,** guardabosques nacional jubilado, senderista del Sendero John Muir y editor jefe jubilado de Sierra College Press

«¡Ponte las botas de montaña! Deja que Joan Griffin te guíe por montañas de granito, a través de tormentas atronadoras y prados repletos de flores silvestres. Lagos de un azul zafiro resplandeciente aparecen con la misma frecuencia que extraños a lo largo del camino, y ambos quedarán grabados indeleblemente en tu corazón. Experiencias como estas pueden cambiar a una persona. *Fuerza de la Naturaleza* te inspirará».

—**Barbara Olson Lawrence,** artista y autora del próximo *Drawing Water*

«Me encantó este libro. Como mochilera experimentada, *Fuerza de la Naturaleza* me hizo desear volver al sendero. Joan Griffin captura maravillosamente: los desafíos de esta caminata; la confianza y la fuerza que se adquieren al superar las dificultades; la belleza natural de la Sierra Alta; y la alegría de fundirse con la naturaleza. Admiro su viaje. Su historia es una inspiración para todos, tanto senderistas como no senderistas».

—**Patricia Dove Miller,** autora de *Bamboo Secrets: One Woman's Quest through the Shadows of Japan*

«La historia de estas mujeres aventureras me intrigó e inspiró. Las vívidas descripciones visuales y sensoriales del paisaje me hicieron sentir como si estuviera allí. *Fuerza de la Naturaleza* fue a la vez restauradora y vigorizante, inspiradora y contemplativa».

—**Sandra Moats McPherson,** profesora de la Universidad Estatal de Sacramento Escuela Universitaria de Música

«Los excursionistas y quienes sueñan con aventuras de senderismo disfrutarán de su viaje literario con *Fuerza de la Naturaleza* de Joan Griffin. Pude imaginar vívidamente el majestuoso paisaje del Sendero, sentir la energía de las tormentas y el dolor en mis propios músculos gracias a la escritura descriptiva de Griffin. Leer *La Fuerza de la Naturaleza* me transportó de inmediato a los senderos y aventuras de campo que tanto amo».

—**Jodi Santin O'Keefe,** educadora y amante de la vida al aire libre, Excursionista del Sendero John Muir

«Desde el primer rayo hasta la última revelación del espectro luminoso, el mágico relato de Griffin exhibe su aguda observación, ingenio y narrativa. *Fuerza de la Naturaleza* la sitúa a la altura de los mejores escritores de la literatura serrana».

—**Holly Bundock,** escritora, naturalista y amante de la naturaleza

«Joan Griffin ha narrado brillantemente su experiencia recorriendo el Sendero John Muir. A través de este viaje de Las Tres Mujeres, vemos cómo la naturaleza desenfrenada las eleva y las restaura».

—**BJ Griffin,** primera mujer superintendente del Parque Nacional de Yosemite, jubilada y defensora de las tierras públicas

«¡Únete a la aventura de tu vida! La atención al detalle de Griffin y su comprensión de lo que nos motiva te permitirán experimentar uno de los senderos más desafiantes del país como si estuvieras allí».

—**Dierdre Wolownick,** autora de *The Sharp End of Life* y la mujer de mayor edad en escalar El Capitán

«El Sendero Muir atrae a cientos de peregrinos a la Sierra Alta cada año. Griffin nos guía en esta caminata de 320 kilómetros por el corazón de la Sierra Alta. Descubrimos cómo tres mujeres muy diferentes se unen, dejan atrás sus diferencias y alcanzan una meta difícil y esquiva. El trío enfrentó tormentas eléctricas, pasos de montaña, grandes ampollas y largas jornadas de senderismo, pero a medida que avanzaban hacia el sur, se dieron cuenta de que tanto el viaje *como* el destino realmente importan».

–**Bart O'Brien,** escalador de picos con más de 300 cumbres en la Sierra y Pionero de más de 20 primeras ascensiones a la Sierra

«Muir sería el precursor del entusiasmo de Griffin por las maravillas de las tierras altas, como lo hago yo».

–**Mack Shaver,** superintendente jubilado del Parque Nacional y el veterano del Sendero John Muir

«Contempla la belleza, siente el dolor, experimenta la magia. En *Fuerza de la Naturaleza* ... sentí la maravilla, la serenidad y la paz que encontré en mi propia caminata, así como las dudas, las frustraciones, el dolor e incluso la ira... Ya sea que quieras revivir tu propia caminata, poner a prueba tu preparación para afrontar semejante aventura o vivir la caminata con ropa limpia, acostado en la comodidad de tu sofá, disfrutarás de la lectura».

–**Arnold Marsden,** autor de *Muir Trail Magic* y veterano del Sendero John Muir

«*Fuerza de la Naturaleza* captura la belleza del sendero y es rica en descripciones del entorno natural, los desafíos que enfrentan las mujeres y los miedos que superan».

–**Inga Aksamit,** autora galardonada de las memorias de aventuras *Highs and Lows on the John Muir Trail*

Para mi hijo,
Dean Griffin Eckles,
mi mayor inspiración y la persona que más me apoya.

Que tus senderos sean tortuosos, serpenteantes, solitarios, peligrosos,
conduciendo a la vista más asombrosa.
Que tus montañas se eleven hacia y sobre las nubes...
donde las tormentas van y vienen mientras los relámpagos resuenan en los altos
riscos,
donde algo extraño y más hermoso y
más lleno de asombro que tus sueños más profundos te espera—
más allá de la próxima curva de las paredes del cañón.

~ Edward Abbey, *Solitario del Desierto,* 1968

Fuerza
de la Naturaleza

Contenido

Experiencia máxima	1
Génesis	9
El sagrado boleto E (Día cero)	21
Primer Tramo:	
Sobre el arcoíris (Día uno)	31
Perdido y encontrado (Día dos)	54
Cruzando el límite (Día tres)	76
Gemas en bruto (Día cuatro)	91
Bajando la escalera (Día cinco)	103
R & R – Rebobinar y Reducir (Día seis)	129
Segundo Tramo:	
Solo nosotras dos (Día siete)	139
Hermanas del Sendero (Día ocho)	152
Escalando a diez (Día nueve)	163
Verdad o reto (Día diez)	179
Tercer Tramo:	
Ojos de caleidoscopio (Día once)	205
Encuentros en serie (Día doce)	227
Punto central (Día trece)	252
Cuarto Tramo:	
Monstruos en el paraíso (Día catorce)	268
Caminando al límite (Día quince)	286
Almuerzo en casa de John (Día dieciséis)	296
Oculto a simple vista (Día diecisiete)	322
Escalera al cielo (Día dieciocho)	331
Escalando con Sísifo (Día diecinueve)	345
Toque dorado (Día veinte)	361
Bajo una luz diferente (Día veintiuno)	376
Un vaquero, un huevo y una pregunta (Día veintidós)	391
Quinto y Último Tramo:	
Perdido en la traducción (Día veintitrés)	414
El fin está cerca (Día veinticuatro)	430
Paseando hacia Whitney (Día veinticinco)	449
A veces te comes al oso (Día veintiséis)	455
En algún lugar sobre el arcoíris (Día veintisiete)	470
El otro lado de la montaña	481

Experiencia máxima

No temas, pues, aventurarte por los pasos de montaña.
Ellos disiparán las preocupaciones, te librarán de la apatía mortal, te darán
libertad, y despertarán cada facultad en una acción vigorosa y entusiasta.

~ John Muir, *The Mountains of California,* 1875

Día dos
20 de julio de 2006

Paso Donohue — 3,371 metros

Subíamos la colina tan rápido como nos permitían nuestras piernas de cincuenta años. Detrás de nosotras, el cielo era de un brillante azul veraniego californiano. Pero más adelante, sobre la cresta de granito que ascendíamos, se volvía gris, y luego aún más gris. Todavía era temprano, apenas eran las dos de la tarde. Nuestro plan era cruzar el Paso y acampar en el Valle del otro lado, mucho antes de que comenzaran las típicas lluvias vespertinas de la Sierra.

Sin embargo, al coronar el Paso Donohue, de 3,300 metros, nos sorprendió encontrarnos cara a cara con una tormenta monstruosa acechando tras la cresta. Nubes negras y furiosas se alzaban como torres, llenando el cielo.

Hombro con hombro, nos quedamos paralizadas. Este ejército de nubarrones, cargados de relámpagos, no solo bloqueaba nuestro avance, sino que se dirigía directamente hacia nosotras, impulsado por un viento gélido. No tuvimos tiempo de retirarnos a un terreno más bajo y seguro.

—¿Y ahora qué, señoras? —gritó Cappy por encima del rugido de la tormenta. Sus ojos recorrieron el terreno rápidamente.

—¡Diablos! Me voy a quitar la mochila y todo lo metálico que llevo puesto —dije. Luego, señalando, añadí—: Voy a tirarme a ese rincón bajo en la tierra.

Tiré mis bastones de senderismo al suelo junto a una losa de granito que me llegaba a la cintura, me desabroché la mochila y me la arranqué. Lancé mi mochila nueva y reluciente contra la losa de roca y revolví su contenido en busca de ropa abrigada e impermeable, apartando lo que no quería.

—Toda mi ropa de abrigo tiene cierres y broches metálicos —dije—. ¿Hay algún problema?

Nadie respondió. Quizás no lo había dicho en voz alta. Pensé que el metal podría atraer los rayos. En el momento en que lo pensé, me di cuenta de lo frío que estaba el aire y mi corazón.

Me quité los pantalones cortos, me puse una capa base, un forro polar y ropa impermeable (arriba y abajo), además de uno guantes y un gorro. Dejé el reloj y los lentes, ambos de metal, y los guardé en una pequeña bolsa con cierre antes de ponerle una funda de plástico para la lluvia encima.

Enormes gotas de lluvia comenzaron a salpicarnos. El viento traía el penetrante zumbido del ozono, presagio de relámpagos, y empujaba la lluvia horizontalmente con cada ráfaga. El muro negro de nubes nos había seguido por el Paso, flotando casi sobre nuestras cabezas. Dedos grises se extendían desde las nubes hacia el lugar donde nos cambiábamos de ropa.

—¡Aquí está solo a unos pocos metros más abajo que en la cima! —replicó Cappy.

—Está bien —nos aseguró Jane con voz firme. No apartaba la vista del cielo que cambiaba rápidamente mientras rebuscaba en su mochila.

Juntas, nos adentramos en la más profunda de las leves hondonadas del paisaje, que en realidad no era más que una depresión en el suelo. Acurrucadas entre un pequeño estanque de nieve derretida y enormes montones de rocas de granito, repasamos nuestras listas de lo que se debe y no se debe hacer en la naturaleza.

—Sé que no debemos pararnos bajo árboles altos —dije. No es un problema muy por encima del límite del bosque—. ¡También debemos alejarnos del agua y de las rocas grandes! Entonces, ¿debería estar más cerca de ese estanque o de estas rocas?

No podía decidir; no podía moverme.

—No creo que importe nada... —Un relámpago cegador y su inmediato estallido de trueno le robaron las palabras a Jane—. ¡Dispérsense y agáchense!

Se arrojó al suelo mojado a tres metros de Cappy. Impresionada, me dejé caer en mi propio hueco en la tierra.

Después de ajustarme el gorro de lana hasta las orejas, me subí la capucha para la lluvia y me la ajusté bien a la cara, dejando solo un pequeño círculo para los ojos y la nariz. Me encogí en posición fetal, con las rodillas pegadas al pecho.

El cielo, gris como un acorazado, nos envolvió; la tarde de principios de verano se convirtió en noche. El diluvio azotaba el suelo y ahogaba todo sonido, salvo el estruendo del trueno. Mis manos enguantadas me taparon los oídos.

Los relámpagos rasgaron las nubes. Aterrada, observé cómo, por encima de nosotras, astillas de electricidad saltaban de nube en nube, creando intrincadas redes de luz en la oscuridad. Rayos más gruesos se lanzaban verticalmente hacia y desde los picos de 3,000 kilómetros que nos rodeaban.

Me cubrí la cara con las manos. Asomada entre mis dedos enguantados en momentáneos arrebatos de valentía, cerraba de golpe las compuertas de mis dedos con cada nuevo ataque. Aun así, presencié muchos rayos.

Cada vez que el martillo de Thor impactaba, la Tierra temblaba y el aire reverberaba con estruendos. La luz y el sonido chocaban entre sí, sin una fracción de segundo de diferencia.

¡BUM!

¡BUM!

Y así siguió, mi corazón latía al ritmo de la música.

¡BUM!

En el punto álgido de la tormenta, vientos gélidos nos azotaron. La lluvia se congeló en balas heladas que caían del cielo, atravesándome las capas de ropa. Las nubes se espesaron y me cegaron. Envuelta en una niebla de 3,000 metros de altura, me sentí sola. Apenas podía distinguir los bultos silenciosos que eran Jane y Cappy a solo unos metros de distancia.

«¿Qué hago aquí?», grité en mis pensamientos, intentando oírme por encima de la tormenta. «¿Qué hacen tres mujeres inteligentes en este aprieto? ¡Ni que fuéramos tontas!».

Oraciones, súplicas y promesas surgieron como partículas cargadas de mi mente. Las impulsé hacia arriba y hacia afuera, con la esperanza de que penetraran el cielo lleno de iones y encontraran una acogida compasiva en los Poderes Expresivos. Visualicé un iglú dorado de luz protectora arqueándose sobre nosotras mientras nos acurrucábamos en ese pequeño trozo de hierba en el cielo. Susurrando mis palabras una y otra vez como un mantra, mantuve la imagen de una cúpula protectora y brillante en mi mente.

«Protégenos, mantennos a salvo».

«Protégenos, mantennos a salvo».

Fría hasta los huesos, incluso con mis capas de lana y plástico, mi cuerpo temblaba y se convulsionaba. Apretar las mandíbulas no podía evitar que me castañetearan los dientes. «¿Ha pasado una hora? ¿Cuánto tiempo más puedo quedarme aquí acurrucada antes de que me dé hipotermia?»

Me moví y me froté las extremidades para intentar subir la temperatura corporal, pero fue en vano. Los temblores y el castañeteo no paraban. El punto débil eran mis pies: todavía llevaba mis sandalias de senderismo Teva con calcetines gruesos y mojados.

Me puse alerta. «¿Es real? ¿O solo mi imaginación? ¿Fue una pausa?»

Levanté la cabeza para observar el cielo. El corazón de la tormenta se dirigía hacia el norte. Permanecimos envueltas en nubes en el paso rocoso, pero la violencia se disipaba lentamente.

Justo en ese momento, la voz de Cappy resonó, penetrando el estruendo de la tormenta y mi mente entumecida por el frío.

—¡Vamos! ¡Viene hacia el norte! ¡Vamos!

Impulsadas, nuestros tres cuerpos saltaron como uno solo, moviéndose con energía concentrada. En cuestión de segundos, ya teníamos las mochilas puestas. Como una madre angustiada que levanta un carro del cuerpo de su hijo, me eché sobre los hombros la mochila de 20 kilos que me había costado levantar y abrochar ese mismo día. Más rápido de lo que jamás hubiera imaginado, nos escabullimos hacia el sur por el ancho paso de granito, escudriñando la lluvia y la niebla para encontrar el camino al otro lado.

Con los pies congelados, pisando con una firmeza imposible, descendí a saltos sobre una antigua ladera de talud, restos de un antiguo derrumbe. El sendero se escondía entre hectáreas de rocas gigantescas y vastas extensiones de nieve que se extendían por la empinada ladera que teníamos delante. Descendiendo a toda velocidad, escudriñé el paisaje gris y blanco en busca de cualquier rastro de mojones de rocas, manchas marrones, cualquier cosa, pero no vi nada.

—¿Ves ese pequeño cuadrado verde al pie del talud? —gritó Cappy por encima del aguacero y el rugido de la tormenta—. Ese es nuestro destino, el Arroyo Rush.

Una delgada franja gris de río atravesaba una pradera del tamaño de una estampilla.

Sendero o no, a mis pies no les importó mientras volaban sobre los escombros rocosos hacia ese punto verde distante, ¡estaba tan ansiosa por bajar de esa maldita montaña!

—¡Tengo que parar! —grité, deteniéndome en una losa de roca plana.

Estábamos solo a mitad de la bajada, pero no podía dar un paso más. Llevaba más de una hora con los pies entumecidos y las piernas me temblaban de cansancio. Con el peligro inminente de los relámpagos y truenos pasado y mi adrenalina agotada, mis pies eran garrotes sin vida, y temía tropezar en el laberinto de rocas.

Jane y Cappy se unieron a mí.

—No siento los pies —dije—. Necesito ponerme las botas y calentarme los dedos.

El cielo, aún nublado, se había vuelto más claro y pálido. La lluvia había amainado, pasando a lloviznas y chubascos.

Cappy escudriñó el cielo y dijo:

—Tengo los pies helados. Yo también me tengo que cambiar.

Mientras estábamos sentadas, Jane, que había llevado sus botas todo el día, buscó alguna sugerencia de un camino.

Aunque la cola de la tormenta seguía lloviznándonos desde las altas nubes grises, la bajada de una hora por la montaña me había calentado el cuerpo. Solo mis pies permanecían congelados e insensibles. Me quité los calcetines mojados de los pies, arrugados como ciruelas pasas, y me masajeé los dedos descalzos con las manos enguantadas, estimulando la circulación sanguínea en la piel pálida. Me puse un nuevo par de calcetines de senderismo REI afelpados y me puse las botas secas.

Antes de que me amarrara las agujetas, Jane gritó:

—¡Ahí está!

De pie sobre una ancha losa de piedra gris a unos metros de distancia, como un marinero en la proa de un barco gritando: «¡Tierra, a la vista!», Jane señaló con su bastón de senderismo hacia el punto verde que habíamos estado observando desde la cima de la montaña.

—¿Ves cómo esa delgada línea café atraviesa el prado? —Hizo una pausa, esperando a que nuestros ojos captaran sus palabras—. A medio camino entre nosotras y el punto donde desaparece entre las rocas, puedes ver un trozo café de sendero...

Cappy y yo saltamos para ver mejor.

—Y luego otra zona un poco más cerca, y una tercera. —Señaló hacia abajo, a una serie de manchas cafés entre las rocas. Efectivamente, como un rompecabezas de unir los puntos, el sendero se destacaba de la ladera rocosa como una línea punteada café que apuntaba directamente hacia nuestra percha.

—¡Lo veo! —dijo Cappy, con una sonrisa creciendo en su rostro.

—¡Guau! ¡Está ahí mismo! —respondí.

Con los pies calentándose, sentí que recuperaba la confianza al sortear los montones de piedras a saltos. En respuesta, mi cuerpo dejó de apretarse con tanta fuerza y mi respiración se hizo más fluida.

A pesar de los terribles acontecimientos del día, nuestros errores y el agotamiento absoluto, sobrevivimos. Habíamos escalado y superado nuestro primer paso de la Sierra Alta. Perdimos el rastro dos veces, pero lo encontramos en ambas ocasiones. Habíamos reaccionado adecuadamente ante una situación peligrosa, en parte provocada por nosotras mismas, y habíamos salido ilesas.

En los días venideros, nos encontraríamos constantemente ante las exigencias físicas de la naturaleza salvaje por la que viajábamos. Había más montañas que escalar, más ríos que vadear, más contratiempos que superar. Todo esto era de esperar, por supuesto. No me imaginaba que sería mi viaje interior, mis propias montañas que escalar y ríos que cruzar, lo que resultaría más abrumador.

Génesis

Solo aquellos que se arriesgan a ir demasiado lejos
pueden descubrir hasta dónde pueden llegar.
~ TS Eliot, Prefacio a *El Tránsito de Venus*, Harry Crosby, 1931

Segura en casa
2004 — 2005 — 2006

¿Cómo fue que tres mujeres cincuentonas y entendidas, expertas en senderos naturales y meticulosas hasta la obsesión en sus preparativos, se encontraron en una situación tan precaria? Todo empezó dos años antes.

2004

Mi mejor amiga Krei y yo organizamos una fiesta espectacular para celebrar mi quincuagésimo cumpleaños. Acudieron muchísimas amigas de todos los ámbitos de mi vida, vestidas con la temática internacional. Yo llevaba un sari color azafrán. Otras llevaban caftanes, pantalones de cuero, muumuus y cuadros escoceses.

Largas mesas repletas de comida se alzaban bajo carpas en un prado. Ofrecimos ostras en media concha, brochetas y mucho vino local de California. La comida compartida añadió lasaña, enchiladas, quiche y sushi. Cien luminarias centelleantes marcaban el camino a la fiesta y rodeaban el campo.

Después de cenar, hubo percusionistas africanos y bailarinas de danza del vientre de Oriente Medio. Más tarde, una banda clásica de rock and roll tocó mientras bailábamos bajo las estrellas de aquella noche de junio. Fue una forma realmente mágica de celebrar el comienzo de la segunda mitad de mi vida.

Tarde esa noche, abracé a mi querida amiga Krei para despedirme y desearle buen viaje, mientras se preparaba para partir en una aventura en carretera hacia Alaska.

Unos días después, estaba descansando en mi sofá leyendo, cuando mi teléfono celular comenzó a cantar.

—Hola.

—Joan... —La ronca voz masculina del otro lado hizo una pausa.

—¿Sí?

—Joan, tengo malas noticias. —Me di cuenta de que era el marido de Krei. Su voz, ronca y hueca, casi un susurro, era apenas reconocible.

Me incliné hacia adelante, alerta.

—¿Sí?

—Krei ha muerto. Un conductor ebrio la mató... —Entre sollozos, pronunció las palabras—, «está muerta» —de nuevo, antes de caer en más sollozos ahogados.

Sus palabras me impactaron. Me aturdieron. Mis músculos centrales me apretaron el corazón. Mis pulmones se detuvieron, congelados. No podía respirar.

«No. No. No. No puede ser». Luché por comprender el aire y la realidad.

Buscando con todas mis fuerzas para controlar mi voz, pregunté:

—¿Qué pasó?

Lo siguiente que recuerdo es que estaba tirada, doblada sobre la alfombra en medio del suelo de mi sala. Pasé horas allí. Perdida. A la deriva. Sin amarras. Con miedo.

Yo estaba hecha un desastre.

Un charco de sollozos.

Desesperación completa.

Había perdido a mi mejor amiga, que también era compañera de docencia y de viajes. Pero era mucho más que eso, como si cada pérdida que había experimentado en mi vida hubiera vuelto para amplificar esta. Nunca me había sentido tan mal, tan deprimida, tan incapaz de superarla.

A los cincuenta, a mitad de mi vida, me encontré con el nido vacío, divorciada desde hacía mucho tiempo. Me sentía sola y solitaria. Impotente y desesperanzada. Totalmente desesperanzada. Desde la euforia extrema, rodeada de familiares y amigos en mi fiesta de cumpleaños, me sumergí en las profundidades, iguales y opuestas, de un agujero negro.

Por fuera, siempre he sido fuerte, independiente y llena de recursos. «Soy una roca; soy una isla». Ahora necesitaba encontrar una escalera para salir de mi agujero. Me estaba asustando y necesitaba demostrarme que aún era fuerte. Iba a tener que aferrarme a cualquier vestigio de coraje que pudiera encontrar. Necesitaba superar esto.

Todavía en pijama, unos días después, fui a mi buzón al final de la entrada y lo encontré repleto de entregas olvidadas de varios días. Entre el revoltijo había un pequeño paquete. Al verlo, sentí una pequeña punzada de curiosidad, la primera energía positiva que sentía en días. Volví a meter todo lo demás en el buzón para poder arrancar la cinta de embalaje de la cajita allí mismo.

Dentro había una nota de condolencias de un buen amigo, firmada con muchas equis, besos y abrazos. «Espero que este pequeño obsequio te ayude a mantener a Krei cerca de tu corazón».

Desenvolví con cuidado el papel de seda blanco doblado para revelar un collar: dijes de plata en una larga cadena de plata. Tres anillos circulares planos, cada uno grabado con una sola palabra. Uno decía FUERZA, otro VALOR y el último ESPÍRITU. Apreté la cadena y esas poderosas palabras en mi mano y las acerqué a mi corazón. Las lágrimas inundaron mis ojos y resbalaron por mis mejillas mientras me apoyaba contra la hilera de buzones.

Días después, llené mi carro con equipo de campamento y me escapé a Yosemite. Pasé casi un mes acampando en Tuolumne Meadows, alternando senderismo y lectura. Subí a Clouds Rest y North Dome. Me senté entre las flores de Dana Hanging Gardens. Deambulé por bosques y prados y me subí a cúpulas de granito. Tomé fotos y escribí en mi diario. Todo el tiempo, busqué fuerza, valor y espíritu.

De los muchos libros que leí, uno que habló directamente a mi tierno corazón fue *Beauty* de John O'Donoghue, quien escribió: «Cuando la mente está supurando por los problemas o el corazón desgarrado, podemos encontrar sanación entre el silencio de las montañas»...[1]

La naturaleza cura. La naturaleza inspira. La naturaleza me devolvió, aunque tímidamente, a mi sano juicio.

De ese mes de campamento ermitaño surgió un deseo imperioso de recorrer el Sendero John Muir. Me imaginaba recorriendo ese icónico sendero de 300 kilómetros a través de la Sierra Nevada, desde donde estuve ese verano en Yosemite, hacia el sur, hasta el Monte Whitney. Confiaba en que, si dormir bajo los árboles en Tuolumne podía empezar a sanar mi espíritu, entonces adentrarme en la naturaleza salvaje de la Sierra durante largas semanas, en comunión con la naturaleza y en la cima de las montañas, sería profundamente sanador.

---

[1] John O'Donohue, *Beauty: Rediscovering the True Sources of Compassion, Serenity, and Hope* (Harper, 2004) p17.

Era una meta enorme, un compromiso que requería mucha fuerza de voluntad. Y un año de planificación, preparación y entrenamiento completo. No hay nada más esperanzador que planificar el futuro, y necesitaba esperanza.

Esto me daría la oportunidad que necesitaba desesperadamente para demostrarme a mí misma que aún era fuerte, aún valiente. Que mi espíritu seguía vivo.

Krei lo hubiera aprobado.

2005

Conocía a Cappy desde hacía 12 años, como amiga íntima de una amiga íntima y como profesora de sus hijos, ya adultos. Nos movíamos en los mismos círculos en nuestra pequeña comunidad, pero al ser mujeres con una carrera profesional muy ocupada, nunca habíamos tenido tiempo de forjar una amistad cercana. Era otoño, y Cappy y yo estábamos en casa de una amiga en común disfrutando de una barbacoa.

—¡Cappy, me han dicho que tú y Jim se han jubilado! ¡Qué emoción!

—¡Joan! ¡Qué alegría verte! ¡Cuánto tiempo sin verte!

Con las copas de vino a un lado, nos abrazamos para saludarnos.

—Ahora que eres una mujer ociosa, ¿qué vas a hacer con todo tu tiempo? No me los imagino en mecedoras a juego —bromeé.

—Sin mecedoras —rió—. Siempre pensé que haríamos largos viajes de mochileros a la Sierra, esos que he soñado desde la universidad, pero para los que nunca tuve tiempo. Pero ahora Jim tiene los tobillos fatal, y no puede caminar, ni mucho menos llevar mochila.

—¡Es una lástima! —dije.

Ella negó con la cabeza y luego sonrió.

—Pero ya me conoces, que él no pueda ir no significa que yo no pueda. —Había un brillo pícaro en su mirada—. De hecho, Jim, es tan dulce y me apoya tanto, que me regaló una mochila ultraligera nueva por mi cumpleaños, y he decidido hacer el Sendero John Muir solo un tramo a la vez. Toda mi vida he querido hacerlo entero de norte a sur, pero ahora solo voy a hacer tramos más cortos por mi cuenta.

Se detuvo para tomar un sorbo de vino.

—¿En serio, el Sendero John Muir? —Hice una pausa—. No te lo vas a creer, pero... ¿por qué no vienes conmigo y lo hacemos juntas este verano?

Sentía que la emoción crecía.

Cappy se quedó quieta, con su rostro pecoso lleno de incredulidad. Entonces parpadeó y rompió su propio silencio.

—¿Qué? ¿Vas a hacer el Sendero John Muir? ¿Todo el Sendero John Muir?

Estaba dando botes, vibrando como si fuera a lanzarse por los aires.

—¡Espera! ¡Escucha! —Intenté calmarla, pero yo también estaba muy emocionada. Sentí una sonrisa en mi rostro—. Mi amiga Sue y yo llevamos más de un año planeando esto para este verano.

Consideré ponerle las manos sobre los hombros para sujetarla al suelo.

—Podrías acompañarnos —dije.

—¿En serio? —Sus ojos verdes se abrieron de par en par y me tocó el brazo como si quisiera asegurarse de que yo fuera real. Cappy expresó su emoción a su manera, agitando los puños como si sostuvieran maracas invisibles.

Pasaron unos segundos, y la observé mientras procesaba la idea. Se giró y gritó desde el otro lado de la habitación:

—¡Jim! ¡Jim! —Corrió hacia él y lo agarró del brazo—. Tienes que oír esto...

Cappy y yo hablamos durante una hora. Le conté todo sobre Sue y la maravillosa aventura del Sendero que estábamos planeando.

—Sue y yo llevamos veinte años haciendo senderismo juntas, ¡desde que llevábamos a nuestros pequeños en la mochila! Habíamos planeado ir el verano pasado, pero la nieve era demasiado profunda. Así que 2006 es nuestro año —dije.

—La nevada del año pasado fue de récord. Hiciste bien en posponerlo. Cuéntame sobre Sue —me animó Cappy.

Nos sentamos en sillas en la terraza, donde nos tentaron unos tazones de totopos y salsa.

—Sue es mi heroína y gurú de la naturaleza. Es alta y rubia, una auténtica vikinga, ¡una especie de cruce entre un conejo de Energizer y una mula de carga! —Me reí, pensando en cuántas veces había seguido a Sue por un sendero para encontrarla esperando pacientemente en la cima—. Debo decirte, Cappy, que nunca me hubiera planteado una aventura tan extensa sin Sue.

—Estoy emocionada por conocerla —Cappy sonrió y se acercó para preguntar—: ¿Qué preparativos has hecho hasta ahora?

—Me decepcionó tanto tener que abandonar nuestros planes de 2005 que esta vez estoy doblemente comprometida. Me he vuelto un poco obsesiva con mis preparativos.

Riéndome de mí misma, pensé en la montaña de libros y mapas que había recopilado y devorado, y en todo el tiempo que había dedicado a buscar información en internet sobre John Muir y el sendero que lleva su nombre. Había leído cada palabra de las páginas web dedicadas a los amantes del Sendero y me había metido en un lío buscando equipo ligero para mochileros y lo último en ropa de senderismo.

—Quiero estar en óptimas condiciones, física y mentalmente, para el Día D —declaré.

Antes de que terminara, Cappy se comprometió oficialmente con La Gran Aventura de Su Vida, lanzándose de lleno. Cerramos el trato con un brindis, chocando nuestras copas llenas de un tinto intenso de la bodega Klinker Brick.

Durante nuestra cena en platos de papel, hicimos una lista verbal de todas las cosas que necesitábamos lograr antes de que llegara el verano:

Solicitar el permiso de 2006.
Investigación de alimentos y equipos.
Inventariar y pesar nuestro equipo.
Compra artículos geniales y livianos de REI.
Leer todo lo que podamos encontrar sobre el sendero.
Conseguir más mapas.

Le conté a Cappy sobre mi rutina de entrenamiento y cómo aumentaría en primavera. Me había inscrito en el gimnasio local y estaba trabajando con un entrenador personal, quien me hacía hacer spinning para fortalecer las piernas y trabajar con pesas para fortalecer el torso. Cuando el tiempo lo permitía, caminaba y hacía senderismo; cuando no, usaba la cinta de correr del gimnasio con una inclinación pronunciada.

Le conté sobre los increíbles bastones de senderismo de fibra de carbono Black Diamond que Sue había encontrado y sobre nuestros fines de semana de calentamiento con mochila programados para la primavera.

2006

La carta del Servicio de Parques Nacionales que confirmaba nuestro permiso para seis personas para recorrer áreas naturales llegó a mi buzón en febrero. Para entonces, ya llevaba pesas de tobillo de dos kilos y medio a todas partes, incluso cuando daba clases. Otra amiga y dos de Sue formaban parte del equipo, así que todos nuestros preparativos se basaron en un equipo de seis mujeres de entre cuarenta y cincuenta años.

De repente, en marzo, solo cuatro meses antes del Día D, Sue me llamó para decirme que tenía que retirarse.

—¿Qué? ¿Por qué? —Me quedé atónita.

Este era nuestro viaje. Éramos compañeros, protagonistas de esta épica aventura. Todos los demás estaban deseando unirse a nuestro equipo en el viaje.

Sue explicó que habían surgido problemas familiares y que no se sentía cómoda estando ausente todo el verano.

—Este viaje es el sueño de mi vida —se lamentó. Su voz estaba llena de decepción.

Por supuesto, nuestras familias siempre fueron lo primero. Entendí perfectamente su decisión, pero emocionalmente, las palabras de Sue me dieron un vuelco en el estómago.

«¿Era lo suficientemente valiente? ¿Era lo suficientemente fuerte? ¿Podría asumir el liderazgo exclusivo de la expedición? Sin Sue en quien apoyarme, ¿podría lograrlo?» Me di una semana para estudiar las respuestas a mis preguntas, y me llevó todo ese tiempo convencerme de que podía y que continuaría con el plan. Me decidí tenazmente a demostrarme a mí misma que, en efecto, era lo suficientemente fuerte y valiente para completar la expedición.

Esa conversación fortuita con Cappy en noviembre resultó ser el evento crucial que salvó el viaje. En lugar de unirse a la maravillosa aventura de Sue y Joan, Cappy tomó el lugar de Sue como «cocapitana», y se convirtió en la increíble aventura de Joan y Cappy. Estoy segura de que sin Cappy no hubiera habido viaje en 2006. Agradecí su amplia experiencia en la Sierra y su inagotable optimismo. Sin embargo, sus fortalezas y habilidades eran diferentes a las de Sue. Sin la fuerza física de Sue, me obligué a ser más fuerte. Sin la calma y serenidad de Sue, intenté encontrar ese espíritu tranquilo y sereno dentro de mí.

Cappy se involucró de inmediato. Nos inscribimos en un curso de variedades en el Sierra College sobre historia, biología, geología y artistas de la Sierra. Cada sesión contaba con la participación de un experto en una disciplina específica relacionada con la Cordillera de la Luz. Lo más destacado para nosotras fue la charla de Joe y Lynn Medeiros, quienes ya habían escalado el Sendero una vez y se preparaban para volver[2]. Aprendimos muchísima información indispensable gracias a ellos, incluyendo límites realistas de peso para las mochilas y lugares específicos para enviar nuestras provisiones. Nos presentaron la «Dieta del Sendero» de tres mil calorías diarias, que consiste en comer constantemente y aun así perder peso.

Sue fue la primera, pero una a una, todas las demás también se fueron. Es difícil comprometerse a pasar un mes entero fuera de casa. Es difícil mantener una rutina de ejercicios intensa mientras se trabaja. Para mayo, solo éramos Cappy y yo, un permiso para seis personas, un plan detallado y un entusiasmo creciente.

Me dediqué a fortalecerme. Llené mi mochila con bolsas de arena de 20 kilos y caminé un circuito de 11 kilómetros alrededor de mi barrio, incluyendo las calles más empinadas de la zona. Al principio, solo lo hacía los fines de semana, con circuitos más cortos entre semana, pero cuando terminaron las clases en junio, se convirtió en mi rutina diaria. Al principio, me sentía un poco tonta cargando mi mochila por los impecables barrios de Lake of the Pines, preguntándome si alguno de los residentes denunciaría mi extraño comportamiento a seguridad. Pero entonces, varios vecinos empezaron a hacerme preguntas y a animarme. Llegué a temer esas reuniones en la banqueta, no porque todavía me sintiera un poco tonta, sino porque dificultaban la intensidad de mis entrenamientos.

En mayo, después de una agotadora clase de spinning en el gimnasio, estaba sudando y charlando con Jane, una amiga y compañera docente con quien había compartido clases de formación docente mucho antes. Con el verano acercándose, hablamos de planes de vacaciones. Emocionada, le conté mi aventura en el Sendero,

---

[2] Joe Medeiros, profesor emérito del Sierra College y *Conservacionista del Año 2018 de la Asociación John Muir. La clase fue impartida por Gary Noys.*

que ahora estaba a solo ocho semanas, y cómo nuestro grupo de seis mujeres se había reducido a dos.

—¿Qué piensas de una tercera? —preguntó—. Rand y yo hemos recorrido parte del Sendero a lo largo de los años. Sería genial volver.

—Por mí encantada de que te unas a nosotras —dije sin dudarlo un momento.

Para cuando salimos, Jane ya estaba decidida a acompañarnos a Cappy y a mí en la primera etapa de la caminata. De no haber tenido otros planes, se hubiera unido al viaje de un mes completo.

De pie junto a su carro, le dije:

—Haremos una excursión el sábado a Hidden Falls. ¿Quieres venir para conocer a Cappy?

Esa caminata a Hidden Falls sería la primera de una serie de caminatas de práctica cada vez más desafiantes que haríamos las tres esa primavera.

El sagrado boleto E

Vaga un verano entero si puedes...
El tiempo no se restará de la suma de tu vida.
En lugar de acortarla, sin duda la alargará.
y te hará verdaderamente inmortal.
~ John Muir, *Our National Parks*, 1901

Día cero
18 de julio de 2006

Parque Nacional de Yosemite, Montañas Sierra Nevada de California
Estación de Guardabosques de Área Silvestre de Tuolumne Meadows — 2,645
metros

El modesto edificio de madera que albergaba la Oficina de Áreas Silvestres de Tuolumne Meadows se alzaba solitario bajo altos árboles al final de un largo camino de acceso. Un santuario para la preservación de la naturaleza, su humilde apariencia ocultaba su importante función de guardián.

Estábamos ansiosos por registrarnos y recoger nuestro Permiso Oficial para Áreas Silvestres, así que saltamos del carro en cuanto se detuvo en el estacionamiento. Al acercarnos al edificio, nuestro ritmo disminuyó espontáneamente y nuestras voces se convirtieron en susurros reverentes. Dentro residían los guardianes, cuyo sagrado deber era conceder o denegar el permiso para entrar en áreas silvestres protegidas. Cappy fue la primera en subir los tres escalones de la pesada puerta de madera, abriéndola de par en par como si fuera una verja.

Cruzar ese umbral marcó un momento sagrado. A pesar de la masa tangible del equipo reunido y los kilómetros de práctica realizados, hasta ese momento, la expedición había sido un simple sueño.

El interior estaba bañado por una luz dorada, iluminado por lámparas de techo y los rayos del sol del atardecer que se filtraban a través de las ventanas del muro oeste. Nos apiñamos junto a la entrada. Pósteres, mapas y fotos, pensados para inspirar e instruir a quienes esperaban, el Half Dome y las cataratas de Yosemite en su majestuosidad vibrante, la ruta detallada del Sendero John Muir y una lista completa de sabiduría rural cubrían las paredes revestidas de madera. Solemnes y silenciosos, nos detuvimos, esperando nuestro turno en el mostrador.

Mientras dos excursionistas se alejaban, Cappy, Jane y yo los reemplazamos ante un amplio mostrador parecido a un altar, con una superficie desgastada y desgastada. Detrás, había un par de guardabosques uniformados del Servicio de Parques Nacionales con sus uniformes tradicionales: camisas grises y pantalones verde bosque.

—Estamos aquí para recoger nuestro permiso del área silvestre del Sendero para mañana —dije—. Está a mi nombre, Joan Griffin.

El silencio llenó la sala mientras el guardabosques de hombros anchos revisaba sus archivos. Me quedé quieta, con la mirada fija en sus fuertes manos mientras cambiaba los papeles entre los dedos. Tenía unos treinta años, cabello oscuro y corto, y un bigote bien recortado.

—Aquí está —dijo.

Mi mirada pasó de la engañosamente simple hoja de papel blanco que sostenía a su rostro sonriente. Sus palabras parecieron romper un hechizo, y el silencio se disipó. Sentí como si hubiera superado una prueba importante y me hubieran aceptado en una organización fraternal, la Antigua Orden de Buscadores de la Naturaleza o algo similar. Me giré y vi a Cappy y Jane con sonrisas tan amplias como la mía. Cappy se balanceaba ligeramente sobre las puntas de los pies, mientras que Jane permanecía erguida, apoyando los antebrazos en el mostrador.

Escuchamos atentamente sus sabios consejos, como novatas absorbiendo la sabiduría de sabios gurús: sacerdotes de la orden del Servicio Nacional de Parques.

—¿Llevan botes de comida a prueba de osos? —preguntó el segundo guardabosques, el más alto, flacucho y mayor de los dos. Sacó un bote negro, igual al de Cappy, de un estante y lo puso sobre el mostrador. Confirmamos que sí con asentimientos simultáneos.

Bien. Es obligatorio usarlos en todo momento a lo largo del Sendero.

—Sí —dijimos todas, asintiendo al unísono. Quería que supiera lo preparadas que estábamos para esta expedición, quería su bendición.

—También deben usar los recipientes para guardar todos los artículos de higiene personal que puedan tener olor, como pasta de dientes o protector solar, incluso si creen que no tienen perfume —continuó. Su mirada era intensa y su rostro solemne. Nos miró a cada una individualmente.

El primer guardabosques, que había estado observando en silencio, añadió:

—Se trata más de proteger a los osos que de proteger la comida. Es muy importante.

—Lo entendemos —le aseguré—. Todas llevamos años usando contenedores para osos.

—Bien. —El guardabosques mayor pasó a la siguiente regla—. Solo se permite acampar en las zonas designadas. Asegúrense de acampar a 30 metros de cualquier fuente de agua, lago o arroyo. —Sonrió—. Eso son unos cincuenta pasos de mis piernas largas o sesenta de los suyos, más pequeños.

Preguntamos sobre las condiciones de los senderos y la profundidad de la nieve en las zonas altas y recibimos respuestas alentadoras. Los guardabosques confirmaron que las lluvias cálidas de junio habían derretido gran parte de la capa de nieve.

—No —no necesitaríamos crampones con clavos para cruzar campos de nieve helados.

—Sí —deberíamos llevar polainas para caminar sobre nieve húmeda. Todos los senderos de la Sierra Nevada eran transitables y estaban en muy buen estado.

—Debes llevar contigo tu permiso de acampada. Siempre, —dijo el joven guardabosques—. Los guardabosques que estén en el sendero, especialmente en zonas densamente pobladas, te pedirán tu permiso, y debes poder mostrárselo.

Con un gesto solemne, me entregó la hoja de papel con el sello oficial del Servicio de Parques Nacionales, un certificado que proclamaba que habíamos completado nuestro rito de paso. Se nos había considerado dignas de continuar.

Esa tarde, nuestro campamento parecía una venta de REI en miniatura. Equipos y suministros de colores brillantes cubrían cada superficie plana: botas y calcetines, una estufa con bidones de combustible, dos casas de campaña, tazas y cucharas, bolsas de dormir y colchonetas, una enorme pila de alimentos secos en bolsas Ziploc, guantes y gorros, cuadernos y lápices, frascos de vitaminas y mapas; todo esparcido sin ningún orden en particular.

Nubes ondulantes llenaban el cielo rodeado de árboles. Su constante acercamiento desde el oeste pronosticaba una tarde de lluvia, así que era nuestra última oportunidad para revisar el equipo. Jane colocó su equipo en un extremo de la mesa de madera, mientras que el mío estaba extendido en el otro. Intentando calmarme, repasé cada pieza del equipo una última vez antes de volver a guardarlo. Intentar era la palabra clave. Mis nervios no se calmaban. Fingiendo tranquilidad, Cappy se relajó en una silla cercana charlando con Jim.

Había hecho y rehecho listas. Había llenado y pesado mochilas, vaciado y vuelto a llenar. Había clasificado y reorganizado provisiones, empaquetado y reempaquetado, trasladado de un bolsillo a otro. Aun así, seguía nerviosa, ansiosa, y lo estaba repitiendo todo por si acaso.

—Qué campamento tan genial encontraste, Joan —repitió Cappy. Ella, Jim y Jane habían llegado la noche anterior, mientras yo llevaba tres noches acampando en carro. Tenía razón. El campamento Tuolumne se llena en pleno verano y muchos espacios están apretados. Estábamos en una zona remota, lejos de la tienda y la famosa parrilla, pero lejos de las multitudes de campistas. El campamento en sí era espacioso y tranquilo. No había perros ladrando, bebés llorando ni adolescentes jugando al hacky sack.

—¿No te encanta estar aquí arriba? —Separé la ropa que usaría por la mañana de la que pensaba empacar—. Jane, dime otra vez, ¿qué combinación de ropa abrigada llevas? No puedo decidirme por una combinación.

Tenía un deseo imperioso de no llevar tanta ropa, pero no quería pasar frío.

—¿Necesito ropa interior larga y polar, tanto de arriba como de abajo? —me pregunté en voz alta, sosteniendo en una mano unos pantalones y una playera gruesa y afelpada, y en la otra una capa interior fina.

—Voy a preferir algo abrigada —dijo, deteniéndose para mirar la ropa que tenía en las manos extendidas—. Probablemente llueva, hará frío por la noche y nos vamos a fortalecer, así que sentiremos el peso más ligero a medida que avanzamos.

Parecía tan segura de sí misma. Siempre había envidiado a Jane por su actitud tranquila, calmada y serena.

Luego añadió:

—Todavía no me decido si me llevo los pantalones de senderismo y los pantalones cortos, o solo los cortos. —Sostenía uno en cada mano. Ya lo había decidido, incluso había dejado los pantalones de senderismo en casa.

Se desarrollaban al mismo tiempo tres conversaciones distintas, aunque superpuestas.

Incapaz de decidirme entre polar y/o ropa interior larga, incapaz de tomar una decisión en ese momento, lo pospuse, doblé todas mis mantas y mi impermeable en tamaños muy pequeños, las cerré en bolsas Ziploc y las dejé a un lado. Tomé la bolsa azul de nailon que contenía mi botiquín de primeros auxilios, la abrí y repasé mi lista mental, tocando cada artículo por turno: molesquín, cinta adhesiva, Advil, Neosporin, curitas, tijeras, pinzas...

—¡Caramba, Joan! ¿Qué tienes ahí? ¡Parece un botiquín completo! ¿De verdad vas a usar todo ese molesquín? —gritó Cappy desde su silla—. ¡Podrías bajar un par de kilos si dejas algo!

—Sé que es exagerado, pero sería horrible tener ampollas y no tener forma de curarlas. —Seguí revisando todo lo que ya sabía que estaba ahí—. Qué curioso, he escatimado en algunas cosas, pero nunca se me ha ocurrido recortar en esto. ¡Soy una cobarde con el dolor!

Al poco tiempo, Cappy no pudo contenerse, cediendo a la presión, externa o interna, no estoy segura. Hicimos espacio para su mochila y sus cosas en la mesa, y sacó todas sus preciadas pertenencias.

—No pudiste resistirte a la diversión, ¿verdad? —bromeé.

—¡Me estaban volviendo loca! ¡Ahora estoy dudando de todas mis decisiones! —Desplegó su propia colección de ropa y equipo.

Finalmente, tomamos decisiones y cerramos nuestras mochilas por última vez. Jane terminó llevándose pantalones cortos y largos. Yo llevé ropa de forro polar y térmica. Y resultó que fueron buenas opciones.

Escribí una última lista de todo lo que necesitaba hacer o empacar por la mañana antes de salir: cepillo de dientes y pasta de dientes, bálsamo labial, lentes de sol, llenar bidones de agua, hacer llamadas. Al ponerlos en el tablero, Jim anunció:

—Chicas, son las cinco y media, así que tenemos que salir en diez minutos si queremos llegar a tiempo a cenar. —Había estado observando en silencio nuestros preparativos, lo cual le pareció bastante gracioso.

—¡Guau! ¿A qué horas se hizo tan tarde? —Cappy saltó sorprendida.

Nos apresuramos a guardar las cosas en la casa de campaña, la camioneta y la caja para osos. En su importante papel como equipo de apoyo individual y chófer, Jim nos llevó al Tuolumne Meadows Lodge para una cena de despedida.

Volví a examinar el cielo. Al igual que el día anterior, el tiempo se había tornado gris al anochecer. Aunque no oscurecería hasta dentro de cuatro horas, el aire era fresco, algo que no era inusual en Tuolumne Meadows ni en ningún otro lugar de la Sierra Alta. Las montañas creaban sus propios patrones climáticos. El aire caliente que ascendía desde los desiertos secos del sur chocaba con las corrientes cálidas y húmedas que llegaban del Pacífico y el Valle Central del oeste, creando un patrón climático dinámico, característico de las zonas más altas. Podía haber más de cuarenta grados bajo un sol de verano abrasador a tan solo unos kilómetros a la redonda, al este en el alto desierto de Nevada y al oeste en los campos agrícolas de California, mientras llovía, granizaba o incluso nevaba en las montañas.

Primero llegan los hermosos días de sol y calor, sin una sola nube en el cielo. Luego, durante varios días, la humedad se acumula por las tardes, con nubes blancas que se elevan sobre las cumbres, creando atardeceres perfectos para fotos. Cuando la humedad es excesiva, esas nubes se tornan de un gris oscuro, incluso negras, y el lejano rugido de los truenos anuncia la llegada de tormentas. El cielo de la tarde se abre, creando chubascos que duran minutos o torrentes que duran horas. Después de uno o tres días, la humedad se disipa y el patrón comienza de nuevo con un sol cálido y el aroma del aire fresco.

Los senderistas experimentados de la Sierra conocen el patrón y están atentos a sus señales. Saben cuándo pueden continuar la caminata y cuándo es mejor regresar al campamento o ponerse ropa impermeable. No se puede evitar ni combatir. Después de unos años, uno se vuelve bastante hábil para predecir, pero incluso los veteranos de la Sierra pueden verse afectados por el mal tiempo.

Esa noche, mientras subía mi mochila a la camioneta y apoyaba mi lista en el tablero, pensé en el aguacero que se avecinaba. Esperaba que fuera un chaparrón, lo suficientemente fuerte como para limpiar la humedad del ambiente. Quería despertar con un cielo despejado y que ese cielo nos acompañara durante los primeros días de caminata. Para ello, le hice una súplica silenciosa al Universo: «Concédenos tres días de buen tiempo, por favor, solo tres días de sol sin lluvia».

Sabía que nos enfrentaríamos a retos difíciles al recorrer este famoso Sendero; eso era un hecho y parte de su atractivo. Mi mochila pesaba más que nunca: 20 kilos. La distancia de 300 kilómetros, incluso dividida en veintisiete tramos, me exigiría repetir día tras día mi caminata más larga de un solo día. Había planeado con mucho cuidado todas las contingencias, planes A, B y Z. Así que, a pesar del rigor que preveía, confiaba cautelosamente en que superaría los desafíos físicos del sendero natural. Era un desafío diferente, lo que me causaba más aprensión.

Sabía que esto iba a ser más que un viaje físico. Quería que también fuera un viaje interior significativo. Quería fundirme con la naturaleza, conectar con el mundo natural. Me visualizaba sentada en un estado de éxtasis meditativo en cada parada: en lo alto de cúpulas, junto a arroyos, bajo las copas de los árboles y muy por encima de la línea de árboles. Esperaba que toda mi planificación y preparación me liberaran de preocupaciones durante el camino y me permitieran estar siempre en el presente. «¿Podría ser una larga caminata meditativa, como la que describe Thich Nhat Hanh en *Hacia la Paz Interior*», como camino propio hacia la paz interior? Anhelaba un viaje transformador, pero reconocí la ironía de mis anhelos.

A través del tiempo me susurro: «¡Ten cuidado con lo que deseas, querida niña!»

Primer Tramo

De Tuolumne Meadows a Red Meadow
Del día uno al día seis

Sobre el arcoíris

Entre cada dos pinos hay una puerta que conduce a una nueva forma de vida.
~ John Muir, Notas al margen sin fecha en
Prose Works de Ralph Waldo Emerson

Día uno
19 de julio de 2006

Punto de partida — Estacionamiento de Tuolumne Meadows Lodge — 2,645
metros
Parque Nacional de Yosemite

Nuestra odisea por la Sierra comenzó con cierta fanfarria en un tortuoso sendero de tierra al borde de un estacionamiento. Habíamos explorado el inicio del sendero después de cenar la noche anterior, así que esa mañana nos dirigimos directamente al punto de partida.

Jim estacionó la camioneta y apagó el motor.

—Listas o no, aquí estamos —dijo, girándose en su asiento para mirar a sus tres emocionadas pasajeras.

—¡Hagámoslo! —La voz de Cappy era firme y determinada.

—Por supuesto —dije. La seguridad de mis palabras estaba a la altura de mi entusiasmo, pero sin duda superaba mi confianza real. Sentía mariposas en el estómago. «Esto es todo», pensé. El momento tan esperado había llegado. Había pasado meses planeando cada detalle de esta expedición, y ahora estaba a punto de poner un pie en el verdadero Sendero John Muir. Mi sueño estaba a punto de convertirse en una misión.

—Estoy lista. —Jane era la viva imagen de la preparación en morado: calcetines color uva, agujetas lavanda en las botas, playera fucsia de Patagonia, un pañuelo color bígaro alrededor del cuello y mejillas sonrojadas de entusiasmo. Solo sus pantalones cortos caqui eran el uniforme habitual.

Salí a toda prisa y me dirigí a la cajuela para recoger mi mochila. Con el pie derecho apoyado en el parachoques, la levanté hasta la rodilla, me detuve y la puse sobre mi hombro derecho, deslizando el brazo por la correa. Inclinándome hacia adelante, con las manos a la espalda para empujar la mochila hacia arriba, la volqué sobre la superficie plana de mi espalda. Inclinándome hacia la izquierda, dejando que la gravedad tirara de la mochila, deslicé el brazo izquierdo por la correa. La eché hacia adelante, más arriba en la parte superior de mi espalda, y agarré ambos extremos del cinturón lumbar que colgaba frente a mi vientre. Enderezándome, cerré la hebilla y ajusté la correa con más fuerza a ambos lados, apretando mi estómago, de modo que la mochila quedara perfectamente sobre mis caderas. Tiré de los ajustadores de la correa del hombro para sujetarla a la parte superior de mi espalda y cerré la correa del pecho.

—Lista. Estoy dentro —susurré para mí misma, contenta de haberme metido en mi mochila sin problemas.

Había pasado semanas reduciendo el peso de mi mochila, quitándole todo lo superfluo. La había probado muchísimas veces. Sin embargo, cuando me la puse a la espalda esa mañana, sus 20 kilos me parecieron terriblemente pesados. «¿Cómo voy a cargar esto por 300 kilómetros?», pensé. «¿Cómo voy a aguantar los diez kilómetros de hoy?»

«¡No digas eso en voz alta!» Me advertí. Respiré hondo. Toqué el collar de aspiraciones que llevaba en el cuello: una cadena de plata con tres anillos planos, cada uno con una sola palabra inscrita: FUERZA, VALOR, ESPÍRITU. Tocar cada talismán calmaba las mariposas en el estómago y me ayudaba a concentrarme.

Me ajusté el tubo de mi depósito de agua CamelBak al hombro, revisé el pañuelo que llevaba atado al cuello y luego busqué en la camioneta mi sombrero y mis bastones de senderismo. Ponerme el inusual sombrero me hizo sonreír. Suave y verde, era una cachucha con visera y una solapa de tela desmontable que colgaba hacia atrás para protegerme el cuello y las orejas del sol. Me recordaba a los sombreros que usaba la Legión Extranjera Francesa en los desiertos del norte de África, o al menos al que llevaba Gary Cooper en *Beau Geste*.

Cuando levanté la vista, Cappy estaba ajustando las correas de su mochila. Al terminar, Jane esperó con una sonrisa de Mona Lisa.

—¡Listas! —dijo Cappy, ajustándose las muñecas a sus bastones de senderismo. Sus ojos se entrecerraron, parte de la sonrisa que le consumía el rostro. Irradiaba una impaciencia vertiginosa, recordándome a un perro de caza en posición de alerta, congelado con gracia en medio del movimiento, inclinándose hacia el sendero.

El Sendero John Muir, nuestro Camino de Baldosas Amarillas, comenzó como un sendero sinuoso que rodeaba el perímetro del Tuolumne Lodge, el campamento y el estacionamiento. Un letrero nítido y práctico nos invitaba a avanzar. Pintado con pintura blanca sobre café, el icono de un excursionista y su flecha señalaban el camino.

SENDERO JOHN MUIR →

Deseosos de preservar nuestro último momento en el umbral entre la civilización y la naturaleza, nos detuvimos junto al letrero para el ritual de posar para las fotos: imágenes de buen viaje de las tres balanceando mochilas cargadas, sonriendo, saludando como princesas, con el letrero simbólicamente al frente y al centro. Jim nos consintió.

—Vas a caminar un tramo con nosotras, ¿no? —le preguntó Cappy a Jim, mirándolo a los ojos.

—Hasta que el dolor de tobillos me impida continuar —dijo, con su cámara negra de 35 mm colgada del cuello y la cachucha sobre su espesa cabellera blanca. Era nuestro compañero y había hecho todo lo posible durante los últimos días para apoyarnos. Su tarea esa mañana en la línea de salida de la aventura era grabar el momento de nuestra partida en píxeles digitales. Su último trabajo sería encontrarnos dentro de un mes en la meta, Whitney Portal.

—¡Mira! ¡Aquí está el verdadero comienzo del sendero! —Cappy saltó y señaló, con el rostro radiante al ver una segunda señal que indicaba el camino. Se había recogido sus rebeldes rizos canosos en la nuca, y su camisa de senderismo de manga larga era de un blanco inmaculado, pero ninguno de los dos esfuerzos calmó su vértigo. Todo su cuerpo vibraba.

Aceleramos el paso hacia un cartel de hombros anchos, semejante a un montañés. Antiguo y venerable, con un consejo profundamente tallado en roble macizo, anunciaba su versión de «¡Sigue el camino de baldosas amarillas!».

SENDERO JOHN MUIR →
RUTA DE LA CRESTA DEL PACÍFICO →
PASO DONOHUE – 19.1 km →

De nuevo, repasamos el ritual de posar en la línea de salida del viaje. Con los bastones firmemente plantados frente a ella, Cappy se paró junto al cartel. Con sus pantalones de senderismo, como una linda falda gris, y su sombrero de ala color arena, la viva imagen de un casco colonial, Cappy era la viva imagen de una exploradora y aventurera del Viejo Mundo estilo Doctor Livingston, supongo. Estaba en el centro del escenario, con Jane y yo flanqueándola como sus acompañantes.

El sendero seguía serpenteando, con curvas y giros, evitando una ruta directa. Una tercera señal me indicó la dirección. «Este tiene que ser», pensé, «el verdadero punto de partida», y mi entusiasmo volvió a crecer. Con bordes delicadamente festoneados y letras mayúsculas grabadas en hierro bruñido, como diseños en un muestrario bordado, gritaba «¡Sigue el sendero de John Muir!».

SENDERO JOHN MUIR →

Cada vez que aparecía una señal, creíamos haber llegado al umbral, y nuestra emoción aumentaba. Cada vez nos equivocábamos, y el sendero seguía errático, avanzando a tientas.

Finalmente, llegamos a un par de anchos puentes de madera que, juntos, cruzaban la bifurcación Lyell del río Tuolumne, extendiéndose de una gran roca de granito a otra sobre las aguas turbulentas. Allí, finalmente, más allá del agua, el sendero se desenredó y se dirigió hacia el este, siguiendo la trayectoria del río. Allí, por fin, cruzamos la línea divisoria, nos adentramos en la naturaleza y comenzamos nuestra odisea por la Sierra.

Nos despedimos de Jim y su cámara a las 9:25 a. m. del 19 de julio de 2006, tras una última foto. Abrazadas en el centro del primer puente robusto, con nuestro equipo de senderismo limpio y reluciente, las mochilas altísimas sobre nuestras cabezas, sonreímos. Al volver a mirar esa foto, veo que ya había dejado de usar mangas largas y me había puesto mi playera turquesa sobre los pantalones cortos. Nuestros rostros, parcialmente ocultos por la sombra del ala de un sombrero, irradiaban entusiasmo con amplias sonrisas. Por última vez, estábamos impecablemente limpias, y todo lo que vestíamos. Con un último saludo a Jim y a la civilización, nos giramos hacia la Sierra salvaje.

—¡Vamos a ver al Mago, al Maravilloso Mago de Oz! —canté, mientras nuestras botas resonaban sobre las tablas de madera del puente y enfilaban el famoso sendero.

—¡Sigue el Camino de Baldosas Amarillas, sigue el Sendero John Muir! —Se sentía tan mágico y trascendental como si, en lugar de caminar por un sendero de tierra que se deslizaba entre rocas y árboles, estuviéramos avanzando en espiral sobre adoquines amarillos brillantes hacia la Ciudad Esmeralda.

—¡No lo puedo creer! ¡Estamos en el verdadero «el verdadero» Sendero John Muir! —anunció Cappy al terminar de cantar—. ¡He soñado con esto durante años y años, y aquí estamos!

Yo tampoco podía creerlo. Habían pasado dos años desde que empecé a planear mi viaje al Sendero, una expedición que se había convertido en una aventura casi irreconocible; un año diferente, compañeros diferentes, equipo diferente, pero mi sueño había superado todos los obstáculos y contratiempos. Las piezas del rompecabezas habían encajado, y yo estaba avanzando por el histórico sendero. Me esperaba un mes de posibilidades espectaculares. Toqué mi collar y sentí una profunda gratitud.

Arriba, los pinos contortos nos protegían del sol. Bajo nuestros pies, el suelo alfombrado de agujas estaba sembrado de rocas gigantes, ramas caídas y piñas. Multitudes recorrían esa sección tan transitada del sendero: excursionistas, campistas de fin de semana y mochileros. Nos topamos con personas y grupos que iban en ambas direcciones en ese tramo tan transitado. Miembros de una familia numerosa, todos vestidos con ropa de playa de colores vivos, toallas, hieleras portátiles y sillas de playa. Se dirigían a una poza junto a la bifurcación Lyell, un lugar del que se rumoreaba que tenía resbaladizos toboganes de granito pulido.

El bosque se interrumpía por claros donde el sendero discurría sobre losas de piedra gris o tramos arenosos de granito en descomposición, marcados por mojones, pequeñas torres de piedras en equilibrio (a veces extrañamente llamadas patos), o líneas punteadas formadas por largas hileras de pequeñas rocas dispuestas a lo largo de los márgenes del sendero. El sol calentaba y el aire estaba teñido del fino polvo de granito que levantaban los excursionistas al pisar la superficie arenosa del sendero. Entonces, el bosque recuperó su dominio y el sendero se convirtió de nuevo en un sendero de tierra café a la sombra.

El bosque estaba en silencio, absorbiendo el ruido con tanta eficacia que la gente se perdía de vista antes de oírlo. En los momentos de calma, cuando caminábamos en fila india, las ardillas correteaban por el sendero de un árbol a otro, desapareciendo tras un tronco. El canto de los pájaros carpinteros flotaba en el aire del bosque.

Estábamos dispersas a lo largo del sendero: Cappy a la cabeza, yo al final de la cola. Incluso en terreno llano, usaba mis bastones de senderismo, balanceándolos al ritmo de mis pies: pie derecho con el bastón izquierdo, pie izquierdo con el bastón derecho. En un sendero liso y llano, no servían para mantener el equilibrio ni la estabilidad, sino para alargar la zancada añadiendo un pequeño impulso con el brazo a cada paso. Con ganas de jugar, me inventé un juego de acelerar y frenar, alcanzar y retroceder, a lo largo del sendero casi llano.

Juntos, el río y el sendero hicieron un giro gradual y amplio y emergieron del bosque hacia una vasta pradera verde que se extendía a lo largo y ancho de la cuenca Lyell.

Nuestro ritmo se hizo más lento y luego se detuvo.

Una al lado de la otra, permanecimos en silencio, contemplando la majestuosidad del valle que se extendía ante nosotras. Mis ojos recorrieron la inmensidad del paisaje, pero la vista panorámica me resultó abrumadora. Como una ilusión óptica, al principio parecía plana, bidimensional. A medida que mis ojos se acostumbraban a la vasta profundidad, la miríada de colores comenzó a brillar, como si la luz fluyera hacia nosotras a través de una vidriera de brillantes colores. ¿Habíamos llegado a un lugar encantado?

Mis ojos recorrieron la escena. Altas crestas montañosas cubiertas de árboles se alzaban abruptamente a ambos lados. Extendiéndose en la distancia como líneas paralelas convergentes, definían los límites este y oeste del valle. Una pared de granito más alta, salpicada de nieve y coronada con serraciones, marcaba el extremo sur, pero eso estaba kilómetros más adelante, en un fondo lejano. Las hierbas y juncos que cubrían todo el valle eran de un verde esmeralda tan intenso que habrían engañado a una irlandesa haciéndole creer que estaba en casa.

En primer plano, las flores silvestres también coloreaban la pradera, con densos círculos amarillos aquí y franjas blancas o moradas allá, un toque rosa y franjas azules. Bajo la influencia de una suave brisa, jirones blancos de nubes se cernían sobre el cielo y todo lo verde se mecía y susurraba.

—¡Guau! —dije, casi sin palabras, mientras mis ojos seguían recorriendo la sublime escena, intentando separar los detalles del panorama general. ¿Habíamos atravesado el espejo como Alicia?

—Es tan clásico de la Sierra... —Las palabras de Cappy me devolvieron a la realidad—. Pero todavía me deja sin aliento cada vez que vengo a las montañas.

Jane salió al prado y se agachó para observar de cerca un macizo de flores moradas que se mecían en largos tallos alrededor de sus piernas. Recogió solo una y nos la trajo, con cuidado de volver sobre sus pasos.

—¿Qué es eso? —preguntó Cappy, dando un paso adelante, sus botas desaparecieron en el verde, para mirar de cerca la pequeña flor que Jane sostenía en su mano.

—Penstemon de la Sierra.

Le pasó la flor a Cappy, quien la tomó del tallo y se giró para sostenerla donde yo pudiera verla. En la parte superior del tallo había un círculo de delicadas flores de unos dos centímetros y medio en forma de trompeta, de un violeta intenso por fuera y un rosa con toques de lavanda por dentro.

—Hermoso. Me gusta cómo el morado se funde con el rosa, parece un color eléctrico —dije. Luego me pregunté—: ¿Tiene sentido?

—Sí, de hecho. —Cappy rió. Se subió los lentes de sol y acercó la flor a sus ojos.

—Los penstemons vienen en una variedad de tonos violáceos y formas ligeramente diferentes. Son comunes en la Sierra —dijo Jane—. Nos encontraremos con muchos de estos y varios parientes por el camino.

—¿Qué les parece si nos tomamos un descanso pronto? —dije—. Se me antoja una botana.

—Caminemos media hora más y luego paramos —dijo Cappy—. Podemos hacer un picnic en el prado.

Y así lo hicimos.

El sendero era angosto, de una sola persona de ancho, profundamente adentrado en el paisaje herboso por el peso y la presión de las decenas de miles de pisadas que nos habían precedido. El camino se había convertido en una zanja, que discurría por debajo de la superficie del suelo, atravesándola hasta veinticinco centímetros. En algunos tramos, el sendero estaba tan pantanoso con agua estancada que nos vimos obligadas a caminar por el borde para evitar el lodo resbaladizo. Donde esto había ocurrido con frecuencia, dos o más caminos paralelos atravesaban la hierba.

Durante años de senderismo en la Sierra, me había enamorado de la idea romántica del sendero: ese camino a través de la naturaleza que también simboliza el viaje de uno por la vida. Mi gran plan para el Sendero incluía un objetivo artístico: tomar una serie de fotografías con el sendero como protagonista, no solo como parte del paisaje. Compré una cámara digital nueva, el último modelo compacto de Nikon, con ese proyecto en mente. Durante meses, me imaginé recopilando fotos icónicas del sendero; el camino avanzando con paso firme hacia el horizonte, o desapareciendo misteriosamente tras una curva oscura, o adentrándome en un túnel de ramas arqueadas. Hubiera fotos de los hitos del sendero que marcaban caminos rocosos y escalones de granito que trepaban por las paredes del cañón. No estaba segura de qué haría con ellas al final, pero estaba segura de que encontraría algo interesante.

Nuestro camino por la pradera se había convertido en tres franjas lodosas, tripletes que cortaban líneas paralelas a través de la exuberante hierba verde. Serían los primeros temas de mi proyecto del sendero.

—Espera un momento —grité—. Quiero tomar esta foto.

Cappy y Jane me hicieron el favor, esperando mientras yo componía la escena.

Primero, me agaché y apunté a lo largo del sendero para que la cámara capturara cómo los senderos se convertían en estrechos canales en la pradera. Luego me erguí, dejando que el sol, al reflejarse en la humedad, convirtiera el barro en cintas de satén color chocolate. Tomé una tercera foto con la punta de mi bota apenas visible en la esquina de la foto.

—Es una idea muy divertida —me animó Cappy.

—Gracias. —Guardé la cámara en el bolsillo profundo de mis pantalones cortos—. Sigamos.

De nuevo, emprendimos el camino, con Cappy al frente.

El río, que había permanecido oculto para nosotras, revelado solo por gorgoteos y chapoteos ocasionales durante nuestras caminatas por el bosque, apareció ante nosotras. Ancho y profundo, deslizándose tranquilamente, la bifurcación Lyell se filtraba por sus orillas hasta bien entrada la pradera, ejercitando su vigor primaveral y convirtiendo el terreno en pantano. Dentro de su cauce de granito, el agua se deslizaba como el cristal verde de una botella antigua de Coca-Cola, revelando rocas doradas que bordeaban sus profundidades y pequeños peces jugando en los remolinos.

Después de la media hora que nos recomendó Cappy, hicimos una pausa para descansar un rato y nos tiramos en el césped. Me acosté boca arriba, con las manos detrás de la cabeza. Comimos algo y nos maravillamos en voz alta de la intensidad de los colores que nos rodeaban.

—Estamos en medio de un arcoíris —dije—. Mira. Puedo tocar siete flores diferentes, de siete colores diferentes.

Moví los brazos lenta y suavemente, como si estuviera dibujando la mitad superior de un ángel de nieve en la hierba, rozando solo la parte superior de los tallos.

—Yo también. Pero, aparte de este bonito penstemon, no puedo decirte qué son las demás —dijo Cappy.

—¡Y tú y yo solo podemos nombrar esa, porque Jane nos lo acaba de decir! —Me reí.

El aire también estaba impregnado de un arcoíris de aromas. La capa inferior provenía del rico aroma a tierra húmeda y la dulzura agria de la hierba. Encima, un perfume embriagador, una mezcla de aromas de la variedad de flores que nos rodeaban.

—¡Si es cierto! —dijo Cappy—. Aunque estoy segura de que esta de color rosa es un trébol.

Miré hacia donde señalaba y reconocí las flores rosas.

—Te ganas una estrella dorada. Eso es un trébol —confirmó Jane.

Me giré de lado y observé a un abejorro negro y regordete que se abría paso lentamente entre los pompones rosados y peludos de Cappy. Rebotaba y serpenteaba como un borracho, con montones de polen dorado sobre sus patas peludas.

—Acostada en un arcoíris. Me gusta —dijo Cappy—. Tienes un don con las palabras, Joan. Y Jane tiene un don con las plantas.

Se había incorporado y se pasaba los dedos por los rizos, haciéndolos ir todos en la misma dirección y luego arreglándolos en una trenza suelta a la altura de la nuca.

—Y tú eres nuestra experta en mapas —dije, dándole crédito a quien lo merecía.

Tenía una idea perfecta de dónde estábamos en cada momento y hacia dónde nos dirigíamos.

—Hablando de eso chicas, es hora. —Cappy se estiró y giró la espalda, y luego se levantó para preparar sus pertenencias—. Creo que hemos recorrido casi cinco kilómetros. Eso nos deja unos cinco kilómetros y medio por recorrer.

Arqueé la espalda hasta que crujió un par de veces y me levanté para seguirla. En minutos, estábamos de vuelta en el sendero.

Moviéndonos juntas en un grupo compacto, compartimos historias mientras caminábamos por terreno llano. Se había agazapado bajo la protección de los árboles, pero se mantuvo al borde de la pradera, por lo que las vistas seguían siendo impresionantes. Hasta ahora, nuestra aventura había sido literalmente un paseo por el parque. Sin embargo, 400 metros después, eso cambiaría abruptamente.

—Fue hace mucho tiempo —dije—, pero ya había estado en este sendero. Tenía quince años. Casi lo había olvidado, pero de alguna manera recuerdo este valle, esta escena en particular, las hierbas de la pradera y los picos oscuros...

Al instante siguiente, estaba en el suelo. Había dado un paso en falso y me había torcido el tobillo.

A mitad de la caída, logré rodar hacia el lado izquierdo para minimizar el impacto contra el suelo, y extendí las manos hacia adelante para evitar que mi cabeza se golpeara. Me dolían las rodillas y las palmas de las manos, ¡pero mi tobillo izquierdo gritaba de dolor!

Me sentí avergonzada.

No podía levantarme. Estaba atascada. Como una tortuga boca arriba, luché por enderezarme bajo los 20 kilos de mi mochila.

Me sentí realmente avergonzada.

Iba detrás de nuestra procesión de tres personas cuando me desplomé en el suelo. No sé si fue mi grito agudo o mi golpe sordo lo que hizo que Cappy y Jane se giraran.

—¿Estás bien? —preguntó Cappy.

—¿Qué pasó? —preguntó Jane mientras se apresuraban a volver sobre sus pasos.

Contuve la respiración y apreté los dientes para no gritar. Me las arreglé torpemente con las hebillas de plástico que me sujetaban a la mochila. «Sin lágrimas», me dije. Una vez sueltas las correas, Jane y Cappy levantaron mi mochila y la dejaron a un lado. Me senté. Podía ver mis rodillas, y estaban ensangrentadas. También mis palmas.

Cuando el dolor disminuyó lo suficiente como para que pudiera pronunciar algunas palabras, estallé:

—¡Otra vez no! ¡Esto no acaba de pasar! —Respiraba entrecortadamente y el corazón me latía con fuerza contra el esternón.

El dolor tardó unos minutos en pasar de punzante a palpitante. Entonces, con la ayuda de mis amigas, me puse de pie sobre mi pierna sana. Cojeé y caminé torpemente hasta un tronco cercano y me senté para evaluar el daño.

—¿Mejor? —preguntó Cappy.

La preocupación se reflejaba en su rostro tenso mientras observaba el mío.

—¿Qué pasó? —Jane repitió su pregunta.

—Mi tobillo izquierdo cede de vez en cuando, normalmente al pisar una roca o algo así. —Miré a mi alrededor—. Probablemente fue uno de esos.

Señalé el lugar donde las raíces de los árboles, parcialmente expuestas, se extendían por el sendero como serpientes gordas.

—Oí un crujido cuando pasó. Luego sentí que volvía a su lugar —dije.

—¿Podrás caminar? —preguntó Jane. ¿Le preocupaba que tuviéramos que dar la vuelta?

«De ninguna manera me rendiré. De ninguna manera volveré atrás», pensé.

—¿Qué podemos hacer para ayudarte? —preguntó Cappy.

—Podré caminar en unos minutos. Solo necesito sentarme aquí un rato. —Empezaba a respirar con más facilidad y mi corazón había dejado de latir con fuerza—. Tomaré un Advil y luego lo vendaré para que no se hinche demasiado.

Le indiqué a Cappy el compartimento con cierre donde guardaba mi botiquín de primeros auxilios. Mientras me desataba la bota, ella encontró las pastillas y la venda elástica. Me vendé el tobillo y me puse la bota rápidamente para frenar la hinchazón. Jane humedeció mi pañuelo para que pudiera limpiarme la sangre de las rodillas y las manos. Cappy abrió el envase del Advil y me trajo agua.

Mantener las manos y la mente ocupadas resolviendo los problemas inmediatos nos mantuvo a todas tranquilas. Tan rápido como la adrenalina me inundó al caer, se desvaneció una vez que la situación estuvo bajo control. Pude relajarme y respirar con calma. Incluso sonreí. Al ver eso, Jane y Cappy también se relajaron. El estrés se suavizó. Aun así, nos tomamos unos minutos extra para recomponernos. Toqué los anillos de mi collar: fuerza, valor, espíritu; necesitaba otra dosis.

Partimos de nuevo, al principio con cautela. Mis compañeras insistieron en que caminara entre ellas para vigilarme, Cappy delante, Jane detrás. Aunque odiaba sentirme débil y necesitada, aunque odiaba que me trataran con cariño, cedí el control y seguí sus instrucciones.

Nos detuvimos junto al río, a la sombra de un círculo de árboles, para descansar y almorzar. El espacio circular en el suelo del bosque estaba cubierto por una espesa alfombra de agujas y salpicado de piñas. Dispuestos como un sofá y sillas en una sala de estar, rocas redondas y grises y un tronco largo y grueso nos ofrecieron cómodos asientos.

Era nuestro primer almuerzo en el camino, así que generó cierta emoción. ¿Cuál de la infinidad de alimentos que había empacado debería ser mi primera comida? ¿Debería terminar de bombear agua antes de sentarme a comer? ¿Deberíamos tomarnos un descanso largo y tranquilo para comer o continuar después de una breve parada? ¿Debería desatarme la bota y atender mi esguince de tobillo, o dejarlo bien envuelto en ella? Esta última pregunta me rondaba la cabeza mientras intentaba concentrarme en las demás.

Jane y yo decidimos terminar de filtrar el agua antes de sentarnos a comer. Nos pareció apropiado: primero el trabajo, luego el placer. De un bolsillo lateral de mi mochila Kelty café, saqué una bolsa roja con cierre de seguridad, del tamaño de un libro de bolsillo grueso, que contenía mi bomba de agua. Saqué mi depósito de agua CamelBak y mi botella de agua extra de los bolsillos de la mochila antes de dirigirme a la orilla del río.

Jane se unió a mí donde el terreno se inclinaba hacia el agua y buscamos un buen lugar. Tuvimos que caminar varios metros antes de encontrar una pequeña poza azul oscuro donde el río corría profundo y lento.

—¿Qué te parece este lugar? Parece una joya —dijo Jane.

—Perfecto —dije.

Se sentó en una pequeña roca, reuniendo sus recipientes de agua a su alrededor. Me tomó un poco más de tiempo acomodar mi tobillo y a mí misma en el suelo. Encontré una raíz de árbol que sobresalía del lodo donde la corriente del río había erosionado la tierra, creando un banco en miniatura casi cómodo. Enrollé una pierna alrededor del asiento, pero tuve que extender la pierna dañada hacia un lado. Si se doblaba demasiado, podía sentir el corazón latiendo en el tobillo, lo cual no me parecía una buena señal.

Saqué la bomba cilíndrica con sus dos tubos largos y flexibles de la bolsa roja. Lancé el tubo negro, con un filtro de lodo en la punta, hacia el agua. El filtro tocó la superficie a cuarenta y cinco centímetros de mi pie y se hundió unos centímetros, con un flotador manteniéndolo suspendido sobre el fondo fangoso. Estiré el tubo transparente hasta mi CamelBak, colocando su extremo en la parte superior del recipiente de tres litros. Con cada empuje y tirón de una palanca, la bomba succionaba agua del río, la forzaba a pasar por un denso filtro de barro dentro del cilindro y la introducía en el CamelBak. Tres litros requerían unos minutos de bombeo continuo. Jane me acompañó, con los tubos en sus respectivos lugares y los recipientes en posición vertical, mientras yo hacía palanca para llenar todos los recipientes con agua, primero el mío y luego el suyo.

El río gorgoteaba al entrar y salir de la pequeña poza a nuestros pies. El sol estaba alto, así que sus rayos penetraban con claridad hasta el fondo del río. Bancos de peces pequeños se escondían en las sombras cerca de rocas y ramas hundidas, y de vez en cuando salían disparados a perseguirse, solo para regresar ante algún estímulo a la seguridad de sus escondites. El aire a nuestro alrededor era húmedo y fresco.

Con los bidones llenos, regresamos al círculo de árboles donde habíamos dejado a Cappy. Me senté en el sofá de troncos mientras Cappy y Jane se acomodaban en las sillas de piedra. Abrimos nuestros contenedores para osos y comenzamos a preparar el almuerzo.

No muchos años antes, los osos habían sido una molestia considerable, incluso un peligro, para los excursionistas de la Sierra Nevada. Los osos negros de California eran tan inteligentes y astutos que se habían vuelto expertos en robar la comida de la gente. Trabajando individualmente o en grupos familiares, habían descubierto una gran variedad de maneras de robar la comida de los campistas desprevenidos. Las osas madres enseñaban a sus crías a trepar por ramas largas y flexibles hasta los lugares donde colgaban bolsas de comida de cuerdas finas. Los cachorros rebotaban en las ramas delgadas hasta que la bolsa suspendida se estrellaba contra el suelo, o hasta que se acercaba lo suficiente como para que la madre osa pudiera arrancarle el fondo. Si eso no funcionaba, el cachorro mordía la cuerda y la bolsa se caía.

Colgar bolsas de comida, que durante décadas había sido la mejor práctica para evitar que los osos entraran en las casas, ya no funcionaba. Los osos representaban un peligro aún mayor para sí mismos que para los campistas. Quienes eran sorprendidos repetidamente en el acto eran sacrificados.

Para 2006, todos los participantes del Sendero y senderistas de travesía debían llevar contenedores para osos. Algunos contenedores, como el de Cappy, son negros y se abren con una moneda, como si fuera un destornillador. Otros son como grandes frascos transparentes con tapa de rosca. El mío era así: un frasco de plástico azul con tapa de rosca negra. Incluso a mí me costó abrirlo, así que sabía que estaba a salvo de la fauna merodeadora. Sentada, tenía que sujetarlo firmemente entre las pantorrillas, sujetando la base con las suelas arqueadas de los zapatos, y usar ambas manos y toda la fuerza del torso para abrir la tapa. Era como luchar con un contenedor gigante a prueba de niños.

Según la información que venía con mi bote, este había sido probado en osos de zoológico. Botes con salmón fresco fueron arrojados a varios recintos de osos, dejando a los animales devanándose los sesos durante días: masticando, lanzando, golpeando e incluso tirándolos, todo en vano. Solo entonces se vendieron los botes al público amante de la naturaleza. Los osos salvajes no tardaron en rendirse también. Tras varios años de uso en el Parque Nacional de Yosemite, los casos reportados de incidentes entre osos y humanos disminuyeron drásticamente, de mil quinientos a menos de cincuenta al año. [3]Para 2006, era raro encontrar un oso en el Sendero; habían descubierto que no había ninguna posibilidad de encontrar comida, así que, en su mayoría, dejan tranquilos a los senderistas de zonas agrestes.

Con el bote abierto, saqué una salchicha de verano sellada en una bolsa Ziploc. La salchicha, una vez abierta, duraría solo un par de días en nuestro mundo sin refrigerador, así que sería el primer plato principal que consumiría. Con mi navaja, corté la salchicha larga por la mitad, con la intención de comerme solo la mitad. Luego saqué una pequeña bolsa de galletas. Blandiendo el cuchillo, corté la salchicha en varias rebanadas finas. Conté un número igual de galletas y luego las emparejé, una rebanada de la carne grasosa en cada galleta. Metiéndome una en la boca, mastiqué y machaqué. No hay nada como una rebanada de salchicha sabrosa, llena de calorías y grasas, después de una mañana de intensa caminata. Entre la sal, la grasa y la galleta seca, el capricho pedía a gritos ser acompañado con un largo trago de agua dulce fresca del arroyo de la montaña y complementado con un puñado de mango seco agridulce. No hay nada mejor.

---

[3]Lisa Morehouse and Marissa Ortega Welch, «A Brief History of Bear-Proofing In Yosemite, From a Garbage Dump to Canisters» (KQED News – The California Report, 15 de Agosto del 2018). https://www.kqed.org/news/11687093/a-brief-history-of-bear-proofing-in-yosemite-from-canisters-to-a-garbage-dump

Cappy había pasado el tiempo revisando nuestros mapas topográficos mientras Jane y yo bombeábamos agua. [4]Entre bocado y bocado, nos explicó lo que nos esperaba por la tarde.

—Después de cruzar el puente aquí —señaló—, el sendero sigue cerca del río al otro lado antes de volver a cruzar aproximadamente un kilómetro y medio más adelante.

—¿Cuánto hemos caminado? —preguntó Jane—. ¿Y cuánto falta para nuestro campamento?

—Ya recorrimos más de la mitad, unos seis kilómetros, y nos quedan cuatro kilómetros —dijo Cappy—. Hasta ahora ha sido muy llano, pero en ese último kilómetro, el sendero deja el río y empieza a subir por la ladera de este lado del valle.

Señaló un punto en el mapa.

Limpiándome los dedos con el pañuelo, saqué la *Guía de Winnett*[5] del bolsillo y busqué la sección del sendero del día. Justo cuando estaba a punto de leer en voz alta, se nos unieron en nuestro comedor al aire libre otros dos excursionistas que iban hacia el sur (SOBO).

Una pareja joven, de entre veintitantos y treinta y pocos años, se detuvo a pocos metros de donde estábamos. Ambos llevaban mochilas enormes, que dejaron caer de inmediato con un golpe sordo. La de la mujer parecía especialmente grande y algo pesada en la parte superior.

—Soy Cappy. Mis amigas son Joan y Jane. —Haciendo de embajadora del equipo, nos tuvo a todos enfrascados en una conversación en cuestión de minutos.

El hombre de treinta y tantos años, de aspecto exótico, ojos oscuros, piel morena y un pañuelo azul atado a la cabeza, se acercó a nosotras con la mano derecha extendida, lista para estrechar la mano. Jane y yo nos pusimos de pie rápidamente para recibir su propuesta.

—Encantado de conocerlas. Me llamo Nicodemo —dijo mientras nos estrechaba la mano—. Pueden decirme Nemo para abreviar.

Girándose para señalar a su compañera de caminata, visiblemente cansada, nos presentó a Zoe. Atractiva, de veintitantos años, alta y rubia, su cuerpo de atleta se encorvaba por el cansancio. Zoe sonrió y la saludó.

---

[4] *Mapas topográficos de Harrison del sendero John Muir*, una serie de trece mapas a todo color y muy detallados, impresos en papel plástico indestructible (Tom Harrison Maps, 2005).

[5] Thomas Winnett y Kathy Morey, *Guide to the John Muir Trail* (Wilderness Press, 1998).

—¿Ustedes tres están recorriendo todo el Sendero? —preguntó Nemo sonriendo.

Se frotó los hombros y estiró la espalda igual que nosotras al llegar.

—¡Si, eso hacemos! —dijo Cappy, mientras Jane y yo asentíamos con orgullo.

—¿Salieron de Tuolumne esta mañana? —pregunté.

Resultó que habían cruzado el puente Yellow Brick Road solo media hora después de nosotras y nos habían seguido por el cañón Lyell toda la mañana. Fue especialmente emocionante conocer a nuestros primeros amigos del sendero, dos completos desconocidos que, por haber elegido compartir el mismo sendero y la misma dirección el mismo día, se hicieron nuestros amigos al instante. En los días siguientes, conectaríamos con varios otros senderistas, pero Zoe y Nemo siempre serían nuestros primeros compañeros de ruta.

Nos acomodamos de nuevo en nuestros asientos de piedra y tronco, y la conversación continuó mientras las tres guardábamos nuestras cosas del almuerzo y ellos sacaban las suyas. Nos enteramos de que Zoe y Nemo eran nuevos en el mundo de los mochileros y habían empezado esta aventura casi por capricho. Zoe era una escaladora experimentada y la organizadora del viaje. Nemo era su entusiasta compañero de senderismo de último minuto.

—¿A dónde se dirigen hoy? —preguntó Cappy.

—Esperamos llegar a un lugar llamado bifurcación Lyell. La guía dice que hay varios buenos campamentos allí —dijo Zoe.

—Nosotras también vamos para allá —dije.

Me alegró saber que tendríamos compañía en nuestra primera salida; así no nos sentiríamos tan solas en la naturaleza salvaje.

Mientras recogíamos las últimas de nuestras cosas, ambos trabajaron en la mochila de Zoe, ajustando las correas para que se ajustara mejor y se acomodaran bien a sus caderas. La mochila parecía ser demasiado grande para su figura y, además, bastante pesada, y Zoe ya tenía algunas llagas y moretones desagradables en las caderas y los hombros que le hacían la caminata dolorosa. La regla general para el peso de la mochila es no llevar más del veinticinco o treinta por ciento del peso corporal. La mochila de Zoe pesaba más de 25 kilos, mucho más de ese límite. Le hicimos algunas sugerencias sutiles sobre las correas, pero no nos sentimos cómodas con decir nada más.

Cappy, Jane y yo cargamos nuestras mochilas y emprendimos el camino. Las bonitas nubes que habían adornado el cielo al principio del día se habían multiplicado en imponentes grupos y rápidamente estaban cambiando el cielo de azul a gris.

—Va a llover otra vez esta tarde —dijo Cappy mientras observaba las nubes.

—Todavía tenemos mucho tiempo para caminar, pero asegurémonos de tener las casas de campaña instaladas antes de que empiece —respondió Jane.

Al igual que Cappy, el pelo de Jane era entrecano, pero ahí terminaba el parecido. Mientras que el de Cappy caía en largos y rebeldes rizos que siempre intentaba controlar, el de Jane era grueso y liso, con un corte recto justo debajo de la barbilla en un sencillo bob.

—Odio montar la casa de campaña bajo la lluvia. Vamos a estar pendientes del tiempo y yo caminaré lo más rápido que pueda. —Estaba decidida a no dejar que mi tobillo nos frenara más.

Tras otra hora de caminata, el sendero dejó el río y comenzó a ascender bordeando el Cañón Lyell, y las tierras altas al oeste y ocultándose bajo los árboles. Mientras el cielo seguía oscureciéndose y los truenos resonaban desde las cimas de las montañas, encontramos un par de campamentos en una zona plana sobre el sendero, justo donde indicaba la guía: el campamento de la Bifurcación Lyell, a poco más de 2,700 metros, encaramado en una banca boscosa. Lo describían como el lugar perfecto para iniciar el ascenso matutino de nuestro primer gran paso de montaña, el Paso Donohue.

Apenas bajamos nuestras pesadas cargas al suelo, unas gotas de lluvia gruesas cayeron sobre la tierra. Nos apresuramos a desatar las partes de la casa de las mochilas y a agarrar la ropa impermeable, manteniendo las mochilas cubiertas para proteger su contenido de la lluvia.

Las casas se armaron rápidamente. Era algo que habíamos practicado una y otra vez durante nuestras caminatas preparatorias de primavera y principios de verano. Apenas las cinco de la tarde todavía era técnicamente de día, así que se sentía raro meterse en las bolsas de dormir. Pero la tormenta arreciaba, y Jane y yo no teníamos intención de quedarnos afuera. Esa primera noche fue una prueba para mis estrategias de empaque y mi memoria, con la lluvia presionándome para encontrar rápidamente las cosas en mi mochila.

Jane y yo nos retiramos a nuestra casa compartida, con cuidado de dejar las botas y el barro afuera, pero aún bajo el toldo. Cappy montó su casa más pequeña a pocos metros de distancia. Decidimos esperar un rato antes de cocinar, con la esperanza de que la tormenta pasara y pudiéramos salir a cenar.

Mientras esperábamos calentitas y secas en nuestros capullos de nailon, Zoe y Nemo entraron con dificultad en el campamento contiguo al nuestro. Con ponchos de plástico deformes y chorreantes sobre sus cuerpos y mochilas, parecían grotescos jorobados azul marino saliendo penosamente del bosque.

Cappy, con su propio impermeable y botas, corrió a saludar a la pareja y a ayudarlos a montar la casa. Jane y yo, menos sociables que Cappy, nos quedamos dentro de nuestra cálida casa, pensando en cómo íbamos a cocinar sin tener que salir de nuevo.

—¡Cappy es muy buena onda! —dijo Jane—. ¿Debería salir a ayudar yo también?

—Me siento un poco culpable —dije—, pero creo que, si hubiera más gente en la casa, solo seríamos un estorbo; ya sabes, más ayuda el que no estorba.

Mirando a través del cierre de la puerta de la casa y las cortinas de lluvia, vimos cómo su casa se levantaba a varios metros de distancia. Era idéntica a la casa donde Jane y yo estábamos observando: una cúpula de color verde grisáceo pálido con ribetes negros y naranjas.

Cappy regresó con su ropa impermeable empapada y volvió a entrar a su propia casa.

La lluvia no cedía, así que cocinamos bajo los toldos de las casas esa noche. Me senté seca, justo dentro de la puerta con cierre de nuestra casa, con los brazos extendidos hacia la estufa que estaba justo afuera, bajo el toldo de tela. Herví agua y la vertí en la bolsa de cocción que contenía mi plato principal liofilizado: chili de carne y frijoles. Mientras se remojaba en mi taza térmica, me alejé de la puerta para que Jane pudiera usar mi estufa JetBoil para calentar agua para su propio plato principal.

Después de cenar, nos acostamos. Me sorprendió lo cansada que estaba, incluso mientras estaba despierta pensando. Me preocupaba la mañana. Me preocupaba que se me hinchara el tobillo y que la bota no me quedara bien. También me preocupaban las ampollas. Al quitarme las botas, descubrí que lo que creía que era solo un punto sensible eran en realidad un par de ampollas desagradables, del tamaño de una moneda de cinco centavos, que me estaban creciendo en el talón, donde el borde de la venda elástica del tobillo me había rozado la piel hasta dejarme en carne viva. La solución a un problema había creado otro.

No puedes dar vueltas en la cama compartiendo casa. Una sola vuelta crea un alboroto. El roce del nailon con el nailon produce un sonido chirriante. Y seguro que chocas con tu compañero de casa en el espacio reducido. Así que me quedé lo más quieta posible. Sin embargo, mi mente daba vueltas y vueltas por sí sola, creando un alboroto en mi cabeza que me mantenía despierta.

Al final, dormí. Lo sé porque dos o tres veces, en la oscuridad total, me desperté sobresaltada por un destello de luz brillante y el estruendo del trueno.

Punto de partida: Estacionamiento de Tuolumne Meadows Lodge, 2,645 metros
Punto final: Campamento Bifurcación Lyell, 2,743 metros
Punto más alto: Campamento Bifurcación Lyell, 2,743 metros
Distancia recorrida: 10.4 kilómetros
Kilómetros acumulados: 10.4 kilómetros

Perdido y Encontrado

Solo unos pocos encuentran el camino;
algunos no lo reconocen cuando lo hacen;
¡Algunos ni siquiera quieren hacerlo!
~ Gato de Cheshire, *Alicia en el País de las Maravillas*, Lewis Carroll, 1865

Día dos
20 de julio de 2006

Punto de partida — Campamento Bifurcación Lyell — 2,743 metros

Eran las ocho, y el sol acababa de aparecer sobre la alta cresta de la montaña al este, sus rayos iluminaban nuestro campamento con la intensidad de un foco. El vapor se elevaba de nuestras casas mojadas por el repentino calor.

Juntas, mi casa y yo bailamos a cámara lenta bajo el sol alrededor del campamento. Cada vez que las largas sombras triangulares de los árboles se deslizaban por el suelo húmedo y amenazaban con bloquear los rayos que se secaban, giraba la casa de nuevo hacia el sol. Me senté a desayunar y luego moví la casa. Me lavé la cara, me puse protector solar y luego moví la casa. Me vendé el tobillo con cuidado y luego moví la casa. Dábamos vueltas y vueltas alrededor del campamento, mi casa y yo, persiguiendo la luz y esquivando las largas sombras.

Finalmente, el nailon se secó y pude doblarlo, enrollarlo y guardarlo.

Jane y Cappy terminaron sus preparativos casi al unísono. Tenían todo listo y estaban ansiosas por partir. Mi vendaje de tobillos y mi baile en la casa de campaña nos retrasaban.

—¿Ya casi estás lista, Joan? —preguntó Cappy.

Estaba de pie con la mano apoyada sobre la mochila, como si estuviera decidiendo si levantarla o esperar. Todavía llevaba la chamarra para protegerse del aire fresco, pero llevaba los rizos recogidos y el sombrero y los lentes de sol arreglados.

—Casi. Necesito cinco minutos —Seguía vendándome las ampollas, cortando molesquín en formas de dona precisas para cada una, y luego cubriendo la capa de amortiguación con tiras largas de cinta adhesiva blanca. Tenía el tobillo adolorido y rígido, pero estaba bastante segura de que la rigidez disminuiría al calentarse al caminar.

Mientras terminaba de atarme las botas, guardar los botiquines, cerrar las bolsas, Jane y Cappy se acercaron a la propiedad de nuestros vecinos para ver cómo estaban y despedirse. Una vez terminadas las tareas, toqué mi collar, levantando los círculos plateados para poder leerlos de nuevo susurrando las palabras: fuerza, valor, espíritu.

«Hoy lo que más necesito es fuerza», pensé. «No habrá más caídas», me dije, antes de guardarme los dijes y dirigirme al grupo que charlaba al lado.

—Solo espero que no haya otra tormenta como la de anoche —decía Nemo cuando me acerqué. Arqueó las cejas hacia el pañuelo rojo que le sujetaba la espesa cabellera negra, agrandando sus ya grandes ojos marrones, e inclinó la cabeza hacia atrás para escudriñar el cielo. Seguí su mirada, recorriendo la extensión azul sin ver ni una sola nube.

—Nos empapamos de camino para acá —dijo Zoe—. Esta es la única ropa que tengo que no está mojada.

Señaló sus pantalones largos caqui y su suéter.

—Esperamos llegar a nuestro campamento a media tarde —dijo Cappy—. Así podremos armar las casas antes de que llueva por la tarde.

Esa declaración provocó una despedida rápida. Regresamos a nuestras mochilas, las cargamos y en pocos minutos emprendimos el camino.

—¡Nos vemos en el camino! —grité por encima del hombro.

Durante toda la mañana, el sendero siguió la Bifurcación Lyell a medida que ascendía en dirección al Pico Lyell y el Paso Donohue. Mientras ascendíamos hacia el sur (SOBO), el río descendía hacia el norte. El sendero se aferraba a la ladera oeste del frondoso Valle de Lyell, prefiriendo la sombra de los bosques que bordeaban sus límites y trepaban por sus paredes como aficionados en las gradas con vistas a un campo de fútbol de un kilómetro y medio de largo.

Los estrechos rayos de sol se abrían paso a través de la espesa capa de agujas verde oscuro y decoraban el sendero cubierto de hojarasca con manchas doradas. El moteado me engañaba la vista; los puntos cambiantes de luz y oscuridad camuflaban posibles trampas para los tobillos, como pequeños conos, raíces desnudas y depresiones. Cautelosa, mantuve la vista fija en el lugar donde pretendía dar mi siguiente paso. De vez en cuando, me detenía para contemplar la vista que me perdía mientras caminaba con la mirada baja.

El valle se estrechaba, las hileras de árboles a ambos lados se acercaban, complicándose para achicar la pradera que las separaba. Poniendo a prueba nuestra resistencia por primera vez, el sendero, aunque no empinado, ascendía constantemente. Con cada paso, usaba mis bastones de senderismo para levantar parte del cuerpo y descargar peso sobre mi pierna izquierda para proteger mi tobillo débil del sobreesfuerzo.

Estábamos dispersas en un juego de tres personas de seguir al líder, intercambiando posiciones ocasionalmente, cada una tomando un turno como líder y otra como la cola. Aunque normalmente disfrutaba ser líder, ese día preferí quedarme atrás. Cuando caminaba adelante, podía sentir los ojos de Cappy y Jane observando mi tobillo izquierdo, para ver si cojeaba o lo estaba favoreciendo. Sabía que mis amigas estaban preocupadas por mí, pero no se me da bien recibir chiqueos y atención.

En lugar de sentirme agradecida, me sentí avergonzada, y mi propia atención en el tobillo parecía magnificar la incomodidad. Con cada flexión de la articulación, una leve punzada de dolor cálido dibujaba un círculo alrededor de mi tobillo, y el tacón rígido de la bota rozaba los puntos calientes que se suponía que debía proteger.

Los excursionistas tienen diferentes estilos de caminar, como las personas tienen diferentes temperamentos. Observé a Cappy y a Jane mientras avanzaban a grandes zancadas. La más pequeña de nosotras, Cappy, era como un duendecillo con un paso ágil. Sus piernas cortas le daban un paso ágil y ligero. Podía caminar con paso firme, sin parar casi nunca, con sus piernas musculosas moviéndose con agilidad, implacables, infatigables, aunque aun avanzando lentamente.

Jane, más alta que Cappy y yo, caminaba con más fluidez. Comparada con Cappy, parecía deslizarse por el sendero, caminando erguida y escultural, con sus piernas más largas estirándose como una bailarina que traza un movimiento en el aire. Al igual que Cappy, podía caminar y caminar sin parar casi nunca.

Mi marcha era diferente. Desde luego, no rebotaba como Cappy ni me deslizaba como Jane. A menudo contaba mis pasos en series de ocho: uno, dos, tres, cuatro, cinco, seis, siete, ocho; un hábito que adquirí de niña en el equipo de natación y contaba mis brazadas mientras nadaba mis largos de entrenamiento. A diferencia de mis compañeras, prefería un ritmo más rápido con pausas breves y frecuentes, de solo uno o dos minutos, a veces para una sesión de fotos, a veces para tomar oxígeno o agua, a veces para admirar el paisaje por el que me movía. El conteo, como un metrónomo para un músico, mantenía mis pasos regulares y mi progreso constante. Ese día, el conteo también me sirvió para distraerme de mi pie izquierdo.

Paramos a almorzar temprano y a descansar a la sombra junto al río Bifurcación Lyell. Sentada en una roca a la orilla, mientras bombeaba para llenar mi bolsa de agua, observé cómo el río fluía.

El agua en movimiento es un ser vivo que respira. Observar el agua fluir es como escuchar una orquesta sinfónica. Si prestas atención, puedes distinguir la contribución de cada nota, cada instrumento, cada gota de agua, cada onda. Simultáneamente, puedes disfrutar de la belleza de toda la composición, de todo el río. Me hubiera conformado con sentarme a la sombra junto al Lyell durante horas, fascinada por los colores dinámicos y los patrones de su movimiento: azules profundos, casi violetas, aguamarinas y verdes transparentes, líneas ondulantes y destellos de plata y oro reflejados.

Jane y yo nos apoyamos junto a la orilla, sobre unas piedras planas que formaban una franja festoneada junto a la luz y el color en movimiento. En un silencio apacible, observábamos el agua mientras rellenábamos nuestras botellas y depósitos. Me detuve un momento para tirar una piedra al arroyo. Los círculos concéntricos, que se ensanchaban, se deslizaron río abajo y desaparecieron. Observarlos me hizo sonreír. Luego volví a bombear.

Jane encontró una roca redonda y plana, con la forma perfecta para rebotar, y la lanzó por la superficie. Rebotó una vez, dos veces, hundiéndose en la tercera, y se desvió hacia las tres series de círculos que competían en la corriente.

—Bien hecho. —Sonreí.

Recorrí con la mirada el suelo a mi alrededor, buscando otra piedra saltarina. No había ninguna, así que me conformé con lanzar otra piedra oblonga al agua y observar cómo sus círculos se deslizaban río abajo.

Enrollé los tubos de la bomba y los guardé en su pequeña bolsa roja, luego recogimos los recipientes de agua llenos y nos reunimos con Cappy, donde estaba sentada estudiando el mapa y la guía.

—¿Aprendiste algo nuevo? —Me senté en un tronco caído junto a mi mochila.

—Nada nuevo. Solo intentaba averiguar dónde estamos exactamente —dijo Cappy—. Creo que la verdadera escalada empezará muy pronto, quizás a unos 800 metros más adelante.

Durante dos días habíamos estado observando cómo la imponente mole del Monte Lyell se acercaba y se hacía más alta. Surcada por la blancura de la nieve y el hielo, se alzaba negra y nítida contra el cielo. Al principio era distante y pequeña, pero a cada paso se hacía más imponente. Cuando el sendero se adentraba en el bosque, la montaña desaparecía; cuando se adentraba en la pradera, el pico y su círculo de vecinos dominaban el valle y arañaban el cielo.

Comí rápido para tener tiempo de atenderme los pies antes de continuar. El tobillo seguía dolorido, pero las zonas sensibles en la parte trasera del talón y la planta del pie me causaban un dolor intenso. Al quitarme los calcetines, vi ampollas creciendo sobre ampollas. La combinación de una bota bien ajustada y la venda elástica que llevaba para estabilizar mi tobillo dolorido me había causado tanta fricción y rozaduras que me estaban saliendo varias ampollas grandes donde el borde de la venda presionaba la piel.

Cuando hacía senderismo, siempre me salían ampollas, así que fui armada con montones de tela de molesquín y metros de cinta adhesiva blanca. Pensé que era mejor tener de sobra, y fue una buena decisión. Al final, iba a necesitar cada centímetro cuadrado de ambos.

Las ampollas ahora llenaban las yemas de ambos dedos gordos, la planta del pie y el talón izquierdo, donde pequeñas burbujas de líquido se hinchaban sobre la superficie de los círculos rosados del tamaño de una moneda de ayer. Nunca había sabido, con respecto a las ampollas, si era mejor drenar el líquido para reducir la sensibilidad y la rozadura, o dejarlas infladas para evitar infecciones. La ampolla grande en la yema del dedo gordo se había reventado sola y había empezado a supurar. Se veía horrible, con costras, así que dejé las otras sin reventar y unté una gota de Neosporin sobre la ampolla rota.

Por la mañana me había vendado los pies con molesquín y cinta blanca, pero con cada paso, mi bota se había desprendido y destruido mi obra. Los restos sueltos y apelmazados de esos esfuerzos habían agravado las lesiones.

Sin botas ni calcetines, mis pies disfrutaban del aire fresco y la libertad de movimiento. Tras un breve descanso, consideré seriamente dejar de usar mis botas devoradoras de carne y caminar por el sendero con mis chanclas Teva. Sin embargo, sin botas resistentes que sujetaran mis arcos y tobillos, me preocupaba lesionarme los pies permanentemente y no poder completar los 300 kilómetros. Así que, tras reflexionar sobre mí misma, decidí que caminar largas distancias con chanclas sería una temeridad.

No me siento cómoda con la debilidad, sobre todo cuando es la mía. Cuando me caí y me torcí el tobillo, el daño a mi orgullo fue peor que el daño a mi cuerpo. El miedo a retrasar nuestro progreso, a que Cappy y Jane tuvieran que esperarme, era más preocupante que el dolor punzante. Estaba decidida: no me sentiría necesitada ni débil. Mantendría la calma y seguiría adelante. Esta plaga de ampollas era solo una prueba más. Tampoco dejaría que me frenaran. Bromeaba sobre ellas para disimular mis preocupaciones. «¿Era una debilucha? ¿Era mi poco confiable mi cuerpo?»

Empezando de nuevo, reconstruí la estructura protectora de molesquín. Luego, experimenté con trozos de cinta más largos, rodeándome los pies y los tobillos para que la cinta se pudiera sujetar firmemente a más capas de cinta en lugar de a mi piel sudorosa. Al terminar, me puse de nuevo mis gruesos calcetines de senderismo y me amarré las botas.

Después de almorzar, el sendero cruzó el Lyell por un robusto puente de madera y continuó por su margen oriental, ascendiendo a través de bosques de imponentes árboles y pequeñas praderas salpicadas de diminutos lagos alpinos. Inexplicablemente, el sendero emergió del bosque y se detuvo en la orilla del río, que se había convertido en un pequeño lago, como lo describió la [6]*Guía de Winnett*. Rodeadas por tres lados de escarpadas montañas y situados en una amplia «playa» de arena y rocas donde el sendero emergía de los árboles, estábamos confundidas. Un escarpado acantilado de granito bloqueaba el camino hacia el sur y el este. Se suponía que debía haber un lugar para vadear el río, para poder dirigirnos al oeste hacia el nevado Paso Donohue que se alzaba al otro lado. Pero todo lo que vimos fue el pequeño lago, sin posibilidad de cruzarlo ni rodearlo. Nos quitamos las mochilas, las apoyamos contra los árboles y registramos la orilla en busca de pistas forenses dejadas por quienes nos habían precedido. Estábamos rodeadas de huellas y una red de senderos extendidos, pero no podíamos encontrarle ni pies ni cabeza a todo ese mar de cosas.

Desconcertadas, pensando que habíamos caminado demasiado o no lo suficiente, deambulamos por la orilla del laguito, consultando el mapa y la *Guía de Winnett*, leyendo y releyendo sus indicaciones: «vado justo debajo del laguito» de este a oeste. Durante treinta minutos, marchamos en círculos y nos cuestionamos. Era un enigma que no podíamos resolver.

Mientras vagaba a pie buscando pistas físicas, también vagaba dentro de mi cabeza, haciendo preguntas y buscando pistas. Acabábamos de embarcarnos en nuestra expedición de 300 kilómetros, y ya estábamos perdidas. La civilización estaba a solo 15 kilómetros de distancia, y estábamos perdidas. Apenas había puesto

---

[6]Thomas Winnett y Kathy Morey, *Guide to the John Muir Trial* (Wilderness Press, 1998) p. 21.

un pie en la naturaleza, y estaba perdida. Físicamente perdida. Mentalmente perdida. Emocionalmente perdida.

Terminé donde Cappy estaba parada cerca de las mochilas, mirando el lugar donde el sendero había emergido de los árboles.

—Esto no tiene sentido —dijo ella, con las manos en las caderas y el ceño profundamente fruncido.

—No lo entiendo —asentí. Me senté en una roca y observé el pequeño lago y sus orillas.

Jane había caminado más lejos por la orilla del lago y estaba regresando a la zona cero.

—Nada —dijo.

Entonces se hizo el silencio.

El entusiasmo que nos había rodeado toda la mañana se desinfló rápidamente, dejándonos con la desesperación de no encontrar el camino. El tiempo se nos escapaba y necesitábamos averiguar cómo proceder.

Desde nuestros asientos de granito, observamos la montaña y los acantilados que se alzaban al oeste, buscando cualquier señal del sendero que conducía a la cima y buscando la muesca que podría ser el Paso Donohue. Si pudiera localizar el sendero en cualquier punto de la ladera, quizás podría seguirlo visualmente hacia abajo y averiguar cómo llegar desde donde estábamos varadas.

—¿Ves alguna señal de gente en la ladera? —pregunté—. Si tan solo viéramos a alguien caminando, tendríamos una pista.

Comencé en la cima de la cresta y recorrí sistemáticamente con la mirada la montaña de un lado a otro, buscando cualquier señal de sendero o de excursionistas en la ladera blanca y negra de la montaña.

Después de unos minutos, Jane saltó.

—Mira allá arriba, cerca de la cresta —señaló—. ¿Ves gente moviéndose por la nieve?

—¿Dónde? —preguntamos Cappy y yo al unísono.

Me puse de pie para ver mejor, como si acercarme un metro o dos metros a la montaña, que estaba a un kilómetro y medio, pudiera brindarme claridad. Me protegí los ojos con la mano para minimizar el reflejo de la nieve donde miraba.

Jane trabajó pacientemente para describir exactamente dónde mirar.

—¿Ves esa muesca cuadrada en la cresta? Veo pequeños puntos que se mueven de izquierda a derecha justo debajo del cielo, a la izquierda de esa muesca. —Continuó señalando con el brazo extendido—. ¿Los ves?

Recorrí lentamente con la mirada la línea blanca de la cresta de la montaña, justo debajo del cielo. Mis ojos se posaron en los puntos de colores que Jane había descrito. Parecían demasiado pequeños para ser personas, simples motas, pero se movían, así que debían serlo.

—¡Sí que los veo! —dije, mientras la adrenalina empezaba a disipar mi desesperación.

—Son tres, ¿verdad? Dos negros y uno rojo —preguntó Cappy. Estábamos hombro con hombro al borde del agua, mirándonos y señalando.

—Cierto —dijo Jane—. Pero acaban de cambiar de dirección. El punto de referencia ahora se mueve de derecha a izquierda.

—Deben estar caminando en zigzag —dije.

La emoción se apoderaba de nuestras voces. Tenía ganas de animarlos. Los mantuve en la mira como un rayo rastreador, intuyendo que, si desviaba la mirada, los perdería. Dudé incluso en parpadear, por miedo a que desaparecieran.

—Parecen estar bajando, ¿no crees? —dijo Cappy.

A pesar de la gran distancia hasta los puntos multicolor que descendían, todas confiábamos mucho en el avistamiento. Tardarían mucho en descender, pero al menos sabíamos que finalmente hubiera una solución a nuestro problema. Alternando entre caminar de un lado a otro y sentarme, seguí el lento avance de los puntos por la lejana ladera nevada.

De repente, como por arte de magia, un grupo completamente distinto de cinco excursionistas veloces apareció justo enfrente de nuestro pequeño lago. Tan absorta en observar esos puntos distantes, que me quedé atónita por la repentina llegada de ese nuevo grupo.

Moviéndose como un tren de alta velocidad con cinco vagones, el grupo se precipitó por el sendero antes invisible, ahora tan evidente como si estuviera hecho de rieles de hierro. Al llegar al otro extremo de nuestra barrera acuática, no redujeron la velocidad ni vacilaron, simplemente se lanzaron. Moviéndose a toda velocidad, cruzaron la amplia extensión, empapados hasta las caderas, caminando directamente hacia donde los observábamos, boquiabiertas.

Me quedé perpleja. Estos excursionistas, sin dudarlo, habían caminado con seguridad por el agua justo en el lugar que habíamos considerado imposible de cruzar. La líder del grupo, una mujer fuerte, bronceada y musculosa, aminoró la marcha solo el tiempo suficiente para que respondieran algunas de las preguntas que les hicimos.

—Sí. Excursionistas del PCT —dijo la líder.

Caminaban hacia el norte por el Sendero de la Cresta del Pacífico (PCT), habiendo comenzado en marzo en la frontera con México y planeando llegar a la frontera con Canadá en otoño. El Sendero se superpone al PCT en casi toda su distancia, mucho más corta, de 320 kilómetros.

Sus respuestas a nuestras preguntas llegaron en fragmentos de frases entrecortadas, mientras seguían avanzando junto a nosotras, sin detenerse nunca del todo.

—Me dirijo a Tuolumne para la parrilla y el correo.

—Y las regaderas.

Estaban ansiosos por llegar al Campamento de Mochileros Tuolumne Meadows, donde les esperaban baños calientes, provisiones y las famosas hamburguesas de la parrilla. Sus ojos revelaban intensidad. Tenían la intención de recorrer esos 16 kilómetros antes de que comenzara la lluvia.

—¿Cómo está el paso? —preguntó Cappy.

—Hay mucha nieve en la cima, el sendero es invisible, pero no como en los pasos del sur. En realidad, es bastante fácil.

—¿Vas de excursión con chanclas? —le pregunté a la mujer que iba delante.

—Sí. Llevo 300 kilómetros sin usar botas. Vadear ríos es mucho más rápido. No hay paradas para cambiarse de zapatos.

Observé sus pies en movimiento. Llevaba calcetines de senderismo REI empapados y resistentes, como los míos, dentro de unas chanclas Teva desgastadas, como las mías. «Sin duda, una señal»...

—¿Qué tal el clima allá arriba? —preguntó Jane.

—Se acerca una gran tormenta. Truenos y relámpagos.

—¿Podemos pasar por Donohue hoy? —quise saber.

—Claro. Pero dense prisa. —Miró su reloj—. Son apenas las doce y media. Tienes un par de horas. No son ni tres kilómetros.

Mientras se desarrollaba esta conversación a toda velocidad, Zoe y Nemo los alcanzaron y se quedaron escuchando atentamente. En cuestión de segundos, los PCT desaparecieron por el sendero, prácticamente corriendo hacia Tuolumne y esos baños calientes. Todo sucedió tan rápido, como un encuentro mágico.

—No puedo creer que hayan pasado justo aquí, frente a nosotras —dije, girando lentamente la cabeza de un lado a otro con incredulidad.

—Y yo no puedo creer que hayamos desperdiciado todo ese tiempo buscando lo que estaba justo debajo de nuestras narices —dijo Cappy.

—Es increíble que hayan estado caminando durante cinco meses —dijo Jane.

—¿Puedes creer que haya caminado tanto en calcetines y chanclas? —Pensaba que acababa de demostrar que la idea no era una locura—. Esas no eran personas reales, ¿sabes? ¡Eran ángeles del sendero que nos ayudaban a encontrar el camino!

Seguimos con ese «no lo puedo creer» mientras Cappy y yo nos apresurábamos a quitarnos las botas y ponernos unas chanclas. Luego nos metimos en el agua, intentando imitar el paso seguro y vigoroso de los senderistas. Nuestros pasos eran más tímidos que los suyos. Nuestros pies no estaban tan acostumbrados a atravesar un lecho irregular bordeado de cantos rodados lisos y redondos. Aún no habíamos aprendido a mantener el equilibrio ante la fuerza de la corriente.

Hecha de nieve apenas derretida, el agua estaba gélida. Absorbió el calor de mis dedos de los pies hasta entumecerlos, y un dolor agudo me atravesó las espinillas y las ingles en el breve tiempo que estuvieron sumergidos. Empapados hasta las caderas, salimos del Lyell riendo con renovada determinación y emprendimos la primera subida realmente empinada que encontramos. Zoe y Nemo nos seguían de cerca.

Tomé la delantera por el sendero estrecho y ascendente. Era un placer caminar con chanclas. Mis pies y mi espíritu estaban liberados y sin dolor. Nada rozaba ni presionaba nada al caminar. Mis pies, sin dolor, marcaban un ritmo rápido.

El sendero de piedra mojada relucía plateado y estaba salpicado de charcos y bordeado por arroyos temporales. Un arroyo de verdad, la cabecera del propio Lyell, tan ancho que requería una o dos zancadas chapoteantes, cruzaba el sendero repetidamente, a veces confundiéndolo con su propio lecho y deslizándose precipitadamente por el mismo espacio estrecho por el que caminábamos. Sin siquiera bajar el ritmo, tomé una foto rápida de una docena de brillantes escaleras plateadas que trepaban hacia el cielo.

A mitad de camino, el sendero giró hacia el sur, serpenteando a través de un extenso conjunto de enormes rocas angulares, siguiendo una gran fisura en la montaña.

Cuando me cansé, Cappy tomó la delantera, animándonos a caminar más rápido. La altitud dificultaba cada vez más la respiración, encontrar oxígeno para alimentar los músculos de mis piernas. Aparecieron manchones de nieve entre las rocas cuadradas, y la nieve derretida lloviznaba y gorgoteaba a nuestro alrededor. Llevé mis piernas y mis pulmones al límite. Tiré y empujé con los brazos y los bastones de senderismo. Mis ampollas se sintieron mucho mejor, pero el tobillo aún me punzaba con cada paso. Mis pantorrillas y muslos se debilitaban, se volvían gomosos, y cada respiración era un intento agresivo de extraer oxígeno del aire cada vez más enrarecido. Seguramente, la cima del paso no podía estar mucho más lejos.

El cielo se oscureció, pasando de plateado a peltre, y la temperatura bajó. Me esforzaba tanto escalando que aún tenía calor, pero ese calor desapareció rápidamente de mi piel. Zoe y Nemo ya no estaban a la vista. De nuevo, se habían quedado muy atrás.

—No estoy segura de que lleguemos a la cima antes de la tormenta —dije, expresando mi preocupación.

Llevaba un tiempo ansiosa, pero a medida que me cansaba más, esa sensación se convirtió en miedo. No quería que me sorprendiera una tormenta eléctrica cerca de la cima del paso. Tanto Cappy como Jane eran más expertas en montaña que yo, así que quería que me aseguraran que todo iba bien.

—Estamos bien —respondió Cappy sin bajar el ritmo—. Aún es temprano. Solo es la una y media. Nunca llueve hasta las cuatro.

—El cielo se está poniendo terriblemente oscuro. —Utilicé mis bastones de senderismo cada vez más para impulsarme hacia arriba y quitarle algo de presión a mis piernas debilitadas.

—Creo que estamos bien —dijo Jane—, pero vigilemos de cerca las nubes.

—Sigue caminando rápido —añadió Cappy—. Me preocupa menos la tormenta que recuperar el tiempo que perdimos allá. Tenemos que cruzar el paso y llegar hasta el Arroyo Lower Rush hoy.

Dije:

—De acuerdo —pero lo que pensé fue: «Esto no es buena idea. Nos estamos adentrando en una tormenta. No quiero que me mate un rayo».

Caminé tan rápido como pude, en mi mente corrí, y observé el camino que tenía delante para evitar mirar al cielo.

Al rodear una enorme pila de rocas del tamaño de un autobús, vi el cielo que se abría ante nosotras hacia el sur. Donde el cielo a nuestras espaldas permanecía despejado, azul China, y arriba, gris acero, las nubes se alzaban enormes y negras, como una cortina color pizarra justo más allá de lo que creí que era la cima abovedada del paso. La siguiente curva del sendero nos ocultó el cielo, pero no pudo ocultar el rugido sordo de un trueno lejano. Cada vez había más nieve a los lados y a lo ancho del camino, y amplias franjas blancas se extendían por todas partes.

—No estoy segura de que sea buena idea. Esto se está poniendo aterrador. —Ahí está. Me armé de valor para decirlo en voz alta.

—¿Qué? —gritó Cappy. No me había oído por el viento y el estruendo de los truenos.

Grité para repetirme. Nadie respondió.

—No creo que esto sea seguro —grité de nuevo. Tenía las piernas casi agotadas, respiraba con dificultad y tenía mucho frío. Quería sacar la chamarra de la mochila, pero no quería detenerme y perder tiempo. Lo que realmente quería era dar la vuelta, regresar por donde habíamos venido y buscar un lugar donde resguardarme de la tormenta a menor altura, pero dudaba de mí misma.

—Ya casi llegamos. Estamos a menos de 400 metros de la cima —dijo Cappy—. En solo unos pasos más, subiremos y bajaremos sanos y salvos por el otro lado antes de que llegue la tormenta.

«¿Cómo podía tener tanta confianza?» Me sentía como una cobarde, una miedosa. Primero, me torcí el tobillo. Luego estaban las ampollas. «¿Soy la única que tiene miedo?» Luché por controlar el miedo y seguir adelante.

«Dios mío, qué cobarde soy», pensé. «Tenía miedo de avanzar y de admitir que quería regresar». Era solo el segundo día de un viaje de cuatro semanas, y ya me enfrentaba a desafíos físicos y emocionales que superaban mis expectativas, quizá mi capacidad de superarlos.

—Creo que estaremos bien —asintió Jane con Cappy—. Pero regresaremos si es necesario.

«¿Cómo sabremos cuándo lo necesitamos?», pensé. «¡Creo que lo necesitamos ahora!» Pero seguí adelante, confiando en la mayor sabiduría de mis compañeras.

De nuevo, el sendero giró y nos ofreció una vista despejada del cielo que se cernía sobre la cresta redondeada que teníamos delante. Magníficas nubes de tormenta bullían y se agitaban al otro lado del paso, aún a la distancia. Seguimos adelante, moviéndonos tan rápido como nuestros músculos cansados y pulmones jadeantes nos lo permitían. Era una carrera. Teníamos que llegar a la cima antes de que llegara la tormenta, y entonces podríamos deslizarnos con seguridad por el otro lado. Parecía que la cima estaría a la vuelta de la esquina... o de la siguiente... o de la siguiente.

El Paso Donohue era un paso muy ancho y llano que formaba un suave arco, no una punta, en el cielo. Solitario, como un centinela sobre el granito desnudo que se interponía en nuestro camino, se alzaba un desgastado letrero de madera. Apuntalado por rocas alrededor de su base, pero inclinado precariamente entre charcos y manchones de nieve, el letrero tallado marcaba la altitud a 3,300 metros.

—¡Solo faltan 15 metros para llegar a la cima! ¡Ya casi llegamos! —gritó Cappy con entusiasmo.

En cuestión de segundos, llegaríamos a la cima y descenderíamos sanas y salvas. Un poco prematuramente, respiré aliviada.

Unos pocos pasos más nos llevaron a la cima largamente buscada.

Tan cerca que podía tocarla con la mano, la monstruosa tormenta acechaba, lista para abalanzarse. Un relámpago brillante se precipitó desde la nube negra hacia el suelo. Un segundo relámpago le siguió. La tierra bajo mis pies se estremeció con el trueno.

En el preciso momento en que nosotras llegamos a la cresta desde el norte, el monstruo llegó a la cresta desde el sur, y nos encontramos cara a cara en un curso de colisión.

Ya no hubiera manera de descender de la montaña; nos habían engañado y ahora estábamos atrapadas. La tormenta llenó el cielo con una energía furiosa, negra y arremolinada. Las nubes se precipitaron ferozmente sobre la cresta.

El monstruo se había tragado el cielo.

Nosotras éramos las siguientes.

No hace falta decir que las tres sobrevivimos para contar esa desgarradora historia de la tormenta. Aunque en aquel momento no estaba segura de sí saldríamos con vida. Incluso en medio del terror, me sentí avergonzada al imaginar los titulares póstumos de los periódicos:

«Hallados los cuerpos de tres mujeres insensatas en la cima de un paso de montaña.»
«La estupidez y los rayos no se mezclan: tres muertas.»
Lo peor:
«Su hijo pregunta: "¿Qué demonios hacía mi madre ahí arriba en medio de esa tormenta?"»

Tras agazaparnos en nuestras pequeñas hendiduras mientras la tormenta rugía a nuestro alrededor, finalmente nos liberamos del corazón de la tormenta. Con los pies congelados, descendimos rodando desde la cúpula de Donohue y cruzamos la enorme ladera de talud en la cara sur del paso. Éramos tres cuerpos diminutos, desprendidos por la montaña, al igual que los miles de peñascos que rebotábamos y arrastrábamos. Nuestro rocoso descenso hacia la gran cuenca de granito en la cara sureste del Paso de Donohue terminó en la amplia pradera verde que, desde la cima, parecía una diana verde del tamaño de una estampilla.

El sendero que cruzaba la pradera, de barro color chocolate, era resbaladizo y estaba salpicado de charcos profundos, mientras que la pradera a ambos lados estaba empapada y esponjosa, con la hierba aún más resbaladiza que el barro. Seguimos el sendero hasta que llegamos a su final repentino.

Dividiendo la pradera, el Arroyo Rush hacía honor a su nombre. Estaba inundado por la lluvia que nos había perseguido montaña abajo. La franja café lodosa que seguimos conducía a la orilla, se adentraba en el arroyo inundado y luego reaparecía al otro lado, tentadoramente cerca y frustrantemente inaccesible.

Descrito en la *Guía Winnett* como un «vado serio... difícil a principios de temporada», el arroyo Rush, crecido hasta seis metros de ancho y burbujeante, nos bloqueaba el paso.[7] Nos detuvimos en su orilla y observamos el agua y el sendero al otro lado.

---

[7] Thomas Winnett y Kathy Morey, *Guía para el juicio de John Muir* (Wilderness Press, 1998), pág. 22.

—¿Cuál es el plan ahora? No pienso atravesar eso —señalé el arroyo enfurecido—. No con el agua tan alta.

Me desaté el pañuelo del cuello, lo usé para limpiarme la cara y luego lo metí en el bolsillo.

—Es bastante profundo, pero la tormenta está amainando. El arroyo se calmará por la mañana —dijo Jane con su voz tranquila y tranquilizadora.

Habíamos recorrido solo diez kilómetros ese día, igual que el día anterior, y muy lejos de nuestro destino previsto. Cappy se preocupó en voz alta por las consecuencias de no cumplir con el horario.

—Tenemos que seguir avanzando. Se suponía que debíamos estar recuperando los kilómetros que perdimos por la tormenta de ayer. Ahora, estamos aún más atrasadas.

—¿Dónde estamos y a qué distancia está el campamento en el Arroyo Lower Rush? —quise saber.

—Este es el Arroyo Upper Rush. Son uno o dos kilómetros y medio hasta el campamento de en el Arroyo Lower, todo cuesta abajo —dijo Cappy—. Voy a buscar un vadeo. Seguro que hay uno.

«¿Cómo puede ser tan optimista?», me pregunté.

Caminó de un lado a otro por la orilla del arroyo. Jane se unió a ella, y tras unos minutos de terquedad, yo también lo hice a regañadientes. Buscamos un lugar donde el arroyo se ensanchara y se hiciera un poco profundo, pero no encontramos ninguno. Jane aceptaba la situación con calma. Cappy estaba frustrada, pero resignada. Yo estaba aliviada.

Con frío, mojada y emocionalmente agotada, vi la barrera creada por el arroyo desbordado como un rayo de esperanza en la tormenta que aún rugía a nuestras espaldas. Quería parar, descansar y concentrarme de nuevo. Las experiencias de la tarde habían debilitado mi confianza. Mi ego estaba más que humillado, y la vocecita en mi cabeza, que cuestionaba mi capacidad para hacerlo, se hacía cada vez más fuerte. Una comida caliente y una buena noche de sueño podrían acallarla.

El exuberante prado verde, blando y húmedo, estaba sembrado de rocas y peñascos de granito gris, poco aptos para acampar. Buscando, encontramos una plataforma plana de granito que apenas podía albergar nuestras dos pequeñas casas de campaña. Desde una pequeña elevación al sur del sendero se veía el prado y el arroyo.

Ola tras ola de oscuras nubes de tormenta seguían surcando el cielo, impulsadas por ráfagas de viento. Cuando una borrasca pasaba, tras una pausa, otra la reemplazaba, prometiendo una larga noche. Señalando la enorme roca cuadrada encaramada en el extremo oeste de nuestra terraza de piedra, Cappy dijo:

—Esta pared podría protegernos del viento que seguro que viene con ella. —Señaló la siguiente pared negra de nubes que se cernía sobre nosotras.

—Antes de que llegue, podemos empezar a secar la ropa en estos arbustos —dijo Jane, siempre práctica.

Se quitó la chamarra y la extendió sobre uno de los arbustos leñosos que crecían al abrigo de la pared rocosa. Nos quitamos las capas exteriores mojadas y empezamos a decorar las rocas y arbustos circundantes, con la esperanza de que el aire los secara antes de que volviera a llover. Iba a refrescar y necesitábamos ropa seca por la mañana.

Miré mi reloj:

—Son las cinco. Quiero comer y estar lista para dormir a las seis.

Jane y yo sacamos la casa y, con mucha atención, la armamos rápidamente. Cappy puso su casa, del tamaño de un ataúd, en el estrecho espacio entre la pared de roca que nos protegía y la nuestra.

Entonces, como en una película a una velocidad un poco desmesurada, con cada oleada de nubes y grandes gotas de lluvia, nos apresurábamos a recoger la ropa que se estaba secando y meterla en las casas. Al pasar cada chaparrón, sacábamos la ropa húmeda y la volvíamos a colocar para que se secara. La rutina se repetía una y otra vez, las tres nos movíamos en círculos. Al mismo tiempo, envolvíamos en bolsas de basura de plástico las cosas que no podíamos llevar, nos preparábamos para cocinar una comida caliente y observábamos el tiempo. Incluso nuestras palabras eran pocas y eficientes, mientras nos dividíamos las tareas.

Entonces nos topamos con un muro. Mientras agarrábamos y arrojábamos nuestra ropa menos húmeda a las casas por quinta vez, las risas, a causa del cansancio, comenzaron simultáneamente con el diluvio.

Con las casas apretadas unas contra otras, maniobramos para subir sin traer las inclemencias del tiempo. Nos quitamos las botas embarradas, los calcetines empapados y el resto de la ropa mojada, que guardamos en las antesalas protegidas por los toldos. Solo en mi ropa interior y temblando, me envolví en mi bolsa de dormir y, en pocos minutos, me sentí abrigada. Asomando solo las manos y la cara por las solapas de la casa, nos turnamos para usar mi JetBoil bajo la protección de los toldos para hervir agua para comidas y bebidas calientes.

—Me siento como si no hubiera comido en días —dijo Jane mientras esperaba cinco minutos a que su cena liofilizada reposara.

—¡Madre mía! ¿Alguna vez has probado una comida tan deliciosa?

Los espaguetis picantes con salsa de carne que elegí estaban tan buenos como cualquiera de los que sirven en el mejor restaurante italiano. Es increíble lo efectivo que puede ser el condimento para un apetito voraz. Rematé mi deliciosa comida con un postre hecho con un puñado de M&M's de cacahuete.

Finalmente estaba caliente y saciada, pero aún era temprano. Aunque cansadas del cuerpo, todas permanecimos despiertas mientras la tormenta rugía a nuestro alrededor. Cappy tenía razón, y agradecíamos la gigantesca roca que nos protegía del viento. A pesar de la barrera, con cada ráfaga, el nailon antidesgarro ondeaba y las estructuras de aluminio se estremecían. Parecía que estábamos navegando la tormenta a la deriva en el mar en una pequeña embarcación, con las velas rizadas ondeando como locas, las drizas golpeando el mástil. Torrentes de lluvia azotaban la tela tensa como olas que caían en cascada sobre la proa.

Acurrucada en mi bolso de plumas, saqué la primera entrega de cincuenta páginas de *El Diablo en la Ciudad Blanca* de Erik Larson.[8]

—¿Les leo un cuento antes de dormir, chicas? —pregunté.

Acostada boca arriba, apunté con la linterna frontal a la primera página, esperando una respuesta afirmativa.

—¡Sí, un cuento para dormir! —La alegre voz de Cappy se oyó a través de la pared de nailon por encima del ruido de la tormenta—. ¿Nos vas a leer en voz alta, Joan?

—Ese es mi plan.

Les expliqué cómo había dividido la novela de bolsillo en cinco secciones, cada una de unas cincuenta páginas, y había enviado una junto con cada uno de mis cuatro depósitos de comida, guardando la primera parte para la ida.

—Me encanta que me lean —suspiró Jane desde su bolsa de dormir a mi lado.

—Y realmente disfruto leer en voz alta, así que está todo bien —dije, complacida de que mi sorpresa hubiera sido recibida con tanto entusiasmo.

---

[8] Eric Larson, *El Diablo en la Ciudad Blanca: asesinato, magia y locura en la feria que cambió Estados Unidos* (Knopf Doubleday Publishing Group, 2004), pág. 3.

Así, comencé la primera de muchas lecturas nocturnas en voz alta:

«La fecha era el 14 de abril de 1912, un día siniestro en la historia marítima, pero, por supuesto, el hombre de la suite 63-65, cubierta de refugio C, aún no lo sabía».

Tras dos capítulos intensos, con nuestro propio cielo nocturno inundado por la siniestra oscuridad de la tormenta, el agotamiento me invadió. Cerré el libro.

Punto de partida: Campamento Bifurcación Lyell 2,743 metros
Punto final: Arroyo Upper Rush, 3,139 metros
Punto más alto: Paso Donohue, 3,371 metros
Distancia recorrida: 10.4 kilómetros
Kilómetros acumulados: 20.9 kilómetros

Cruzando el límite

El sol brilla no sobre nosotros sino en nosotros. Los ríos no fluyen más allá, sino a través de nosotros, emocionante hormigueo vibra en cada fibra y célula de la sustancia de nuestros cuerpos, haciéndonos deslizar y cantar.

~ John Muir, fragmento sin fecha de los diarios de Muir, c.1872,
Citado por Linnie Marsh Wolfe en *Son of the Wilderness: The Life of John Muir*

Día tres
21 de julio de 2006

Punto de partida — Arroyo Upper Rush — 3,139 metros

Salí parcialmente de mi capullo de plumas para asomarme por el cierre de la puerta de la casa de campaña. La lluvia había parado, pero el cielo yacía sobre el suelo, cubriendo nuestra pradera con una espesa nube blanca. Hilados serpenteantes de niebla plateada se elevaban perezosamente del suelo empapado y flotaban en el aire, añadiendo su masa a la capa de nubes. Con la tenue luz de la mañana, la pradera aún no era verde, sino solo un tono gris más oscuro que el cielo. Las formas sólidas cerca de la casa de campaña brillaban como perlas por la humedad. Observé cómo el cielo comenzaba a aclararse, resaltando remolinos de niebla que se elevaban como espectros vaporosos.

Las nubes que nos abrigaban absorbían los sonidos, dejando tras de sí un silencio vacío. Mis oídos escudriñaron el aire, vislumbraron un atisbo de silencio, y luego se estiraron para recuperar el tenue ssshhh del Arroyo Rush. Ese sonido me trajo a la mente la imagen del agua fluyendo con furia del día anterior y el tenue sabor metálico del miedo. Tragué saliva e intenté reprimir un escalofrío.

Me puse varias capas de ropa para protegerme del aire frío y húmedo (capa interior, forro polar y ropa impermeable), salí y me dirigí detrás de una roca cercana para orinar. Luego, bajé de la plataforma, llevando la bomba y los bidones de agua hasta la orilla del arroyo para filtrar el agua para mi taza de cafeína caliente de la mañana. Hervir agua me pareció una tarea importante esa mañana, más que el día anterior. Tenía un frío infernal, y la sola idea de sostener mi taza caliente entre mis manos enguantadas me calentaba y aceleraba el paso.

Cuando regresé, Jane y Cappy ya estaban levantadas y preparando sus desayunos. A Cappy le gustaba empezar la mañana con un tazón de cereal caliente, con fruta seca por encima, y una taza de chocolate caliente, así que su cuerpo, abrigado con lana, estaba inclinado sobre el JetBoil calentando dos tazas de agua. Sus largos rizos rebeldes, ligeramente trenzados hacia atrás, le caían desde el gorro de punto que se había bajado hasta las cejas.

Herví otra tanda de agua, suficiente para bebidas calientes tanto para Jane como para mí. Como no me gustaba el cereal caliente, prefería las barritas de proteína sustanciosas. Esa mañana, le di un mordisco a una Barrita Luna de limón ácida y cremosa, mi sabor favorito, mientras me envolvía en una taza humeante de chai especiado con un chorrito extra de café instantáneo.

Las nubes bajas seguían ascendiendo hacia el cielo cada vez más brillante.

—Una escena un tanto fantasmal esta mañana, ¿no crees? —pregunté en voz alta, sin dirigirme a nadie en particular.

—Me recuerda a los páramos escoceses de las antiguas novelas victorianas —respondió Jane, abrazando su humeante taza de té negro.

Después de una pausa, dije:

—Lo único que falta es la música de la gaita.

—Eso sí que sería espeluznante —coincidió Jane.

—Este lugar está más bonito esta mañana que anoche —dije—. Ayer no tenía ganas de apreciarlo.

Una noche de sueño reparador no había logrado suavizar la voz ansiosa en mi cabeza. De hecho, esa mañana adoptó un tono adolescente. «Tengo frío. Estoy mojada. Me duelen los pies. Odio las botas. No me divierto. No es justo».

Su voz quejumbrosa se deslizaba en bucles por mi mente junto con los sonidos del río. «Tengo miedo. Quiero ir a casa».

Por suerte, nadie más podía oír mis pensamientos, o me hubiera sentido avergonzada y asustada. Tenía que aceptarlo: hasta el momento, esta caminata no era en absoluto lo que había imaginado. Tocar los anillos plateados en mi garganta y conjurar sus palabras inspiradoras no logró calmar mi ansiedad.

Después de desayunar, recuperé mi ropa mojada. Tenía dos cambios. La ropa que tenía en las manos, empapada durante la tormenta en la cima del Donohue, seguía mojada. La ropa que llevaba puesta, la misma que había usado en el campamento la noche anterior, estaba húmeda. A pesar de todo mi forro polar y ropa impermeable, tenía un frío terrible.

Debatimos qué hacer. Para seguir adelante, primero tendríamos que vadear el arroyo Rush, que aún corría hasta la cintura y era salvaje. Eso me asustó. Viajar con la ropa mojada también me preocupaba. ¿Deberíamos quedarnos o irnos? ¿Podríamos irnos? ¿Se podría vadear el arroyo?

—Estoy segura de que podemos hacerlo —dijo Cappy—. El arroyo ha bajado mucho esta mañana. Y tenemos varios kilómetros perdidos que recuperar.

Me miró, sus ojos lanzándome destellos de confianza.

Estaba acomodando mis pantalones cortos, camisa y calcetines mojados en un arbusto leñoso bajo el sol naciente.

—Ha bajado el agua —concordé—. Pero quiero esperar a tener un cambio de ropa seca. No creo que debamos arriesgarnos a la hipotermia viajando mojadas.

Temblaba de frío, de miedo o de ambos. «Me importa un cacahuate perder kilómetros», pensé.

Jane tenía un pie en cada campamento. No le daba miedo vadear el arroyo y podría haberse ido inmediatamente con Cappy, pero también le preocupaba caminar con la ropa mojada.

—¿Por qué no dejamos que el sol nos seque un poco la ropa y luego empacamos?

Mientras hablaba, el sol apareció brevemente entre las nubes pasajeras y luego volvió a desaparecer.

Cappy estaba segura de que podíamos cruzar el arroyo, segura de que debíamos empacar y caminar. Ante su confianza, me sentí cobarde. Pero me había sentido cobarde subiendo hacia el Paso Donohue, temerosa de la tormenta, pensando que debíamos regresar, tan cobarde que no pude hablar como debía ante la confianza de Cappy. Para compensar mi error, esa mañana me envalentoné.

Tenía muchas ganas de volver a la casa, taparme la cabeza con mi almohada inexistente y acurrucarme hasta que pasara la tormenta y saliera el sol. La voz desesperada en mi cabeza insistía: «Quiero ir a casa. Simplemente abandonemos esto, empaquetemos y demos la vuelta».

Si no me hubiera sentido tan insultada por mis propios pensamientos cobardes, quizá se me hubieran escapado. Apreté las mandíbulas con fuerza. El miedo y el orgullo luchaban por controlarse. «Llevas años soñando y preparándote para esta aventura», me dije. «No vas a rendirte». Así que allí estaba, paralizada, enfrascada en una batalla conmigo misma.

La voz de Cappy interrumpió las voces que discutían en mi cabeza.

—Joan, ¿me oíste? —

Me giré para mirarla. Estaba abrigada con su chamarra, con el gorro de lana bajado hasta las orejas. No se le veía ni un solo mechón de rizos.

—Lo siento. ¿Qué dijiste?

—Pregunté por tu ropa. ¿Está seca? —Su voz era paciente y compasiva, pero su inquietud revelaba su impaciencia por irse.

—Ha mejorado de estar mojada a húmeda —dije—. Solo un poco más.

Volteé cada pieza, como si fueran HotCakes en una plancha, dejando al aire lo que había estado en la parte inferior.

Mientras el sol intermitente disipaba el vapor del suelo húmedo y de nuestro equipo, intenté distraerme concentrándome en mis pies lastimados. Paso a paso, fui moldeando donas de molesquín y envolviéndome los pies con metros de cinta adhesiva. Me puse la tobillera y los calcetines menos mojados y las Tevas. Mis botas, abandonadas, colgaban de las agujetas en la parte trasera de la mochila.

Apenas había convencido a mis compañeras de caminata para que se quedaran a almorzar, hasta que nuestras cosas estuvieran completamente secas, cuando, exactamente a las 11 en punto, sucedieron dos cosas que cambiaron todo.

Primero, tres hombres, con mochilas llenas y bastones de senderismo, llegaron a grandes zancadas por el sendero fangoso, 50 metros más abajo de nuestra casa elevada. Habían descendido del Paso Donohue, igual que nosotras la tarde anterior. Se detuvieron donde el sendero se perdía en el arroyo Rush para conversar un momento, mirando río arriba y río abajo, y luego caminaron con seguridad por el agua hasta los muslos, haciendo que cruzar pareciera fácil.

Hubiera sido agradable hablar con ellos, hacerles una o dos preguntas, pero no creo que nos vieran en nuestra percha rocosa. Para cuando nos dimos cuenta de lo que estaba pasando, ya se habían ido.

Entonces, tal como habían aparecido mágicamente de la nada, el sol terminó de quemar hasta las nubes más altas, y en un abrir y cerrar de ojos, hasta la última brizna de gris se desvaneció. El cuenco verde en el que nos sentábamos, la cúpula azul del cielo y el granito plateado y peltre de las montañas nevadas que nos rodeaban encontraron simultáneamente sus colores y se volvieron vibrantes. ¿Cómo es que la belleza triunfa sobre el miedo? «¿Miedo? ¿Qué miedo? ¿Asustada? ¿Yo? ¡Esto es hermoso!»

—¡Si ellos pueden hacerlo, nosotras también podemos! —Cambié de opinión rápidamente.

—¡Somos mujeres, escúchanos rugir! —celebró Cappy.

Jane y yo desarmamos nuestra casa de campaña, sacudiendo las últimas gotas de agua antes de doblarla, enrollarla y guardarla. Recogimos la ropa y empacamos el equipo. En media hora, estábamos listas. Con mi miedo enrollado y metido en un bolsillo, me eché la mochila al hombro y caminamos hasta el punto donde el sendero se mojaba.

El agua en movimiento era un poco menos intimidante, ya que la habíamos presenciado conquistada apenas minutos antes. Donde el día anterior había estado gris y espumosa, ahora estaba clara, dejando al descubierto los guijarros que cubrían su fondo.

—Crucemos de una en una —dijo Jane—. Podemos vigilarnos y acudir al rescate si es necesario.

Cada una de nosotras dejó sueltas las correas del pecho y la cadera que sujetaban nuestras mochilas al cuerpo. Es una regla de seguridad en zonas rurales para vadear ríos. Es más fácil salir si uno cae al agua, lo que reduce el riesgo de que el peso de la mochila te sujete y te ahogue.

Cappy se aventuró a entrar al agua primero, usando sus bastones para estabilizarse. Se tomó su tiempo, avanzando sigilosamente, y cruzó sin contratiempos.

—¡Solo veinte pasos! ¡Mucho más fácil de lo que pensaba! ¡Pasen! —gritó.

Su expresión de alivio desenmascaró su preocupación previamente oculta.

Jane la siguió con igual cuidado y éxito. Las dos estaban en la otra orilla, sonriendo y animándome.

Armándome de valor y dejando atrás la cobardía interior, me adentré. El agua me azotaba desde la izquierda, mientras mis pies buscaban un punto de apoyo firme entre las piedras lisas y redondas. Usando mis bastones de senderismo para mantener el equilibrio, puse primero uno, luego el otro, por delante y fuera del camino que pretendía. Sentí la mochila alta y precaria al inclinarme hacia la izquierda, hacia el agua que se aproximaba. Al entrar, el agua me llegaba a las rodillas, luego a las caderas, después casi a la cintura. A mitad de camino, empecé a salir del agua, con el agua hasta las rodillas, los tobillos, tierra firme. Solté el aliento que contuve en un suspiro.

—¡Genial! ¡Lo logramos! ¡Genial! —Cappy era la animadora.

Celebramos chocando los cinco. No los tradicionales choques de cinco, sino chocando nuestros bastones de senderismo metálicos, como si chocaran las copas de vino en un brindis. Chocamos los bastones, en lugar de chocar los cinco.

En cuanto pisé tierra firme, recordé mi cámara. Estaba guardada en el bolsillo derecho de mis pantalones cortos de senderismo, aunque no tan segura. La saqué y la sujeté por el cordón de la muñeca. Goteaba. La sequé con mi pañuelo. Goteaba. La abrí y le sequé las entrañas. Goteaba. Nada de lo que hice cambió la situación. Había ahogado mi cámara.

Día tres, y ahogué mi flamante, diminuta, increíble y preciada cámara digital, la que compré especialmente para este viaje. Había pagado demasiado por la Nikon, pero la había justificado por mi Gran Plan. Mi Gran Plan, el Fotodiario de Senderos como Tema, se ahogó con mi cámara el tercer día.

Repasemos: caída, esguince de tobillo, ampollas sobre ampollas, pérdida, rayo a 3,300 metros de altura, experiencia casi mortal, cámara ahogada, plan frustrado. La Ley de Murphy era la única explicación. Todo lo que podía salir mal, de hecho, salió mal. ¿Qué sucedería después?

Esa vocecita, que se quedó en silencio un rato, volvió a la carga. Me alegré tanto de que nadie más pudiera oírla. «No puedo creer que hayas hecho eso. ¿Qué tan tonta puedes ser? ¿Cómo pudiste olvidar tu preciada cámara? ¿Y ahora qué vas a hacer? Tu plan con P mayúscula está arruinado. ¿Y ahora qué? Dejémoslo ya antes de que pase algo realmente horrible, incluso fatal. ¡Quiero irme a casa!» La ira era lo único que me impedía llorar.

Continuamos por el sendero, siguiendo el arroyo Rush que atravesaba la pradera alta y luego se adentraba en un bosque frondoso. El sol seguía brillando y, sin duda, en algún lugar, el mundo conservaba su belleza. Yo, sin embargo, caminaba bajo mi propia nube negra. Me dolía el corazón. Solo podía seguir ciegamente a las demás al ritmo que marcaban. Cada pocos minutos, me reprendía en voz alta:

—¿Cómo pude haber hecho eso?

Finalmente, después de caminar casi un kilómetro y recibir numerosas muestras de compasión de mis amigas, me disculpé:

—Siento mucho haber sonado tan malhumorada. Prometo que esto no durará mucho. Solo tengo que sacarme este trauma de la cabeza. Diez minutos más. Prometo que pararé después de diez minutos, quizás antes, si puedo.

No recuerdo nada de ese tramo del sendero. Pero, fiel a mi palabra, tras unos cientos de pasos más, me resigné y dejé de quejarme. Por desgracia, mi voz interior de adolescente crítico siguió quejándose y reprendiéndome un rato, pero ante el siguiente desafío, incluso ella dejó de hablar de la cámara.

Me despertó de mi autocompasión otro cruce del arroyo Rush. Esta era una versión diferente, no un vadeo, sino un acto de equilibrio en la cuerda floja. Un gran tronco, de sesenta centímetros de diámetro, yacía a gran altura sobre el arroyo. El agua subía cuatro metros más abajo, espumeando sobre las grandes rocas en su estrecho lecho. Mi mayor miedo, una fobia de toda la vida, se había materializado. La idea de caminar sobre ese tronco, balanceándome con una carga pesada sobre la espalda, sobre agua turbulenta y rocas afiladas con forma de dientes, me aterrorizaba hasta la parálisis. Bien podría haber sido una cuerda floja sobre el Gran Cañón.

Solo podía visualizar mi cuerpo cayendo de cabeza sobre las rocas y siendo arrastrado río abajo, solo para ser encontrado días después, a kilómetros de distancia, roto, maltrecho y atrapado en un obstáculo.

—No puedo con esto —susurré. El aire se arremolinó. Parpadeé para volver a enfocar.

Cappy saltó y cruzó el puente con paso rápido, ágil como una gimnasta olímpica en la barra de equilibrio. Segundos después, estaba de pie al otro lado, haciéndonos señas. Jane la siguió un poco más despacio, con más cautela, pero con la gracia de una bailarina. Luego, ella también se paró al otro lado. Ambas me miraron desde el otro lado del abismo, esperando que las siguiera de cerca.

—No puedo hacer esto —dije un poco más alto. Luego, vacilante, lo repetí una tercera vez, para que Cappy y Jane pudieran oírme por encima del monstruoso rugido del agua. ¿O era el rugido en mis oídos?— Tiene que haber otra forma de cruzar. Tiene que haberla.

Caminé un trecho río abajo. Luego regresé.

—Esta es la única forma de cruzar —anuncié—. No puedo cruzar ese tronco.

Me quedé paralizada, con las piernas clavadas en el suelo, inmóvil como troncos, otra vez como una cobarde. Antes de que la voz quejosa se alzara demasiado, se me ocurrió una solución. No podía cruzar caminando, pero me deslizaría sobre el tronco de nalgas.

Tras explicarles mi plan a Cappy y Jane, les lancé mis bastones de senderismo, uno a uno, como lanzas por el abismo. En el proceso, de mí muñeca, mi hermoso brazalete de cuentas blancas de la buena suerte, salió volando de mi brazo, describiendo un elegante arco en el aire antes de caer al río, una ofrenda ritual involuntaria a la diosa del río.

—¿Bromeas? ¿Tú también quieres eso? —le pregunté al río con total incredulidad, con lágrimas aflorando, pero sin caer. «No llorarás», me ordené.

Aferrándome a la fuerza, el coraje y espíritu de los anillos de mi collar, abrí los ojos—. Aquí no pasa nada —dije en voz alta.

Solté las correas de mi mochila, me senté a horcajadas sobre el tronco ancho como si fuera una silla de montar y comencé a avanzar. El tronco era tan ancho y su corteza tan áspera que debía tener cuidado de moverme solo unos centímetros a la vez, para no destrozarme las piernas o volcarme.

Me llevó varios minutos, y tuve que arrojar mi orgullo al río para lograrlo, pero pude llegar a la seguridad del otro lado. De pie, tomé aire para llenar mis pulmones.

—Gracias a ambas por su paciencia hoy —supliqué—. Me pondré bien. Lo prometo.

La emoción que me había acompañado el primer día se había desinflado por completo. No me quedaba ni un ápice de orgullo ni de confianza. Como una nueva recluta en un campo de entrenamiento, el camino me había doblegado. Solo esperaba que tuviera un plan para convertirme en una buena guerrera.

Mis compañeras de aventuras fueron amables y alentadoras, acumulando puntos de karma como piedras equilibradas en un hito a la altura de la cabeza.

El sendero seguía el arroyo Rush, que descendía con turbulencias a través de bosques de abetos gigantes de corteza roja y amplias praderas verdes, saltando ocasionalmente de una orilla a otra. Eso, por supuesto, significaba que teníamos que cruzar el arroyo una y otra vez. A veces lo vadeábamos; otras veces, el sendero se elevaba sobre escalones bien colocados. Los cruces que más detestaba eran estrechos puentes de troncos, aunque ya no fuera necesario arrastrarse.

Caminando, observaba mis pies y pensaba. Una vez leí que se podía aprender a ser paciente fingiendo serlo. Al fingir, engañándote a ti misma y a los demás con tus acciones, en realidad estabas siendo paciente. Me preguntaba si eso funcionaría con otras virtudes, como la fuerza y el coraje. «¿Podría fingir que era valiente?» Saqué los dijes de mi collar de debajo de mi playera y los froté entre mis dedos. Me pregunté: «¿Puedo engañarme a mí misma creyendo que soy valiente? Tal vez. Vale la pena intentarlo».

Finalmente, el sendero dejó el Arroyo Rush y ascendió hacia Island Pass, el reto de la mañana siguiente. Aunque el cielo seguía azul, podíamos ver las nubes acumulándose sobre el paso. El rugido de un trueno lejano que se acercaba nos hizo evidente nuestra siguiente opción. No hubiera más tormentas eléctricas de gran altitud para estas tres damas. Decidimos acampar en la cima plana de una meseta baja de granito cerca de uno de los pequeños arroyos. La meseta estaba rodeada por tres lados y medio de agua, un estanque tranquilo y sereno, un par de arroyos que resonaban y una marisma cubierta de hierba.

Con nuestras casas de campaña montadas, nos relajamos y admiramos el hermoso entorno, similar a una gruta. Una suave brisa se mecía entre los árboles, acompañando el sonido musical del agua en movimiento. Encima de nuestra roca plana se alzaba una cúpula más alta de granito gris. Tras comer algo, subimos a su cima soleada para relajarnos y admirar la vista. Desde allí, observamos cómo las nubes se acumulaban sobre los picos del sur. Mi diario de esa noche dice: «Juntos, el sol y las nubes jugaron un dinámico juego de luz y color con el cielo y las montañas como lienzo».

La tormenta y sus rugidos aún estaban lejos, así que teníamos tiempo de sobra para disfrutar del sol. Quizás un poco de meditación o yoga. Quizás escribir un poco en nuestro diario. ¿No? ¿Y qué tal ahuyentar a las marmotas jóvenes y hambrientas? Roedores fornidos del tamaño de cajas de botas, las marmotas suelen ser criaturas tímidas que se tiran a tomar el sol hasta que te acercas demasiado, y luego corren a esconderse entre las rocas. Estas dos no. Eran auténticas temerarias, aventurándose en silencio justo al lado de donde estábamos sentadas, buscando el pequeño montón de botanas que habíamos llevado.

—¡Fuera! —gritó Cappy, agitando las manos como si estuviera espantando moscas.

—Ahora retrocede, pequeño pícaro —le advertí a una de las criaturas, mirándola a los ojos. No parecía intimidada.

—¡Mira atrás! Se está escabullendo por esa roca. —Jane señaló hacia atrás.

Eran una pareja astuta. Mientras una se acercaba por la izquierda y nos llamaba la atención, la otra daba la vuelta por la derecha y se acercaba sigilosamente. Las marmotas parecían tener docenas de pasadizos secretos dentro y alrededor de la cúpula rocosa, así que podían desaparecer en un lugar y emerger de otra grieta instantes después. Una casi llegó a mi bolsa de almendras antes de que sintiera su presencia a mi lado.

—¡No puedes tener mi comida! ¡Aléjate de mí! —la sermoneé, apretando mi comida contra mi pecho y mirándolo con mi mejor mirada de maestra.

Esas criaturas peludas eran lo suficientemente grandes como para intimidarlas un poco. Nos pusimos a lanzarles piedras del tamaño de canicas, apuntando lo suficientemente cerca para mantenerlas alejadas, pero sin golpearlas. El juego del gato y el ratón duró treinta minutos, hasta que finalmente logramos convencerlas de que se mantuvieran a distancia. Sin embargo, permanecimos atentas, lo que significaba que ni el yoga ni la meditación eran una posibilidad real.

Cayeron unas gotas de lluvia gruesas justo cuando el sol desaparecía entre las nubes. Saltamos para un rápido descenso, dejando la cúpula a las marmotas y refugiándonos en nuestras casas de campaña. Con el acompañamiento de la lluvia sobre el tejado, leí en voz alta fragmentos de nuestra novela por entregas: Mientras tanto, en Chicago, «El cielo me llamaba», y los edificios ascendían hacia el cielo, transportados por ascensores de nueva invención, hasta dominar el horizonte, quizás un poco como los picos de la Sierra que nos rodeaban.[9]

El vendaval duró poco, y en treinta minutos volvimos a emerger con la cena en mente. Los mosquitos del lugar pensaban lo mismo. ¡Hora de cenar! ¿Por qué no se nos había ocurrido que agua por todos lados también significaría mosquitos por todos lados? Antes de que pudiéramos avanzar con la preparación de la cena, nos pusimos pantalones y mangas largas, nos rociamos con Deet e incluso buscamos un mosquitero para la cabeza.

—Por poco y no empaco esto —dije mientras me ponía la redecilla verde oliva sobre el sombrero y la cabeza—. No pensé que en realidad la necesitaría.

La redecilla tenía la forma de un gorro de baño extragrande hecho de malla fina, con elástico en el borde inferior. La visera del sombrero mantenía la redecilla alejada de mi cara, y el elástico la ajustaba alrededor de mi cuello, de modo que flotaba como una burbuja verde alrededor de mi cabeza. A través de la redecilla, el mundo se teñía de un verde agua.

—Estas al grito de la moda. Te queda bien —dijo Jane desde debajo de su propia mascarilla de malla.

—¿Tú crees? —respondí, haciendo muecas por una cámara inexistente—. La única razón por la que la agregue es porque pesa muy poco. Ahora, creo que hubiera valido la pena empacarla, ¡aunque pesara medio kilo!

---

[9] Eric Larson, *El diablo en la ciudad blanca: asesinato, magia y locura en la feria que cambió Estados Unidos* (Knopf Doubleday Publishing Group, 2004), pág. 23.

—A nuestros amiguitos les encanta tu camisa blanca, Cappy —dije—. Tienes cientos de mosquitos en la espalda, muchos más que Jane y yo.

—Parecen lunares negros en movimiento —dijo Jane. Cappy bajó la vista para inspeccionar su camisa. Al levantar el brazo, los lunares se despegaron, flotaron un instante y luego volvieron a sus lugares en la tela blanca.

El zumbido de tantas alimañas que se lanzaban en picada casi ahogaba la conversación humana.

—Tengamos cuidado al entrar y salir de las casas, y manténgalas cerradas siempre que podamos. Lo último que necesitamos es que uno de estos pequeños monstruos se acerque y nos deje dormir —dijo Cappy.

Cenamos dentro otra vez. Decenas de mosquitos zumbaban y danzaban sobre la superficie de las casas. Solo un par logró colarse mientras entrábamos, y fueron aniquilados rápidamente, estrellados contra el techo.

—¿Desprendemos un aroma delicioso? ¿O es el calor corporal lo que los atrae? —me pregunté en voz alta entre bocados de sabroso stroganoff de res.

—Buena pregunta —dijo Jane.

Las criaturas rodeaban las casas como un ejército asediado. Era interesante observar sus travesuras tras la seguridad de la barrera de nailon.

Con la barriga llena, Jane y yo nos acostamos sobre nuestras bolsas de dormir. Escuchábamos a través de las paredes de nailon mientras, en la habitación de al lado, Cappy revisaba mapas y repasaba nuestra posición y la ruta del día siguiente.

—El plan original era cruzar Island Pass hoy y acampar en el Lago Thousand Island esta noche —nos recordó—. En cambio, acampamos dos kilómetros y medio más abajo del Paso y no llegaremos al lago hasta bien entrada la mañana siguiente.

En su voz se percibía frustración o decepción. No podía ver su rostro a través de las paredes de la casa de campaña, así que no estaba segura de cuál de las dos era.

—Entonces, ¿ya llevamos un día de retraso respecto al tercer día? —preguntó Jane.

—Así es —dijo Cappy—. Tenemos que recuperar la distancia.

Parecía que se tomaba el retraso como algo personal.

—El tiempo nos ha perjudicado mucho, Cappy —dije—. No te preocupes. Con unos días secos, nos recuperaremos.

Era mi turno de brindar confianza.

—Hay que ver el lado bueno —dijo Jane—. Estaremos en el paso a primera hora de la mañana, mucho antes de que llegue la tormenta.

—Cierto —concedió Cappy a través de la pared de nailon. No parecía apaciguada.

Después de revisar el itinerario cambiante, me puse la linterna frontal para examinar la cámara con atención. Abrí el compartimento de la batería y sequé cada grieta y hendidura con mi pañuelo. Luego hice lo mismo con la ranura de la tarjeta de memoria. Crucé los dedos y puse el interruptor de encendido en la posición de encendido.

Nada.

Pulsé un segundo interruptor para ver las fotos que ya había tomado. La pantallita parpadeó. Contuve la respiración. La imagen del sendero que subía por las escaleras plateadas hacia el Paso Donohue apareció en la pantalla de cinco centímetros. Era la última foto que había tomado. Exhalé y presioné la flecha para retroceder en el tiempo entre dos docenas de fotos guardadas. Volví a la primera foto de los tres posando junto al letrero inicial del sendero en Tuolumne Meadows.

Mi entusiasmo y esperanzas se expandieron hasta llenar la casa de pequeños chillidos. Pero mi burbuja estalló al minuto siguiente cuando, conteniendo la respiración de nuevo, volví a cambiar el visor a la cámara. La pantalla estalló en patrones de blanco sobre negro, relámpagos dramáticos, la agonía de la cámara, antes de quedarse en negro permanente. Gruñí, apagué la linterna frontal y dejé la cámara a un lado.

—Buenas noches, amigas mías —dije, rodando hacia un lado para mirar la pared vacía de la casa.

—Buenas noches —respondieron cada uno.

—Mañana será mejor, Joan —dijo Cappy.

—Menos mal —dije. Luego, tras una pausa, añadí—: Seguro que tienes razón.

Antes de poder dormir, me quedé pensando un rato. Integrarme con la naturaleza estaba resultando más difícil de lo que había previsto. Había perdido mi pulsera, mi cámara, mi orgullo y mi Gran Plan. Pero, con el apoyo de mis compañeras, seguía enfrentando mis miedos y (a veces) incluso disfrutaba de la belleza que nos rodeaba.

«Mañana será mejor. Seré valiente. Seré fuerte.»

Punto de partida: Arroyo Upper Rush, 3,139 metros
Punto final: Cruce del Sendero del Lago Davis (Campamento Gruta), 2,950 metros
Punto más alto: Arroyo Upper Rush, 3,139 metros
Distancia recorrida: 4 kilómetros
Kilómetros acumulados: 24.9 kilómetros

Gemas en bruto

La nieve se derrite en música.
~ John Muir, *John of the Mountains: The Unpublished Journals of John Muir*, Editado por Linnie Marsh Wolfe, 1979

Día cuatro
22 de julio de 2006

Punto de partida — Cruce del Sendero del Lago Davis (Campamento Gruta) — 2,950 metros

Los millones de mosquitos que se nos habían presentado la noche anterior nos saludaron de nuevo por la mañana.

—¡Déjenme en paz! —dije agitando las manos alrededor de mi cara. Me costaba ver qué hacía con esos pequeños puntos negros revoloteando ante mis ojos.

—Ignóralos —dijo Cappy con sereno desdén. Por alguna razón, no rondaban a su alrededor.

—¿Por qué están todos aquí? —Estaba trabajando doble tiempo para empacar.

—Ella no es tan dulce como tú y yo —rió Jane. Ella también se apresuraba.

—Debe ser cierto —asentí y cargué mi pesada mochila, pasando los brazos por las correas de los hombros y abrochándome el cinturón. Momentos después, partíamos hacia nuestro segundo gran paso, Island Pass.

El sendero serpenteaba entre curvas y revueltas que nos llevaban por la empinada ladera de la cresta. A veces cruzaba amplios tramos de granito salpicados de piedras erráticas, esos antiguos menhires abandonados por los glaciares. Otras veces ascendía por el suelo abierto del bosque a la sombra de imponentes pinos contortos de tronco recto.

Hicimos una pausa para respirar en un giro en U a mitad de camino hacia la cima. Ya calentitas y lejos de los mosquitos, Jane y yo cambiamos nuestras mangas largas: yo por una playera azul brillante, Jane por su playera rosa chillón. Cappy siempre caminaba con la misma playera blanca holgada de manga larga. Apoyada en una gran roca oscura, bebí agua y me metí una menta en la boca.

—Este sendero me recuerda al sendero a Loch Leven. —Jane se refirió a un sendero cerca de casa que habíamos usado como práctica de senderismo unas semanas antes. Miré hacia el sendero que subía lentamente por la cara norte de la montaña.

—Por supuesto. Los mismos árboles, las mismas curvas —dije—. Y con la misma pendiente.

La cima del Paso Island, de 3,000 metros, era una cúpula ancha y plana salpicada de varios estanques pequeños, lagunas excavadas en la roca por un glaciar, como si se tratara de una gigantesca bola de helado. El aire matutino era claro y tranquilo, por lo que las lagunas eran espejos perfectos que reflejaban el intenso azul celeste del cielo y el plateado y peltre de las formaciones rocosas que las bordeaban.

Pequeñas manchas de nieve salpicaban los márgenes herbosos de las lagunas dondequiera que hubiera sombra.

Cruzando el amplio paso y mirando al frente, nos detuvimos bruscamente ante la impresionante vista panorámica. Hacia el sur, toda la tierra ante nosotras era una inmensa cuenca negra, con su borde formado por monstruosos picos negros, escarpados y afilados, tan afilados que arañaban el cielo. Extensas franjas de nieve cubrían las laderas y los hombros del Pico Banner, el más alto de los escarpados picos volcánicos que dominaban el amplio valle. Su imponente masa parecía elevarse verticalmente desde la misma orilla del Lago Thousand Island, aunque en realidad estaba bastante más allá.

Sus aguas profundas, de un azul intenso, salpicaban el inmenso lago con las islas que le daban nombre: algunas eran simples piedras arrojadas al agua, otras lo suficientemente grandes como para sostener árboles. El valle rocoso tenía algo épico: dragones o grifos se habrían sentido como en casa vigilando las orillas del lago.

—He leído tanto sobre este lugar; anhelaba visitarlo toda mi vida —dijo Cappy con voz reverente—. ¡Qué hermoso!

Extendió el brazo para contemplar el vasto paisaje.

—Es impresionante —concordé—. Los colores son tan intensos. Las formas son enormes.

Desde nuestra posición estratégica a 3,000 metros de altura, la vista era impresionante, y por un momento me quedé paralizada, incapaz de apartar la mirada.

Sacudiéndonos aquella fascinación, continuamos caminando por el borde oriental del valle, con Cappy a la cabeza. En un promontorio rocoso y liso que dominaba el vasto lago como un palco VIP, paramos a almorzar temprano. Con las piernas colgando sobre el borde de la pequeña cornisa, observamos el lago a lo lejos. Las ondas generadas por una ligera brisa convertían las ondulaciones del agua en el brillo plateado de la luz del sol.

La misma brisa se movía entre los árboles de hoja perenne circundantes, creando un psiturismo recurrente: un murmullo melódico que se acercaba y daba paso a un rítmico silbido en lo alto y delicados susurros de retirada. Sujeté los envoltorios de comida para que no se los llevara el viento.

—¿Cómo llamarías ese color? —pregunté, refiriéndome al lago—. ¿Es azul medianoche? ¿O ultramar? Quiero escribir sobre ello en mi diario esta noche.

Hubo una pausa.

—Creo que es el color de esos antiguos frascos de medicina de cristal azul —dijo Cappy—. ¿Tiene nombre?

—¿Frasco de medicina azul? —rebusqué en mis archivos mentales—. ¿Será cobalto?

—¿Y qué tal zafiro? ¿O lapislázuli? —preguntó Jane. Había extendido su pañuelo lavanda sobre el regazo como si fuera un mantel y estaba untando crema de cacahuate en galletas, comiéndolas lentamente una a una.

—Tienen razón —coincidí—, pero creo que las joyas son la mejor analogía.

Me acosté en mi mochila después de terminar el atún con las galletas y comencé a masticar mango seco.

—Zafiro será —anuncié.

—Leí algo interesante en la guía —dijo Cappy—. Durante los próximos 135 kilómetros, toda el agua que veamos; lagos, ríos y todo el hielo derretido, fluirá limpia hacia la costa y directamente a la bahía de San Francisco.

—No puedo imaginar que estas aguas salvajes de montaña se sentirán como en casa en la ciudad —dije, pensando en los 321 kilómetros que debe haber entre nuestro lugar en esa roca y el Golden Gate.

Mientras guardaba mi almuerzo, Jane y Cappy sacaron sus cámaras y empezaron a fotografiar el lago y las montañas circundantes. Busqué la cámara en el bolsillo, pero recordé que la había destrozado. La decepción me inundó el pecho al sentarme sin cámara en medio de un paisaje tan fotogénico, una vista gigantesca imposible de capturar en un marco de 10x15 cm, pero lo hubiera intentado de todos modos. Ojalá.

Me acosté, con la cabeza apoyada en las manos, y miré hacia arriba para observar el cielo. Unas nubes blancas y esponjosas surcaban lentamente la extensión azul, y dejé que su sencilla belleza se llevara mis pensamientos gruñones. Sin la comodidad de una tarjeta de memoria digital, me esforzaría por grabar las imágenes de montañas escarpadas y agua color zafiro en las células de memoria analógica de mi cerebro y así traerlas a casa.

Cappy cambió la cámara por el mapa y empezó a señalar los picos más emblemáticos más allá del lago.

—Toda esa pared montañosa de allá es la Cordillera Ritter. —Sus brazos recorrieron el cielo lejano—. El más cercano, con la cima cuadrada, es el Pico Banner. El más agudo, que se alza sobre el hombro izquierdo de Banner, es el Monte Ritter. —Una mano señaló a Banner, la otra a Ritter—. Más allá de ellos, ese grupo dentado son los Minaretes.

Balanceó el brazo, señalando la distante cresta festoneada.

Por alguna razón, oír todas esas etiquetas me irritaba. Me incorporé, me incliné hacia la escena, imaginé el conjunto de islas como una flota de barcos negros amenazando un pequeño puerto azul y el escarpado castillo negro que se alzaba sobre él, ignorando el ejercicio de nombrar.

Antes de irme, recogí una pequeña losa de granito afilada: gris con motas blancas, del tamaño de una moneda de cinco centavos. Le di vueltas en la mano, admirando el brillo que sus cristales blancos creaban al sol. «Si no puedo sacar fotos, me llevaré una piedrita», pensé, guardándola en el bolsillo de mis pantalones cortos.

El sendero caluroso y polvoriento recorría las orillas norte y este del lago, pasando por alto varios campamentos llenos. Hacia el sur, el sendero se convertía en la cadena dorada de un collar de lagos relucientes. Subimos y bajamos una serie de suaves pendientes, cada vez descendiendo a una cuenca de granito con su propio lago, cada uno del color de una joya diferente.

El pequeño Lago Emerald, al este, era un espectáculo fascinante: un ojo de gato, con su color azul verdoso irradiando desde las profundidades. Se asentaba en una cuenca de roca roja, encajada a la perfección, y se alimentaba de un par de glaciares en miniatura que descendían hasta la orilla helada del agua. El mal llamado Lago Ruby era más ópalo que rubí: el sol del mediodía y la cálida brisa convertían su superficie en una ondulante y reflectante mezcla de verdes y azules. El Lago Garnet, con sus docenas de islas en miniatura, era más esmeralda que el Lago Emerald o del cálido rosa dorado de un granate en bruto, según el ángulo de visión.

Con los bidones vacíos, buscamos un lugar con sombra cerca de la orilla del Lago Garnet para filtrar agua y llenarlos. Nos conformamos con un árbol solitario y raquítico en una península rocosa, que se extendía como un dedo gordo del pie embarrado probando el agua. Después de comer otra vez, revisé el vendaje de mi tobillo y la cinta de mis pies.

Cappy se dio un baño en el agua fría.

—¡Jane! ¡Joan! ¡Qué agua tan deliciosa! ¡Acompáñenme! —gritó mientras emergía de la superficie y se sacudía el agua de la cara. Se había sumergido por completo, y su melena le caía lisa y brillante por la espalda.

—Hace demasiado frío para mi gusto. ¡Pero disfrútalo! —No tenía intención de sumergirme en agua helada, pero estuve tentada de meterme hasta las rodillas como Jane. El agua me hubiera sentado bien en mis maltratados pies. Pero me contuve. Si se me mojaban las vendas, tendría que volver a ponérmelas por completo.

Mientras Cappy continuaba chapoteando y nadando de un lado a otro cerca de la orilla, Jane se unió a mí en el pequeño espacio de sombra creado por el árbol marchito.

—Me pregunto qué les pasó a Zoe y Nemo —dije, pensando de repente en nuestros primeros amigos del sendero—. Son jóvenes y fuertes. Sigo esperando que rebasen rugiendo junto a nosotras. La última vez que los vimos fue cuando cruzamos juntos la Bifurcación Lyell. Enseguida se quedaron atrás mientras subíamos hacia Donohue y nos enfrentábamos a esa terrible tormenta.

—No debían de estar muy lejos de nosotras cuando nos quedamos atrapadas en Donohue —dijo Jane—. Espero que estén bien.

—No se me había pasado por la cabeza que podrían estar en peligro —dije—. Solo me pregunto por qué dos jóvenes fuertes van rezagados detrás de tres «ancianitas».

—Qué raro, ¿verdad? —dijo Jane, pensativa—. No creo que los hubiéramos pasado por alto. ¿Tú sí? Habrían tenido que pasar de largo.

—¡Otro puente! ¡Madre mía! —dije al ver lo que me esperaba. Me invadió el miedo y se me encogió el estómago por la comida que acababa de comer.

Un puente esbelto cruzaba el arroyo de salida del Lago Garnet. Construido con dos troncos rectos y estrechos, unidos como palillos, se sostenía, en el centro del arroyo, por lo que parecía una torre hecha de troncos del tamaño de una caja de zapatos. El ancho arroyo corría velozmente, con el puente suspendido a solo unos centímetros de altura.

—¿Estás de acuerdo con esto? —preguntó Cappy.

—Estoy bien —les aseguré, poniendo mi cara más despreocupada para disimular mi creciente miedo. Si pudiera proyectar valentía y fuerza, tal vez los sentiría.

Jane cruzó primero, y la observé atentamente, intentando imitar cada uno de sus movimientos. El puente tenía el ancho justo para que pudiera apoyar una bota sobre cada tronco, pero no había espacio para las puntas de sus bastones de senderismo. Sostuvo ambos bastones en la mano izquierda y cruzó, lenta y segura, con la vista fija en sus botas y en el puente un paso por delante.

—¿Quieres ser la siguiente? —preguntó Cappy—. ¿O prefieres que vaya yo primero?

—Ve adelante. Te vigilaré. —Di un paso a un lado y ella cruzó corriendo, más rápida y segura incluso que Jane.

«Puedes con esto, Joan» me dije en un susurro tan bajo que ninguno de los demás pudo oírme. «Puedes con esto».

Me cambié los bastones a la mano izquierda, me desabroché las correas de la cadera y el pecho, y respiré lenta y profundamente un par de veces. Sentía los ojos de Jane y Cappy fijos en mí, observándome con la misma intensidad con la que yo las había observado, pero no levanté la vista.

Empecé con el pie derecho, colocándolo con cuidado sobre el tronco correcto. Era viejo y liso, con la corteza desgastada. Trasladé mi peso a ese pie, con determinación, y lo cambié al puente. Mi pie izquierdo encontró su lugar junto al derecho. Me paré en el extremo inicial del estrecho puente, como un saltador de competición preparándose para su salto paso a paso. Respiré hondo de nuevo, di un paso con el pie derecho y avancé.

«Sigue adelante» susurré.

Como al andar en bicicleta, es más fácil mantener el equilibrio cuando avanzas. Nunca miré hacia arriba ni al agua. Fijé la vista en los troncos en el pequeño espacio justo delante de mis pies, que avanzaban unos centímetros con cada paso. Apareció el final del puente de troncos. Bajé a tierra firme.

—¡Lo lograste! —Jane tenía una sonrisa en su rostro y en sus ojos oscuros; me tocó el hombro.

—¡No fue tan difícil! —dijo Cappy. No se imaginaba lo difícil que era.

— Estoy mejorando —admití—. No estaba tan inestable esa vez.

Me detuve a tomar algo y a que mi corazón se tranquilizara antes de continuar. Parecía un miedo irracional, pero me sentía humilde cada vez que me enfrentaba a cruzar un río.

El agua, tanto corriente como congelada, marcaba toda la longitud del sendero de escalada. Como si el día no nos hubiera deleitado ya con embriagadoras vistas panorámicas, la subida de la tarde terminó en una alta silla de roca que nos ofreció aún más. Frente a nosotras se extendía un estrecho valle verde dominado por una lejana cordillera, tras un pico escarpado, tras una imponente montaña, todo bajo un cielo azul infinito.

Una enorme ladera de talud y un descenso caluroso y seco se extendían bajo la cresta donde nos encontrábamos. Al borde del talud, los prados y luego los bosques se adueñaron del lugar. Las flores silvestres proliferaban en la pradera. Un arcoíris de colores mixtos; rosa, amarillo, azul, lavanda, violeta intenso, rojo y naranja, flanqueaba el sendero, una serpenteante cinta café entre exuberantes hierbas y juncos.

A lo largo del sombrío límite del bosque, las flores eran igualmente numerosas, igual de coloridas, pero completamente diferentes. Hicimos una breve pausa en un tramo colorido, justo el tiempo suficiente para beber agua y contemplar la vegetación que nos rodeaba.

He hecho tantas excursiones guiadas para ver flores silvestres. Tantas veces, me han enseñado los nombres de las flores.

—¿Por qué no recuerdo más que unas pocas? —me pregunté en voz alta.

Señalé un grupo de flores escarlatas y puntiagudas.

—Como esta. La reconozco: pincel indio. Pero esta amarilla... la he visto un millón de veces, pero no tengo ni idea de cómo se llama. Es frustrante.

—Apuesto a que Jane se los sabe todos —dijo Cappy. Tenía razón. Durante los muchos veranos que Jane, su esposo, Rand, y sus hijos habían pasado viviendo y trabajando en los puestos de vigilancia de incendios de la Sierra, había aprendido sola los nombres de todas las flores, árboles y pájaros.

—¿Por qué no nos dices los nombres de algunos de estos? —la invitó Cappy, señalando las flores con el brazo.

—¿Segura? A algunos les fastidia —dijo Jane, buscando consuelo.

Jane era una mujer fuerte y con amplios conocimientos, pero también reservada. En todos los años que la conocía, jamás la había visto perder la calma ni la había oído alardear.

—Me vuelve loca cuando alguien hace eso todo el tiempo —admití—, pero me encanta cuando me dan dosis cortas. De verdad.

—Tienes razón. Es un pincel —señaló la flor roja y espinosa antes de pasar a otra—. ¿Te acuerdas de esta?

Sostuvo entre los dedos una flor azul iridiscente en forma de tubo, cuyo interior brillaba de un rosa intenso.

—Es un penstemon de montaña, la versión de mayor altitud del que vimos en el Cañón Lyell. Es una familia numerosa. Vienen en muchos tonos de azul, morado y rosa —explicó.

—¿Qué es esto? —pregunté.

Era una planta baja con tallos leñosos coronados por flores de color morado pálido. Me agaché para recoger una.

—Poleo. Pertenece a una categoría de plantas llamadas aromáticas. Al igual que la salvia o la lavanda, sus tallos y hojas producen un aceite aromático. —Recogió un tallo con varias hojas estrechas de color verde grisáceo—. Tiene un aroma intenso, no dulce, pero agradable.

Me llevé el tallo a la nariz.

—Qué rico. Es parecido a la salvia —dije—. O al incienso.

Me metí la flor en la pechera de la camisa para poder percibir su aroma mientras caminaba. El poleo se convertiría en mi flor favorita en los próximos días; su aroma me acompañaría con frecuencia.

—Aquí hay ajo silvestre. —Un tallo alto y delgado, coronado por una flor lavanda redonda y multipétalo, se extendía sobre las masas verdes de su base—. Puedes recoger una de estas largas espigas y masticarla mientras caminas.

Era un capullo duro en el extremo de un tallo alto. Recogió uno y le dio un mordisco para demostrárnoslo.

—Sabe cómo esperarías que sepa el ajo, solo que más dulce y suave.

—Me encanta el ajo —Recogí uno. Cappy también. Lo mastiqué mientras seguíamos adelante, con el descanso y la breve lección de botánica terminadas.

Al anochecer, nos detuvimos cerca del cruce del sendero Ediza para acampar junto a un arroyo de aguas rápidas. Apenas dejamos las mochilas, dos enjambres amenazantes se acercaron. En lo alto, el viento traía nubes grises como las de un acorazado que llenaban el cielo, mientras que entre nosotras descendían miles de mosquitos carnívoros.

Nos apresuramos a armar nuestras casas de campaña a una distancia milimétrica, un proceso de ensamblaje que habíamos reducido a dos minutos de movimientos coreografiados y coordinados. Le ganamos a la lluvia y superamos a los insectos con nuestra velocidad. Nos pusimos ropa abrigada y armamos los utensilios de cocina bajo la entrada protegida por el toldo. Los mosquitos desaparecieron en cuanto empezó la lluvia, primero como unas gotas gruesas de agua, luego como un chaparrón intenso acompañado de relámpagos lejanos y ecos de truenos. Estábamos mejorando en la gestión de nuestras tareas de cocina y limpieza a pesar de los desafíos del clima y los insectos, aprendiendo la música y los pasos de baile.

Acurrucada, leí en voz alta nuestro cuento serializado para dormir:

«Los padres y arquitectos de la ciudad de Chicago descubrían la magnitud de la monumental tarea que se habían comprometido a realizar: transformar un pantano en una majestuosa Ciudad Blanca digna de albergar al mundo en su Feria Mundial de 1893».

Nuestro propio viaje nos alejaba de las ciudades, adentrándonos en la majestuosidad de la naturaleza salvaje, y yo descubría a diario la magnitud del desafío que habíamos asumido. Durante mucho tiempo, la Aventura de John Muir había sido mi fantasía. No esperaba que fuera fácil. Sabía que me enfrentaría a duras pruebas físicas. La realidad era mucho más dura. Los primeros cuatro días habían estado llenos de tormentas eléctricas y ampollas, mosquitos y cruces de ríos aterradores, ropa mojada, una cámara ahogada, dolor, miedo y dudas.

También había habido una belleza trascendental que desafiaba la captura o descripción, paz y compañía genuina. Descubrí que la impredecible realidad era más grande en todos los sentidos imaginables de lo que mi imaginación podría haber imaginado.

Punto de partida: Cruce del Sendero del Lago Davis (Campamento Gruta), 2,950 metros
Punto final: Cruce del Sendero del Lago Ediza en el Arroyo Shadow, 2,743 metros
Punto más alto: Paso Island, 3,048 metros
Distancia recorrida: 11.9 kilómetros
Kilómetros acumulados: 36.8 kilómetros

Bajando la escalera

Los ríos salvajes son los renegados de la Tierra, desafiando la gravedad, bailando al ritmo de su propia música, resistiendo la autoridad humana, siempre desgastando, y al final, siempre ganando.
~ Richard Bangs y Christian Kallen, *River Gods*

Día cinco
23 de julio de 2006

Punto de partida — Cruce del Sendero del Lago Ediza en el Arroyo Shadow — 2,743 metros

—Chicas, tenemos que tomar una decisión —dijo Cappy temprano por la mañana. Había estado revisando el mapa y la guía de nuevo mientras desayunábamos bajo un manto de nubes bajas y grises.

—Entre aquí y Red Meadow, el Sendero John Muir y el Sendero Pacific Crest se separan para seguir rutas diferentes. Y se entremezclan con un par de senderos más, el Sendero River y el Sendero del Arroyo Shadow. Tenemos que elegir solo una ruta. —Había terminado de desayunar y se dedicaba a desmontar su casa mientras hablaba—. ¿Queremos seguir en el Sendero? ¿O queremos saltar a uno de los otros?

Continuó describiendo lo que decía la guía sobre cada opción. La descripción del Sendero no era muy atractiva. Hizo una pausa para leer un par de citas. La guía advertía que tendríamos que «enfrentarnos a una subida polvorienta y en zigzag» y «descender por piedra pómez suelta» y «pasar por zonas de acampada sobreexplotadas».[10] La ruta que Cappy prefería era la que seguía el cauce del río, lejos del polvo y las rocas volcánicas.

Debatimos las ventajas y desventajas de cada una mientras preparábamos nuestro equipo y a nosotras mismas. ¿Deberíamos ser fieles al Sendero o aventurarnos y elegir la ruta más atractiva?

Me vendaba los pies mientras hablábamos, intentando replicar con precisión las vendas del día anterior, que me habían proporcionado mi primer día sin dolor. De nuevo, tenía la intención de usar chanclas con calcetines. De nuevo, mis botas quedarían colgando de mi mochila.

Al final, Jane y yo nos dejamos llevar por el mayor conocimiento y la fuerza de Cappy. Resultó ser una decisión brillante. La combinación del Sendero del Arroyo Shadow y el Sendero River fue un deleite visual y una aventura salvaje.

Comenzó como una caminata tranquila por un hermoso bosque, con el sendero siguiendo la orilla de un caudaloso Arroyo Shadow. El agua se deslizaba entre escarpadas paredes de roca negra y rebotaba sobre las rocas que intentaban bloquear su paso. Espumaba, salpicaba y gritaba con la voz rugiente de una gran bestia. El bramido y el estruendo cesaron de repente cuando el agua se extendió hacia el acertadamente llamado Lago Shadow. Aun así, el agua azul grisácea se

---

[10] Thomas Winnett y Kathy Morey, *Guide to the John Muir Trial* (Wilderness Press, 1998), pág. 24.

asentaba en una cuenca rocosa y reflejaba, como un espejo antiguo que pierde su plateado, las imágenes exactas e invertidas de los árboles que bordeaban sus orillas.

En el otro extremo del lago, en su desembocadura, el arroyo continuaba y también nuestro sendero, hasta que juntos encontraron el borde de un acantilado escarpado.

El río no se zambulló con gracia de arriba abajo, deslizándose suavemente, con los dedos en punta, hacia la cuenca que se extendía muy por debajo. Más bien, se desplomó de cabeza, rebotando y chocando con cada bache y saliente de las empinadas paredes de piedra, desplomándose a un ritmo imprudente. Nos quedamos mirando por encima del precipicio, viendo cómo el río se precipitaba al abismo.

Nuestro sendero seguía el río, descendiendo en paralelo hacia una confluencia con el río San Joaquín, que se perdía de vista casi 300 metros más abajo. Esculpida en la roca color óxido y carbón, una escalera se abrazaba a la pared del cañón junto a la caída del agua como una escalera de incendios aferrada a un viejo edificio de ladrillo. Los escalones, húmedos por el rocío, brillaban con la resbaladiza humedad.

—Parece resbaladizo. —Cappy dijo lo que yo estaba pensando. Casi podía ver cómo giraba su cabeza mientras permanecía inmóvil, observando el desafío que se avecinaba.

—Me recuerda al Sendero Mist en Yosemite —sonrió Jane.

Se parecía a ese sendero popular y húmedo que subía desde el valle de Yosemite, pasando por las Cataratas Vernal, hasta las Cataratas Nevada. Como si Jane hubiera hecho un gesto mágico, al comparar el sendero empinado y ennegrecido por la humedad con uno que habíamos recorrido varias veces, la ansiedad que había invadido el ambiente se disipó.

—Bastones de senderismo, extiéndanlos —dije con seriedad, imitando una orden militar, mientras desabrochaba los cierres y estiraba mis bastones telescópicos quince centímetros más. Para comprobar su longitud, me puse de pie en lo alto del primer escalón, sin inclinarme, y golpeé las puntas de los bastones contra la superficie plana del siguiente. Al descender con los bastones extendidos, pude mantenerme estable, incluso mientras el sendero se alejaba y mi mochila se aferraba a mi espalda. A mi lado, Jane y Cappy ajustaron sus bastones hasta alcanzar la misma longitud.

Recogiendo varios mechones de pelo rizado que le caían sobre la cara, Cappy deshizo y rehizo, con un movimiento rápido y experto, la trenza de la nuca, recogiendo los mechones sueltos.

—¿Cuál crees que es la mejor manera de abordar esto? —preguntó.

Ambas nos giramos hacia Jane para escuchar su respuesta.

—Tómalo con calma y usa bien los bastones para bajar —dijo Jane—. La parte superior del cuerpo puede aliviar la presión sobre las rodillas y los dedos de los pies.

—Deberíamos separarnos un poco también —añadió, extendiendo las manos en un gesto—. Si me caigo, no quiero provocar una cascada de dominó humano.

—¡Qué imagen tan horrible! —Me imaginé el espectáculo de brazos, piernas, mochilas y palos rebotando por la escalera como tres resortes enredados, pero me hizo reír.

—¡No había pensado en eso! —Cappy se giró para mirar hacia el acantilado, hacia el río.

—Me alegra que estés con nosotras, Jane —dije—. Eres nuestra sensata gurú de la naturaleza.

Jane sonrió y negó con la cabeza, con su espesa melena de paje ondeando ligeramente. Cualquier otra persona hubiera puesto los ojos en blanco. Simplemente suspiró, aceptando mi comentario como la genuina admiración que sentía.

—¿Quién nos dará consejos sabios y nos protegerá de los problemas después de que nos dejes? —pregunté.

La semana que Jane pasaría con nosotras ya estaba casi terminada. Su partida de Red Meadow en dos días dejaría un hueco en nuestro equipo.

Empezamos a bajar la escalera con cuidado, Cappy a la cabeza y Jane en el medio. Esperé a que Jane bajara tres escalones antes de empezar a descender al abismo. Anclé cada bastón de senderismo en el granito un escalón por debajo de mis pies y luego bajé con los dedos del pie derecho. Bajé el peso de mi cuerpo y la mochila usando los músculos de la pierna izquierda. Pensé en el consejo de Jane y ordené que los músculos de los hombros y los brazos se contrajeran al mismo tiempo que los de la pierna izquierda.

Una vez allí, descubrí que la parte superior del escalón era demasiado ancha para una sola zancada. Así que, tras dar dos pasitos cortos, repetí el proceso. Tras solo una veintena de estas lentas levitaciones descendentes, mi pierna izquierda se quejó con un ligero temblor, y mi pie derecho golpeó el suelo con un pequeño golpe seco. Con un suave movimiento de pies, mis piernas intercambiaron funciones, de modo que la pierna derecha fue la encargada de bajar y el pie izquierdo de tocar tierra.

Los pioneros que construyeron este tramo del sendero habían realizado un trabajo hercúleo, esculpiéndolo en granito con herramientas manuales que cargaban a la espalda, pero debieron ser hombres de estatura hercúlea también, pues los escalones que tallaron eran la mitad de altos y anchos que los que cabrían en un mortal de humildes proporciones. Mi paso no encajaba con la subida ni con el recorrido de la escalera. Cada escalón hacia abajo terminaba con una pequeña caída seguida de dos pasos cortos para prepararme para la siguiente.

Esta torpe marcha requería una concentración extrema. Podía caminar o admirar la belleza agreste de la roca y el agua, pero no ambas cosas a la vez. Hacer varias cosas a la vez mientras descendía podía ser fatal. Incluso el sonido del agua se había reducido a un ruido blanco, mientras me concentraba en el repiqueteo de mis bastones de senderismo y el crujido y el rasguño de mis pisadas sobre la roca.

—Necesito hacer una parada estratégica. —Usando un eufemismo anticuado para una parada de descanso, llamé a Jane, quien le pasó mi mensaje a Cappy.

Cappy aminoró el paso. Jane y yo la alcanzamos. Nos detuvimos en las escaleras, apiladas una encima de la otra.

—¿Por qué —me pregunté— la perspectiva de ir cuesta abajo se oye tan hermosa, pero la realidad es tan dolorosa?

—Las bajadas me dejan exhausta —coincidió Cappy—. Cada paso me clava los dedos en la puntera de las botas.

Me alegré de llevar mis sandalias Teva abiertas. Mis dedos ampollados ya estaban bastante doloridos sin la violencia añadida que Cappy estaba sufriendo.

La escarpada pared del cañón, que se alzaba hacia el cielo, delimitaba el borde izquierdo de nuestro camino. A nuestra derecha, al otro lado del río, la otra pared del cañón era su gemela. Parecía como si el cañón se hubiera formado al cortar una estrecha rebanada de un pastel gigante, revelando estrías multicolores de distintos grosores y texturas en tonos que iban desde el caramelo y el chocolate negro hasta el pan de jengibre.

Entre los altos muros, la estrecha franja de cielo visible era de un azul pálido y sin nubes. El sol se alzaba justo encima, mirándonos fijamente. A la derecha de nuestros pies, el borde del sendero descendía, tan recto como la gravedad, hasta el agua.

El sonido del agua, un sordo ruido de fondo mientras caminaba, se fragmentó en múltiples partes al prestarle toda mi atención. Como un coro en sonido envolvente, los chapoteos y chapoteos de soprano se mezclaban con gorgoteos de alto y rugidos y gemidos graves y profundos, todo lo cual reverberaba en las paredes verticales.

El agua se separó y se reunió sobre y alrededor de las rocas que sobresalían, lanzándose al aire. Agradecí la niebla que cayó sobre mi piel. Aunque solo duró un instante antes de evaporarse con el calor del sol del mediodía, refrescó mi cuerpo caliente y sudoroso.

Un abeto joven, retorcido para su edad, crecía en la pared del cañón, justo al otro lado del abismo rocoso, desde donde estábamos. Agujas verdes oscuro y roca bruñida, mojada por el rocío, brillaban al sol.

—¿Cómo crees que empezó a crecer ese arbolito ahí? —señalé con mi bastón.

Cappy se giró para mirar hacia donde le señalaba.

—¡Increíble! Un verdadero testimonio de vida.

Mirando a mi alrededor, me di cuenta de numerosas plantas pequeñas adheridas a las rocas. Arranqué un tallo tierno de un arbusto verde plateado que crecía en una grieta donde mi paso se topó con la pared rocosa a mi izquierda. Lo aplasté suavemente entre el índice y el pulgar antes de llevármelo a la nariz. Su agradable aroma especiado me hizo cosquillas y sonreír. Lo olí profundamente varias veces más.

—Jane, ¿qué es esto? —Levanté la planta y señalé el pequeño arbusto a mi lado. Olía familiar, y sabía que Jane lo encontraría en su catálogo mental de plantas nativas.

Observó atentamente la planta verde plateada, extendió la mano para tocarla y luego dijo:

—Lavanda, una versión particularmente compacta a la que le gustan estos lugares cálidos y rocosos.

Me puse el corte en la nariz y lo inhalé. Su acidez ahogó por completo mi propio y fuerte olor. Habían pasado cuatro días de caminata intensa desde la última vez que disfrutamos de un baño, y cada una había desarrollado un aroma penetrante. Sabes que apestas cuando tu propio olor único sube y te hace fruncir el ceño automáticamente. Tomé una segunda ramita aromática y las metí en la pechera de la camisa, como una doncella medieval protegiéndose de la peste.

A pesar de la crudeza de las paredes del cañón, abundaban las flores y los pequeños arbustos aromáticos que crecían en las grietas del borde del sendero. A medida que el sendero se hacía menos empinado, menos precario, Cappy y yo le preguntamos a Jane sobre todas las flores que había a nuestro alcance.

—¿Podrías darnos otra pequeña lección, Jane? —preguntó Cappy, con los ojos encendidos por aquella repentina idea.

—¿Estás segura de que realmente quieres que empiece de nuevo? —Jane se rió, mirándonos a una y la otra en busca de confirmación.

—Mientras no haya un examen al final —dije—. ¡Quizás este sea el momento en que se me quedan grabados todos los nombres!

Cappy asintió.

—¡Disfruto escuchando las mismas lecciones todos los años!

—Está bien, pero detenme cuando hayas tenido suficiente —dijo Jane.

Para estar seguras, nos detuvimos por completo en cada nueva flor y nuestro descenso se hizo casi lento.

—Esta flor color melocotón es una flor de mono. ¿Ves su carita? —Tomó una flor, la extendió y la apretó suavemente para que los pétalos se movieran y la flor nos hiciera muecas.

Jane nombró cada planta que encontramos. Muchas flores traían una anécdota, un poco de historia o conocimiento botánico. Cuanto más nos adentrábamos en la sombra del cañón, más abundantes se volvían las plantas, convirtiendo el austero entorno en un jardín colgante. Jane presentó cada flor como era debido y esa misma tarde me ayudaría a anotarlas todas en mi diario: lirio mariposa, orgullo montañés, botones de guardabosques y capuchón de monje. Espuela de caballero y delphinium. Aguileña, garras de gato y vara de oro. Nomeolvides, alhelíes y chirivías de vaca. Cappy y yo nos quedábamos boquiabiertas con cada revelación.

—Aquí tienes otra comestible. —Jane me dio la hoja larga y hueca de una cebolla silvestre—. Mastícala mientras caminas. Te resultará refrescante.

Así que ahora estaba metiendo algunas plantas en mi camisa y comiendo otras. El tiempo voló mientras el paseo guiado de flores de Jane nos llevaba sin esfuerzo por el sendero, y de repente, nos encontramos al pie del precipicio de 300 metros.

En lo profundo del amplio cañón del río, lejos del chapoteo del agua, el sendero se volvió seco y polvoriento. Detenidas a la sombra de los álamos temblorosos, nos vimos envueltas en otra discusión. El mapa mostraba dos maneras de llegar a Red Meadow, donde nos esperaban cargamentos de comida, regaderas y una cafetería. La primera opción nos obligaba a caminar nueve kilómetros y medio hasta Red Meadow. La segunda opción nos llevaba aproximadamente un kilómetro y medio hasta Agnew Meadows, donde podíamos tomar un autobús de enlace a Red Meadow. Parecía que estábamos de vuelta en la civilización.

—Creo que deberíamos tomar el enlace —dijo Cappy. Se quitó la mochila, se sentó en un tronco caído y extendió el mapa en el suelo frente a ella. Señaló cada prado y luego el lugar donde estábamos sentadas—. Estamos todas cansadas, y tengo muchas ganas de llegar a esas regaderas.

Cappy parecía cansada. Las arrugas alrededor de sus ojos los oscurecían, apagando el brillo que solía ver en ellos.

—Pero eso es hacer trampa —dije. Aunque igualmente cansada por el difícil descenso del día, me sentía terca—. Peor que un atajo, nos estamos saltando unos kilómetros del sendero. Voto por la caminata más larga.

Giré el mapa para observar con más atención las líneas topográficas que cruzaría el sendero.

—Parece una caminata bastante llana, sin muchas subidas y bajadas.

—Jane necesita llega a Red Meadow para llamar a Rand y decirle dónde exactamente recogerla —dijo Cappy, intentando involucrar a Jane en el desacuerdo.

—Aun vamos a llegar ahí, solo que será más tarde. Puede llamarlo. Solo que un poco más tarde —dije.

Tenía la firme convicción de que debíamos recorrer a pie cada paso del sendero, que tomar el autobús de enlace, de alguna manera, restaría valor a nuestro logro.

Mientras Cappy y yo presentábamos nuestros argumentos con cortesía, pero con insistencia, Jane guardaba silencio. Nos dejaba en Red Meadow. Solo había planeado hacer la primera parte del sendero, así que recorrer un par de kilómetros de un lado a otro no era un problema para ella.

—No es hacer trampa —dijo Cappy—. Muchos excursionistas del PCT usan los autobuses de enlace.

—Tienes razón sobre lo que hacen los demás, pero me parece una trampa. Tomaste una excelente decisión esta mañana, Cappy, al animarnos a tomar el sendero del Arroyo Shadow; resultó ser una ruta preciosa. Pero esta vez, no estoy de acuerdo. —Me levanté de nuevo.

—De acuerdo, tú ganas —dijo Cappy.

Creo que cedió en el debate de la tarde, porque se había salido con la suya antes. O tal vez cedió porque no tenía energías para seguir discutiendo.

El hermoso sendero matutino dio paso a un sendero espantoso. Estaba seco, hacía calor y era feo. Cada paso levantaba nubes de polvo. Tras un corto trecho, nuestros pies y piernas estaban cubiertos de la fina arena. No había árboles que dieran sombra. La vegetación, que bordeaba el estrecho sendero a ambos lados, se extendía con espinosos tallos de madera para arañarnos las piernas desnudas.

Cada paso era un esfuerzo, y mi mochila se pegaba a mi espalda empapada de sudor. Más sudor corría entre mis pechos, empapando mi brasier deportivo, y luego descendía hasta formar un círculo oscuro alrededor de mi cuerpo, donde el cinturón me sujetaba la mochila. Saqué mi tallo de lavanda oculto y lo tiré a un lado.

Luego de caminar dos kilómetros y medio, paramos a almorzar cuando encontramos un lugar amplio y poco común, un desvío arenoso junto al sendero de tierra. En silencio, comimos rápido, apenas respirando entre bocados, y bebimos abundante agua para reponer el sudor que nos corría por la piel. Cappy sacó el mapa para comprobar nuestro progreso.

Por centésima vez, usé mi pañuelo, ya polvoriento, para limpiarme el sudor y la suciedad que me cubrían la cara. Me quité la cachucha. No quedaba ni un rizo; tenía el pelo húmedo pegado a la cabeza. Me peiné hacia atrás con los dedos, recogiéndolo todo y metiéndolo en la cachucha al volver a ponérmela.

Finalmente, miré directamente a Cappy.

—Siento haber seguido este camino —dije—. Una vez más, Cappy, tenías razón. Esto es horrible. Ojalá te hubiera escuchado. Si no hubiéramos llegado tan lejos, te diría que volviéramos en nuestros pasos.

—Gracias. —Cappy me miró a los ojos—. Te lo agradezco.

Volvió a recoger el mapa y lo extendió para mostrarnos nuestro lugar polvoriento junto al sendero.

Con una media sonrisa, dijo:

—Te alegrará saber que tenemos la oportunidad de solucionar el problema al llegar aquí en medio kilómetro más o menos.

—¿Qué quieres decir? —preguntó Jane.

Se inclinó para ver el mapa.

—Mira —Cappy señaló algunos lugares en el mapa—. Aquí estamos. Aquí está Red Meadow y aquí está Agnew Meadow.

Había un desvío en el sendero que nos llevaría de regreso a Agnew Meadows, donde se detenía el autobús. Al cambiar de dirección, solo perderíamos 800 metros y aún podríamos aprovechar la opción del autobús. La decisión fue inmediata y unánime.

En una hora llegamos a Agnew Meadows y encontramos no solo la parada de autobús, sino también un auténtico baño con inodoro y agua corriente para lavarnos las manos y la cara.

—¡Qué delicia! —Salí del pequeño edificio escurriendo mi pañuelo multiusos y limpiándome el cuello y los hombros con su fresca humedad.

Un cartel de parada de autobús indicaba el horario del autobús, y el siguiente llegaría en menos de diez minutos. Un empleado uniformado, con una cachucha roja brillante y una camisa roja de la empresa a juego, apareció de la nada. Habló con nosotras mientras esperábamos a la sombra junto al baño.

—Allá... —señaló al otro lado de la calle, el mejor lugar para esperar el autobús—. El conductor seguro que las verá y se detendrá.

Cruzar la calle, sin embargo, significó volver a cargar mi mochila, y nunca la había sentido tan pesada. En realidad, no lo era, ya que me había comido casi toda mi comida, pero parecía como si llevara un costal de piedras. La larga y calurosa caminata me había quitado toda la energía que había absorbido del sendero arcoíris de la mañana.

Ese encantador caballero canoso debió pensar que lucíamos patéticas en nuestro estado desaliñado y exhausto. Como un auténtico caballero de brillante armadura, insistió en ayudar a cada una de las atribuladas damiselas a subirse la mochila a la espalda. Como si estuviera rellena de plumas de ganso, tomó la mía y la sostuvo en alto mientras yo deslizaba los brazos por las correas. Luego, la bajó con cuidado sobre mis hombros después de abrocharme el cinturón.

—Buena suerte. —Sonrió mientras se despedía con la mano, se subió a su camioneta y se marchó.

En un abrir y cerrar de ojos, se fue. Otro ángel del sendero había acudido a nuestro rescate justo cuando lo necesitábamos.

Red Meadow nos envolvió en el sofocante abrazo de la civilización, bombardeándonos desde el momento en que bajamos del autobús con las imágenes, sonidos y olores de las multitudes de veraneantes. Caras quemadas por el sol y protector solar con aroma a plátano. Camisetas fluorescentes y pantalones cortos con estampado hawaiano. «¡Mami, mami!» y «¡Date prisa!». Sombreros de paja, lentes de sol y el clic-clop de las sandalias sobre la tierra compacta.

Mi primer instinto fue huir de regreso a la seguridad de la naturaleza salvaje, pero en lugar de eso, juntas buscamos refugio bajo un árbol alto, la pieza central del patio giratorio.

Tras solo cinco días en el relativo aislamiento del sendero, incluso el moderado bullicio de este puesto de avanzada me abrumaba. La gente se movía a nuestro alrededor: niños corriendo delante de sus padres, perros tirando de las correas, más gente en dos minutos de la que habíamos visto en cinco días. Me sentía desconectada de mi entorno, aislada y sola entre la multitud. Me recordó esa sensación surrealista de levantar la vista de un buen libro que me ha mantenido absorta durante horas y descubrir que, por un instante, estoy perdida entre dos mundos.

De espaldas al robusto árbol, la tienda del campamento se alzaba a la izquierda, con un montón de bicicletas apoyadas cerca de la puerta. Salió gente con botellas de refresco y paletas de colores del arcoíris. A nuestra derecha, una cafetería rústica desprendía aromas familiares. «¿Era pastel de manzana? ¿De verdad olía a papas fritas?» Justo delante, un cartel nos indicaba el campamento de mochileros, 400 metros más adelante.

Negué con la cabeza y me froté los ojos. «¿Qué hago primero? ¿Recoger mi reserva de comida en la tienda? ¿Comer comida de verdad en la cafetería? ¿Acampar? ¿Bañarme?». Con cada paso bajo el sol abrasador, durante toda la tarde, había soñado despierta con un helado bañado en chocolate. Mi cuerpo se inclinó, medio girando hacia la tienda del campamento, donde un congelador de helados me atraía como un imán.

—Vamos a buscar un lugar para acampar. —La voz de Cappy interrumpió mis pensamientos.

—¿No quieres ir a buscar tu caja de suministros? —pregunté—. La tienda está aquí mismo.

—No quiero llevar la caja y mi mochila a la vez —dijo—. Podemos apartar un lugar, dejar las mochilas y luego regresar.

«Qué lógico», pensé.

—Buena idea —dije.

Me subí la mochila a la espalda, di un buen trago de agua tibia de mi CamelBak y empecé a caminar hacia el cartel con la flecha apuntando a los lugares para mochileros.

—Deberíamos armar nuestras casas también —añadió Jane mientras caminábamos las tres en fila por el patio—. Va a llover.

Ella también tenía razón. Los cielos al norte y al oeste estaban repletos de nubes oscuras. Las tormentas eléctricas nos habían encontrado de nuevo. Serían seis días seguidos, algo inusual en la Sierra. Esperaba que fuera la última tormenta por un tiempo.

El camino al campamento discurría por una ruta resbaladiza y empapada que atravesaba una pradera saturada tras varios días de lluvia y bordeada de zarzas. El sendero se hundía profundamente en el suelo blando. Donde el camino estaba completamente sumergido, habían puesto tablones largos y estrechos, a veces apilados de dos en dos o tres, formando un camino irregular que zigzagueaba desordenadamente por la pradera. Aunque la madera indicaba con éxito la dirección del sendero y evitaba que nos hundiéramos en el barro lo suficiente como para perder los zapatos, no nos mantuvo los pies secos.

Cansadas y cargadas con las mochilas, caminamos con cuidado por el inestable sendero de madera. A mitad del campo, cometí la tontería de poner mi pie en sandalias descentrado sobre una tabla inestable. El trol asqueroso bajo el puente inclinó la tabla de canto e intentó tirarme al barro. Para mantenerme en pie, y evitar caer al barro, mis brazos se movían como molinos de viento, mientras mis pies danzantes y mi corazón palpitante formaban un dúo indisciplinado y acelerado.

Finalmente, al recuperar el equilibrio, pude apartar la vista de mis pies y mirar a mis compañeras de excursión. Aterrada al pensar en lo cerca que había estado de añadir un desastroso baño de barro a mi creciente lista de contratiempos, tardé en darme cuenta de la gracia. Mis compañeras, en cambio, me creyeron graciosa casi de inmediato.

—No podemos empezar a reírnos ahora —advirtió Jane, reprimiendo la risa que se le escapaba—. Esperen a que volvamos a tierra firme.

—No te preocupes —le aseguré—. Tengo demasiada adrenalina en las arterias como para reírme todavía.

Jane negó con la cabeza. Cappy probablemente estaba poniendo los ojos en blanco, pero no me di cuenta.

Jane se giró y nos guió, paso a paso, hasta que nuestro desfile llegó al final de los tablones y descendió a la exuberante tierra semifirme. Al volver la vista hacia el camino por el que habíamos venido, del largo de un campo de fútbol, casi esperaba ver a un trol guiñándome el ojo desde su escondite bajo uno de los tablones.

El sendero terminaba en el campamento de mochileros, serpenteando entre la docena de pequeños sitios a la sombra de los árboles. En contraste con el bullicio del patio principal de Red Meadow, los campamentos estaban en silencio. La mayoría estaban vacíos. Dos contenían casas de campaña y equipo, pero no había gente. Un equipo de limpieza de charas crestadas hacía un barrido de los espacios vacíos, saltaban sobre las mesas de picnic de madera y debajo de ellas, y alrededor de las cajas de acero para osos, buscando excrementos comestibles dejados por los ocupantes humanos anteriores. Las aves nos observaban atentamente mientras nos acercábamos, pero no cedieron terreno.

Al final del sendero del campamento, donde el sendero cruzaba un arroyo y se adentraba en el bosque, nos dimos la vuelta para observar los lugares que habíamos pasado.

—¿Qué lugar reclamamos? —preguntó Cappy—. Me gusta este del final.

Se desabrochó la mochila.

—Estoy de acuerdo. Menos vecinos, más árboles... y el sonido del agua en movimiento —dije, quitándome la mochila y apoyándola contra la gran caja metálica para osos.

Me sentí bien al liberarme del peso. Arqueé la espalda para estirar los músculos, inclinándome de izquierda a derecha, sintiendo cómo mi espalda crujía y se aflojaba.

Jane ya se había quitado la mochila y ya estaba aflojando las correas exteriores para llegar a su parte de la casa. Mientras cruzábamos el paseo marítimo, las nubes negras como acorazados se habían extendido y estaban casi encima de nosotras.

—Con suerte, podremos armar las casas antes de que empiece a llover —dijo Jane, mientras encajaba los postes elásticos. Con prisa, armamos ambas casas en un instante.

—Nos estamos volviendo buenas en esto —dije.

Grandes gotas de lluvia empezaron a caer, primero una, luego varias, sobre la tierra, formando pequeños asteriscos en el polvo, la salva inicial de la tormenta. Saqué mi impermeable y una bolsa de basura grande y negra de los bolsillos exteriores de mi mochila. Después de ponerme el impermeable y la capucha, y meter el dinero y el documento de identidad en los bolsillos, metí la bolsa de plástico sobre la mochila, ajustándola bien hasta el suelo.

Cuando terminé, pregunté:

—¿Listas?

—Listas —respondieron ambas.

El viaje de regreso por las tablas zigzagueantes fue mucho más fácil sin la pesada torre a la espalda. Ningún trol jugaba bajo los tablones, ni siquiera al pisar nuestras propias huellas embarradas. Íbamos rápido: recorrimos la distancia del campamento a la tienda en la mitad de tiempo.

«¿Qué haré primero? ¿Cenar? ¿Paquetes de comida? ¿Llamadas?» Pensé mientras caminaba.

—¿Primero recogemos nuestras cajas en la tienda? ¿O comemos algo de verdad en la cafetería? —dije en voz alta.

—Tengo muchas ganas de llamar a Jim. —Cappy iba a la cabeza del grupo—. Creo que vi un teléfono público frente a la tienda.

—Una comida de restaurante me parece estupenda ahora mismo —dijo Jane—. Sobre todo, fruta fresca.

Jane siguió a Cappy, con la mirada fija en la madera donde había puesto los pies.

Hablábamos sin entendernos, más pensando en voz alta para nosotras mismas que teniendo una conversación.

—Jane necesita contactar a Rand de inmediato. —La voz de Cappy apenas llegó hasta mí.

Con la cabeza agachada y la capucha puesta, mantuve la vista en mis pies, asegurándome de permanecer lo suficientemente lejos detrás de Jane para nunca pisar una tabla que Jane todavía estaba atravesando.

—Quiero una ensalada, una ensalada enorme. Pero primero, quiero helado.

Estaba completamente dominada por los antojos de mi cuerpo. En ese momento, tres mil calorías no me parecían suficientes para un día.

El paseo marítimo terminó abruptamente, y unos metros más adelante, el sendero nos dejó frente a la pequeña tienda del campamento. Cappy agarró la manija de la puerta mosquitera y la abrió de par en par. El marco de madera estaba desgastado y la mosquitera metálica abollada en varios puntos. Las bisagras chirriaron y crujieron, anunciando nuestra llegada y haciendo innecesario el tintineo de la campana, y luego se cerraron de golpe tras nosotras.

En el interior, las altas estanterías a lo largo de las paredes estaban repletas hasta el techo con todo tipo de suministros y herramientas para exteriores imaginables. Estantes adicionales, que creaban pasillos estrechos a través de la pequeña tienda, estaban llenos de todo lo necesario para un campista o senderista, desde hachas, tiritas y cereales fríos, hasta kits de reparación, combustible para hornillos y playeras con imágenes de animales salvajes y la inscripción «Complejo Red Meadow». La gran cantidad de artículos de colores brillantes asaltaba mis ojos, pero de alguna manera, al mismo tiempo, la abundancia era atractiva. Volvería más tarde para ver si había alguna cámara desechable escondida entre el desorden.

¿Qué debería hacer primero? Dudaba entre comprar un helado o ir al mostrador a buscar mi preciada caja de comida y artículos personales. Sin dudarlo, Cappy se acercó al mostrador para unirse a una fila de media docena de personas. La multitud me facilitó la decisión contraria.

Jane y yo estuvimos juntas frente al congelador de helados, examinando atentamente la selección. Häagen-Dazs de vainilla, chocolate y crema de cacahuate. Chocolate de chocolate negro. Café con almendras crujientes. Galletas con crema Dreyer's. El Klondike original. Barras de fruta enteras. Pastelitos de fresa Good Humor y palitos de tambor.

—¿Qué vas a comprar? —pregunté, esperando ayuda para tomar una decisión.

—Mmm. Aún no estoy segura. Quiero saborear la elección —respondió Jane, sin apartar la vista de la caja fría.

Abrí la puerta de cristal del pequeño congelador y tomé una barra de Café con Almendras Crujientes. Jane eligió una Klondike, y ambas nos dirigimos al mostrador, donde Cappy ya estaba casi al principio de la fila. Mientras esperaba mi turno, concentré toda mi atención en disfrutar del cremoso y crujiente dulce que tenía en la mano.

Adolescentes, niños, parejas, adultos solos, todos con ropa informal de verano, se paseaban por la tienda. Algunos eran excursionistas desaliñadas, como nosotras, vestidos con ropa de montaña polvorienta y calzado de montaña. Otros, huéspedes del complejo, vestían pantalones cortos y playeras de colores vivos, e incluso trajes de baño.

Cappy se apartó del mostrador con las manos vacías y se dirigió hacia nosotras.

—¡No ha llegado mi paquete de comida! —Se había quitado el sombrero y se apartaba nerviosamente mechones sueltos de pelo rizado de la cara. Una arruga se había profundizado entre sus cejas.

—¿Qué? —pregunté. No eran buenas noticias—. ¿Cómo es posible?

—La mujer me dijo que volviera a revisar mañana. Va a haber otra entrega en la mañana. —Se encogió de hombros—. Pero lo envié hace más de dos semanas. Ya debería estar aquí.

Su habitual semblante pícaro se desvaneció.

—No te preocupes —la animé—. Ya lo solucionaremos.

Por dentro, me preguntaba si sería tan fácil.

—Nos vemos afuera. —Cappy se dirigió hacia la puerta, que la hizo salir con un crujido.

Jane pagó su postre y luego siguió a Cappy.

Era mi turno.

—Hola. Espero que tengas una caja para mí.

Le di mi nombre a la mujer detrás del mostrador y ella se dirigió a la trastienda a buscar mi reserva de comida.

Mientras esperaba, mis manos se mantenían ocupadas doblando y doblando el envoltorio del helado en formas geométricas precisas, mientras mi mente le daba vueltas al destino de mi caja. «¿Qué voy a hacer si mi caja no está?» Que faltara la caja de suministros sería la gota que colmaría el vaso. Si mi caja no estuviera, simplemente haría las maletas y me iría a casa con Jane.

La dependienta regresó después de unos largos minutos con una caja de cartón que ya conocía.

—¿Es tuya? —preguntó, apuntándome con la etiqueta.

—¡Sí! Es mía.

Una oleada de calma me invadió al recibir la caja como a un viejo amigo. Acercándola a mi pecho, dije:

—¡Gracias a Dios que llegaste! ¡Estaba preocupada por ti!

Con el brazo izquierdo envolviendo el paquete para protegerlo, pagué mi helado con el derecho.

—¡Gracias! —le dije a la dependiente.

Tiré el envoltorio de origami al bote de basura junto a la puerta y, apretando mi tesoro contra el pecho, salí de la tienda. Encontré a mis dos compañeras bajo la imponente conífera en el centro del patio. Jane estaba reclinada en un banco a la sombra, mientras Cappy, de pie junto a un antiguo teléfono público negro, le contaba a Jim la historia de la caja perdida.

Al verme con mi paquete de comida, Cappy lo señaló, arqueó las cejas, asintió y sonrió. Luego le dijo a Jim:

—¡La caja de Joan está aquí! —En voz más aguda, añadió—: ¿Por qué no está la mía?

Mi entusiasmo ante la perspectiva de abrir mi caja se vio atenuado por la falta de la de Cappy, así que me uní a Jane en el banco de madera y la sostuve sin abrir en mi regazo.

—¡A comer! —dijo Cappy, con su optimismo de nuevo, mientras colgaba el teléfono. Jane y yo nos levantamos de un salto y cruzamos el patio hacia el restaurante.

Nos reunimos alrededor de una mesa junto a una ventana. Puse con cuidado mi preciada caja en la cuarta silla de la mesa y me hundí en la mía. Después de cinco días sentada sobre troncos, piedras y tierra, el soporte de la sencilla silla de madera me pareció un lujo. El Café Red Meadow era luminoso y alegre, con un aire rústico y campestre, construido con troncos y piedras de río. El menú ofrecía una variedad de platos típicos estadounidenses.

Le pregunté a la mesera:

—¿Qué tamaño tiene la ensalada que viene con el plato principal?

—Es pequeño, más o menos así —dijo, formando un círculo de quince centímetros con las manos—. Está buenísima, hecha con ingredientes frescos.

—Tengo un antojo enorme de ensalada verde —dije—, así que quiero pedir dos para la cena.

—¡Qué antojo! —rió la mesera—. Nunca había oído eso.

—¡Me he estado ocupando todo el día pensando en verduras crujientes! —añadí.

Por muy buenas que fueran las cenas que elegí para el camino, les faltaban las texturas crujientes y los sabores vibrantes de las verduras frescas.

—No sé si he estado deseando algo, pero creo que también me gustarían dos —dijo Cappy, levantando dos dedos, como un signo de paz.

Jane dejó su menú sobre el mantel a cuadros rojos y blancos y dijo:

—Que sean tres pares.

Además, pedimos hamburguesas y papas fritas, con pastel de manzana fresco de postre, y cuando nos las trajeron, nos atiborramos. Las hamburguesas estaban buenas. Las papas fritas, bañadas en mostaza, también. La ensalada fue un placer sensual indescriptible, la primera y la segunda. Lechugas crujientes, rodajas de pepino crujientes y gajos de jitomates dulces, cubiertos con un aderezo de queso azul, provocaron gemidos de puro placer y luego risas satisfechas.

Recuerdos de la caja ausente, la cámara ahogada, mi tobillo, mis ampollas y los mosquitos reposaban en el suelo junto a nosotras. Los recogería al terminar de cenar.

Antes de volver al campamento, pasé por el teléfono público para hablar con mi familia. Primero, llamé a mis padres para avisarles que habíamos llegado sanas y salvas a nuestro destino. Mamá y papá seguían nuestro progreso diario en el mapa de papel resaltado y el itinerario que les había dado, así que sabía que esperaban mi llamada. Con uno de ellos en cada extensión, les ofrecí una versión apacible de nuestros primeros días de senderismo, con todos los momentos culminantes, pero sin ninguna de las dificultades. Podría haberle contado a papá todos los detalles; él hubiera disfrutado indirectamente de nuestros desafíos. Mamá, sin embargo, era una experta en preocuparse, así que la censura extrema era mi única opción con ambos al teléfono.

Luego llamé a mi hijo, Dean, y le conté la verdadera historia. Como era un experto en actividades al aire libre, le conté la historia real, mucho más interesante, incluyendo la tormenta en Donohue, los cruces del río y el ahogamiento de la cámara. Lo recluté para que me ayudara a resolver el problema de mi cámara, acordando con nuestros amigos John y Janiene que encontraran mi vieja cámara y me la enviaran por correo a nuestra próxima reposición, Resort Valle Vermilion (RVV).

Caminamos de regreso a los campamentos de mochileros bajo un cielo gris y oscuro, cargando enormes rebanadas de pastel de manzana envueltas en papel de aluminio y mi caja de provisiones sin abrir. Mientras atravesábamos el prado por tercera vez, la llovizna continuaba. Un trueno sonó como una salva de advertencia a lo lejos.

—Adiós a las regaderas —dije—. Tengo ganas de champú casi tanto como de esa ensalada. Solo pensarlo me picaba el cuero cabelludo.

Cappy estuvo de acuerdo:

—No tiene sentido limpiarse solo para volver a chapotear en el barro.

—Mañana por la mañana será mejor que nos bañemos de todos modos —dijo Jane. A Jane nunca le preocupaba nada.

Mientras caminaba, mi mente volvía una y otra vez al dilema de comida de Cappy. «¿Qué va a hacer sin su caja de provisiones? Necesita tener comida para al menos cuatro días cuando salgamos mañana», pensé. Eso la llevaría a RVV, donde nos esperarían nuestras siguientes cajas de provisiones. Al igual que yo, había dedicado muchísimo tiempo y energía a planificar y empacar el contenido de su envío. Además, donde yo había comprado todas mis comidas, Cappy había cocinado, deshidratado y empaquetado todas las suyas. «Antes de que termine el día», pensé, «tiene que reponerlo todo».

En el campamento, descubrimos que la mayoría de las parcelas estaban ocupadas.

—¡Son Las Tres Mujeres! —gritó alguien.

Zoe y Nemo, nuestros jóvenes compañeros de ruta, nos hicieron señas para que nos acercáramos. Estaban junto a una mesa de picnic con la cena preparada, su casa de campaña a pocos metros de distancia. Reaccionando a la lluvia, se quitaban la ropa que habían colgado para secar.

¡Nos alegra muchísimo verte! Nemo extendió los brazos para un abrazo de bienvenida. Llevaba el cabello negro y húmedo recogido con un pañuelo azul, y había cambiado las botas por la comodidad de unas sandalias.

—¡Nos alegra mucho verlos! —dijo Cappy. Nos abrazamos como viejos amigos separados hace tiempo.

—Nemo y yo estábamos preocupados por usted durante esa gran tormenta en Donohue —dijo Zoe sonriendo.

Acababa de volver de las regaderas, estaba abrigada con una chamarra polar y se peinaba el cabello mojado.

—Y estábamos muy preocupados por ustedes —dije—. Creímos que venían justo detrás de nosotras, pero no los volvimos a ver. ¿Dónde acamparon esa noche?

—Las habíamos estado siguiendo todo el día, pero se alejaron hasta que ya no pudimos verlas. —Zoe negó con la cabeza—. Estábamos a punto de llegar a la cima cuando llegó la tormenta sobre el paso. ¡Dios mío, era enorme! Nos dimos la vuelta y bajamos a toda prisa la montaña.

A una señal de Zoe, Nemo corrió a buscar algo de su casa. Regresó con un par de pantalones cortos verdes de senderismo en una mano y una brillante pala naranja en la otra.

—¡Miren lo que encontramos! ¿Se le hace conocido?

Todas nos reímos.

—¡Me preguntaba dónde había ido a parar mi pala para caca! —Cappy extendió la mano para recoger la pala—. ¿Dónde la encontraste?

—Esos pantalones cortos son míos —dijo Jane—. Me di cuenta de que se me habían caído en Donohue. No pensé volver a verlos.

—Ahí es donde las encontramos —dijo Nemo, asintiendo y lanzándoselos a Jane—, justo antes del letrero de los 3,000 metros. Me llamó la atención la pala naranja brillante. Pensamos que podría ser suya.

—Cuando Nemo lo recogió, los pantalones cortos estaban justo al lado—, añadió Zoe, extendiendo las manos para medir sesenta centímetros—. Les hemos estado preguntando a todos en el sendero si habían visto a Las Tres Mujeres. Los excursionistas que iban hacia el norte nos dijeron que íbamos tras sus pasos, pero no pudimos alcanzarlas.

—¡Encontrar su equipo cerca de la cima nos asustó! ¿Es ahí donde estaban durante la tormenta? —preguntó Zoe.

—¡Ni de lejos tan asustados como cuando estábamos ahí arriba! —dije.

Luego, nos turnamos para contar nuestra historia de la tormenta en Donohue. Zoe y Nemo, con los ojos abiertos y la cabeza negando, escuchaban en silencio.

Cuando terminamos, Nemo cambió de tema y de ambiente.

—¿Sabían que algunos las llaman Las Chicas Doradas? —preguntó—. Pero la mayoría las llamamos Las Tres Mujeres. Es su nombre de ruta.

—¡Genial! ¡Que me pongan un nombre de ruta es un honor! —Miré primero a Cappy y luego a Jane.

La sonrisa de Cappy le arrugó el rostro desde la frente hasta la barbilla, mientras que la alegría de Jane floreció como un suave resplandor. Sabía que mi propio rostro brillaba con la cálida felicidad que sentía por dentro.

Hasta ahora, los árboles altos nos habían protegido de la llovizna, pero el chubasco arreciaba y el viento empezó a azotarnos. Las Tres Mujeres (Doradas) escaparon, corriendo 20 metros hasta nuestras casas. Guardé mi reserva de comida y nuestro pastel de manzana envuelto en papel de aluminio en la caja fuerte para osos y me metí en la casa. Había llovido todas las noches desde que habíamos iniciado el recorrido por el sendero cinco días antes. Nos habíamos acostumbrado, pero seguía siendo una molestia, sobre todo a la hora de dormir.

En el reducido espacio de nuestra casa compartida, Jane y yo nos agachábamos y nos quitábamos la ropa mojada para meternos en las bolsas de dormir, mientras que en la habitación de al lado, Cappy se acomodaba en su casa individual. Con la ropa mojada en el vestíbulo y la ropa suelta a mis pies, saqué nuestro cuento para dormir, *El Diablo en la Ciudad Blanca*.

Nuestras casas estaban una al lado de la otra, con las paredes de tela casi tocándose, así que podíamos hablar con facilidad y Cappy podía oírme mientras leía, incluso por encima del repiqueteo de la lluvia. Me acurruqué en lo profundo de mi bolsa de dormir y pensé en la caja de cartón que había metido en la caja fuerte para osos por la noche. «Mañana a primera hora la abriré», pensé. Más que comida, ansiaba los calcetines y la ropa interior limpios que me había enviado.

—¡Un nombre de sendero! —susurré con reverencia y satisfacción—. Ya saben, un verdadero nombre de sendero debe otorgarse. No puedes nombrarte a ti misma.

Como me gustaba cómo sonaba oficialmente, repetí:

—¡Tenemos un nombre de sendero!

—Siento que aquí se está construyendo una comunidad y que somos parte de ella —dijo Cappy a través del nailon.

—Yo también. —Toqué las palabras de mi collar, recordando cómo iba a fingir fuerza y valentía—. Ya no estamos solas aquí.

Punto de partida: Cruce del Sendero del Lago Ediza en el Arroyo Shadow, 2,743 metros
Punto final: Resort Red Meadow, Lagos Mammoth, 2,286 metros
Punto más alto: Cruce del Sendero del Lago Ediza en el Arroyo Shadow, 2,743 metros
Distancia recorrida: 11.5 kilómetros
Kilómetros acumulados: 48.4 kilómetros

R & R — Rebobinar y Reducir

Si no tuviéramos invierno, la primavera no sería tan placentera;
Si no probáramos a veces la adversidad, la prosperidad no sería tan bienvenida.
~ Anne Bradstreet, c. 1670

Día seis
24 de julio de 2006

Resort Red Meadow — Día de escala — 2,286 metros

Acostada en mi bolsa de dormir, con el sol brillando a través de las delgadas paredes de la casa, me volteé hacia Jane.

—¡Buenos días! —dije—. ¿Sabes? nos enfrentamos a otra decisión difícil.

—¡Buenos días a ti también! ¿Cuál es esa decisión?

—Tenemos que decidir qué hacer primero: ¿desayunar o bañarnos? —dije.

—No lo sé. Aún no había avanzado tanto en mi proceso. ¿Cuáles son las ventajas y desventajas? —respondió Jane, sonriendo, con la voz aún suave de la mañana.

Tenía la bolsa de plumas subida hasta la barbilla para protegerse del aire frío. Su espeso cabello le cubría el rostro.

—Es un dilema —dije—. Me pica el cuero cabelludo y siento un fuerte olor corporal, así que me encantaría un baño caliente ahora mismo. Sin embargo, con el frio que hace, el calor del baño se disipará en menos tiempo del que me tomaría ponerme la ropa limpia—. Me giré de lado para ver mejor a Jane. —Prefiero esperar a poder disfrutar de ese baño caliente incluso después de despertarme.

—Ese es un buen argumento —dijo Jane, complaciéndome.

—Además, apuesto a que ya hay un montón de madrugadores haciendo cola, que ya están consumiendo el agua caliente, así que voto por un desayuno en la cafetería, seguido de baños calientes.

—Me convenciste. —Jane levantó las cejas y asintió.

Esa mañana me sentía más optimista y despreocupada que desde que me torcí el tobillo. Habíamos planeado hacer una escala en Red Meadow y tenía la intención de aprovecharlo al máximo. Reabastecería mi mochila y a mí misma, me limpiaría, me recuperaría y comenzaría mi aventura de cero. Aventura del Sendero: ¡Segunda parte!

Salí con esfuerzo de mi bolsa de dormir y me puse la ropa de ayer. Había ropa interior y calcetines limpios esperándome en la caja de tesoros, pero los guardaría para después de bañarme.

Salí arrastrándome de la casa y encontré a Cappy, con sus artículos de aseo bajo el brazo y una toallita al hombro.

—Estas despierta —dijo—. Decidí no esperar. Voy a las regaderas.

«Cambio de planes», pensé.

Jane salió a rastras. Señalé la espalda de Cappy, que se alejaba.

—Tomé una decisión difícil —dije—. Primero nos bañamos.

Saqué mi bote de comida y mi caja de suministros de la gran caja fuerte metálica y corté la cinta de embalaje con mi navaja. De la caja de provisiones, saqué ropa interior limpia, una playera de tirantes y calcetines. Del bote de comida, saqué mis artículos de aseo. Apilé tubos de muestra de champú, acondicionador, gel de baño, crema hidratante y protector solar sobre mi pequeña toalla de gamuza. Añadí mi peine. Solo tenía un par de pantalones cortos, que llevaba puestos. Lo envolví todo con un pareo ligero de algodón y devolví lo que sobraba a la caja fuerte.

—¡A comer! —La voz de Cappy me sobresaltó. Me giré y la vi regresar al campamento con el mismo aspecto que diez minutos antes, cuando se dirigió a las regaderas, solo que ahora fruncía el ceño.

—Pensé que te estabas bañando —dije—, pero todavía estás seca.

Abriendo el cierre de su casa, Cappy metió la ropa que llevaba.

—Hay una fila larga. Volvemos luego. —Guardó el champú y el jabón en la caja para osos.

—Genial. Tengo muchas ganas de comerme un homelet —coincidió Jane, imperturbable, recogiendo su riñonera de la mesa—. Vamos a buscar tu caja en la tienda, ya que vamos para allá.

—El próximo envío de correo no va a llegar hasta casi el mediodía —afirmó Cappy, moviéndose nuevamente hacia el sendero.

—Tal vez haya una persona diferente trabajando hoy, alguien que tenga más información —sugerí.

Al regresar del desayuno, aún sin la caja de Cappy a pesar de haber preguntado por segunda vez en la tienda, nos sorprendió ver una gran multitud reunida alrededor del campamento de Zoe y Nemo. Para aligerar sus pesadas cargas, ofrecían su sobreabundancia de alimentos a quien los quisiera. Sobre la mesa de picnic había una abundante exhibición de alimentos de sendero: barras de granola, avena instantánea, fruta deshidratada, comidas deshidratadas, galletas, cacahuetes, paquetes de chocolate caliente y dulces.

La mayoría de los excursionistas de SOBO compartieron su problema en este punto del viaje: tener demasiada comida en lugar de muy poca. La gente planifica demasiado, sin saber a qué velocidad caminará, cuánto terreno recorrerá ni cuánto comerá. Yo lo había hecho. Todavía tenía comida para un día, por si acaso, que había empacado para la primera etapa en mi lata para osos. Y había otra comida por si acaso en la caja de provisiones que aún no había desempacado.

Resultó que nuestro día de emergencia había llegado de otra manera. Como la caja de reabastecimiento de Cappy había desaparecido, los extras se convirtieron en artículos de primera necesidad. Jane y yo podíamos darle a Cappy los extras de la primera etapa, pero ella aún tendría que conseguir comida para tres días más.

La venta espontánea de Zoe y Nemo para mochileros fue la solución perfecta para el problema de Cappy, y el problema de Cappy fue la solución perfecta para el de ellos. De inmediato empezó a seleccionar lo que quería.

—Quiero ambas comidas —dijo—. Y también esta avena y el chocolate caliente. —Empezó a sacar su monedero para pagar la comida—. ¿Cuánto quieres por todo esto?

—No, no —dijo Nemo—. No queremos tu dinero, Cappy. Es un regalo. No lo necesitamos, y tú sí. —Levantó la mano para indicar que no estaba dispuesto a aceptar su dinero.

—¿Seguro que no lo vas a tomar? Quizá lo necesites más adelante —insistió agradecida.

—Para nada —coincidió Zoe—. Si quieres, puedes invitarnos a unas cervezas en RVV.

—Perfecto —asintió Cappy.

Sin embargo, sospechaba que no veríamos a nuestros compañeros de ruta en RVV. Eso sería dentro de cuatro o cinco días, y su juventud sin duda los iba a llevar muy lejos, por mucho que nos revitalizara nuestro día libre. De hecho, me sorprendió que ellos también se tomaran un «día cero» en Red Meadow. Pensé que se irían temprano esa mañana, aunque me alegré de poder pasar un poco más de tiempo con ellos.

Entre la multitud en la venta de comida había un joven que no conocíamos. Ryan era delgado, casi flacucho, y más sucio que el resto de nosotros, si es que eso era posible. Creo que era porque su ropa y equipo de senderismo parecían viejos y disparejos, como si todo lo que llevaba fuera de segunda mano. El cabello rubio de Ryan era bastante largo, le caía por el cuello y le llegaba hasta los ojos. Se lo apartaba constantemente de la cara con las manos sucias. Con dedos largos y delgados, agarró varias bolsas de comida de la mesa y las metió en una bolsa de tela con cordón.

Cappy mencionó la necesidad de comprar algunos alimentos específicos que las casas de Zoe y Nemo no podían proporcionar. Fue Ryan quien nos contó sobre un barril enorme en la cafetería lleno de comida sobrante que se ofrecía gratuitamente a quienes la necesitaban. Resultó que muchos excursionistas de SOBO, que habían hecho los mismos cálculos excesivos que nosotras, depositaron su comida sobrante en ese barril para quien la necesitara. Esa fue una muy buena noticia para Cappy.

—Sin duda voy a echarle un ojo —le dijo Cappy a Ryan. Su sonrisa había vuelto.

—Acabamos de salir del café y no lo vimos. ¿Cómo lo supiste? —pregunté.

—Está en la esquina, pero si preguntas, te dirán dónde está. —Se giró para mirarme—. Voy caminando hacia el norte, y me hablaron del barril unos vecinos del sur con los que acampé hace un par de noches.

Llevaba mucho más tiempo en el sendero que nosotras, pues había empezado unas semanas antes en Whitney. Cuando le preguntamos, Ryan habló con rapidez, con cierta valentía, sobre sus viajes hasta el momento. Caminaba en dirección contraria al resto de nosotros, así que ya había atravesado zonas que aún no habíamos visto, y estábamos ansiosas por escuchar sus descripciones. Ascenderíamos a zonas más altas y nos encontraríamos con nieve derretida, así que le preguntamos a Ryan.

Con su sonrisa siempre a flor de piel, Ryan irradiaba alegría al describir cómo estaba pasando el verano. Había dejado la escuela. No tenía trabajo. Había perdido su apartamento y a su novia. Vendió su carro de contado, pidió prestado lo necesario para mochilear y empezó a recorrer el Sendero John Muir. No llevaba filtro de agua ni un bote contra ososos y apenas comida.

—Metí mi colchón y todas mis cosas en la cochera de un amigo y me fui a buscar aventuras —nos dijo—. ¡Es una forma barata de vivir, hermana!

Señaló su mochila, apoyada contra un árbol, con el marco abollado y la mochila manchada.

—Llevo todo lo que necesito a la espalda: ropa, un techo, una cama. Lo que no tengo, lo encuentro. Agua en arroyos y lagos. Comida en barriles a lo largo del sendero. Y amigos. He conocido amigos todos los días. ¡Igual que ustedes!

Con su anuncio, me di cuenta de a quién me recordaba. Intrépido, amigable, alegre, generoso, lleno de valentía y rompiendo tantas reglas del sendero, este era Huck Finn reencarnado. El Sendero era su río Misisipi, y él llevaba su balsa a la espalda.

—¿Has tenido alguna dificultad al cruzar campos de nieve o vadear ríos? —preguntó Nemo, expresando una pregunta que todos teníamos.

—Sí, amigo, hubo un lugar donde perdí el rastro por un rato bajo la nieve. ¡Fue una locura! ¿Sabes qué son los cuencos de nieve? En fin, me encontré con un par de senderistas del PCT que parecían saber de verdad adónde iban, caminando rapidísimo, ¿sabes? Creo que llevaban GPS y crampones; o sea, iban a toda velocidad. Así que los seguí. Sin preocupaciones —explicó Ryan.

—¿Dónde fue eso? —preguntó Nemo de nuevo.

—¡Paso Muir! ¡Fue radical! —Ryan se balanceaba sobre las puntas de sus botas mientras hablaba, flexionando y relajando los músculos con cada rebote.

—¿Qué hay del Paso Silver? —interrumpió Cappy, con el rostro tenso y la mirada fija, mientras escuchaba las descripciones del sendero de Ryan. Llegaríamos al Paso Silver antes que a Muir.

—En Silver también había nieve, pero solo en la ladera norte. Estaba fresco. Acabo de bajar esquiando la montaña —rió y se apartó el pelo de los ojos brillantes.

—¿Esquiaste? —susurró Zoe.

—¡Sí, fue una locura! Me deslicé con las botas puestas. Salías corriendo de la cima y seguías corriendo hasta que empezabas a resbalar y, antes de darte cuenta, estabas abajo.

«Qué locura», pensé. Me preocupaba más cruzar ríos que la nieve, así que pregunté por los próximos vados.

—Amiga, hay ríos muy bravos que hay que vadear —dijo—. Incluso hay una cascada por la que se puede caminar.

—¿Una cascada? —preguntó Nemo.

—Sí, amigo. Oí que alguien se cayó de ahí, pero no sé si es cierto. Y el Cruce del Arroyo Deer también fue una locura. Lleno de agua hasta la cintura. Pensé que tendría que cruzar nadando o algo así. Pero simplemente crucé corriendo. Y aquí estoy, hermano. Viví para contarlo —dijo Ryan con una amplia sonrisa y dando saltitos mientras hablaba.

Mientras regresábamos a nuestro campamento, con las manos llenas de la nueva comida de Cappy, su alivio era evidente. Aunque se había mostrado indiferente, casi desdeñosa, sabía que la caja perdida le había estado causando angustia. Tenía la cara un poco más apretada y estaba más nerviosa que de costumbre.

Distribuimos la comida en nuestra mesa de picnic, para que Cappy pudiera hacer un balance de lo que tenía y de lo que aún le faltaba.

—¡Qué buen hallazgo! —dijo Jane—. Todo esto y el barril.

Estaba repasando la información de las historias de Ryan.

—¿Cuánto de lo que dijo les parece una descripción exacta y cuánto una exageración?

Miré a Cappy, pues éramos ella y yo quienes nos dirigíamos hacia los pasos y vados que él había descrito.

—Supongo que es cincuenta y cincuenta, amiga —dijo Jane, con el rostro y los ojos inexpresivos.

Hicimos contacto visual, sonreímos y luego reímos hasta que se me saltaron las lágrimas y tuve que sentarme en la banca del picnic. Esperaba que tuviera razón.

Mientras acomodaba su nueva comida en la caja metálica para osos, Cappy sugirió que probáramos las regaderas de nuevo. Reuní mi ropa y los artículos de baño y estuve lista en un instante. Cuando Cappy vio mi surtido de botellitas y tubos, empezó a burlarse de mí por el peso extra que había estado cargando, pero no dejé que me molestara. Pronto estaría limpia de pies a cabeza.

Suele ocurrir que, cuando una pasa tiempo imaginando algo que desea con todas sus fuerzas, la realidad simplemente no puede satisfacerlo. Así fue con las regaderas. Una habitación húmeda, sin luz, de bloques de hormigón, de unos dos por dos metros, tenía una boquilla en una esquina y un gancho en la opuesta. La habitación estaba fría y oscura. El suelo estaba mojado y resbaladizo, con huellas de barro. No sabía dónde dejar mis cosas ni cómo mantenerlas secas mientras me bañaba. El agua empezó tibia y se fue enfriando a medida que me lavaba. Conseguí lavarme el pelo con champú y acondicionador mientras aún estaba tibia, y eso me cayó de maravilla. Luego, conseguí enjabonarme todo el cuerpo mientras el agua estaba fría. Me enjuagué lo más rápido que pude antes de recoger la ropa sucia. La lavé rápidamente en lo que se había convertido en agua helada.

Temblando, escurrí el exceso de agua de mi ropa, que estaba casi limpia, y la apilé en el lugar más limpio y seco que encontré. Me sequé con mi toalla de gamuza y me envolví el pelo en mi pareo para evitar que el agua fría me cayera por la espalda. Me puse ropa interior limpia, una playera de tirantes limpia, mis únicos pantalones cortos y mis sandalias.

—Qué divertido —dije al volver al campamento y encontrarme con Jane y Cappy.

Extendí cuidadosamente mi ropa para secarla al aire y me senté a aplicarme crema hidratante en la cara y protector solar en todo lo demás. Incliné la cabeza y pasé primero un peine y luego los dedos por mis rizos limpios para esponjarlos antes de que se secaran. Finalmente, me limpié la suciedad de los pies descalzos y me ajusté las vendas antes de ponerme unos calcetines de senderismo nuevos y suaves.

Estaba lista para empezar de nuevo.

Segundo Tramo

De Red Meadow al Resort Valle Vermilion
Del día siete al día diez

Solo nosotras dos

Quienes contemplan la belleza de la tierra encuentran reservas de fuerza que perdurarán mientras dure la vida. Hay algo infinitamente curativo en los repetidos estribillos de la naturaleza: la certeza de que el amanecer viene después de la noche, y la primavera después del invierno.
~ Rachel Carson, *Primavera Silenciosa*, 1962

Día siete
25 de julio de 2006

Punto de partida — Resort Red Meadow — 2,286 metros

Las Tres Mujeres estaban sentadas en la mesa de picnic de madera junto a nuestras casas de campaña, disfrutando del desayuno.

—¿A qué hora necesitas tomar el autobús? —le preguntó Cappy a Jane entre bocado y bocado.

—Necesito tomar el autobús de las nueve y media —dijo Jane, sosteniendo su taza de té caliente y aspirando el vapor caliente—. Rand me encontrará en el pueblo a las diez.

—Eso nos da mucho tiempo —dije—, pero ojalá no nos dejaras. Somos más fuertes y valientes juntas, o al menos yo—. Extrañaría a Jane.

No solo era buena compañía y un placer estar con ella, sino que su personalidad discreta me tranquilizaba. Y su forma de tomarlo todo con calma contrastaba con la intensidad energética de Cappy.

—¿Quién va a identificar todas las flores para nosotras? —preguntó Cappy.

«Los nombres de las flores son bonitos», pensé, mientras jugueteaba con los anillos de mi collar. Pero lo que más echaría de menos sería la perspicacia de Jane para la naturaleza y cómo la empleaba inconscientemente para guiarnos durante tormentas y cruces de ríos. Ya no podría contar con su confianza cuando la necesitara.

Terminado el desayuno, saqué mi botiquín de primeros auxilios y mi neceser para empezar mis rituales matutinos. Para las ampollas, había cambiado la cinta adhesiva por cinta americana plateada, ya que repelía mejor la humedad y parecía durar todo el día sin necesidad de reparaciones; mis pies parecían burritos envueltos en papel de aluminio al terminar. Después de curarme, me puse protector solar y sombrero y lentes de sol.

Jane y Cappy intercambiaron piezas de la casa. Jane se llevaría la pequeña casa de campaña de Cappy a casa, dejándonos a nosotras compartiendo mi casa para dos personas.

—¿Todas listas? —preguntó Cappy, ajustándose el sombrero y las correas de sus bastones. Unas pocas manchas de protector solar blanco le salpicaban la frente y la barbilla.

Inspeccioné el campamento, revisando la caja para osos y debajo de la mesa para asegurarme de que no dejáramos nada para las charas crestadas.

—No solo estoy lista, sino que estoy más limpia y ligera —dije, y recogí mis propios bastones.

Jane nos acompañó fuera del campamento y cruzó el estrecho paseo marítimo por última vez. Tanto el autobús de enlace como el Sendero salían del patio.

Tras dejar su mochila fuera de la tienda, Cappy entró para revisar por última vez su caja de comida. Jane y yo nos quedamos cerca esperando, observando el mapa del sendero, tamaño mural, pintado en la pared exterior de la tienda. La ubicación de Red Meadow estaba marcada con una gran estrella roja. Nuestra próxima entrega de comida en RVV también estaba marcada. Osos, águilas y marmotas poblaban las ilustraciones del borde, todos con caras de dibujos animados que daban la bienvenida: una interpretación al estilo Disney de la ruta del Sendero por la Sierra.

Nos alejamos de la tienda hacia la parada del autobús.

—Voy a ver cómo está Cappy —dije, dejando a Jane y volviendo a la tienda.

De pie en la puerta, oí que el autobús se acercaba a la banqueta. Asomé la cabeza y grité:

—¡Cappy, ya llegó el autobús! ¡Jane ya se va!

Me giré y vi a Jane guardar su mochila en el compartimento bajo el autobús color caqui y subir. Saludando con la mano, como una loca, a su silueta en la ventana tintada, corrí hacia el autobús mientras se alejaba de la banqueta. Ella no me vio.

Cappy llegó a mi lado y dijo:

—No puedo creer que me perdí su partida —mientras el autobús desaparecía por la estrecha calle. Exhalando como un globo desinflado, Cappy dejó caer los hombros y negó con la cabeza—. ¡Ni siquiera pude despedirme de verdad!

—Todo fue muy rápido —dije.

Caminamos de vuelta a la tienda y cargamos nuestras mochilas, nos dirigimos hacia el punto donde el Sendero en dirección sur se adentraba en la naturaleza. Cappy y yo, reducidas de un trío, seríamos un dúo durante el resto del viaje.

—Sabes que vamos a tener que abandonar el nombre de nuestra ruta, ¿verdad? —dije mientras caminábamos—. Hace solo dos días que lo conocemos, y ya está obsoleto.

—Ya no podemos ser Las Tres Mujeres —coincidió.

—De alguna manera Las Dos Mujeres no se oye tan poético —dije.

—Es cierto, no se oye nada bien.

—Qué lástima que Las Chicas Doradas no se haya consolidado —dije—. Me gustaba ese nombre.

—Yo también. Creo que somos Doradas —dijo Cappy con una sonrisa.

Restos de troncos de árboles, incrustados en carbón negro, salpicaban el paisaje como lápidas torcidas en un cementerio antiguo. Los esqueletos de los árboles ennegrecidos por el fuego se habían roto y caído al suelo en montones aleatorios, como un juego de palitos. La tierra que pisábamos; una mezcla de ceniza gris de incendios recientes, granos de piedra pómez arenosos y astillas de obsidiana, el vidrio negro de antiguos volcanes, crujía bajo nuestros pies. Entre el calor opresivo, la monotonía del paisaje quemado gris y negro y el acre olor a azufre de una destrucción ardiente, quise presionar el botón de reproducción rápida y escapar de ese mundo apocalíptico. En cambio, seguí mi camino, caminando con cuidado a través del campo minado de rocas rotas y trozos de madera carbonizada.

Finalmente, Cappy y yo salimos de la zona muerta, con el trasero cubierto por velos grises de ceniza fina que se alzaban tras nosotras a cada paso. A la sombra, al borde del bosque, nos detuvimos para mirar atrás, por donde habíamos venido.

Multitudes de epilobios, con sus flores color llama en equilibrio sobre largos y delgados tallos verdes, se congregaban como un ejército en avance a lo largo del límite entre árboles vivos y muertos. Con esas vibrantes flores en primer plano, la vista del desolado paisaje se transformaba en un lugar de austera belleza.

—La perspectiva lo es todo —comentó Cappy, sacando su pequeña cámara del bolsillo.

—Es como reemplazar los cristales de mis lentes de sol por unos de color rosa —coincidí.

El día anterior, había comprado dos cámaras desechables de veinticuatro disparos. No se parecían en nada a la que había perdido (tanto la cantidad como la calidad de las fotos eran limitadas), pero estaba decidida a superar mi dolor con la cámara sacando algunas buenas fotos.

Me agaché para obtener un mejor ángulo con una de las cámaras de cartón. Intentando capturar un atisbo de esta inesperada belleza dentro del reducido tamaño del diminuto visor de plástico, me ajusté hasta que la escena en blanco y negro quedó enmarcada por una franja magenta. Antes de levantarme, seleccioné un trozo de piedra pómez gris lavanda, del tamaño de una canica deforme y lleno de agujeros, y lo guardé en mi bolsillo junto al trozo de granito que había elegido en el Lago Thousand Islands.

Caminamos juntas ese día, turnándonos como líder y seguidor. Ella nos había guiado el primer kilómetro gris; yo tomé el relevo al adentrarnos en la sombra del antiguo bosque. Durante los días siguientes, renegociamos cuidadosamente, a menudo sin palabras, las tareas, los roles, el equilibrio de poder en el sendero ahora que Jane se había ido y nos habíamos convertido en un par.

Después de caminar bajo el calor de un prado abierto, disfrutando de la intensidad del sol en la cabeza y los hombros, mis pies y yo necesitábamos descansar. Mi estómago me indicó que tenía hambre y me di cuenta de que se acercaba la hora de comer. Caminando unos pasos por delante de Cappy, me detuve y me giré.

—¿Ya llegamos? —pregunté, intentando ser graciosa, pero la verdad es que no tenía ni la menor idea de dónde estábamos en relación con ningún otro lugar. Cappy era quien tenía toda la información del sendero; yo simplemente iba adonde me indicaban.

Me gustaba esa sensación de caminar perdida en el tiempo y el espacio, tan inmersa en ese momento, en ese entorno, que no tenía ni idea de la hora ni de la distancia que había recorrido. Era como ponerse los auriculares y dejarse llevar por una música hermosa; cuando termina, te sorprendes al levantar la vista y ver que ha pasado una hora y todos esos músicos y sus instrumentos han desaparecido.

—Todavía no, cariño. Casi —me siguió la corriente Cappy—. Creo que nuestro lugar para comer está a la vuelta de la esquina.

Me parecía que Cappy prefería, quizás necesitaba, saber con precisión dónde estábamos en todo momento. Hacía tiempo que había tomado posesión de los 13 mapas topográficos y la guía de senderos que había traído. Los estudiaba con atención y frecuencia. Creo que memorizaba los detalles de la caminata de cada día: los nombres de cada punto de referencia, las curvas, los recodos y los desniveles del sendero. Su forma de ser contrastaba rotundamente con mi forma de disfrutar de nuestro recorrido. Poder dejarlo todo atrás, caminar casi hipnotizada por un entorno impresionante, fue el beneficio que obtuve de su insistencia en ser mi guía.

Me preguntaba si le había proporcionado algo similar a Cappy, algo que mejorara su experiencia. «¿Se perdía alguna vez en el momento al caminar? ¿Vio las cosas sin nombre que nos rodeaban? ¿Estábamos acaso experimentando el mismo viaje?»

Efectivamente, tal como Cappy había predicho, al acercarnos al arroyo, un círculo de álamos creó un oasis de sombra verdosa, un pabellón con cortinas que atraía seductoramente a nuestra caravana para dos personas. Las hojas acorazonadas de los álamos emitían un suave ssshhh-ssshhh de bienvenida, mientras una brisa se elevaba desde el burbujeante arroyo. La combinación de brisa y sombra me distrajo tanto que no me di cuenta hasta que estuve prácticamente encima de ellos: Zoe y Nemo ya estaban sentados en el círculo de sombra, terminando su almuerzo.

—¡Hola, chicos! ¡Gracias por guardarnos un lugar! —dijo Cappy, con una risa profunda. Dejó caer su mochila contra un árbol y se dejó caer sobre un tronco cuidadosamente cortado y arreglado por un equipo de senderos.

Nemo se levantó y guardó su comida.

—¿Cuánto van a recorrer hoy? —preguntó.

Se quitó el pañuelo rojo que le cubría la cabeza, lo dobló y lo acomodó para que luciera exactamente igual que antes, para apartarle el pelo negro de los ojos.

—Cappy dice que vamos a acampar en el Cruce del Arroyo Deer esta noche —dije, dejando mi mochila en el suelo y recogiendo mi almuerzo.

—Unos cinco kilómetros más adelante —especificó Cappy, como sabía que podía hacerlo.

—En ese caso, esta será la última vez que veamos a Las Dos Mujeres —dijo Nemo—. Hoy recorreremos otros diez kilómetros.

—Aún es temprano y vamos a buen ritmo —añadió Zoe, mucho más segura de sí misma.

—Me alegro de que tus heridas estén sanando, Zoe, pero me pone un poco triste verlos partir —dije.

En el poco tiempo que llevábamos en el sendero, Zoe y Nemo se habían convertido en nuestros mejores amigos de entre todos nuestros nuevos amigos en el sendero. Fueron nuestros primeros compañeros del Sendero y el equipo con el que más habíamos progresado. Compartimos comidas, bebidas e historias. Incluso tuvimos la oportunidad de preocuparnos el uno por el otro. Aunque solo los conocíamos desde hacía unos días, se habían vuelto cercanos. Ahora que las llagas de la cadera de Zoe estaban sanando, parecía natural que su fuerza y resistencia juvenil nos superaran.

—¡Supongo que eso significa que es un adiós! —Cappy abrió los brazos para invitarla a un abrazo de despedida. Nemo captó la indirecta y rodeó su pequeño cuerpo con sus largos brazos para apretarla. Zoe y yo hicimos lo mismo, yo de puntillas para alcanzar su figura más alta y darle un último abrazo de despedida. Se echaron las mochilas a la espalda y emprendieron el sendero, dejándonos a Cappy y a mí para que nos dispusiéramos a almorzar tranquilamente y a descansar un buen rato.

—Dos despedidas hoy —dije—. Primero Jane. Ahora Zoe y Nemo.

De nuevo, sentí una punzada de soledad.

—Solo somos tú y yo, niña. —Incliné la cabeza y solté una risita—. Me hace sentir sola.

—Somos un buen equipo, Joan —respondió Cappy, ignorando mi emoción—. Estaremos bien.

—Sin duda —dije.

Después de comer, desenrollé mi colchón y me acosté en el suelo. Apoyé la cabeza en mi chamarra doblada y los pies, con las calcetas puestas, sobre el tronco donde me había sentado, dejando que la sangre fluyera hacia mi torso. Esa se estaba convirtiendo en mi postura diaria para descansar después de comer. Cerré los ojos, me protegí con el sombrero y escuché el relajante sonido del agua fluyendo y el susurro de las hojas. Respiré lenta y profundamente varias veces, concentrándome en relajar todo el cuerpo, especialmente los músculos sobrecargados de la espalda baja y las piernas. Dejé que mi mente se desviara para saborear la belleza del día.

Me despertó de nuevo el crujido de papeles. Cappy había extendido el mapa del día sobre su regazo y lo examinaba. La guía estaba abierta a su lado.

Al localizar el lugar exacto donde estábamos sentadas a la sombra junto al arroyo, se inclinó hacia mí y me ofreció el mapa para que lo viera.

—Aquí estamos ahora, y allí está Red Meadow. —Señaló con el dedo primero un punto y luego el otro en el mapa.

Mordiendo el anzuelo, sabiendo que Cappy quería volver a hablar de los planes del día, le pregunté cuánto habíamos recorrido y cuánto nos quedaba por recorrer.

—Son cerca de diez kilómetros desde Red Meadow hasta el Cruce del Arroyo Deer. Ya caminamos casi cinco kilómetros, así que estamos a mitad de camino. —

Señaló un pequeño punto rojo en el punto donde la línea café del Sendero cruzaba una línea azul que decía Arroyo Deer.

—¿Cuál es el plan? —pregunté, dispuesta a lo que quisiera. Miré mi reloj; era la una y cuarto.

—Son cinco kilómetros. Caminemos una hora y veamos dónde estamos —dijo, doblando el mapa en rectángulos apretados.

—Perfecto —coincidí.

Solíamos caminar entre tres y cinco kilómetros por hora, dependiendo del terreno, así que pensé que en una hora podríamos llegar a los campamentos del Cruce del Arroyo Deer.

De pie y en movimiento, ella señaló, y yo seguí caminando.

El campamento era un gran triángulo rectángulo situado en el punto donde el sendero se cruzaba con el arroyo. El lado A era el sendero, el lado B el arroyo y el lado C la hipotenusa, el límite que nos separaba del bosque. El terreno era llano, mayormente de tierra, y estaba sombreado por unos cuantos árboles gigantescos y esculturales. Los árboles caídos habían sido ingeniosamente dispuestos por poderosas fuerzas formando un hexágono, lo que nos proporcionaba asientos y una sensación de estructura en nuestro espacio sin paredes. Instalamos nuestro segundo hogar para dos personas dentro de ese recinto hexagonal.

—Solo una casa de campaña esta noche —dije, pateando algunos conos antes de extender la cubierta del suelo sobre la tierra.

—Se siente extraño sin Jane —dijo Cappy.

Soledad era la palabra que estaba pensando en ese momento.

—Tendremos que reorganizar todas las tareas de montaje del campamento, ya que ella se está saltando sus tareas asignadas —respondí.

Nunca habíamos montado la casa de campaña juntas, así que nos llevó un poco más de tiempo. Una vez terminada, nos acomodamos en una tarde tranquila. Hubiera sido la hora del cóctel si hubiéramos estado en el barrio adecuado, pero no había bares ni vinotecas en kilómetros a la redonda. El sol poniente proyectaba una cálida luz dorada en nuestro espacio bajo los árboles, como el acogedor resplandor de una chimenea.

Extendí mi colchoneta en el suelo y me acolché la espalda con mi forro polar. Saqué mi diario para ponerme al día con mis historias. Habían pasado muchas cosas desde Red Meadow que no había tenido tiempo de anotar. Siempre con hambre, comía nueces y arándanos secos mientras escribía. Cappy se trasladó a un espacio abierto, donde podía practicar tai chi a la sombra fresca. Su larga sombra vespertina se movía lentamente, creando formas geométricas cambiantes al cruzarse con las líneas rectas de los árboles.

En mi diario, escribí: «Hoy volvimos a tomar el Sendero rumbo al sur, al corazón de la Sierra». Y: «Esta noche es la séptima noche consecutiva que me dormiré con el sonido del agua corriendo. ¿Cómo voy a dormir en casa sin ese sonido del agua?».

Un par de ardillas terrestres vinieron a investigar mi sala de estar. ¿Olerían las nueces pecanas y los arándanos rojos secos? Una se subió al tronco, se puso a gatas y luego se sentó erguida, con la cola como un signo de interrogación esponjoso y la cara de pura inocencia.

—¿A que eres adorable? —susurré, sin darme cuenta de que había caído en su trampa.

Mientras admiraba a Cosa Uno, incluso conversé un poco con él, su cómplice se acercaba sigilosamente a mí. Cosa Dos se había escabullido tras el tronco en el que me apoyaba, invisible para mí. Se acercó sigilosamente a mi bolsa abierta de frutas y nueces.

Oí un leve crujido de plástico cuando extendió la mano hacia la bolsa Ziploc. Desvié la mirada hacia la derecha y nuestras miradas se cruzaron. Cosa Dos y yo dimos un respingo. Di un pequeño grito, y Cosa Dos giró sobre sus cuatro talones y se fue por el tronco con un rápido movimiento de cola. Me reí a carcajadas, sobresaltada por mi propio grito y encantada por el éxito casi rotundo de los estafadores. ¡Gran festín hubieran tenido esas dos cositas si me hubiera dado cuenta un segundo más tarde de su estafa!

Nuestro campamento en el Cruce del Arroyo Deer era un lugar excelente para sentarse y observar el mundo pasar. Viajeros, tanto senderistas como aventureros de fin de semana, pasaban junto a nosotras, en ambas direcciones por «la autopista» del Sendero. Observando a la gente a lo largo del sendero, me sentía como un antropólogo observando a los miembros de mi tribu, admirándolos y aprendiendo de ellos. Jóvenes o viejos, NOBO o SOBO, generalmente anónimos, mi admiración provenía de nuestros lazos de comunidad y propósito común, parecidos a los de una sociedad secreta. Ya fueran peregrinos, errantes o exploradores, eran mi sangre y mi familia.

Una mujer mayor, de unos setenta y pocos años y viajando sola, se detuvo a conversar un momento. Sí, viajaba sola. Sí, lo había hecho antes. No, nunca se había sentido sola ni asustada. Vestía con varias capas: un chal sobre una blusa de manga larga con puños abotonados, calcetines largos que casi le llegaban a la rodilla con los pantalones cortos, y un pañuelo lavanda descolorido con un sombrero de paja. Extendió la mano al mosquetón del cinturón de su mochila y extrajo una antigua copa Sierra de acero inoxidable.

—No he visto uno de esos en años —dije cuando vi la taza de plata abollada con la forma de un molde de pastel encogido y su asa de alambre.

—La tengo desde mis primeros días de mochilera, cuando era niña —me dijo.

Esperando que se sentara y bombeara agua, me sorprendí cuando, apoyándose en un pesado bastón de madera, se inclinó, sumergió la taza en el agua burbujeante junto al cruce del sendero y se la bebió toda.

—¿No filtras el agua? —pregunté.

Tragando el último sorbo, se limpió la boca con la manga y me miró.

—Llevo sesenta años bebiendo directamente de los arroyos de la Sierra. Nunca me he enfermado. Ya eso no va a cambiar —fue su respuesta.

Volvió a enganchar el vaso a su mosquetón, se arregló el pelo largo y canoso y el pañuelo descolorido, y cruzó el arroyo a grandes zancadas y siguió por el sendero SOBO. Como una gitana, se había ido.

Caminando hacia el norte, en dirección opuesta, dos hombres, quizá un padre y su hijo adulto, aparecieron justo antes de nuestra hora de cenar. Llevaban mochilas azules a juego con armazón interior, que parecían nuevas, al igual que sus relucientes botas negras. Por lo demás, iban vestidos de forma muy distinta. El hombre mayor llevaba mangas largas, pantalones largos, ambos bastante usados, y un sombrero de ala ancha decorado con pins de recuerdo que anunciaban aventuras anteriores. Sin duda, ya lo había hecho antes y era un aventurero experimentado. El hombre más joven, en cambio, iba vestido con la última moda de REI y materiales de alta tecnología, con marcas destacadas de Patagonia y Northface. Me pregunté si este sería un viaje de padre e hijo, un viaje para fortalecer los lazos entre hombres, animado por la madre.

Se detuvieron un momento para preguntar qué tan lejos estaba el siguiente lugar para acampar.

«¡Ni idea! ¿Cómo voy a saber yo?», pensé.

—Cappy —grité—, estos caballeros tienen una pregunta sobre el sendero que seguro tú puedes responder.

Cappy levantó la vista de donde la había sumergido en la guía de senderismo y era toda oídos. Tal como lo había pensado, les dio la respuesta que buscaban:

—Está a un poco más de un kilómetro al norte. Cuando pasamos por allí antes, parecía un buen lugar para acampar, despejado y con sombra.

Tras un par de entusiastas agradecimientos, se dieron la vuelta para seguir caminando.

—¡Podemos hacerlo! —dijo el hombre mayor.

Mientras el sol se ponía en el borde del cielo, oímos el tenue y agudo zumbido de los enjambres que se acercaban. Cuando el primer insecto sediento se posó en mi antebrazo, lo aparté de un manotazo y me puse la protección: mi playera azul de manga larga Patagonia, mi rompevientos verde y mis pantalones negros. Me puse calcetines largos, guantes en las manos y una mosquitera sobre el sombrero. Luego, rocié DEET sobre los brazos y las piernas cubiertos con tela. Apenas me acomodé, con la esperanza de terminar de escribir antes de cenar, me vi envuelta en una nube negra de depredadores en miniatura. ¡Y pensar que había considerado seriamente dejar la mosquitera de siete gramos solo porque se veía rara!

No llovió esa noche. Ni siquiera se nubló. Lo interpreté como una señal, un presagio de días agradables. No expresé mis pensamientos en voz alta por miedo a maldecirlos, pero si este fuera el típico clima de verano de la Sierra, la segunda semana estaría bien. Podríamos estar caminando bajo cielos azules brillantes y durmiendo bajo las estrellas durante varios días y noches.

Punto de partida: Resort Red Meadow, 2,286 metros
Punto final: Campamento Cruce del Arroyo Deer, 2,773 metros
Punto más alto: Campamento Cruce del Arroyo Deer, 2,773 metros
Distancia recorrida: 9.8 kilómetros
Kilómetros acumulados: 58.2 kilómetros

Hermanas del Sendero

Sal al bosque, sal.
Si no sales al bosque nunca pasará nada
y tu vida nunca comenzará.
~ Clarissa Pinkola Estes, *Mujeres que Corren con los Lobos:
Mitos e historias del arquetipo de la mujer salvaje*, 1992

Día ocho
26 de julio de 2006

Punto de partida — Campamento Cruce del Arroyo Deer — 2,773 metros

Nuestra caminata matutina nos llevó gradualmente a ascender más de ocho kilómetros por el escarpado borde boscoso del Valle Cascades. Sabiendo lo peligroso que puede ser caminar mientras se hace turismo, Cappy y yo nos deteníamos a menudo a la sombra de las altas coníferas para contemplar el imponente panorama. Al observar la amplia forma en U del cañón, nos era fácil imaginar un imponente glaciar excavando incansablemente el valle en la montaña de granito. Muy por debajo de nosotras, el arroyo Fish corría por el centro de esa U, formando una V más pequeña en su fondo.

—Ya entiendo por qué se llama Valle Cascades —dijo Cappy—. ¡Mira todas esas cascadas tan hermosas!

Movió el brazo de izquierda a derecha, contemplando la larga pared del cañón frente a donde estábamos, una al lado de la otra.

Se veían varios pequeños valles suspendidos, cada uno cortado por aquel antiguo glaciar con la suavidad de un cuchillo. Los valles, abiertos como una hilera de ventanas abiertas, se alineaban. Sus ríos, delgados y delicados como cintas de encaje, caían en cascada como si muchas Rapunzels hubieran arrojado sus cabelleras rubio platinado desde sus torres.

—Esos valles suspendidos parecen dioramas gigantescos —dije, deseando tener binoculares. Los valles truncados nos miraban boquiabiertos, mostrando exuberantes praderas verdes como tréboles suspendidos a 300 metros de altura—. Parecen mundos perdidos.

—Estoy segura de que podrías llegar a ellos. Debe haber senderos que llevan a cada uno desde el lado oeste. —Cappy trayéndome a la realidad de mi fantasía.

—Cappy, me bajaste de mi nube. —Me reí—. Me estaba imaginando dinosaurios y unicornios en sus propios reinos aislados.

El sendero continuó bordeando el cañón, serpenteando entre árboles centenarios que crecían hasta el borde. Al otro lado, los mismos árboles se reducían a una espesa alfombra verde que cubría la cima de la cresta. Nos detuvimos de nuevo para contemplar el cañón.

Bajo nuestra sombreada percha, pequeños pájaros, quizás golondrinas, con las alas bien extendidas hacia atrás, salían disparados de sus nidos a lo largo de la pared del cañón, volando en círculos, jugando a las carreras y atrapando insectos. A la altura de los ojos, una pareja de halcones de cola roja planeaba en las corrientes ascendentes, describiendo amplios arcos con alas doradas y emitiendo agudos silbidos. Esas mismas corrientes ascendentes me trajeron oleadas de aire cálido a la cara, presagiando una tarde calurosa.

—Esta vista prístina me hace preguntarme —dijo Cappy—, ¿así era el aspecto que tenía todo el continente cuando llegaron los europeos para «descubrirlo»?

Cappy apartó la vista e hizo comillas en el aire en la palabra «descubrirlo».

—Probablemente —dije—. Me alegra que hayamos logrado preservar algo. Nuestra Sierra es preciosa.

Sabía que teníamos que seguir adelante, pero me costaba apartar la vista del magnífico paisaje y de las aves rapaces que seguían en las corrientes térmicas y silbando entre sí en el espacio. El cielo estaba despejado, salvo por dos estelas de vapor, finos hilos blancos que se extendían sobre seda azul celeste con agujas plateadas, recordándonos que estábamos en el siglo XXI.

—Aquí es donde giramos —dijo Cappy en el punto donde un arroyo descendía desde un valle que se cruzaba a nuestra izquierda.

—¿Nuestro punto rojo? —pregunté, refiriéndome al pequeño círculo rojo en nuestro mapa que marcaba este giro en el sendero. Cappy me lo había enseñado durante el desayuno y de nuevo durante el almuerzo.

—Sí. El Arroyo Duck. Se está desaguando en el Lago Duck, allá arriba. —Señaló Cappy.

Mi estómago vacío gorgoteaba, insistiendo en que se acercaba la hora de comer. Miré el reloj y eran las doce y media.

—¿Es un buen lugar para comer? —sugerí.

Habíamos encontrado nuestro ritmo y nos habíamos vuelto fieles a nuestro horario diario. Antes, cometimos un error: minimizamos las pausas para comer y botanear, pensando que ganaríamos más tiempo caminando a un ritmo constante durante un tiempo prolongado, parando solo lo suficiente para comer y beber. Por la tarde nos sentíamos agotadas, a menudo incapaces de recorrer las distancias previstas y con retraso. Esos kilómetros perdidos se habían ido acumulando, y con el tiempo tendríamos que recuperarlos.

Habíamos descubierto que, al parar para almorzar, donde nos acostábamos y descansábamos, podíamos caminar más por la tarde y recorrer mayores distancias diarias. En nuestro nuevo patrón, dividimos cada día en cuatro caminatas de dos horas: comenzando a las ocho y media, parábamos para un tentempié de veinte minutos a las diez y media, dedicábamos una hora completa a almorzar y descansar a las doce y media, hacíamos una pausa para otro tentempié de veinte minutos alrededor de las tres y media, y finalmente parábamos para acampar sobre las cinco o cinco y media.

Después de un buen trago de agua con sabor a Gatorade de mandarina, coloqué una hilera de galletas Mary's Gone sobre la tapa de mi bote, cubriendo cada una con una buena cantidad de crema de cacahuate que exprimí del tubo. Sobre cada montoncito de crema de cacahuate, puse tres arándanos rojos secos para crear sándwiches de crema de cacahuate y mermelada. Mientras masticaba, saboreé la combinación de dulce y salado, crujiente y masticable.

—Espero que John y Janiene encuentren mi vieja cámara —dije entre bocados. Era vieja y tenía poca resolución de píxeles, pero sería mejor que las desechables que compré en Red Meadow.

—Lo harán —me aseguró Cappy—. Seguro que tu cámara te estará esperando cuando lleguemos a RVV.

Esperaba que tuviera razón. Ni siquiera me había molestado en usar la cámara de cartón para fotografiar los vastos panoramas que nos habían cautivado toda la mañana. Cualquier foto hubiera reducido la vista a un par de franjas indistinguibles, una azul cielo suspendida sobre otra verde bosque. Además, con solo unas pocas fotos en cada cámara, pretendía ser selectiva.

Desenrollé mi colchoneta y me acosté boca arriba, con los pies en alto. Mirando hacia arriba, pude ver las oscuras siluetas de un millón de agujas de pino entrecruzadas que fracturaban el cielo azul. El incienso de pino impregnaba el aire quieto bajo los árboles: un aroma fresco y refrescante, como a menta para la nariz. Era casi tan potente como para neutralizar mi propio aroma intenso: una mezcla de sudor y protector solar que siempre me seguía por el sendero.

Me bajé la visera del sombrero hasta los ojos, inhalé y exhalé unas cuantas veces para relajarme y me dejé llevar hacia ese lugar tranquilo a medio camino entre el sueño y la vigilia.

Una serie de curvas cerradas nos llevó por encima de un pequeño pico rocoso y descendimos a un bonito valle con forma de cuenco: la cuenca del Arroyo Purple.

El fondo del cuenco estaba ocupado por el Lago Purple, que rodeamos hasta llegar al punto donde desembocaba el agua del Arroyo Purple. Donde se unían el sendero, el lago y el arroyo, nos sentamos a descansar en el suelo cubierto de mantillo. Pequeñas rocas de granito formaban un círculo al pie de un grupo de árboles jóvenes cuyas esbeltas sombras se proyectaban sobre el agua bajo el sol de la tarde. Las paredes del valle eran de un profundo negro azulado que otorgaba al lago poco profundo un mágico tono púrpura, un violeta oscuro o lavanda. Los rayos del sol, que llegaban del oeste, convertían las delicadas ondulaciones de la superficie del agua púrpura en un brillo dorado.

Mientras me ponía calcetines limpios y Cappy volvía a mirar los mapas, un par de mujeres altas y delgadas, de cierta edad, se acercaron a nuestra parada de descanso al costado del sendero y se detuvieron.

—¡Helen! ¡Hannah! —Cappy saltó a saludarlas—. No esperaba volver a verlas. Creí que se habían adelantado.

Las hermanas casi idénticas que conocimos en Red Meadow celebraban el quincuagésimo cumpleaños de la menor de las dos, Helen, escalando el Sendero. Encontramos una camaradería instantánea cuando descubrimos en nuestra primera conversación que, además de ser de la misma generación de chicas Californianas, todas proveníamos del mismo barrio en Gold Country del Norte de California, y vivíamos a solo unos minutos unas de otras.

—Qué gusto verlas por aquí —dije, levantando la vista de mi proyecto de calzado—. ¿Repararon bien su mochila?

Helen llevaba una mochila Kelty clásica de treinta años que tenía desde la universidad, con un diseño similar al de mi versión más nueva y ligera. Por nostalgia, insistió en usar su mochila vieja y no comprar una nueva para su expedición de celebración. Desafortunadamente, las costuras de su cinturón se habían roto solo un par de días después de comenzar la caminata, dejándolo inservible. Para cuando llegaron a Red Meadow, le causaba una incomodidad insoportable, ya que todo el peso de la mochila colgaba de sus hombros en lugar de asentarse firmemente sobre sus caderas.

—¡Estoy tan agradecida! —Su sonrisa transmitía alivio—. Tomamos el enlace de Red Meadow a Mammoth, donde encontramos a un zapatero, un viejecito que tenía la máquina de coser perfecta para reparar correas gruesas. —Se giró y señaló su cinturón para que pudiéramos ver dónde estaban cosidas las correas nuevas con hilo negro grueso.

—Está como nuevo —añadió.

Eran las únicas piezas brillantes de la mochila; todo lo demás estaba descolorido y rayado por el uso.

—Si no lo hubiéramos encontrado, Helen hubiera tenido que comprar una mochila nueva y costosa —continuó su hermana—, y yo hubiera podido decirle «¡Te lo dije!»

—En cambio, me costó solo veinte dólares —añadió Helen con una sonrisa irónica de victoria.

—Supongo que ni nuestros cuerpos ni nuestro equipo envejecidos son tan fuertes como solían ser —dijo Cappy, y todas nos reímos.

—¿Y cómo negarlo? —estuve de acuerdo, pensando en mis adoloridos pies vendados.

—Nos vemos en el sendero, chicas —dijo Hannah.

Se despidieron con la mano, mientras se alejaban con gracia con aspecto de bailarinas casi idénticas.

—¡Buen viaje! —grité a sus espaldas que se alejaban.

Unos minutos después, seguimos sus pasos por una serie de curvas cerradas, calurosas y polvorientas. Luego, superamos un pequeño paso y nos encontramos cara a cara con otra vista impresionante. Picos lejanos de roca negra, con sus cimas cubiertas de espesa nieve, perforaban el cielo hacia el sur. Desde ese mirador, se vislumbraba el Lago Virginia, en su verde valle.

El sendero descendía gradualmente hacia las amplias praderas verdes que rodeaban el lago. Sembrado de rocas que sobresalían de la hierba alta y salpicado de grupos de árboles, el pequeño valle albergaba un popular campamento para mochileros. Varios grupos de excursionistas ya se habían instalado, la mayor concentración de mochileros que habíamos visto.

Media docena de casas de campaña; pequeñas cúpulas de nailon en tonos tostados, verdes y azules estaban desplegadas en la amplia pradera que rodeaba el Lago Virginia. Tres más se refugiaron en los árboles un poco más lejos del agua. Los campistas se habían separado cuidadosamente, manteniendo una distancia prudencial entre campamentos. A pesar de lo temprano que era; apenas las cinco de la tarde, seguro que se unirían más excursionistas.

Tras aprender lo valioso que es estar lejos del agua y de los mosquitos que la sobrevolaban, Cappy y yo elegimos un lugar llano cerca de un bosquecillo a 50 metros del lago. Cerca, bajo los árboles, una joven senderista solitaria estaba preparando su lugar para dormir. Después de armar nuestra casa, saludamos con la mano y, como buenos vecinos, nos acercamos para presentarnos.

—He oído hablar de ustedes dos —dijo—. Antes eran Las Tres Mujeres, ahora solo quedan dos—.

Me asombró cómo se corrió la voz entre los senderistas del Sendero.

—Soy Stella. —Me ofreció la mano y nos la estrechamos.

—Habíamos oído que había una joven guapa con el pelo cortísimo haciendo senderismo sola. Debes ser tú —dijo Cappy con su tono serio, con los ojos muy abiertos.

—Un placer conocerte, Stella —añadí—. Es agradable ponerle rostro y nombre a esa simple descripción.

Stella tenía veintitantos años y rasgos delicados. Se había cortado el pelo a un centímetro especialmente para la caminata, lo que le daba un aire adorable a muñeca Kewpie. Un ligero acento de Nueva Inglaterra delataba sus orígenes.

—No eres Californiana —dije—. ¿De dónde eres?

—Connecticut. Acabo de terminar mi posgrado y estoy intentando encontrarme a mí misma aquí antes de entrar al mundo «real» —respondió, haciendo comillas en el aire con los dedos. —Al menos, así es como mis padres empezaron a explicárselo a sus amigos después de que les conté mis planes.

Sonrió tímidamente al revelar muchísimo sobre sí misma en una sola frase.

—Eso es lo que estamos haciendo también —dije—, buscándonos a nosotras mismas. Puede que estemos en una etapa diferente de la vida, pero seguimos buscando.

Todas nos reímos. Cappy y yo teníamos hijos de su edad, pero las búsquedas de la vida son para toda la vida.

Stella llevaba equipo ultraligero que no incluía una casa de campaña, solo un fino toldo que había colocado en un tubo triangular para protegerse de la lluvia y los insectos. Me pregunté qué tan efectivo sería ese artilugio minimalista contra los astutos mosquitos. Nos excusamos para ir a nuestras tareas de la tarde y dejamos que Stella terminara sus propios preparativos para el campamento.

La humedad del prado y su proximidad al lago convertirían el pequeño valle en un paraíso de mosquitos al anochecer. Estaba decidida a terminar todas mis tareas vespertinas rápido para evitar que me agarraran desprevenida cuando los bichos salieran a volar. Anticipando las plagas, me puse pantalones rompevientos y metí la mosquitera y los guantes en el bolsillo de la chamarra antes de bajar a bombear agua. Cappy estaba decidida a darse un chapuzón en el agua helada antes de que fuera demasiado tarde.

Apenas encontré un lugar alto y seco en la orilla, comenzó el ataque aéreo. Al ponerse el sol tras las montañas del oeste, un agudo zumbido resonó en mis oídos. Me tapé la cara con una red y me puse guantes. Las mangas verdes de mi rompevientos se tiñeron casi de negro con los insectos ansiosos, pero su forro de plástico me protegió de sus picos inquisitivos. Esos mosquitos del Lago Virginia eran peores que cualquier otro que hubiéramos visto, quizás peores que todas las noches anteriores juntas. El aire estaba cargado de ellos y parecía vibrar con sus movimientos espasmódicos. Cuando levanté el brazo, se separaron ligeramente, como un banco de peces que se separa un instante cuando un tiburón se mueve entre ellos. Luego se reagruparon, llenando el hueco con sus cuerpos negros.

Mientras tanto Cappy seguía nadando; no sé cómo podía soportarlo. Mientras permaneciera sumergida, estaba a salvo de los depredadores voladores, pero su rostro y sus brazos, expuestos sobre el agua, eran carne fresca para consumir a voluntad. «¿Cómo lograría salir y vestirse sin ser devorada?», me pregunté, sentada a salvo dentro de mi falso traje de protección contra materiales peligrosos, filtrando el agua.

Cappy salió del agua de golpe y agarró su toalla de mochilera. Rápidamente, y aun jadeando, se puso unas sandalias y varias capas de ropa. Su cabello húmedo se había soltado de la trenza y le caía como un remolino alrededor de la cara. Lo enrolló en un nudo para meterlo en su suave casco de mosquitera. Con los calcetines en la mano, dijo una mezcla de hola y adiós antes de abrirse paso entre los insectos hacia nuestra casa.

Tan hermosos como eran sus millones de rizos de plata y peltre, requerían atención, y Cappy siempre los apartaba de su camino. Incluso cuando lo había colocado todo en su lugar y lo había asegurado con una horquilla, algún mechón invariablemente se escapaba y ondeaba con la brisa. Cada vez que veía a Cappy luchar con sus largos mechones, me alegraba de haberme cortado los míos cortos para prepararlos para la caminata. Nunca podría haberlos cortado como lo había hecho Stella. «Hay que ser muy joven para hacer eso», pensé. Cortarme el pelo desde la altura de los hombros a solo ocho centímetros había sido un tremendo salto de fe para mí. También me había hecho la permanente en rizos sueltos, así que cuidarlo entre lavados esporádicos fue muy fácil: simplemente lo humedecía y lo apretaba. Se mantenía fuera de mi cara, de mi cuello, e incluso podría haber quedado lindo asomándose por debajo de mi cachucha.

Stella, vestida para la embestida, igual que yo, se acercó desde su campamento, con la bolsa de agua y la bomba en la mano.

—¿Te importa si me uno? —Se sentó cuando la recibí.

—¿Verdad que es una noche preciosa? —dije, observando el cielo y viendo solo jirones de nubes—. Dos seguidas sin lluvia.

—¡Es maravilloso! —Sus ojos siguieron mi mirada al cielo—. Así es como me imaginaba que sería la Sierra... sin los bichos, claro.

Las dos guardamos silencio mientras ella se preparaba. Organizada, preguntó:

—¿Qué sabes sobre las condiciones que nos esperan en el sendero que viene?

—No mucho, solo lo que oí en Red Meadow. Hay un buen campo de nieve a este lado del Paso Silver —respondí—. Dijeron que no necesitaríamos crampones, lo cual es bueno, ya que no traje los míos.

La risa de Stella fue delicada y musical.

—Yo tampoco. No cumplían con mi estándar de «ultraligero».

Se concentró en manipular la manija de su filtro de agua durante un minuto, hasta que su segundo recipiente empezó a llenarse, y luego continuó:

—Ayer un técnico de PCT me dijo que ahora hay cuencos de nieve. ¿Lo has oído? —preguntó, con una leve preocupación entre sus cejas arqueadas.

Mis contenedores estaban llenos, y había enrollado los tubos y guardado la maquinita en su bolsa de cordón mientras hablábamos. Espantando los mosquitos que se habían posado en la mosquitera frente a mis ojos, dije:

—He leído sobre los cuencos de nieve, pero nunca los había visto. Leí que es frustrante cruzarlas. Me alegra tener un aviso que no nos agarraran desprevenidas.

Sonrió, recogiendo sus cosas.

—Todas debemos cuidarnos, pero como senderista solitaria, quiero asegurarme de conectar con todas las mujeres del sendero. Somos un grupo de hermanas aquí, y debemos honrar esa relación que heredamos. —Incluso con su voz amable y educada, Stella habló con la apasionada convicción propia de las jóvenes idealistas.

—De acuerdo —dije, extendiendo la mano para tocarle el hombro—. Debemos honrarnos y cuidarnos mutuamente.

—Nos vemos por la mañana. —Se puso de pie y la observé caminar de regreso hacia su pequeña casa triangular entre los árboles.

Punto de partida: Campamento Cruce del Arroyo Deer, 2,773 metros
Punto final: Lago Virginia, 3,148 metros
Punto más alto: Lago Virginia, 3,148 metros
Distancia recorrida: 14.6 kilómetros
Kilómetros acumulados: 72.9 kilómetros

Escalando a diez

El propósito de la vida es hacer que los latidos de tu corazón coincidan con el ritmo del universo, que tu naturaleza se alinee con la Naturaleza.
~ Joseph Campbell, *Reflexiones Sobre el Arte de Vivir*, 1992

Día nueve
27 de julio de 2006

Punto de partida — Lago Virginia — 3,148 metros

—¡Me encanta el olor a DEET por la mañana! —anuncié en dirección a Cappy.

Me rociaba las piernas, los brazos y la nuca con repelente de mosquitos Off, formando una nube, mientras contenía la respiración para evitar el químico amargo.

Las hordas de voraces picadores hacían que mis rituales matutinos fueran tan difíciles como cómicos. Tomar café, desayunar, cepillarme los dientes, lavarme la cara y ponerme protector solar; todo con mosquitera en la cabeza y guantes en las manos, era un verdadero reto. Además, el contoneo necesario para responder a la llamada de la naturaleza, con el trasero al descubierto entre los arbustos, sin ser picada en un punto sensible, significaba que me llevaba más tiempo de lo habitual prepararme para la caminata del día.

—Estás haciendo unas caras muy feas allí —gritó Cappy desde donde estaba sentada, amarrando las agujetas de sus botas, casi lista para irse.

—Inhalé un poco. ¡Sabe muy feo! —dije, al darme cuenta de que mi cara y mis ojos se habían arrugado espontáneamente dentro de la red. Respiré con los labios fruncidos, intentando quitarme el sabor de la lengua, luego ajusté la última tira de velcro de mi chancla y me levanté para irme.

—¿No te hace preguntarte qué es peor, el problema o la solución? —dijo Cappy.

—Solo estás celosa porque me quieren más que a ti.

Mientras Cappy llevaba la ropa de diario; pantalones culotte de senderismo color topo y camisa blanca de manga larga, yo alternaba entre dos camisetas de tirantes brillantes y uno de dos suéteres finos de manga larga. Esa mañana, me puse una playera azul encima de la playera de tirantes color lima. El aire matutino era fresco, pero guardé el forro polar en la mochila. Tras subir la primera colina con la chamarra puesta, me acaloraría. Para quitármela más tarde, tendría que parar a quitarme la mochila y volver a ponérmela. Mejor empezar fresca y sin chamarra para evitarme el problema.

—Parece que todos tienen prisa por irse esta mañana —dijo Cappy.

Miré hacia arriba. No solo los insectos estaban en movimiento, sino también la gente, sin duda despertada por los agudos chillidos de los depredadores. En una migración masiva inusual, todos acamparon alrededor del Lago Virginia y, en el cercano Lago Purple, convergieron en el punto donde el sendero se encontraba con el arroyo de salida del Lago Virginia. Decenas de personas cruzaron el arroyo en fila india al mismo tiempo, creando un atasco. Era la única salida, así que requería una fila paciente.

Ponerme calcetines y sandalias en nuestro campamento había sido un error poco previsor de mi parte. No había visto que teníamos que vadear el arroyo; me había imaginado cruzarlo saltando sobre un tronco o unas rocas. Con un suspiro de leve frustración, me quité los calcetines y las sandalias, volví a ponerme solo las sandalias, caminé a través del arroyo que me llegaba hasta la pantorrilla y luego me senté para volver a lidiar con mis calcetines y sandalias sobre mis pies ahora húmedos y cubiertos con cinta adhesiva.

Mientras tanto, Cappy esperaba, con las manos apoyadas en los mangos de sus bastones de senderismo, observando a los excursionistas desfilar. Cada vez que me disculpaba, respondía: «No es para tanto» o «No te preocupes», demostrando tener más paciencia que yo.

En el tiempo que me llevó hacer el cambio, la multitud se había dispersado, y los excursionistas se organizaban por velocidad. Los más rápidos se alejaron a toda prisa, con los más lentos esparcidos detrás.

—Parecemos un rebaño de ovejas que se apresuran por el sendero con perros pastores pisándonos los talones —dijo Cappy.

Salimos al sendero al final del grupo justo a tiempo para ver a los líderes desaparecer tras la colina. Esa fue la última vez que vimos a la multitud. De hecho, solo vimos a uno o dos excursionistas en todo el día.

Tras bordear el lago, el sendero ascendía suavemente a través de bosques hasta una cresta antes de descender en zigzag, bordeada de flores, hasta el fondo del cañón llamado Tully Hole. Las mismas enormes cantidades de agua; nieve derretida de las zonas más altas que hacía crecer los ríos y atraía mosquitos, también alimentaban un vasto caleidoscopio de flores. Dondequiera que la luz del sol llegaba al suelo, florecía de color. Pétalos brillantes se mecían sobre tallos altos en cintas que llegaban hasta las rodillas a lo largo del borde del sendero. Más flores se extendían cerca del suelo en espacios moteados bajo los árboles, se agrupaban en grietas protegidas entre las rocas y se entretejían en densas alfombras esmeralda de prados empapados.

El día anterior, caminando por el borde del Valle Cascades, habíamos mirado hacia abajo desde gran altura para admirar el lejano Arroyo Fish mientras descendía hacia el inmenso valle. Veinticuatro horas, 11 kilómetros y un enorme descenso después, lo que había sido una lejana franja de plata brillante era ahora un río estruendoso en las profundidades del valle en forma de V que había excavado con tanto esmero.

—¿Cómo vamos a cruzar ese río? —pregunté por encima del rugido del río. A pocos pasos de la turbulenta corriente, nos detuvimos a observar—. Eso no se puede vadear.

—Hay un puente, creo —dijo Cappy, recordando su lectura.

—Por Dios, espero que sea un puente de verdad, no un viejo tronco tendido sobre el agua —dije.

—Estoy segura de que es un puente de verdad —, me aseguró Cappy con una voz como la que uso para animar a mis alumnos reticentes: mitad compasión, mitad humor—. Un río tan grande exige un puente de verdad.

Nos detuvimos de nuevo después de dos curvas cerradas y nos quedamos una al lado de la otra mirando hacia abajo, hacia el Arroyo Fish. «Eso no es un arroyo», pensé. «Es un río, un río salvaje y alocado».

—Mira... ahí... —Cappy señaló con el brazo extendido, con el bastón colgando de la correa—. ¿Lo ves?

—¿Qué?

—¡El puente, por supuesto!

—¿Dónde? —Observé la longitud del río, con la vista parcialmente bloqueada por los árboles que crecían en la empinada ladera bajo nosotras, hasta que mis ojos encontraron la estructura: un tramo largo y sólido construido con vigas gruesas, de madera o acero, no lo sabía a esa distancia. —¡Qué puente tan robusto!

La ansiedad se convirtió en entusiasmo. Podía hacerlo con facilidad.

—Después de ti —le indiqué a Cappy que me guiara.

Por su paso ágil, noté que estaba tan contenta como yo con el aspecto imponente del puente. Bajamos a saltos por el sendero hacia la creciente sinfonía del río.

El puente era un robusto tramo de acero, tan ancho que con los brazos extendidos no podía tocar ambos lados a la vez, y tan largo que conectaba las paredes rocosas del cañón en forma de V, muy por encima del rocío del agua que fluía a su paso. Nos detuvimos en su centro. Miré el río; primero río arriba, luego río abajo, asombrada por la fuerza e intensidad de las aguas que seguían tallando el cañón rocoso a su imagen.

Apoyándome en la barandilla, que me llegaba a la altura del pecho, le di unas palmaditas agradecidas. En el pasado, me he topado ocasionalmente con equipos de mantenimiento de senderos rurales. Realizan un trabajo agotador en los parajes más remotos, sin electricidad ni maquinaria. Cargan con sus equipos y herramientas y luego lo cargan todo al terminar. Pero este puente era extraordinario.

—Me pregunto cómo trajeron las herramientas y los materiales hasta aquí para construir esto —dije.

—No en helicóptero; el cañón es demasiado estrecho.

Cappy se inclinó a mi lado. Apartó la vista del río para admirar la estructura.

—¿Mulas? —sugirió—. ¿No fue en los años treinta? ¿O crees que esto es más reciente?

Me parece increíble que alguien se tomara tantas molestias para construir esta hermosa pasarela solo para gente como nosotras. Obviamente, estaba destinada a durar para siempre.

Entre preguntas y respuestas, nos tomamos fotos en el puente con la cámara de Cappy. Al fondo, el agua espumeaba y se precipitaba por encima de sus riberas estivales, penetrando los arbustos y matorrales que crecían entre las rocas. Luego seguimos el sendero hacia el sur, subiendo y saliendo del cañón.

Con el Paso Silver asomándose como nuestro objetivo de la tarde, se convirtió en el centro de nuestra conversación. El paso se encontraba a casi 3,352 metros. La Leyenda del Sendero decía que su ladera norte, la que tendríamos que atravesar para llegar a su cima, aún estaba cubierta de nieve. No era una nieve esponjosa, sino una capa de hielo. Con el frescor de la mañana, el campo de nieve se congelaba formando una lámina resbaladiza de hormigón, pero con el sol de la tarde se convertía en una frágil capa de escarcha sobre aguanieve espesa y húmeda. Mi conversación con Stella sugirió que también podría estar salpicado de cuencos de nieve llenos de agua.

Al preparar el viaje, uno de los temas que investigué en línea fue la nieve a lo largo del Sendero. El año anterior, 2005, pospusimos nuestra aventura debido a que seis metros de nieve habían sepultado el sendero incluso a finales de la temporada. En 2006, una serie de tormentas tropicales; la Pineapple Express, azotó el Pacífico desde Hawái a finales de junio, reduciendo la gruesa capa de nieve a una profundidad manejable. Sin embargo, el sendero en las laderas orientadas al norte, que nunca se calientan con el sol de verano, permaneció congelado bajo extensos campos de nieve.

Habíamos debatido la necesidad de llevar crampones: finas láminas de metal con clavos metálicos que se sujetan a las suelas de las botas de montaña. Los clavos se hunden en la capa de hielo a cada paso, proporcionando tracción en las empinadas extensiones de nieve. Yo había llevado los míos hasta Tuolumne Meadows, pero los dejé después de consultar con los guardabosques en la estación de permisos.

Ese día, los rumores en la calle sugerían que los crampones podrían haber sido útiles en el Paso Silver después de todo. Los rumores parecían comenzar con breves intercambios entre excursionistas SOBO del Sendero y senderistas de NOBO PCT, y luego evolucionaron con cada relato hasta convertirse en dramáticas Leyendas del Sendero que predecían obstáculos inminentes como traicioneros campos de nieve salpicados con cuencos de nieve en el camino al Paso Silver. La veracidad de las advertencias de cada leyenda siempre era algo dudosa: «Escuché de alguien cuyo amigo habló con un senderista del PCT...».

Así que nunca supimos con certeza cuánta credibilidad darles a las leyendas o a los consejos que las acompañaban.

Las curvas cerradas ascendían hasta el Lago Squaw, punto intermedio de la subida hacia el Paso Silver y nuestra parada de descanso vespertina. El Lago Squaw era un pequeño lago, una cuenca de granito tallada por los glaciares. Su superficie azul estaba salpicada de rocas erráticas: rocas extrañas y fuera de lugar, dejadas por un antiguo glaciar en retroceso. El paisaje era escaso; la única vegetación eran hierbas atrofiadas y juncos que crecían como una alfombra peluda sobre el fondo plano de la cuenca hasta la orilla. El perímetro de la pradera alpina, donde el mismo glaciar había amontonado rocas más grandes, lucía abetos achaparrados, altos hasta los hombros, cuyos esbeltos troncos plateados estaban nudosos y retorcidos por el paso del tiempo y la exposición a los elementos.

—¿De verdad te vas a meter en esa agua helada? —Ya sabía la respuesta. Cappy llevaba toda la tarde amenazando con nadar cuando llegáramos a Squaw.

—El agua es refrescante —dijo.

«Gélida», pensé.

Ya hasta las rodillas, Cappy contemplaba las aguas más profundas y azules, más alejadas de la orilla. Extendió los brazos, lejos del cuerpo y sin tocar el agua, y se adentró con cuidado. Con un movimiento repentino, saltó de puntillas, alzó los brazos para juntarlos sobre la cabeza y se arqueó en el aire para deslizarse por la brillante superficie. Desapareció por un instante, dejando solo ondas concéntricas. Cappy emergió del agua, entre aplausos y jadeos. Echó la cabeza hacia atrás, con los ojos cerrados, y se apartó los rizos del rostro con las manos. Batiendo el agua mientras regresaba a la orilla, sonrió triunfante.

—Deberías venir a nadar. Se siente tan bien quitarse todo el polvo y el sudor del camino.

—Ni loca —grité desde mi cálida roca.

Mientras Cappy chapoteaba con evidente deleite en un agua que hacía apenas unas horas estaba helada, decidí buscar la manera de mojarme el pelo. Me adentré en el lago hasta la mitad de las pantorrillas; el agua estaba tan fría que me quemaba los dedos de los pies. Como descargas de electricidad helada, oleadas de dolor me subían por las plantas de los pies y las espinillas. Estoy segura de que la sangre de mis piernas subía para escapar. Doblándome por la cintura y metiendo la cabeza verticalmente en el agua, sumergí solo la coronilla. La intensidad del frío en mi cuero cabelludo fue impactante; jadeé y se me llenaron los ojos de lágrimas. Me obligué a continuar. Si Cappy podía sumergirse por completo en el lago y disfrutarlo, yo podía soportar un poco de frío en la coronilla.

Mis dedos masajearon la humedad en mi cuero cabelludo. Hubiera preferido lavarme con champú, pero ni siquiera el mejor champú biodegradable debería usarse en el agua pura de Sierra. Un buen remojo me bastaría. Escurrí mi pelo, apretando los rizos para eliminar el exceso de agua. Me quité mi viejo pañuelo azul del cuello y lo usé como toalla para secarme el pelo. Levantando la cabeza y echándome hacia atrás, para quedar erguida, froté, apreté y esponjé mis rizos, mientras algunos hilillos de agua me resbalaban por el cuello. Incluso con el sol en alto temblaba.

Escapé del agua lo más rápido que pude con los pies entumecidos y encontré un lugar en una roca ancha y plana donde podía tomar el sol. Desde allí, observé cómo Cappy terminaba de chapotear. Emergió del agua al aire cálido, con la piel radiante y los labios azules. Se frotó las extremidades con fuerza con su pequeña toalla para recuperar el calor.

—Ven aquí —grité—. Es agradable y cálido.

La superficie de la piedra cocida por el sol envió hilos de calor a mi cuerpo helado.

Cappy se dejó caer sobre el cálido granito.

—Qué refrescante. Me siento tan viva en el agua fría. Ojalá lo probaras la próxima vez. —Se acomodó en la roca para recibir calor de arriba y de abajo.

—No va a pasar. No lo disfruto. Me resulta doloroso y nada placentero. —Saqué mi tentempié y mi Gatorade.

De niña, durante una década de entrenamientos diarios con el equipo de natación, pasé muchas horas nadando largos en albercas frías. Más tarde, me rociaron repetidamente con agua fría del Pacífico mientras competía en catamaranes durante otra década. Había experimentado demasiada agua fría y nunca aprendí a disfrutarla. De adulta, me prometí evitar el agua fría el resto de mi vida.

—Este pequeño cuenco perfecto con su pequeño lago perfecto es exactamente como esperaba que se viera la región montañosa. —Extendí los brazos dramáticamente, contemplando todo el cuenco de granito.

—¡Y lo mejor de todo es que lo tenemos todo para nosotras! —dijo Cappy.

Durante nuestra estancia, no había pasado ni un alma.

—Esto podría ser una página en un calendario de pared.

Junté las manos frente a mí para formar un pequeño rectángulo, un marco, y observé la escena a través del visor.

El Paso Silver se alzaba más adelante, una subida de casi 200 metros sobre el Lago Squaw a lo largo de una serie de pronunciadas curvas cerradas que serpenteaban de un lado a otro por la cara norte de la montaña. A medida que nos acercábamos, lo que desde abajo parecían puntos delicados y salpicaduras de nieve se convertían en amplios e intimidantes campos de nieve cubierta de hielo. Pudimos sortear fácilmente los primeros tramos que encontramos desviándonos del sendero hacia la tierra o las rocas. Pero a medida que aumentaba la altitud, los tramos crecían hasta cubrir por completo las empinadas laderas, y el sendero se volvía invisible, sepultado en blanco.

La superficie resbaladiza que tenía delante estaba llena de los infames cuencos de nieve, montones de cuencos llenos de agua helada. Nunca había visto un cuenco de nieve, pero había visto fotos en internet, así que los reconocí al instante. Se me encogió el estómago. Había leído sobre los hoyuelos del tamaño de un tazón que se formaban en la superficie de la nieve cuando los campos de nieve se calentaban y volvían a congelar repetidamente. Los cuencos se llenaban de agua helada cada día y se congelaban de nuevo cada noche.

El terreno que tenían por delante era tan irregular que simplemente caminar en línea recta sería imposible. Hileras de huellas ascendían ladera arriba, a veces formando franjas paralelas, a veces desplegándose alrededor de enormes agujeros y obstáculos rocosos, o zigzagueando alrededor de los cuencos de nieve como marineros borrachos.

—Lo tomaremos con calma y cuidado —dijo Cappy, alzando su mochila sobre su espalda.

—Bien. Hay que mantenernos unidas. Nada de movimientos arriesgados —dije.

Tomé la delantera, avanzando a trompicones. Me detenía cada tres o cuatro pasos para examinar el terreno en busca de la ruta más segura que no terminara en un callejón sin salida. Luego seguí adelante, solo para detenerme y volver a planificar.

Clavé mis bastones de senderismo con firmeza, hundiéndolos uno a uno en la nieve, al igual que los pies. Golpeé el hielo varias veces con la punta o el talón para romper la frágil capa de hielo. Así, la suela de mis Tevas se agarraba al terreno inclinado antes de que trasladara el peso de un pie al otro. Manteniendo siempre tres puntos de apoyo firmes en el suelo, solo levantaba un pie o un bastón.

Una vez, tras avanzar con esfuerzo, descubrí que el sendero era demasiado empinado y tuve que desandar un poco para encontrar otra ruta. Al darme la vuelta, miré cuesta abajo. El corazón me dio un vuelco y tuve que apartar la vista un instante. Debajo de mí, la ladera de la montaña era un gigantesco tobogán blanco que terminaba en rocas a más de 30 metros de altura. Para evitar esa vista desestabilizadora, me concentré en la nieve que tenía justo delante de los pies. Descender esos pocos metros tenía que lograrse esquivando medio paso a la vez.

Al ascender de nuevo, resbalé una vez cuando mi pie derecho atravesó la superficie helada y descongelada por el sol. Mi pie, con la sandalia y el calcetín, se hundió en la nieve blanda y crujiente bajo el hielo, y luego resbaló cuesta abajo antes de engancharse en un trozo de hielo un poco más grueso y resistente. Salí despedida hacia adelante sobre mi rodilla izquierda, mientras mi mochila, tambaleante, amenazaba con tirarme de cara. Solo mis bastones de senderismo me impidieron hundir la cara en la nieve. Mis brazos, torpemente doblados hacia arriba, se sujetaban a los bastones con fuerza de voluntad. Jadeando ante la inesperada brusquedad del choque y el frío intenso en mi pie enterrado en la nieve, permanecí inmóvil intencionadamente el tiempo suficiente para calmar mi corazón y reflexionar sobre el proceso de levantarme de nuevo. Antes de moverme, hice un inventario mental de mis extremidades.

Detrás de mí, oí a Cappy gritar, con voz fuerte y aguda:

—¡Joan! ¿Estás bien?

—Estoy bien —dije lo más calmadamente que pude, sin querer desperdiciar energía en una conversación más allá de la necesaria para tranquilizarla.

Presionando con firmeza, lenta y constante, coordinando ambos brazos y piernas y contrayendo todos los músculos del torso que pude, me levanté lentamente hasta quedar encorvada. Alineando la pierna derecha con el resto del cuerpo, me erguí más, manteniendo los bastones bien plantados. Respiré hondo e hice un nuevo repaso mental de mis partes. Me alegró descubrir que todo estaba en orden.

—¡Todo bien! —le grité a Cappy, que ya estaba a pocos metros detrás de mí—. Ten cuidado. Está muy resbaladizo y el hielo es frágil aquí.

Avancé con cautela nuevamente, eligiendo mis puntos de apoyo con mayor cuidado que antes.

—¡Yee-Hah! —gritó alguien desde lo alto, por encima de nosotras.

—¡Woo-Hoo! —se escuchó otro grito en respuesta al primero.

Me quedé paralizada y observé el camino. Gritos salvajes descendían por la ladera hacia nosotras. Observé con una mezcla de horror y asombro cómo dos jóvenes vestidos de colores brillantes descendían a toda velocidad por la ladera nevada y helada que con tanto esfuerzo subíamos. Pasaron como un rayo, esquiando en parte con las botas y en parte con las mochilas, virando a un lado y a otro, según el terreno se les abría paso, cabeceando y rebotando sobre montículos y a través de cuencos de nieve llenos de agua. Chillando de alegría, desaparecieron ladera abajo, recorriendo en segundos la misma distancia que nos había llevado treinta minutos conquistar.

—¿Viste eso? —rió Cappy—. ¡Eso es lo que habló Ryan en Red Meadow!

—Jamás haría eso —dije—. ¡Es una locura!

Pero yo también reía, mientras la adrenalina que me habían inducido sus primeros gritos se extendía por mi sangre.

Minutos después, en un momento emocionante, simplemente aparecí en la cima del Paso Silver. A diferencia del Paso Donohue, que había sido una cúpula ancha y redondeada con forma de joroba, el Paso Silver tenía una cima puntiaguda, como la cresta de un tejado. Un minuto seguía subiendo y al siguiente estaba en la cima, como si hubiera pisado el último peldaño de una escalera que terminaba en la cima del mundo. Podía mirar hacia adelante y hacia atrás, tanto hacia afuera como hacia abajo.

Al girarme para observar cómo se acercaba Cappy, le grité:

—¡Llegamos! ¡Es la cima!

Levantó la vista. El cansancio de la subida se reflejaba en su rostro, pero sonrió ampliamente. Rápidamente, volvió a concentrarse en sus pies y en los escalones que tenía delante.

Seguí observándola mientras subía y vi el momento exacto en que resbaló, igual que yo. Desafortunadamente, cuando su pie atravesó la capa de hielo y empezó a resbalar, no encontró apoyo y siguió resbalando. Cappy terminó deslizándose varios metros hacia abajo sobre sus rodillas y manos. Sus bastones, colgando de las correas de las muñecas, se movían violentamente a ambos lados.

Contuve la respiración hasta que vi que su descenso se detenía. Desde mi perspectiva en la cima, la pendiente parecía más pronunciada de lo que había imaginado al ascender. Me alegré de no haber mirado hacia abajo antes. Me alegré de estar en la cima con los pies firmemente plantados sobre el granito.

—¡Cappy! ¿Estás bien? —le grité.

Silencio.

Contuve la respiración, esperando su respuesta. Todos mis sentidos se agudizaron, con las antenas erizadas. Empecé a desatar mi mochila para estar lista, aunque no sabía exactamente para qué.

Después de unos largos instantes, oí su voz:

—Estoy bien.

Suspiré, y me reí de su sentido del humor incluso en tiempos de crisis, y le respondí:

—Por favor, ten cuidado. —Y luego—: Ya casi llegas.

Durante varios minutos, Cappy ascendió sin contratiempos. Luego, nos quedamos juntas en la cima del mundo, admirando la vista de trescientos sesenta grados. Mientras escalaba esa montaña de cristal, me había concentrado únicamente en el espacio que me rodeaba. El resto del universo se había desvanecido de mi consciencia, evaporándose en un ruido blanco, mientras cada fibra, cada célula, cada neurona trabajaba al unísono para cumplir mi propósito inmediato. En la cima, con la fuerza de la gravedad, el universo me presionaba y se expandía simultáneamente a mi alrededor, conmoviéndome.

El cielo, vívido en su azul, su claridad, colgaba como un cuenco invertido sobre nuestras cabezas.

—Mi primer impulso es tomar una foto. —Cappy sostenía su pequeña cámara digital en la mano—. Pero no tiene sentido.

—Es imposible capturar una belleza como esta —coincidí—. Es imposible captar su intensidad de trescientos sesenta grados.

Seguimos de pie y respirándolo.

—Sé que las fotos no le harán justicia, pero de todas formas voy a tomar algunas —dijo Cappy.

Sosteniendo la cajita plateada frente a su ojo, tomó una serie de fotos, moviendo el visor de izquierda a derecha por la vista panorámica.

—Ambas nos alegraremos de que lo hayas intentado —la animé—. Más tarde, tus fotos nos recordarán la verdadera escena.

El Lago Silver se encontraba a solo 800 metros de caminata por el lado sur del Paso Silver.

—¡Esto es un 10! —anuncié al ver el lago—. Cancela lo que dije en el Lago Squaw; eso fue solo un 9.5. Así es exactamente como me había imaginado que sería la Sierra Alta.

Con la mochila todavía puesta, di una vuelta lenta, observando los detalles del paisaje.

Nos encontrábamos en otra pequeña cuenca de granito. Un estanque ancho y poco profundo se alzaba rodeado de decenas de versiones más pequeñas de sí mismo, serenos charcos y pozas en la roca, como una reina rodeada de su corte reunida. Piedras redondas, como canicas gigantes, yacían dispersas dentro y alrededor del agua. El cielo del atardecer, de un azul bígaro salpicado de nubes blancas, se reflejaba en el espejo perfecto del pequeño estanque, y en cada una de las copas y charcas dispuestas a lo largo de la cuenca de granito. Como hologramas, cada charca, copa, charco y estanque abarcaba todo el cielo y las cimas de las montañas circundantes; las superficies reflejadas, interrumpidas únicamente por los pequeños islotes de mármol.

Mis poros parecían absorber la belleza efervescente, como una esponja que absorbe el champán derramado. Cualquier resto de ansiedad se disolvió en una sensación de belleza creciente y espumosa. Me sentí alegre, paralizada e inundada de satisfacción. ¿Es posible sentirse tranquilo y efervescente a la vez? Debí de hablarlo sin parar. Porque una década después, Cappy me dice que me volví loca con el Lago Silver. No recuerdo haberlo hecho, pero sí tengo esa imagen holográfica grabada en mi cerebro. Solo tengo que cerrar los ojos, y ahí está.

En el corazón de la Sierra, el día tarda mucho en dar paso a la noche. El anochecer llega temprano a estos valles de gran altitud, horas antes de descender sobre las llanuras del este y el oeste. Cuando el sol se esconde tras las altas crestas montañosas, los valles se cubren de sombra, pero el sol continúa iluminando el cielo mucho después de dejar de calentar el suelo en sombra. Durante dos horas nos relajamos, abrigándonos con varias capas de lana a medida que las sombras se hacían más profundas.

Cansadas tras dos días de extenuante caminata, nos metimos en nuestras bolsas de dormir mucho antes de que el cielo despejado oscureciera lo suficiente como para que la Estrella Vespertina asomara su rostro. Antes de rendirme al sueño, repasé el día en mi mente mientras jugueteaba con los anillos de mi collar: fuerza, valor, espíritu. Aunque humilde por todos los desafíos que habíamos enfrentado, estaba satisfecha, incluso orgullosa de mí misma. Los miedos e inseguridades que habían sido tan grandes los primeros días de la caminata se desvanecían ante los logros recientes. Crecía la confianza entre mi mente y mi cuerpo. Mi mente podía depender de que mi cuerpo fuera lo suficientemente fuerte, equilibrado y estable. Mi cuerpo podía depender de que mi mente fuera lo suficientemente fuerte, clara y estable también. Parece extraño pensar en ellos como entidades separadas, pero así es como me sentí, como si hubieran estado en conflicto, pero ahora trabajaran juntos como un equipo.

La naturaleza estaba influyendo en los cambios internos que sentía. Muchas cosas habían salido mal al principio del viaje, y yo las había superado todas, algunas con más gracia que otras, algunas con más confianza que otras. Y aquí estábamos, al final de un día maravilloso, acampando en un lugar precioso, y me sentía satisfecha.

—¿Podría ser —susurré—, que hayamos superado la Ley de Murphy y que solo nos queden cosas buenas por delante?

Punto de partida: Lago Virginia, 3,148 metros
Punto final: Lago Paso Silver, 3,165 metros
Punto más alto: Paso Silver, 3,320 metros
Distancia recorrida: 11.5 kilómetros
Kilómetros acumulados: 84.4 kilómetros

Verdad o reto

Si hay magia en este planeta, está contenida en el agua.
~ Loren Eiseley, *El Fluir del Río, El Inmenso Viaje*, 1957

Día diez
28 de julio de 2006

Punto de partida — Lago Paso Silver — 3,165 metros

Con un solo movimiento, me puse la mochila sobre la espalda.

Así es.

UN. SOLO. MOVIMIENTO.

Mi mochila se había convertido en una parte integral de mí, en lugar de ser una pieza de equipaje sujeta torpemente a mi espalda y hombros. Como un camello tiene su joroba, como un tiburón tiene su aleta, yo tenía mi mochila: éramos uno. No solo su forma se había adaptado a la mía, su peso a mi peso, sino que sabía exactamente dónde, en su infinidad de bolsillos interiores y exteriores, se escondía cada una de mis pertenencias. Empacar, desempacar, acceder a ellas y llevarlas se había convertido en algo natural.

Fue esa satisfacción saber lo que me dio una confianza cada vez mayor. Y la confianza que necesitaría, pues ese era el día en que enfrentaríamos y vadearíamos el Arroyo Silver, La Leyenda del Sendero Número Dos.

Habíamos oído rumores sobre el peligroso cruce del Arroyo Silver durante dos días. Parecía que todos los senderistas del Sendero tenían algo que decir sobre la cascada del Arroyo Silver. Quienes se dirigían al norte, en su mayoría senderistas del PCT, murmuraban advertencias al pasar rápidamente. Otros excursionistas, reunidos en las paradas de descanso junto al sendero, comparaban lo que habían oído e intentaban recopilar información para crear una historia coherente.

La esencia de la Leyenda del Sendero Número Dos era que el encantador y serpenteante Arroyo Silver crecía hasta convertirse en la imponente Cascada del Arroyo Silver. Se decía que la cascada caía directamente sobre el Sendero, cayendo con fuerza, arrastrando a los viajeros por la ladera de la montaña. La historia inspiró una docena de preguntas, pero ninguna respuesta. Escribí en mi diario sobre la Leyenda del Sendero:

«El río está lleno y es rápido, dijeron».

«Hay que pasar por debajo de una cascada, dijeron».

«Es peligroso, dijeron».

«Podría ser intransitable, dijeron».

Con una extraña combinación de confianza y temor, partimos aquella hermosa mañana. Cruzamos el arroyo dos veces con el agua hasta los muslos. Paramos a todos los que vimos para preguntarles sobre el Arroyo Silver y su cruce de cascadas. Los NOBO, musculosos y experimentados tras casi cuatro meses de ruta desde México, parecían confirmarnos lo que ya sabíamos, pero nos ofrecieron pocos consejos sobre cómo abordar el cruce, más allá de «Ten cuidado», antes de dirigirnos hacia el norte.

—Obviamente toda esta gente sobrevivió a la travesía, así que ¿podría ser tan malo? —le pregunté a Cappy, mientras mi mente daba vueltas en el problema.

—Son mucho más grandes y fuertes que nosotras. ¿Recuerdas ayer, en la parada para comer, que el barbudo dijo que había gente que había sido empujada por el agua cuesta abajo y lastimada? —preguntó Cappy con preocupación.

—Si solo un grupo contara esa historia, pensaría que es un chiste —dije—. Pero parece que todos cuentan una versión de la misma historia.

—Lo sé —coincidió Cappy—. Eso me preocupa.

Habíamos tenido esta conversación media docena de veces, intentando comprender el obstáculo para idear un plan. Me dije a mí misma que no pensara más en la cascada, pero eso era como decirme a mí misma que no pensara en elefantes rosas.

Intenté pensar en dónde estaríamos esa noche. Tomaríamos el ferry de las cuatro para cruzar el lago Edison hasta RVV, donde nos esperaban lujos: regaderas, teléfonos, literas, un restaurante y una tienda de suministros. ¡Helados! Más allá de la regadera, esperaba con ansias las dos cajas que me esperaban: una grande con mi comida y provisiones, y una pequeña con mi vieja cámara digital. Solo teníamos que sobrevivir al cruce de la cascada del Arroyo Silver. ¡Uy! Ahí estaba, dándole vueltas otra vez.

Para distraerme aún más, pensé en la segunda caja que contenía mi cámara nueva. Mantenerla cargada iba a ser un reto; tendría que ser constante apagándola entre cada disparo.

Cuando me quedé sin distracciones, las visiones del cruce de la cascada regresaron una y otra vez.

El suave sendero que nos esperaba se convertía en curvas cerradas que nos llevarían cuesta abajo junto al impetuoso Arroyo Silver. Antes de descender, nos detuvimos en una joroba de granito al borde del acantilado, donde el arroyo en cascada se desprendía y caía. Miré por la borda para observar el agua cayendo y rebotando a cientos de metros de distancia. Un aire fresco subía desde abajo, amplificando el rugido hasta convertirlo en una cacofonía.

—En algún lugar allá abajo, tenemos que cruzar bajo toda esta agua —gritó Cappy por encima del estruendo. Miramos montaña abajo buscando alguna indicación de dónde se unían el sendero y el arroyo, pero no pudimos ver más allá del agua que se precipitaba y su nube de rocío.

Levanté las manos abiertas para señalar que compartía su incredulidad.

Era bastante después de nuestro descanso matutino cuando el sendero dejó de descender, se niveló y se convirtió en un sendero casi plano, una plataforma que atravesaba la pared de granito del cañón. Hilos de agua derretida en las partes más altas descendían desordenadamente, oscureciendo la piedra color bronce. Los árboles se erguían altos y caminábamos a su sombra. Helechos y arbustos amantes de la humedad cubrían el suelo junto al sendero.

Según el mapa de Cappy, estábamos a pocos pasos de nuestro encuentro cara a cara con la Leyenda del Sendero Número Dos. El mismo arroyo que habíamos admirado dos horas antes, desvaneciéndose en el aire, estaba a punto de reaparecer como su alter ego, el final estrepitoso de la cascada.

Caminé, mirando hacia adelante, intentando ajustar la vista en cada curva para vislumbrar el obstáculo acuático. De una de esas curvas, acercándose a nosotras, emergió una figura salida de las páginas de *Outlander*. ¿Nos habrían transportado a las Tierras Altas de Escocia? ¿O hubiera atravesado un túnel del tiempo hacia la Sierra?

Medía más de un metro ochenta, con hombros anchos que hacían que su mochila pareciera un juguete. Su cabello y barba eran una versión más espesa y larga del pelaje rizado y rojizo que cubría sus musculosas extremidades.

—¡Hola, chicas! —nos saludó su voz grave a cuatro metros de distancia. Una amplia sonrisa se dibujó en su rostro amistoso al acercarse desde el sur—. ¡Soy Oso!

Su nombre en el sendero del PCT era un apodo muy apropiado: parecía un gran oso canela, con músculos ondulantes.

—Hola —respondimos ambas. Era nuestra última oportunidad de aprender algo útil sobre el cruce que se acercaba rápidamente.

—¿Podemos preguntarte sobre la cascada? —dijo Cappy antes de desapareciera.

—Claro, señorita —dijo radiante, con sus ojos verde dorado brillando bajo sus pobladas cejas—. ¿Qué quieres saber?

Un aluvión de preguntas brotó de ambas.

Primero, Cappy:

—¿Qué tan lejos está? ¿Qué tan alto está?

Entonces yo:

—¿De verdad cae en el sendero? ¿Hay alguna manera de evitarla?

—¡Eh! No es tan difícil. Si hacen exactamente lo que les digo, estarán a salvo —nos aseguró, poniendo una mano como una pata sobre el hombro de Cappy y la otra sobre el mío en un gesto tranquilizador.

Oso permaneció allí, en el centro del sendero, con nosotras durante casi diez minutos, mientras nos daba instrucciones paso a paso para acercarnos y atravesar con seguridad el infame vado de la cascada. Gesticulaba con las manos y usaba su cuerpo para mostrar la postura y el movimiento correctos, como un sensei en su dojo de artes marciales instruyendo a sus alumnos en El Camino. Y éramos buenas estudiantes, escrutando cada movimiento y prestando atención a cada palabra.

Se reducía a tres cosas: primero, pasar de una en una, entrar despacio y pasar rápido para no estar dentro mucho tiempo; segundo, mantenerse a la izquierda, con el hombro pegado a la pared del cañón, para estar casi detrás del agua; y tercero, desabrochar la mochila, para que, si se cae por el borde, no caigamos con ella.

—¡Ay, Oso! ¡Muchísimas gracias! —Cappy y yo hablamos sin parar, expresándole lo agradecidas que estábamos.

Empecé a sentir alivio y una pizca de confianza. «Podemos lograrlo», pensé.

Nos despedimos de Oso, nuestro Sensei Ángel del Sendero, cuya aparición fue tan perfectamente sincronizada que parecía Magia del Sendero, y lo vimos desaparecer en la curva rumbo al norte.

A menos de 500 metros en el sendero, pusimos a prueba su consejo.

El canto de sirena del agua nos alcanzó, atrayéndonos mucho antes de que fuera visible. Cappy y yo caminábamos una al lado de la otra, aminorando el paso, agudizando la vista para encontrar la primera señal de lo que había adquirido la personalidad de un dragón que respiraba agua. El sendero se curvaba ligeramente a la izquierda al igual que la pared del cañón.

Vi un destello blanco y extendí la mano para sujetar el brazo de Cappy.

—¿Eso es todo? —susurré.

Dimos unos pasos más, mi mano todavía en su brazo.

—Síííí —dijo Cappy, exhalando lo que se había vuelto obvio.

Nos detuvimos para observar la danza de la criatura viviente sobre el suelo rocoso, brillante y húmedo por la niebla. El rugido en la cima del acantilado dos horas antes había sido intenso. Abajo, donde el agua tamborileaba sobre la piedra, era ensordecedor pero hermoso, como la música de baile en vivo es tan hermosa que retumba en el suelo, incluso cuando te zumban los oídos.

El chorro de agua cayó directamente por el acantilado desde arriba. Rebotó una vez, justo en el sendero, y volvió a caer. El sendero fue tragado por la espuma. La espuma burbujeaba. El chorro rugió. Seis metros más adelante, el sendero reapareció. Esto era todo. La leyenda del sendero era cierta después de todo. ¡Realmente teníamos que caminar por una cascada!

«Mantente a la izquierda», había dicho Oso. «Inclínate hacia el acantilado y luego sigue recto».

Me quedé de pie sobre una roca mojada, observando el agua. Calculando, armándome de valor, tocando mi collar, me preparé.

—De acuerdo —dije.

—A la cuenta de tres —suspiré.

—Una...

—Dos...

—¡Tres!

Me lancé hacia adelante, con la cabeza y los hombros agachados. Mis pies encontraron un punto de apoyo firme. El torrente pasó por encima de mi cabeza y mi hombro derecho. El rocío de agua gélida me envolvió; más espuma etérea que agua. Jadeé. Grité de asombro, ¡y luego de alegría!

No fue difícil, después de todo, como caminar entre burbujas espesas. ¡Fue emocionante, excitante, maravilloso! Disminuí el ritmo para saborear los últimos pasos de mi paseo por una cascada.

Cappy esperaba atrás, observando desde el otro lado. La miré a los ojos y saludé por encima del lomo del dragón blanco.

—¡Vamos! —grité, levantando los brazos triunfalmente.

Ella me saludó y gritó a cambio, su voz se apagó en el rugido, su significado se transmitió sin él. Celebró mi triunfo conmigo.

—¡Es divertido! —grité, sabiendo que no podía oírme.

Saqué mi cámara desechable de cartón y apunté con cuidado a Cappy, envuelta en un halo de espuma contra un fondo de roca dorada.

Tras su salida, nos quedamos allí, empapadas y extasiadas, mirando hacia atrás a la conquistada Leyenda Número Dos y nos reímos. Chocamos los cinco con los bastones metálicos y nos quedamos un buen rato admirando la imponente y elegante cascada.

Donde minutos antes solo había visto su poder y el peligro, ahora podía ver también su majestuosidad: turquesa y blanco cayendo en cascada sobre roca dorada, pulida hasta el mármol y tallada durante eones por torrentes y goteos en curvas sensuales.

Una gran bandera estadounidense, en una pequeña asta, se movía perezosamente en una corriente de aire que se elevaba desde el lago. Apoyada sobre una gran losa de granito con la forma y el color de una playa de arena, la bandera de las barras y estrellas marcaba el punto de partida del taxi acuático. Podríamos haber optado por caminar 11 kilómetros alrededor del lago Thomas A. Edison para llegar a RVV. Sabiamente, optamos por tomar el pequeño ferry que cruzaba el lago directamente. Cappy y yo esperamos su llegada a las cuatro, relajándonos con una docena de otros viajeros.

Charlamos con un padre y un hijo de Atlanta y otra pareja de San Francisco. Cappy disfrutaba socializando, desplazándose, hablando con otros excursionistas, aprendiendo sobre sus trabajos y estudios, sus familias y orígenes. La observé mientras se sumergía en animadas conversaciones, salpicadas de gestos y expresiones. Estaba en su elemento, y sabía que más tarde podría decirme el nombre, el lugar de origen y la profesión de cada persona con la que había hablado.

Generalmente soy una persona sociable. Me encanta la buena conversación y hablo con entusiasmo con mis nuevos conocidos. Charlé un rato mientras esperábamos, pero pronto me sentí abrumada y anhelaba volver a la paz de la naturaleza. A modo de refugio, me acosté en mi mochila, me eché el sombrero hacia adelante para protegerme los ojos y observé. Dejando que el sonido de las voces se fundiera con el murmullo musical del viento que se filtraba entre los árboles, logré encontrar la calma. Recordé los momentos destacados de los últimos días.

Pensé en el agua y en todas las maneras en que Cappy y yo la habíamos experimentado en esta expedición. ¿Nos habíamos quedado dormidas con la canción de cuna del agua en movimiento cada noche en el sendero? Pensé que sí.

Me pregunté si nuestra noche en RVV sería la primera noche que dormiría sin música acuática. Mi mente se trasladó a todos los lugares donde el sendero había cruzado agua. Lo habíamos hecho muchísimas veces: en puentes robustos, sobre rocas de río cuidadosamente dispuestas. También habíamos vadeado, con el agua hasta los tobillos, las rodillas y las caderas. Y, por supuesto, mi método menos favorito, nos habíamos balanceado sobre troncos.

Pensé en el primero de esos cruces profundos, mucho antes, cuando perdimos el rastro antes del Paso Donohue. Ese día, tenía miedo y observaba con envidia cómo los senderistas veteranos cruzaban con paso firme y seguro. Solo hoy, lo habíamos hecho dos veces: atravesado con el agua hasta los muslos, con confianza, sin dudar. «¡Eso sí que es un cambio!», me dije.

Casi me encogí al recordar cómo me había deslizado sobre el tronco gigante que cruzaba el Arroyo Rush. Ese día, había saltado fácilmente sobre troncos de la mitad de ese tamaño. Lo que me llevó de vuelta a la cascada, ¡el cruce más imponente de todos!

«¡Has recorrido un largo camino, cariño!», pensé.

Los ruidos de la gente se intensificaron y se les unió el rugido de un motor que se acercaba. El ferry se detuvo en un pequeño muelle, la pasarela para embarcar. Estirando la espalda y los hombros, me puse de pie y cargué mi mochila. Cappy vino a recoger la suya y nos unimos a la fila informal que serpenteaba hasta el barco.

Los pasajeros estaban sentados hombro con hombro en bancos en el centro y alrededor del perímetro del barco, con las mochilas apoyadas en las rodillas. Conversar, por encima del ruido del motor, el viento y el chapoteo del barco en el agua, era imposible más allá de la persona que estaba a mi lado, que era Cappy.

—He estado pensando. —Me acerqué al oído de Cappy para que me oyera—. Creo que lo más salvaje del mundo, más salvaje que cualquier cosa viva, es el agua que cae.

Ella me miró con curiosidad, con la cabeza ladeada y una ceja levantada.

—Piensa en la cascada —añadí, observando sus ojos cuando el viento no nos lanzaba su cabello a la cara.

Cappy asintió y me hizo un gesto con el pulgar hacia arriba.

—¡Poético! —gritó.

Nos giramos hacia el viento, abandonando la conversación y dejando que el aire nos pasara volando.

Desembarcamos y llenas de anticipación, caminamos con la multitud hacia la rústica combinación de tienda-restaurante-bar, ansiosas por recoger nuestros paquetes, ansiosas por una verdadera comida con vino, ansiosas por organizar literas y baños calientes.

—¡Cappy! ¡Joan! ¡Por aquí! —Lo que no esperábamos era ver a nuestros compañeros de ruta, Zoe y Nemo.

Siguiendo sus voces familiares, rodeamos la tienda para entrar en la terraza del restaurante. Levantándose de una mesa llena de botellas de cerveza y vasos medio llenos, Nemo y Zoe se acercaron a nosotras. Nemo, siempre tan galante, fue el primero en llegar y nos dio a ambos un fuerte abrazo. Zoe se acercó a él con una amplia sonrisa.

—¿Qué hacen aquí? —preguntó Cappy—. Pensábamos que ya se habrían ido.

—¡Qué maravillosa sorpresa! —dije al mismo tiempo.

—Nos lo estamos pasando tan bien con esta pandilla —dijo Nemo, señalando al sonriente grupo de excursionistas reunidos alrededor de la mesa—, que decidimos tomarnos otro día de descanso.

Mientras Nemo volvía a sentarse, Zoe habló más suavemente, solo para Cappy y para mí.

—Lo que realmente quiere decir es que mis dolores de cadera y hombro nos están frenando, así que me está dando un día extra para sanar antes de partir nuevamente.

Giré la cabeza para mirarla a los ojos y levanté una ceja para hacer preguntas silenciosas.

—¿Estás bien? ¿Sigues igual de mal?

Ella me dio un asentimiento apenas perceptible, diciéndome.

—Pregúntame más tarde.

—Está bien —dije preocupada.

Alrededor de la pesada mesa de madera en la terraza del bar-restaurante nos esperaba un grupo acogedor de excursionistas del Sendero. Los dos jóvenes excursionistas solitarios que conocíamos, Stella y Max, y varios más.

—¡Únase a nosotros! —Stella sonrió, indicando un asiento.

—Todavía tenemos nuestras mochilas. —Cappy señaló por encima del hombro hacia donde las habíamos apoyado contra las vigas de la entrada.

—¿Es cierto que los excursionistas del Sendero tienen una litera gratis para dormir? —pregunté al grupo.

Nemo se levantó de un salto y dijo:

—¡Casi lo olvidé! ¡Guardé las dos últimas literas para Las Dos Mujeres!

—¿Las dos últimas? —pregunté.

—¡Shhh! ¡Tomen sus mochilas y síganme! Les contaré la historia mientras caminamos —ordenó Nemo.

Nos echamos las mochilas al hombro y seguimos el paso de nuestro caballeroso líder. Nos guio hasta un grupo de pequeños edificios que se alzaban aislados.

—¿Cómo supiste que tenías que guardarnos camas? —pregunté, sin entender por qué teníamos que susurrar.

Nemo aminoró la marcha para que pudiéramos alcanzarlos.

—Oímos que Las Tres Mujeres, ahora Las Dos Mujeres, venían para acá hoy, por otras dos senderistas, hermanas, creo, que estuvieron aquí anoche. No recuerdo sus nombres, pero nos dijeron que las saludáramos al llegar.

—Hannah y Helen —dijo Cappy.

—Sí, así es —dijo Nemo—. Un grupo grande de excursionistas llegó en el barco de esta mañana y se llevó todas las camas menos dos. Así que Zoe y yo pusimos un montón de nuestras cosas en esas dos literas para apartarlas, lo cual técnicamente va contra las reglas. Por eso estaba susurrando allá atrás.

Me guiñó un ojo con picardía.

—Rompiste las reglas para ayudar a dos damiselas en apuros —dije—. Gracias. He estado soñando con una cama de verdad. Me hubiera decepcionado si nos hubiéramos quedado sin una.

Pensé brevemente en todos los excursionistas en nuestro ferry de las cuatro. Una pizca de culpa me recorrió la mente, pero rápidamente la descarté como una reacción exagerada.

—Aquí estamos, Bellas Damas —dijo nuestro Caballero de Brillante Armadura mientras apartaba la puerta de tela que daba a una cabaña con ocho camas, cuatro altas y cuatro bajas, y un montón de equipo disperso.

Recogió las bolsas y chamarras con las que habían apartado nuestras camas y las arrojó sobre su propia cama.

—Ustedes dos, acomódense y luego reúnanse con nosotros en el bar para cenar y tomar algo. La comida del restaurante es muy buena —dijo mientras salía por la puerta.

La habitación era austera: camas y pilas de equipo eran lo único que había por todas partes. Una bombilla desnuda colgaba del techo. Una luz filtrada entraba por una ventana de malla que se abría con cierre, pero la habitación estaba llena de sombras frescas.

Apoyé mi mochila en el poste metálico de la litera, busqué mi monedero y la metí en el bolsillo de mis pantalones cortos.

—¿Quieres la litera de arriba o la de abajo? —pregunté.

—Me quedo con la parte de abajo, si te parece bien —respondió Cappy. Tiró la bolsa de dormir sobre el colchón.

—Aunque me apetezca una copa de vino, primero tengo que lavarme el pelo con champú. Me pregunto dónde están las regaderas —dije, sacando cosas de mi mochila. Extendí mi bolsa para dormir tipo momia en la litera de arriba, marcando mi territorio.

—Una copa de vino se oye de maravilla, ¿verdad? —coincidió Cappy—. Pero un baño caliente se oye aún mejor.

—Primero lo primero. Necesito ir a la tienda a recoger mis cajas. Quiero ver si la cámara llegó. ¿Vienes?

Empezaba a refrescar, así que me puse el polar.

—Voy a por mi dinero —dijo Cappy—. Quiero usar su teléfono público para llamar a Jim y avisarle que hemos llegado.

Ambas teníamos una sonrisa relajada mientras caminábamos cuesta arriba hacia la tienda y el restaurante.

Abrí la puerta mosquitera y entré, seguida de Cappy. La pequeña tienda, bien iluminada, estaba llena de gente, varios en el largo mostrador de cristal donde estaba la caja registradora, y otros en los dos pasillos largos y llenos. Estantes repletos de chocolates y aperitivos salados, los favoritos de los excursionistas se encontraban junto a una vitrina refrigerada de refrescos y bebidas energéticas. Abrí la puerta de cristal y saqué una Pepsi Light, que abrí de inmediato y bebí a largos y satisfactorios tragos.

Agarré dos rollos pequeños de cinta adhesiva, aunque sabía que hubiera cinta de primeros auxilios en mi botiquín.

—Con la forma en la que he estado usando esto, voy a agarrar más—, le dije a Cappy, solo para girarme y darme cuenta de que no estaba a mi lado. Estaba en el mostrador preguntando por el teléfono. La seguí, dejando mis rollos de cinta y la lata de refresco vacía en el mostrador.

Cappy sostenía un teléfono portátil en la mano. El complejo no tenía teléfono público, solo una línea fija. Los campistas cargaban sus llamadas a tarjetas de crédito o llamaban a cobro revertido. Cappy eligió esta última opción, sabiendo que Jim estaría en casa para aceptar los cargos. Así era, y se llevó el teléfono lejos de la multitud para tener un poco de privacidad.

Le dije mi nombre al señor detrás del mostrador y le expliqué que hubiera dos cajas para mí. Después de que la maldición de la caja perdida le pasara a Cappy en Red Meadow, me sentía un poco preocupada por mis propios paquetes.

Cuando regresó, traía tres cajas: la caja que ya conocía y dos cajas de cartón más pequeñas, con la dirección de Janiene. «¿Por qué dos?», pensé. Pagué la cinta adhesiva y el refresco y llevé mis paquetes a un lado para esperar mi turno al teléfono. Demasiado curiosa para esperar, abrí las cajitas con mi navaja.

Como era de esperar, una de ellas contenía mi Canon QuikShot con su batería recargable y su enchufe envueltos en plástico de burbujas. La cámara me había dado buen servicio durante varios años; y aunque tenía una baja densidad de píxeles, tomaba fotos excelentes. Sin embargo, requería recargarse con frecuencia, lo cual no es muy práctico en la naturaleza, razón por la cual había invertido en mi querida Nikon nueva. Que descanse en paz.

La segunda caja pequeña contenía una segunda cámara Canon QuikShot y una nota escrita a mano. Al darse cuenta de las deficiencias de la cámara recargable en el camino, mis amigos John y Janiene, en el último momento, decidieron enviarme también la suya, ¡para que pudiera duplicar mi autonomía entre cargas!

Sonreí, sintiéndome agradecida, luego sostuve en alto las dos cámaras, una en cada mano, y grité:

—Cappy, ¡mira lo que recibí en el correo!

Cuando giró la cabeza, me di cuenta de que seguía hablando por teléfono con Jim. Al ver las cámaras, arqueó las cejas y sonrió, y luego caminó hacia mí.

—Llegó la cámara de repuesto de Joan —le dijo a Jim—. ¡De hecho, ahora tiene dos cámaras!

Cappy sabía cuánto había estado sufriendo. Mi intención práctica había sido racionar las fotos diarias que tomaba con mis cámaras desechables, pero me resultó imposible resistirme a intentar capturar la increíble belleza que atravesábamos. Logré guardar una última foto para documentar la Leyenda del Cruce de la Cascada esa mañana. Cappy me había permitido generosamente sugerirle alguna foto aquí y allá, pero incluso eso requería moderación por mi parte.

Me tocaba usar el teléfono. Primero, llamé a mis padres y, de nuevo, les di un resumen censurado de lo sucedido, centrándome en la belleza de las flores silvestres y el cielo nocturno, y pasando por alto los mosquitos y la crecida del agua.

—Tendrán cuidado, ¿verdad? —dijo mi madre al terminar la llamada.

Cuando hablé con mi hijo Dean, escuchó lo mejor de la historia, desde los cuencos de nieve hasta nuestro paseo por la cascada.

—¿Recibiste tu cámara? —fue su primera pregunta.

Agradecida por su ayuda, le aseguré que sí.

—¡Diviértete! —dijo antes de colgar.

Finalmente, llamé a John y Janiene para agradecerles por haberme rescatado de mi estado sin cámara y por su brillante idea de enviarme dos.

Con el teléfono en la oreja, vi cómo el hombre detrás del mostrador regresaba con la caja de suministros de Cappy. Cappy soltó un pequeño «¡Sí!» emocionada y levantó la caja para que yo la viera. Inhalé y sentí una cálida oleada de alivio.

Al despedirme, pulsé el botón rojo de colgar y pagué mi llamada. Llevamos nuestras cajas de provisiones a una mesa de picnic y las abrí con mi cuchillo. Las cajas podrían haber contenido monedas de oro por la forma en que las recorrimos con cariño; quería inspeccionar cada artículo.

Encima estaba la tercera entrega de *El Diablo en la Ciudad Blanca*. Luego, ropa limpia: una playera de senderismo sin mangas, de esas con sostén interior que hacen que caminar sea tan cómodo, una playera de polipropileno de manga larga, pantalones cortos de senderismo limpios, un pañuelo azul, calcetines de senderismo suaves y ropa interior. Por la mañana, planeaba enviar mi ropa sucia a casa por correo en la misma caja. Debajo de la ropa, una bolsa Ziploc contenía envases de viaje de champú, acondicionador, protector solar, crema hidratante y loción, un cuaderno de espiral nuevo y un lápiz para continuar mi diario, y mucha comida.

A principios de junio, durante nuestra primera caminata de práctica en las montañas cerca de casa, Cappy se rió cuando le conté mi plan de incluir ropa nueva y tubos de productos para el cuidado de la piel en mis envíos de provisiones. Insistió en que los pequeños tubos de lujo añadirían demasiado peso a mi mochila y pensó que enviar ropa limpia era poco práctico. Dudando de mí misma, pesé todos los envases pequeños; no pesaban ni medio kilo. Así que me mantuve fiel a mi intuición y a mi plan original.

Esa noche, busqué con avidez el champú, el acondicionador y el jabón corporal de mi caja. Había estado soñando despierta todo el día con un baño caliente; me picaba el cuero cabelludo y tenía el cuerpo pegajoso y arenoso por el sendero. Cappy y yo regresamos a la cabaña de la tienda, con nuestros tesoros bajo el brazo.

Además de una noche gratis en las literas, RVV ofrecía baños calientes a todos los excursionistas del Sendero y el PCT. Sin embargo, solo había una regadera, así que la gente, con el polvo del sendero, tuvo que buscarse un lugar y hacer fila. Yo iba al final de la fila, siguiendo a Cappy, así que cuando me tocó el turno, el agua en el estrecho baño de la regadera estaba apenas tibia, no helada, pero ni de lejos caliente.

No importaba. Era un lujo. Como era la última, me tomé mi tiempo, lavándome el pelo con champú tres veces, remojándolo en acondicionador aromático durante cinco largos minutos, enjabonándome hasta que el agua salió limpia. Incluso me afeité las piernas con un rastrillo desechable. Después de secarme con mi toalla de gamuza del tamaño de un pañuelo, me envolví el pelo corto en mi pareo y me unté una crema hidratante sin perfume.

Entonces, y solo entonces, me puse mi ropa limpia: una playera azul claro sobre unos pantalones cortos de senderismo color gris, rematados con una playera de polipropileno verde menta de manga larga, y me puse unos calcetines nuevos con mis Tevas. ¡Qué alegría sentirme tan fresca!

Al volver al restaurante, me encontré con un grupo de excursionistas felices alrededor de la larga mesa de madera del bar del patio. El botín de diversas comidas cubría la mesa. Algunos platos estaban recién servidos y contenían hamburguesas gigantescas y montones de papas fritas. Otros estaban limpios, solo las manchas de cátsup o aderezo de queso azul indicaban lo que habían consumido. Los vasos se habían multiplicado desde que pasé por allí. Max y Stella levantaron la vista de una intensa conversación para sonreírme y hacerme un gesto para que me uniera al grupo. Cappy y Zoe se hicieron a un lado para hacerme espacio.

—¿Qué hay bueno para comer? —pregunté al grupo mientras me sentaba y observaba el desorden de platos y vasos. —Parece que han estado disfrutando de comida de verdad.

Stella, con su precisa voz musical, dijo:

—Me encanta esta enorme ensalada del chef con aderezo de queso azul. Enorme. Está fresquísima. —No sabía si era por la cerveza o por la comida, pero se veía relajada y feliz—. Esa es mi sugerencia.

Max sonrió mientras observaba a Stella hablar, siguiendo sus movimientos con la mirada. Señalando con un trozo de pan de ajo un plato casi lleno de espaguetis bañados en una salsa roja intensa, dijo:

—Recomiendo la pasta. —Y añadió—: Sabrosa.

Cappy dejó su copa de vino tinto y se giró hacia mí.

—Me alegra que estés aquí, Joan. —Su voz sonaba animada y emocionada—. ¿No fue maravillosa ese baño?

Se había soltado la mata de pelo, dejándola secar, y los rizos flotaban alrededor de su cabeza.

—Exquisita —dije—. ¡Sé que he adelgazado dos kilos, con tanto lodo que se fue por el desagüe!

Cappy me entregó un menú.

—Todavía no he pedido. Aunque he estado disfrutando del vino, un Zin de California. He estado observando a todos comer y oliendo los aromas. Me siento como un perro de Pavlov.

—Qué amable fuiste al esperarme. —Le toqué el hombro y sonreí—. ¿Qué vas a pedir?

Ambas pedimos carne y ensaladas, dos cosas difíciles de encontrar en el camino. Y mucho vino. Normalmente no como mucha carne y casi nunca como carne roja, pero ansiaba la calidad de grasa y proteína que solo un buen trozo de carne puede proporcionar. Pedí un filete, poco hecho, y una ensalada grande.

La ensalada y el vino llegaron enseguida. Tras días de comidas deshidratadas, el fresco crujido de la lechuga y los pepinos, y el sabor ácido de los jitomates jugosos, eran celestiales. Todos los demás en la mesa ya habían disfrutado de los placeres de su primera comida fuera de la ruta. Stella y Max habían llegado en el ferry de la mañana, y Zoe y Nemo el día anterior. Observaron divertidos cómo Cappy y yo gemíamos con nuestros primeros bocados frescos.

La mayoría de los comensales se marcharon poco después de terminar de comer, dejándonos a los seis; Zoe y Nemo, Max, Stella, Cappy y yo, compartiendo historias. Apenas me di cuenta del paso del tiempo mientras el crepúsculo se intensificaba y la media luna se alzaba en lo alto. Con poca contaminación lumínica, las estrellas brillaban por millones.

Hablamos durante horas, pasando de las presentaciones superficiales a profundidades significativas. ¿Por qué estás aquí en el Sendero? ¿Qué propósito tiene esta aventura? ¿Estás encontrando lo que buscabas? ¿Qué harás después de regresar al mundo real? ¿Hacia dónde se dirige tu vida? Éramos producto de diferentes geografías y generaciones, pero esas preguntas y respuestas nos conectaron, como hilos individuales, cada uno de una belleza única, entretejidos en un tapiz de aún mayor belleza.

Max, un joven reflexivo de Oregón que hablaba con el lenguaje de un poeta, confesó estar en una peregrinación espiritual moderna. Había elegido recorrer el camino en solitario para encontrar mejor lo que buscaba.

—Mi vida está a punto de cambiar y tengo que tomar decisiones importantes en los próximos meses. —Tenía la cabeza gacha y varios mechones de su cabello negro le ocultaban los ojos y la expresión. Nadie más habló, solo esperamos a que terminara su larga pausa.

—Mis padres quieren que estudie derecho para continuar el legado familiar. Mi padre siempre me habla de seguridad económica y ascensos profesionales. —Max hizo una pausa. Se apartó el pelo de la cara, dejando al descubierto unos profundos ojos color café expreso—. Pero necesito ser artista.

Su voz era a la vez reverente y llena de determinación.

—¿Qué tipo de arte? —preguntó Zoe.

Nuestras anteriores conversaciones cruzadas, llenas de bullicio, habían dado paso a una práctica de escucha atenta, con un solo orador a la vez. Todos los oídos esperaban a que Max continuara.

Con los codos sobre la mesa y los dedos largos y delgados de ambas manos extendidos como si sostuviera un globo invisible frente a su cara, Max dijo:

—Tengo más decisiones que tomar. Este otoño tengo que entregar mi portafolio a los programas de Maestría en Bellas Artes. —Era fácil imaginar esas manos fuertes y de huesos finos empuñando un pincel o moldeando arcilla.

—Soy hijo único y no quiero decepcionar a mi padre, pero no puedo hacer ese sacrificio. —La tristeza se reflejó en su rostro. Luego se incorporó y sonrió. Levantando su copa casi vacía, brindó como un poeta—: ¡Por la magia del viaje!

Levanté mi vino para chocar las otras cinco copas que tenían en alto.

—¡Por la magia del viaje!

—¿Y tú, Zoe? —pregunté—. ¿Cuál es tu historia?

Nos enteramos de que Zoe, alta y atlética, era miembro del sindicato de camioneros.

—Trabajo como estibadora en el puerto de Los Ángeles —dijo con naturalidad, como si fuera la profesión más común del mundo para una joven moderna.

—¿Qué? —se oyó un jadeo colectivo.

Me pregunté por un momento si la había oído mal. No encajaba con el estereotipo de estibador que me daban las películas: no era corpulenta ni malhablada, sino escultural y de trato fácil.

Zoe rió y su cola de caballo rubia se meció, compartiendo su alegría por nuestra sorpresa.

—Conduzco un camión de dieciocho ruedas hasta un buque portacontenedores. Una grúa enorme retira un par de contenedores metálicos del carguero y los carga en mi camión. Los aseguro y los llevo a los almacenes. Hago eso una y otra vez todo el día, conduciendo en círculos sinuosos.

Imaginé que era un poco más complicado que eso.

—Entonces, ¿por qué el Sendero John Muir? —preguntó Stella. Inclinándose, concentrada en Zoe, tomó un pequeño sorbo de cerveza, con el dedo meñique extendido mientras se llevaba la botella a los labios.

—La aventura es la respuesta sencilla —dijo Zoe sin pausa—. Una competencia física personal —ofreció después de un par de segundos.

La luz era tenue, pero parecía que un rubor rosado teñía sus mejillas. Debió de sentir el calor, porque se tocó la cara con la mano. El grupo esperó, deseando profundizar en su historia.

He practicado mucho senderismo y escalada, y como jugadora, el Sendero me pareció simplemente un paso al siguiente nivel. —Al salir de su caparazón, se revelaba como una persona divertida y competitiva. El foco se movía por la mesa, como si una de las botellas de cerveza se usara como ruleta para seleccionar al siguiente orador.

Nemo nos contó que era camarero en un pequeño restaurante familiar en un pintoresco pueblo costero del sur de California. Hablaba con la mano, gesticulando a un lado y a otro, y nos contó todo sobre el pueblo y la cafetería, asegurándonos que servían los mejores hotcakes y waffles que jamás hayamos probado, a los lugareños y turistas playeros. Con su encantadora sonrisa y su personalidad coqueta, imaginé que ganaba buenas propinas.

Zoe era una de sus clientas habituales.

—Un día vino emocionadísima, contándome el viaje tan chido que iba a hacer. —La miró sonriendo—. No habló de nada durante semanas.

Extendiendo los brazos para mostrar lo obvio que había sido su siguiente paso, añadió:

—Al final, no pude aguantar más y le pedí acompañarla... —Cuando sonreía, parecía una estrella de cine italiana—. ¡Y el resto es historia!

Las risas recorrieron la mesa. Se levantaron las copas de nuevo, mientras Nemo brindaba por todos nosotros:

—¡Por los amigos del sendero!

La ruleta del juego cayó en Cappy, y luego en mí. Stella sería la última en nuestro juego de Verdad o Reto en la naturaleza. El solo hecho de estar presentes en esa mesa significaba que habíamos aceptado el Reto, comprometidos ya con nuestras propias versiones del desafío del Sendero. Esa noche, el juego fue simplemente Verdad, cada uno compartiendo su Leyenda Personal.

—¿Han leído *El Alquimista* de Paulo Coelho? —pregunté. Max y Stella sí lo habían leído; los demás no, así que les expliqué rápidamente—. Una de mis frases favoritas sobre encontrar y completar el propio camino en la vida viene de ese libro. La conversación de esta noche y cómo nuestros caminos nos han unido me la recordaron hace un momento.

Miré a mi alrededor, esperando que encontraran inspiradoras sus palabras.

—«Realizar la Leyenda Personal es la única obligación de una persona. Y cuando deseas algo, todo el universo conspira para ayudarte a conseguirlo» —cité el consejo del Viejo al joven pastor que buscaba su propósito.[11]

—Todos seguimos el mismo camino, caminamos en la misma dirección, pero cada uno vive un camino diferente, cada uno tiene un destino distinto —esa fue mi interpretación del propósito de la experiencia comunitaria de esa noche—. De alguna manera, de maneras desconocidas, también contribuimos al camino de los demás.

El vino me dio el valor para expresar esos pensamientos en voz alta ante un grupo de amigos, no desconocidos, pero hablaba con el corazón.

—Hablando del universo, tengo una cita de John Muir que creo que encaja a la perfección con las palabras del Viejo —dijo Max—. Seguro que todos la han oído.

—«Cuando intentamos identificar algo por sí mismo, descubrimos que está atado por mil cuerdas invisibles e inquebrantables a todo lo que existe en el universo» —sonrió.[12]

—Creo que todo pasa por algo —continuó—. Elegí recorrer el sendero, y ustedes también. No sabíamos que estaríamos sentados aquí bajo esas estrellas —señaló el cielo ahora completamente negro y los millones de puntitos brillantes—, en esta mesa con esta gente. —Nos señaló a los seis—. Ahí es donde entra la magia.

Cappy y yo nos turnábamos para compartir. Describió con cariño a sus tres hijos, casi de la misma edad que Max, Stella y Zoe, y lo orgullosa que estaba de ellos y de la vida que habían elegido. Transmitió ese orgullo a toda su generación de jóvenes adultos. Contó historias de sus propias aventuras de mochilera en la Sierra Nevada durante los años sesenta y setenta, y de cómo, en su jubilación, se sintió atraída por la belleza de la naturaleza salvaje de la Sierra. Parecía como si estuviera viajando en el tiempo, usando el sendero John Muir como vía de acceso.

Yo también conté mi historia, aunque supongo que solo conté la mitad de mi verdad. Dejé completamente de lado mi dolor y el fantasma de Krei. No les enseñé mi collar; no quería romper su hechizo mencionando la pérdida de mi querida amiga. No quería hundir el espíritu optimista que nos conectaba con las estrellas

---

[11] Paulo Coelho, *El Alquimista* (Harper San Francisco, 1995) p. 21.

[12] John Muir, *My First Summer in the Sierra (1911)* pág. 110.

esa noche. En cambio, describí cómo la idea de la aventura del Sendero había pasado de ser romántica y soñadora a un plan concreto y detallado, y luego a una realidad.

—Empecé con planes e ideas preconcebidas sobre la experiencia que tendría en el sendero, cómo se desarrollarían los acontecimientos, cómo sería el paisaje y cómo me sentiría. Desde el primer día, de hecho, desde mucho antes —dije—, las fuerzas naturales han ejercido presión sobre toda mi experiencia, obligándome a cambiar los planes, reorganizar mis expectativas e incluso a modificar mis creencias sobre por qué estoy aquí.

Pensé en lo confuso que eso sonaba, pero esa noche, al escuchar las historias de los demás, era plenamente consciente de que mis intenciones cambiaban cada día que caminaba. ¿Buscaba simplemente una aventura? ¿Un retiro espiritual con significado en la naturaleza? ¿Había organizado un reto personal de la mediana edad? ¿Un proyecto artístico de fotógrafo? ¿Intentaba demostrar algo? No podía responder a mis propias preguntas, salvo decir: Probablemente sí.

No me había dado cuenta de cuándo se levantó y nos dejó, pero me di cuenta de que, cuando terminó mi turno de desnudar mi alma, el lugar de Nemo en la mesa estaba vacío. Me pregunté adónde se hubiera ido.

Por las historias de Stella, supimos que provenía de Nueva Inglaterra, proveniente de una familia adinerada, y que sus modales y su forma de hablar, impregnados de refinamiento, daban testimonio de esa crianza. Su desvío para caminar sola por el Sendero fue una preparación para embarcarse en una nueva aventura. Había terminado sus estudios de posgrado en una excelente universidad, una de las Ivy League, y necesitaba tiempo y espacio para prepararse para un puesto en una ONG internacional en países devastados por la guerra. Stella hablaba de servir al mundo, del hambre y la enfermedad en los rincones más remotos del planeta, de la guerra y la paz, y de cómo eliminar la primera y reemplazarla por la segunda. Su columna vertebral estaba tan erguida como un pino contorto, y sus ojos azul cielo de la Sierra brillaban con una intensidad ardiente cuando hablaba de hacer de la paz mundial la misión de su vida. Bajo su comportamiento controlado, era una agitadora.

Me fascinó. Seis personas. Seis planes. Un sendero, un camino. Seis viajes que terminarían en el mismo lugar, pero con destinos diferentes. También me impresionó. Eran buenas personas. Me sentí honrada y orgullosa de formar parte de esta comunidad nómada.

Se había hecho tarde. Nos despedimos y prometimos vernos en el taxi acuático matutino que nos llevaría de vuelta al Sendero, y quizás también a la hora del desayuno. Los jóvenes se irían, adelantándonos a Cappy y a mí. Sin duda, esa mañana sería la última vez que los veríamos.

De regreso a la cabaña, me desvié hacia el baño con Zoe. La media luna brillaba lo suficiente como para no necesitar las linternas frontales. Una pequeña luz brillaba sobre la puerta del baño, atrayéndonos hacia allí.

—¿Adónde se fue Nemo? —pregunté—. ¿Y qué intentabas decirme antes sobre tu día de descanso extra?

—No sé a dónde fue, pero tiene una idea en la cabeza —empezó. No pude verle bien la cara, pero su voz sonaba firme y serena, como si la estuviera controlando.

—Las llagas en mis caderas no mejoran —continuó Zoe—. Tengo moretones morados, y las vendas no parecen protegerme lo suficiente del peso de mi mochila y del roce constante. Me he apretado el cinturón de cadera al máximo, pero me queda demasiado grande.

Perdió el control de su voz y la oí que se quebraba.

—Ojalá pudiera ayudar —dije, estrujándome la cabeza buscando una solución práctica, una forma de aliviar sus llagas. —¿Puedo verlas?

Pensé que tal vez tenía algo en mi botiquín que me ayudaría.

Se levantó la parte inferior de la camisa para exponer una cadera y retiró una venda de gasa. Apunté con la linterna frontal a la mancha oscura de su piel. Parecían llagas, rojas, hinchadas y con costras. Estaban más inflamadas de lo que había imaginado.

—¡Ay! —dije—. Son más profundas que simples abrasiones. Apuesto a que duelen hasta el hueso.

—Las de los hombros son mucho más pequeñas y no tan sensibles. Pero las de las caderas se siguen desgarrando.

—Tenemos que encontrar otro tipo de acolchado. Pensemos en posibles cojines —dije, visualizando algo suave y esponjoso debajo del cinturón de su mochila.

—Nemo ha llegado al límite de su paciencia. Me presiona para que camine más rápido, para que podamos recuperar la distancia perdida. Se ha puesto como meta

19 kilómetros diarios. Pero cuanto más camino al día, más me duelen las llagas y más dolor siento, lo que me frena aún más. Cada paso me duele.

—Parece un callejón sin salida. Un dilema entre la espada y la pared. Él insiste en seguir caminando, pero tú no puedes —pensaba en voz alta.

—No sé qué hacer. Es mi amigo, pero no se porta como tal. —Su voz sonaba triste.

—Siempre pensé que ustedes dos eran una pareja —dije.

Zoe se rió entre dientes.

—No. No es mi tipo. Solo somos amigos.

Yo también me reí.

—No ser pareja simplifica el problema. Solo se trata de la caminata, no de una relación seria.

—Está siendo muy insistente. —Había dolor en su voz—. A veces, pienso que debería salir del sendero y volver a casa. Podría intentarlo otro año con mejor equipo. Otras veces pienso: espera, este es mi viaje. Nemo se invitó a sí mismo a mi viaje. No debería poder tomar las riendas.

Sentí que la fuerza regresaba a su voz; la ira le venía bien.

—¿Por qué no se separan? —pregunté.

Silencio.

—¿Qué?

Se me encendió la luz.

—¿Por qué no él camina a su ritmo y tú caminas en tu zona de confort? Podría ir solo, como Max y Stella. Podrías bajar el ritmo y caminar con Cappy y conmigo; somos lentas.

—No podría hacer eso. —Había sorpresa en su voz.

—Claro que sí —dije—. Piénsalo.

Habíamos terminado de ir al baño y nos acercábamos a la cabaña. Unos suaves ronquidos llegaban desde la puerta de tela, así que nos quedamos en silencio y nos subimos a nuestras literas. Tuve que trepar por encima del cuerpo dormido de Cappy para llegar a la mía.

Me quedé despierta. Tenía mucho en qué pensar. «¿Por qué estaba allí? En serio, ¿cuáles eran mis motivaciones? ¿Habían evolucionado? ¿Zoe también está despierta? ¿Está pensando en mi propuesta? ¿Cómo podemos Cappy y yo adaptarnos para complacer a Zoe?» Sabía que a Cappy le encantaría la idea, pero no estaba segura de cómo reaccionaría Nemo. También había consideraciones prácticas. Me quedé dormida haciendo una larga lista mental de cosas por hacer.

Punto de partida: Lago del Paso Silver, 3,165 metros
Punto final: Resort Valle Vermilion (RVV), 2,337 metros
Punto más alto: Lago del Paso Silver, 3,165 metros
Distancia recorrida: 12 kilómetros
Kilómetros acumulados: 96.5 kilómetros

Tercer Tramo

Del Resort Valle Vermilion al Rancho Muir
Día once al día trece

Ojos de caleidoscopio

Dime, ¿qué planeas hacer
con tu única y preciosa vida?
~ Mary Oliver, *El Día de Verano, Poemas Nuevos y Selectos,* 1992

Día once
29 de julio de 2006

Punto de partida — Resort Valle Vermilion (RVV) — 2,337 metros

Nemo se encontraba en el punto donde el ramal del Lago Edison se unía al Sendero, el punto donde volveríamos a girar hacia el sur. Estaba recargado bajo las anchas ramas de un enorme árbol perenne, dejando que su áspero tronco rojizo soportara el peso de su mochila. Sorprendida al verlo, se me aceleró el pulso. Momentos antes, mi atención se había dispersado, abarcando todo mi entorno; ahora tenía a Nemo en mi centro. Disminuí un poco el ritmo para recuperar la calma, respiré hondo un par de veces y organicé mis pensamientos.

Había querido hablar con él. De hecho, había estado pensando en maneras de apartarlo del grupo para poder entablar una conversación, pero no esperaba encontrarlo tan pronto. El Universo tiene una forma de crear coincidencias convenientes, y esta era una de ellas. Quería mantener la calma y la serenidad, y aportar sabiduría a la conversación.

Al oír mis pasos acercándose, apartó la mirada del suelo y me miró. Sus ojos oscuros transmitían aburrimiento, no la preocupación que esperaba ver.

—Hola, Nemo. Qué bonito lugar has encontrado —dije—. ¿Podemos hablar un momento?

—Claro. —Se encogió de hombros, aunque la palabra carecía de cualquier signo de entusiasmo.

—Zoe está pasando por un momento muy difícil, ¿sabes?

Nemo se irguió y dio un paso en mi dirección. Me miró. Aunque aún era temprano en una radiante mañana de verano, nos encontrábamos en lo profundo del bosque. Los árboles altos proyectaban sombras tan intensas que nosotras no proyectábamos ninguna, o, mejor dicho, las nuestras se las tragaban por completo. Los ojos color café de Nemo se oscurecían aún más por la sombra. Siempre lo había considerado exóticamente guapo, pero hoy eso se veía empañado por un ligero aroma a hostilidad, como si yo fuera Caperucita Roja para su Lobo. Ya no estaba interpretando su papel de Caballero Blanco.

Me pregunté si su intimidación era intencional o involuntaria, mientras yo, conscientemente, me mantenía firme y mantenía mi espacio en el sendero. Con la mayor naturalidad posible, me desabroché los cinturones de pecho y cadera y dejé mi mochila en la tierra al borde del sendero. Dándole la espalda a Nemo, la dejé caer contra una roca de granito que me llegaba a la rodilla.

Volviendo la mirada hacia Nemo, dije:

—La mochila de Zoe es demasiado pesada y las llagas en sus caderas le están causando un verdadero dolor.

—Camina demasiado lento, incluso después de un día entero de descanso. —Hizo como si mirara su reloj—. Ya es tarde. A este ritmo, no llegaremos ni a los 12 kilómetros hoy.

Con un fuerte suspiro, se quitó la mochila y la dejó al otro lado del sendero. Empezó a pasearse por el pequeño espacio que compartíamos.

—Sé que te has puesto una fecha límite para llegar a Whitney, pero no parece que ella pueda seguir tu ritmo.

—En serio. —Frunció el ceño, mirando hacia donde habíamos venido—. Necesito estar en Whitney Portal para el seis de agosto.

—¿Es una fecha límite que tenías desde el principio o es un nuevo plan? —pregunté, sabiendo ya la respuesta.

Zoe me había dicho que no habían fijado una fecha límite al comenzar la caminata. Ella había planeado una aventura con un final abierto, y él se había sumado a ella con un horario igualmente flexible.

—Tengo que encontrarme con alguien en Los Ángeles el día 7 —dijo, sin mirarme ni responder a mi pregunta.

—Mira. ¿Quisieras intentar algo diferente hoy? ¿Te gustaría ir solo? para que Zoe pudiera caminar con nosotras —Observé atentamente su reacción. Lo había meditado tanto que estaba segura de que era una buena solución.

—¿Qué? —Se giró para mirarme directamente a los ojos. Creo que mi pregunta lo tomó por sorpresa—. ¿Cómo funcionaría eso?

—Sería fácil —dije, tras haber resuelto detalles importantes la noche anterior—. Como Jane nos dejó en Red Meadow, Cappy y yo tenemos un espacio libre en nuestro permiso para tres personas. Podrías llevarte el tuyo y el de Zoe y caminar adelante todo lo rápido que quieras. Zoe puede caminar a nuestro ritmo de ancianas, y volveríamos a ser un trío.

Lo había dicho en voz alta, y no sonaba descabellado en absoluto.

Ambos nos giramos para mirar atrás mientras las voces de Cappy y Zoe nos llegaban, sus cuerpos aún ocultos por la curva del sendero. Charlaban sin parar mientras emergían de entre los troncos.

—No sé si quiero hacer senderismo solo —dijo Nemo, apresurándose a cerrar nuestra conversación.

—Piénsalo. Podría ser bueno para todos —le dije, mirándolo fijamente a los ojos y usando mi mejor voz de mujer sabia.

Levanté mi pesada mochila, me la cargué a la espalda, la levanté un poco más y me ajusté el cinturón. La pareja que se acercaba saludó con entusiasmo, pero por sus movimientos rígidos era evidente que Zoe sonreía a pesar del dolor.

Le devolví el saludo y grité:

—¡Miren a quién encontré! ¡Y él encontró al Sendero!

Cambiando el tono conscientemente, le pregunté a Nemo:

—¿Qué has oído sobre las noventa y nueve curvas cerradas de hoy? ¿Crees que de verdad hay noventa y nueve? ¿O es una exageración? He oído que parecen no tener fin.

Apartó la mirada de Zoe y me miró.

—¿Qué dijiste?

—¿Crees que el rumor es cierto? ¿De verdad hay noventa y nueve curvas cerradas que subir hoy?

—Lo volví a oír en el desayuno —dijo, mientras Zoe y Cappy se unían a nosotros—. Pero nunca puedo saber si las historias del sendero son advertencias reales o solo bromas pesadas que alguien inventa para asustar a todos.

Todos juntos subimos al Sendero, girando hacia el sur y encaminándonos hacia esas curvas cerradas. Zoe caminó con Cappy y conmigo toda la mañana, mientras Nemo seguía adelante. Lo vimos por última vez a media mañana cuando lo alcanzamos en un pequeño estanque. Nos desviamos del sendero para tomar un tentempié y nos sorprendió encontrarlo sentado allí.

Con toda su impaciencia, Nemo se levantó para irse antes de que nos sentáramos.

—Zoe, nos vemos en el campamento —dijo secamente, e insistió—: Dame la tienda. Te aliviará la carga y la tendré instalada cuando llegues.

Se quedó de pie, con la mochila apoyada en la pierna, y la observó con ojos ahumados.

—De acuerdo. Supongo —dijo Zoe. Desató la tienda de campaña de su mochila y le entregó el bulto.

La agarró, la ajustó a su mochila, se dio la vuelta y se marchó. No miró atrás, ni siquiera cuando ella lo llamó:

—Nos vemos allí. —Con un pequeño gesto por encima del hombro, se marchó.

Las preguntas flotaban en el aire, llenando el incómodo vacío que Nemo había dejado atrás.

Una vez sentadas y comiendo, Cappy preguntó:

—¿Qué fue eso? ¿Por qué de repente tiene tanta prisa?

—Siempre ha querido caminar más rápido que yo, y cada día está más impaciente. Pero algo cambió en RVV. Parece que conoció a alguien en una fiesta la noche antes de irnos de casa a Yosemite. —Zoe se encogió de hombros—. En RVV, llamó a casa para escuchar sus mensajes de voz y se emocionó mucho cuando encontró uno de esa persona. Ahora, tiene prisa por llegar a casa y tener sexo.

Zoe se encogió de hombros, sugiriendo que lo encontraba incomprensible.

—Bueno, déjame ver si me queda claro: ¿Nemo tiene prisa, quiere apresurarse en esta increíble experiencia de vida, para poder llegar a casa y encontrarse con una nueva amante? —Cappy, de pie y paseándose, intentó traducir.

—Sí. En resumen. —Zoe tenía su sistema de purificación de agua en el regazo y estaba rellenando su recipiente con agua del pequeño estanque.

—Pero este es tu viaje —dije—. Ya que te acompañó, ¿con qué lógica te dice que cambies de planes?

Revisé la cinta adhesiva de mi pie mientras hablábamos.

—Esa es la pregunta del millón. —Zoe asintió y soltó una risita—. Ahora es un fastidio estar a su lado. Solo quiere hablar de caminar más rápido y más lejos. No entiende que simplemente no puedo. Aunque quisiera, que no quiero, no puedo caminar más rápido.

Respiré hondo.

—Zoe, ¿por qué no vienes de excursión con nosotras? —repetí mi propuesta de la noche anterior—. Tenemos un permiso para tres personas en zonas naturales. Podrías acompañarnos y volveríamos a ser Las Tres Mujeres.

Cappy le aseguró que habíamos hablado de la idea esa mañana y que estábamos totalmente de acuerdo.

—Zoe, serías una incorporación maravillosa a nuestro equipo. Por favor, dile a Nemo que se largue solo y luego caminas con nosotras. ¡Somos mucho más divertidas que él, de todas formas!

—Sabes que me encantaría. Las quiero, chicas, pero no sé si él estará de acuerdo —dijo con evasivas, mirándome a mí y a Cappy—. Yo tampoco quiero ser una molestia.

—¿Qué hay que discutir? Si quiere caminar rápido, ir solo es su única opción. —Hice una pausa mientras empacaba para mirarla—. Él no quiere caminar despacio; tú no se puedes caminar más rápido. Tiene que tomar una decisión.

Me parecía tan obvio. Esperaba que la idea le gustara a Zoe y que Nemo entrara en razón.

—¡No es ninguna imposición! —insistió Cappy—. ¡Estoy emocionada!

Sus ojos brillaban de entusiasmo. Acentuó sus palabras con ese gesto tan característico de agitar el puño.

Mientras caminábamos por el sendero, hicimos una lluvia de ideas sobre todos los detalles necesarios para un intercambio en equipo, repasando todos los problemas de equipo y abastecimiento que se nos ocurrieron. Habíamos ideado los planes A, B y C para que, cuando volviéramos a ver a Nemo, Zoe pudiera ser muy convincente.

Distraída por la conversación con Zoe y los pensamientos que me daban vueltas en la cabeza, no me percaté del paisaje que pasaba. Cuando me di cuenta de que había pasado del paraíso a mi mente, abrí distancia de mis compañeras. Caminé varios metros y las dejé platicar sin mí. Respiré hondo y me concentré en las sensaciones de mis pies presionando el sendero; talón, metatarso, punta, talón, metatarso, punta, y en la fuerza de la tierra que me devolvía la presión, sosteniéndome. Me dejé absorber por la belleza del paisaje que me rodeaba. Altos árboles de hoja perenne, de un verde intenso e innumerables, cubrían las laderas de la montaña que tenía delante. El sendero, de color café oscuro, atravesaba campos de hierbas y arbustos, acercándose al bosque.

Al llegar al punto donde el sendero ascendía bruscamente, el mismo lugar donde el campo daba paso al bosque, me detuve y me giré para ver a mis compañeras acercarse. Zoe se alzaba sobre la diminuta Cappy, con sus largas y lentas zancadas contrastando con los pasos más rápidos y cortos de Cappy. Cappy parloteaba, absorta en una historia, y solo se detuvo cuando se acercaron a donde yo estaba.

—¡Allá vamos! —dije, señalando la pendiente del sendero con un gesto de la cabeza—. ¿Crees que de verdad hay noventa y nueve curvas, como dice la Leyenda del Sendero?

Entrecerrando los ojos hacia las sombras de los árboles, tratando de distinguir a dónde conducía el sendero, Cappy dijo:

—Todavía no sé qué pensar, y no saberlo me pone nerviosa.

—¿Podemos mirar el mapa otra vez? —preguntó Zoe.

Sacando el mapa topográfico, Cappy señaló la línea azul del sendero que cruzaba una tras otras finas líneas negras.

—¿Ves cómo se aglomeran las curvas de nivel? Ese es nuestro camino, más de 600 metros en línea recta.

Las líneas, tan juntas, parecían más un sombreado oscuro de artista que curvas de nivel individuales. No había cambiado desde esa mañana.

Reajusté mis bastones de senderismo para el ascenso, acortándolos unos diez centímetros para lograr una altura de escalada eficiente. Cappy guardó el mapa y se dedicó a sus propios bastones.

—¡A contarlos! —La voz de Zoe sonaba juguetona—. Sería divertido llevar la cuenta de las curvas cerradas que completamos.

Sonreí; éramos de nuevo un trío. Nemo se había ido hacía rato, sin alardes, y el tono afable de Zoe sugería que había cambiado de equipo emocionalmente, convirtiéndose en una de nosotras. Se sentía tan cómoda que no me había dado cuenta del momento en que sus lealtades habían cambiado.

—Gran idea —dijo Cappy—. Noventa y nueve es una cifra enorme; necesitamos una estrategia de ataque.

Había estado pensando en dividir la subida para que no pareciera tan abrumadora.

—Suponiendo que haya noventa y nueve, dividamos la subida en tres partes y paremos a descansar después de la curva número treinta y tres —dije.

—Es factible —dijo Cappy—. Me gusta.

Chocamos los palos en señal de acuerdo. Yo iba al frente, Zoe me seguía, con Cappy en la retaguardia.

El sendero, ancho y liso, se adentraba en la profunda sombra del bosque. Las coníferas se alzaban sobre un suelo abierto, apacible y silencioso. Una brisa subía por la montaña entre las copas de los árboles. Acercándose desde el oeste como un suave susurro agudo, la melodía del viento se convertía en un silbido profundo al pasar justo encima antes de desaparecer. De vez en cuando, los pájaros carpinteros en lo alto del dosel emitían un agudo rat-tat-tat. En varias ocasiones, con el rabillo del ojo, vislumbré un pequeño pájaro que volaba de un árbol a otro.

Mantuve la cabeza gacha, con la vista fija en el sendero. La luz del sol se filtraba entre los árboles como rayos láser, creando juegos de luz, salpicando el sendero con miles de puntos oscuros y brillantes. Pequeñas piedras, conos y hoyos oscuros, camuflados por los puntos de luz cambiantes, se convertían en un campo minado que nos hacía girar los tobillos. Para admirar el gran horizonte que había detrás y debajo de nosotras, me obligué a detenerme. «Cuando camines, camina. Cuando veas, ve», pensé, parafraseando el proverbio zen.

Establecí un ritmo de maratón lento y constante, que esperaba poder mantener hasta la cima. Cuando la pendiente era suave, cada bastón se sincronizaba con la pierna contraria: el bastón izquierdo avanzaba con mi pierna derecha, el bastón derecho con la izquierda. Mi zancada se alargaba, un movimiento fluido y ondulante, impulsándome sin acelerar el paso. Mi respiración era lenta, suave y profunda. Sin embargo, cuando el sendero se empinaba, los bastones se unían, extendiéndose para agarrarse al suelo. Mis brazos y hombros tiraban y elevaban mi torso, aliviando mis piernas y caderas de parte del peso de la escalada. Mis zancadas se acortaban, pero su velocidad y ritmo se mantenían. Mis pulmones aspiraban el aire, despojando de oxígeno a cada inhalación.

Al final de cada curva, en el punto donde el sendero giraba ciento ochenta grados, contaba en voz alta: «Número uno». «Número quince». «Número veintisiete». Cappy se mantenía justo detrás de Zoe, recorriendo una curva completa por debajo de mí. Nos cruzábamos a mitad de cada vuelta, yo un nivel por encima. A menudo, se quedaban más atrás, así que me detenía al final de una fila para que me alcanzaran un poco. Aunque disfrutaba de la paz de caminar sola al frente, todavía no me sentía cómoda dejando demasiada distancia. Mirando hacia atrás, me doy cuenta de que estaba equilibrando mi necesidad de soledad con mi necesidad de mantenerme conectada, manteniéndome solo un cuerpo por delante.

Cuando conté el número treinta y tres, donde el sendero giraba en U, me detuve a esperar a que Cappy y Zoe se unieran a mí para nuestro descanso. Estaba cansada, pero sentía que por primera vez dominaba el arte de escalar con mis bastones de senderismo. Poder usarlos para ganar más fuerza, tanto en terreno llano como en subidas empinadas, aumentó mi confianza. Mirando hacia adelante, solo pude ver una o dos curvas arriba; después, las curvas desaparecieron, fundiéndose con la ladera de la montaña.

Esa mañana, caminando delante de mis compañeras, me sentía fuerte y segura. ¡Qué cambio! De alguna manera, en algún momento, en los últimos días había encontrado mi ritmo: me había fortalecido física y mentalmente, y ya no sentía miedo, ansiedad a veces, pero miedo no. Y me sentía realmente bien.

Encontré mi collar y froté los anillos planos entre mis dedos mientras veía a Zoe y Cappy acercarse. Para seguir el paso más largo de Zoe, Cappy tuvo que dar más pasos, y más rápidos. Tres pasos de Cappy la llevaron a la misma distancia que dos de Zoe.

—¡Treinta y tres! —grité al ver que se acercaban—. ¡Lo logramos!

Se unieron a mí en el amplio y sombrío lugar y empezaron a desabrochar sus cargas. Mi mochila ya estaba apoyada contra el gran pino que marcaba el interior de la curva cerrada. Yo estaba encaramada en lo alto del muro de contención de piedra que bordeaba el sendero cuesta arriba.

—Fue difícil —dijo Zoe—, pero contar las curvas lo hizo sentir como un juego.

—Bear Ridge, noventa y nueve. Las Tres Mujeres, treinta y tres y contando —dije.

—Eres muy competitiva, ¿verdad? —le preguntó Cappy a Zoe, mientras colocaba su mochila cerca de la mía. Cappy se pasó los dedos por el pelo que le rodeaba la cara. Encontró mechones sueltos y los recogió en su chongo.

—Sí —dijo Zoe—. Al crecer con hermanos, aprendí a convertir todo en una competencia, ya sea con alguien más o contra mí misma.

El cabello rubio de Zoe, hasta los hombros, estaba recogido en una cola de caballo que se asomaba por el pequeño agujero en la parte trasera de su cachucha de béisbol. Yosemite estaba escrito con hilo azul sobre la visera, donde podría haber estado el logo del equipo. Sus gafas de sol le cubrían la cabeza, encima de la cachucha. En la profundidad del bosque, estaba demasiado oscuro para llevar gafas de sol. Las mías estaban en equilibrio sobre mi sombrero.

Saqué un tentempié de mango deshidratado, arándanos rojos deshidratados y mitades de nuez pecana, una combinación de sabores que me encantaba. Las tiras doradas de mango eran dulces como la miel, los arándanos rojos eran ácidos al masticarlos, y las nueces, crujientes. La fruta me llevaría cuesta arriba hasta el almuerzo. Todas bebimos tragos de agua y saboreamos lentamente la comida. Me acosté en la suave ladera cubierta de tierra, apoyando mis pies en sandalias sobre la corteza de un árbol, dejando que la sangre fluyera hacia mi corazón, rejuveneciéndome.

—Zoe, ¿qué tal te fue con las llagas en la subida? —le pregunté. No parecía que le favoreciera ninguna de las dos caderas cuando la vi acercarse.

—Las de las caderas están muy sensibles. Las tengo acolchadas con ese molesquín que me regalaste. Hoy se sienten un poco mejor, pero subir cuestas siempre es más fácil.

—Treinta y tres abajo, faltan sesenta y seis —dijo Zoe mientras partíamos nuevamente.

—¿Deberíamos parar en el número sesenta y seis esta vez? —preguntó Cappy—. Podríamos llegar a la cima a la hora de comer.

—Adelante y hacia arriba —dije, dando mis primeros pasos en la curva treinta y cuatro.

Caminamos un rato juntas, hablando de cómo ajustar y usar los bastones de senderismo con mayor eficiencia. A Cappy le gustaba balancear los suyos hacia adelante y hacia atrás simultáneamente con ambos brazos. Estaba de acuerdo, cuando la subida era empinada, esa era la mejor manera de usarlos. Le mostré cómo había aprendido a mover los míos uno frente al otro cuando el sendero era menos empinado, y cómo eso me daba mucha fuerza al alargar la zancada.

La longitud de las curvas cerradas aumentaba a medida que subíamos, 40 y luego 90 metros por vuelta en lugar de 22. Por suerte, la subida se mantuvo en la frescura de la sombra profunda. Absorbidos por los árboles y la tierra, los sonidos no llegaban a la quietud del bosque. Pero los aromas eran potentes: el perfume intenso, fresco y mentolado de los abetos y pinos se mezclaba con el aroma almizclado de la hojarasca en descomposición bajo nuestros pies.

Me detuve a admirar un retoño de abeto que intentaba crecer al borde del sendero. Sus ramas, de un verde intenso, estaban rematadas con cinco centímetros de brotes nuevos, de un verde pálido vibrante y suave como pelaje. Tomé uno de los brotes, lo froté entre los dedos y me lo llevé a la nariz. Intenso y fresco, desprendía un perfume embriagador. Lo coloqué sobre mi oreja, como el lápiz de un bibliotecario, esperando que su aroma me acompañara mientras caminaba.

—Gracias —le dije al arbolito.

Seguí contando las vueltas y diciendo el número en voz alta cada vez que daba un giro de ciento ochenta grados. «Número treinta y nueve». «Número cuarenta y seis». Mantuve a Zoe y Cappy cerca, me seguían una o dos curvas atrás, pero no inicié conversación cuando mi zig pasó su zag. De vez en cuando, sus palabras locuaces se me escapaban, así que era vagamente consciente de que hablaban, pero nunca me sentí tentada a participar.

Me gustaba cómo estaba funcionando esto y esperaba que Zoe se uniera a nosotras definitivamente. Los primeros días de la caminata, cuando la Ley de Murphy lo dominaba todo, necesitaba caminar en trío. Necesitaba la compañía, el equipo y el apoyo emocional que encontraba al caminar juntas. Pero a medida que nuestras Hadas Madrinas del sendero intervinieron, apartando a Murphy y su Ley del camino, y yo gané fuerza y confianza, ya no necesitaba esa compañía constante al caminar. Al contrario, disfrutaba caminando un poco separada, quizás inspirada por mis interacciones con los senderistas solitarios, Stella y Max.

Durante la primera etapa de la caminata, disfruté del repaso que hacía Cappy cada mañana, tarde y noche de las líneas y puntos del mapa, y de su conocimiento preciso de nuestra ubicación en el espacio y el tiempo. «Aquí estamos ahora. Aquí acamparemos esta noche». Me ayudó a sentirme segura. Disfruté cuando presentó cada montaña, río y prado por su nombre. «Este es el Monte No Se Qué, y este es el Lago Quien Sabe Cuál».

Tras la partida de Jane, y cuando nos quedamos solo Cappy y yo, me di cuenta de que Cappy tenía un fuerte deseo de etiquetarlo todo y de saber en todo momento su lugar exacto en el sendero. Pero después de oír varias veces en un día que me señalaban el mismo pico o paso, comprendí que mi necesidad de etiquetar era muy inferior al de Cappy. De hecho, su necesidad de dominar el entorno mediante nombres y etiquetas se oponía a mi igualmente poderosa necesidad de establecer y mantener una conexión silenciosa con los elementos del mundo natural que me rodeaba. Etiquetar me disociaba de la naturaleza misma con la que quería unirme. Buscaba una conexión emocional y espiritual sin la interferencia mental que las palabras, sobre todo los nombres propios, aportaban a la experiencia.

Ahora las cosas habían cambiado de nuevo. Hasta ahora, a Zoe parecía gustarle caminar y hablar con Cappy, y caminaban a un ritmo similar. Me rondaba la cabeza la idea de que, si todo salía bien, si Zoe se unía oficialmente a nosotras y volvíamos a convertirnos en Las Tres Mujeres, podría tener la oportunidad de caminar sola así más a menudo. Sonreí. Me sentí liberada.

Mi caminata se convirtió en una meditación. Recordé y comencé a cantar en un susurro las palabras de Thich Nhat Hahn: «La paz está en cada paso, la paz está en cada paso», que se integraron en mi canto matutino: «Amor, vida, verdad, belleza, abundancia y paz». Mi mente y mi corazón comenzaron a expandirse hacia el espacio amplio e infinito que se extendía desde mi cuerpo, fundiéndose con el espacio por el que pasaba. Me sentí envuelta por el bosque, uniéndome dichosamente con los árboles, el aire, la tierra, y olvidando mis propias dificultades en la subida. Una parte alerta de mi mente mantenía una clara conciencia del camino que recorría y perpetuaba la cuenta, así que avancé con eficiencia por el sendero hacia mi destino: la sexagésima sexta curva.

Sobresaltada, un par de voces masculinas me sacaron de mi meditación. Dos senderistas NOBO, los primeros que nos encontrábamos en toda la mañana, se dirigían hacia mí cuesta abajo a buen ritmo.

—Buenos días —dije sonriendo mientras nos reuníamos.

—Hola —dijo un hombre corpulento de unos cuarenta años con una mochila enorme. Tenía la playera empapada de sudor. Hizo una pausa y sacó un pañuelo del bolsillo para secarse el sudor de la cara enrojecida.

—¿Vienes de RVV? —preguntó un hombre algo más joven y delgado, señalando cuesta abajo con la cabeza inclinada, con mechones rubios asomando por debajo de una cachucha de camuflaje. Se detuvo bruscamente para evitar chocar con su compañero.

—Hace un par de horas —dije, luego respondí sus preguntas sobre el sendero que acababa de recorrer y el alojamiento de RVV.

Entonces me tocó preguntar por el sendero.

—¿Cuánto falta para llegar a la cima?

Su respuesta me sorprendió.

—Ya casi llegas; quizá ocho o diez curvas cerradas.

Mientras seguían adelante, esperé a que Cappy y Zoe me alcanzaran, emocionada por compartir la buena noticia. Una vez más, una Leyenda del Sendero había resultado ser solo una leyenda. Desde donde estaba, firmemente en la curva número cincuenta y ocho, ¡diez curvas más serían solo sesenta y ocho, no las temidas noventa y nueve! La leyenda de las noventa y nueve curvas no era más que un cuento de hadas.

Desde la cima de Bear Ridge, miramos hacia el sur, hacia un valle esmeralda surcado por delgados riachuelos que serpenteaban hacia el Arroyo Bear. El sendero, una larga serie de curvas cerradas, se deslizaba ante nosotras entre exuberantes pastos verdes y una hilera tras otra de jardines colgantes. Franjas de flores silvestres, salpicadas de charcos y cascadas de color; amarillos, azules, rojos, rosas y morados, se extendían por la ladera. Arrastrada por el júbilo de colores, prácticamente rodé colina abajo.

El sol brillante calentaba el suelo y el aire a nuestro alrededor, desprendiendo el perfume de las flores y llenándome la nariz de aroma. Las mariposas, algunas pequeñas y de un amarillo pálido, otras de un violeta oscuro salpicadas de manchas doradas y zafiro, revoloteaban y se detenían, moviéndose suavemente de flor en flor. Abejas negras y peludas y sus primas más pequeñas, con rayas amarillas y negras, zumbaban y vibraban en su trabajo, con las patas traseras cargadas de polen dorado. Concentradas en sus propósitos, tanto la flora como la fauna ignoraban a los humanos que pasaban como si fueran una simple brisa más.

Hubiera extendido esta etapa de nuestro viaje si hubiera podido. Imaginé quedarme en este vibrante Edén para meditar en lo que era un templo natural, pero seguí adelante, concentrándome en las sensaciones físicas de caminar por el espacio. Moléculas de aire húmedo rozaban mi piel como terciopelo. Mi nariz aspiraba aromas melosos con cada respiración mientras mis ojos se sumergían en un tapiz cambiante de colores y formas. No pude resistirme a cantar los pocos versos que sabía de *Sonrisas y Lágrimas*. Las colinas rebosan de música, con canciones que llevan mil años cantando. Aunque me abstuve de bailar entre la vegetación como Julie Andrews.

Me sobresaltó la voz de Cappy, que provenía de arriba. Me detuve y me giré para verla a un paso de distancia, pero a solo dos o tres metros por encima. Se había detenido allí esperando a que me acercara por el otro lado. Estuve a punto de pasar junto a ella sin verla. Le pedí que repitiera lo que dijo.

—Ojalá Jane estuviera aquí para decirnos sus nombres —dijo Cappy. Estaba en cuclillas, observando atentamente una pequeña flor morada en la punta de un tallo largo y delgado.

—¿Es un Delphinium? —sugerí—. ¿O quizás un Blue Dick?

No tenía ni idea de qué estaba hablando, pero quería participar en su juego de *Jeopardy de flores*. Cappy se sentía más feliz cuando las cosas tenían nombre. Extendí la mano y acaricié uno de los largos tallos con los dedos. Conozco muchos nombres de flores y reconozco muchas flores, solo que no sé cuál va con cuál.

Cappy me miró con una ceja levantada que interpreté como: «Estás bromeando, ¿verdad?»

Me encogí de hombros y sonreí. Había hecho todo lo posible por seguirle el juego, pero el nombre no me importaba. Me alejé, intentando recuperar mi comunión con la Madre Naturaleza.

Zoe no se unió al juego. Sus abrasiones, que solo esta mañana parecían haber perdido el dolor, se agravaban con el descenso constante; cada paso provocaba un pequeño golpe de su enorme mochila contra los huesos de la cadera. Incluso con el acolchado de molesquín, los golpes le magullaban y desgarraban la piel. Nunca se quejó, sino que se encerró en sí misma en silencio. En medio de la belleza, Zoe no lo estaba pasando bien.

El sol estaba bajo en el cielo; solo quedaba una hora de luz. Habíamos ascendido más de 600 metros y luego descendido la misma distancia, recorriendo unos 11 kilómetros, un buen día. Esperé a mis compañeras de ruta en el punto donde nuestro sendero se encontraba con el Arroyo Bear.

—Nuestro campamento debería estar por aquí —dijo Cappy al acercarse. Sabía que sabría exactamente adónde ir.

—¿Quieres liderarnos? —Estaba lista para dar por finalizado el día.

No habíamos caminado ni cien pasos cuando el lugar designado para acampar apareció a nuestra izquierda, en una plataforma de tierra justo encima del sendero frente al río. Me quité la mochila, que ya pesaba bastante. Cappy y yo nos quedamos en medio del campamento, estirándonos y girando para relajar los músculos agarrotados por la caminata.

Zoe permaneció a mitad del camino, cargando su mochila y luciendo insegura de sí misma.

—¿Qué haces, Zoe? —preguntó Cappy—. No estarás pensando en ir caminando hasta donde Nemo podría estar esperándote, ¿verdad?

Zoe miró hacia adelante, por el sendero, y luego volvió a mirar a Cappy.

—Solo son un par de kilómetros —respondió—. Además, él tiene la casa de campaña.

La madre que llevo dentro salió disparada de mi boca sin que nadie me lo pidiera.

—¡Un par de kilómetros! Zoe, no vas a irte sola por el sendero al atardecer. Dentro de un rato oscurecerá por completo. Tardarás una hora, como mucho, en llegar.

Caminé en su dirección, manteniéndome dentro del perímetro del campamento a pocos metros de donde ella estaba en el sendero. Creía que ya habíamos superado esta decisión, pero al parecer Zoe se lo estaba pensando mejor.

Cappy se unió, igualmente angustiada ante la idea de que Zoe se alejara sola en la oscuridad.

—Ni siquiera sabes si está ahí. Con el mal humor que tenía esta mañana, fácilmente podría haber caminado otros ocho kilómetros, solo para acercarse un poco más a su destino. ¡Zoe, no podemos dejar que hagas esto!

—¿Qué otra opción tengo? ¿Dónde voy a dormir? —Permaneció inmóvil en medio del sendero, pero ya no parecía tan decidida como antes. Había perdido la compostura.

—Dormirás con nosotras, claro. Las tres podemos meternos en nuestra casa de campaña. Estará apretada, pero por una noche no pasa nada —dije.

—Oh, no podría hacerte eso. —Zoe aún se resistía con sus palabras, pero su cuerpo le comunicaba que estaba a punto de rendirse. Se había apartado del sendero y se había acercado al borde liso y terroso del campamento, con la mano apoyada en la hebilla del cinturón de su mochila.

—¡Claro que sí! ¡Insistimos! —dijo Cappy con firmeza.

Zoe dejó caer su mochila al suelo junto a la mía y se desplomó sobre un banco de troncos caídos.

—Vamos a montar el campamento. Podemos hablar de soluciones durante la cena —dije.

El campamento estaba bien establecido, claramente marcado con troncos y piedras dispuestos en semicírculo alrededor de un espacio despejado y liso. Sin embargo, técnicamente estaba demasiado cerca del sendero y del río, a solo un par de docenas de metros del agua que corría con fuerza, menos del sendero. La regla de la naturaleza salvaje, como nos habían explicado los guardabosques al recoger el permiso, exige acampar y orinar a 30 metros, unos noventa pasos, del agua y los senderos.

—Subiremos la colina 30 metros para orinar, este es el lugar perfecto —dije.

El Arroyo Bear, un río ancho y caudaloso, describió un brusco giro de noventa grados justo al otro lado del sendero desde nuestro mirador. Luego se dirigió hacia el oeste, recto como un bulevar arbolado, deslizándose hacia el sol poniente. Cuando el cielo se tornó amarillo y naranja con la puesta de sol, el río también, pareciendo más metal pulido que agua fluyente. La superficie fracturada reflejaba cada color cientos de veces, en cada faceta que formaba una ola o una ondulación, dividiendo la superficie caleidoscópica del agua en una serie de deslumbrantes imágenes impresionistas dignas de un maestro.

Tras montar el campamento rápidamente, cocinamos y comimos encaramadas en las rocas frente al río, contentas de contemplar el dinámico espectáculo de luces en un silencio acogedor, aunque teníamos mucho de qué hablar. Incluso después del atardecer, el cielo brillaba plateado y el ancho arroyo reflejaba ese brillo restante como si fuera mercurio.

Con la luz que se desvanecía, Zoe tenía la postura erguida y el rostro sereno que indicaba resolución, tras haber abandonado la mirada contraída por la ansiedad que se había apoderado de su rostro y sus hombros cuando llegamos al campamento.

En medio de este suave crepúsculo, un espectro apareció en el sendero. Donde todo lo demás, sendero, árboles, agua, rocas, estaba iluminado por los últimos fotones del sol en diversos tonos de peltre y cromo, la figura que se acercaba parecía absorber la luz y se destacaba, completamente negra, como una sombra, contra el fondo más claro.

Era inusual que un excursionista siguiera el sendero a esas horas. Las tres cabezas giraron para observar. La conversación cesó. Me incliné hacia adelante, ansiosa por saber quién se acercaba, con la vista descentrada. Finalmente, la figura se acercó, y Nemo surgió de la confusión. Con una chamarra y una cachucha negras, se detuvo en el sendero justo donde Zoe había estado antes.

Después de un momento, Zoe se levantó y caminó hasta el límite de nuestro terreno. Sus pies rozaron el perímetro, la línea que hubiera sido un muro o una valla si estuviéramos en un vecindario civilizado. Permanecieron en un silencio sepulcral, simplemente mirándose.

Ni Cappy ni yo nos movimos ni hablamos. Esta era la conversación que Zoe debía tener. Sin embargo, en mi cabeza, repetía: «No te rindas, Zoe. Quédate con nosotras».

Nemo habló, luego Zoe. Podía oír sus voces, pero no sus palabras.

Después de unos minutos, giró sobre sus talones y regresó por donde había venido. Zoe regresó a su asiento con nosotras, y éramos Las Tres Mujeres.

—¿Y entonces? —preguntó Cappy tras unos instantes de silencio—. ¿Qué dijo?

La observamos atentamente en la penumbra.

—Nemo acampó un par de kilómetros más adelante. Está muy enojado porque me quedé aquí ustedes y no fui caminando hasta donde él había acampado.

—Si caminó dos kilómetros para encontrarte en la oscuridad, no puede estar tan enojado —dije—. Debió estar preocupado por ti, después de todo.

—Supongo que sí —dijo Zoe. Giró la cabeza para mirar hacia el sendero por donde había desaparecido.

—Pero si realmente estuviera preocupado —dijo Cappy—, no se hubiera marchado dejándote tan atrás en primer lugar.

—Es cierto —confirmé.

—Le dije que lo encontraríamos por la mañana para repartir el equipo. —Su tono de firmeza se mezclaba con una pizca de tristeza.

Al oscurecer, el aire se volvió frío. Aún no sabíamos cómo estirar una tienda de campaña para dos personas para que cupieran tres. Iba a estar un poco apretado, pero estaba segura de que podríamos dormir tres en fila una noche. Nos quedamos de pie alrededor de la tienda, cada una intentando visualizar cómo acomodarnos dentro. Cappy tenía las manos en las caderas, la cabeza ladeada, mientras observaba la situación. Casi podía ver cómo trabajaba su cabeza.

—Puedo dormir afuera, junto a la tienda. No quiero desplazarlas. —Zoe parecía ansiosa; su voz era débil.

—No —respondimos al unísono.

Me agaché para mirar el interior.

—Todas vamos a estar bien. Extenderemos las bolsas de dormir de pies a cabeza. Así tendremos más espacio.

—Zoe, ¿te levantas por la noche a orinar? —preguntó Cappy con una pregunta práctica. Zoe negó con la cabeza—. Joan y yo sí, así que pondremos la cabeza junto a la puerta. Tú puedes estar en medio, con la cabeza al otro lado.

Metí la mano y empecé a acomodar las finas colchonetas inflables. Las telas sintéticas se movían y rozaban entre sí. Extendí las bolsas de dormir sobre las colchonetas. Zoe y Cappy se arrodillaron junto a la puerta de tela, acercándose para ayudar.

Con las tres dentro, envueltas en bolsas como momias y apretadas como sardinas, enseguida nos sentimos incómodas. Hacía demasiado calor, el ambiente era demasiado sofocante, y el más mínimo movimiento provocaba una cacofonía de silbidos. La cabeza de Zoe estaba encajada al pie de la tienda, y yacía en el hueco que creaban las almohadillas superpuestas. Yo me acosté de lado, lo más quieta posible, intentando estar lo más estrecha posible. Al final, tuve que darme la vuelta. Como fichas de dominó, mis compañeras de habitación reajustaron sus posiciones. El crujido era ensordecedor en la noche silenciosa, pero yo no me sentía más cómoda en mi nueva posición.

Una hora después de subir a nuestra pequeña casa, cuando era evidente que ninguna dormía, Zoe anunció que dormiría afuera.

—Dormiremos mejor —dijo mientras luchaba por salir de la tienda.

Intentamos disuadirla, pero no lo suficiente. Zoe puso su colchoneta en el suelo, junto a la pared de la tienda, para que bloqueara la brisa del agua. Se puso ropa para el frío (chamarras, guantes, calcetines y gorro), se metió y se subió la bolsa de dormir hasta la cabeza, apretando el cordón con fuerza para que solo se le vieran los ojos y la nariz. Cappy y yo nos acomodamos en nuestras posiciones habituales. Y nos quedamos dormidos enseguida.

Esa fue la única noche que intentamos convertir nuestra casa de campaña para dos personas en una para tres. El fracaso del proceso, aunque cómico en el momento, dejó claro lo vital que sería para Zoe conseguir toda o parte de la casa que ella y Nemo habían compartido. Sin refugio, estaría en apuros cuando entráramos en la auténtica Sierra Alta, donde acampar por encima del límite forestal bajo un cielo despejado y frío significaría temperaturas bajo cero incluso en agosto.

Punto de partida: Resort Valle Vermilion (RVV), 2,337 metros
Punto final: Cruce del Arroyo Bear, 2,738 metros
Punto más alto: Bear Ridge, 3011 metros
Distancia recorrida: 12.2 kilómetros
Kilómetros acumulados: 108.7 kilómetros

Encuentros en serie

El mundo está hecho de historias, no de átomos.
~ Muriel Rukeyser, *La Velocidad de las Tinieblas*, 1968

Día doce
30 de julio de 2006

Punto de partida — Cruce del Arroyo Bear — 2,738 metros

Quizás nos quedamos en el campamento para disfrutar del esplendor del río. Quizás nos quedamos un rato, ansiosas por posponer el vadeo del Arroyo Bear, la Leyenda del Sendero Número Cuatro. O quizás fue el inminente enfrentamiento con Nemo que nos esperaba en el sendero. Sea cual sea el motivo, llegamos tarde esa mañana.

El Sendero se mantuvo al borde del embravecido del Arroyo Bear, un río que en realidad fluía a borbotones por su estrecho cauce, como un animal salvaje atrapado entre paredes de roca intentando liberarse. El rugido y el gruñido del agua me impedían hablar, pero eso no impidió que mi mente perseverara en los dos próximos desafíos.

Un pequeño grupo de entusiastas senderistas NOBO en RVV describió la Leyenda Cuatro del Sendero, el Vado en el Arroyo Bear, como peligrosa. ¿Qué tan profundo era el río? Escuchamos que llegaba hasta la cadera, pero para nosotras podría llegar hasta la cintura. ¿Qué tan rápido fluía el agua? Dijeron que era tan rápida que la fuerza del río derribaba a la gente.

Pero lo superaste bien, ¿verdad? Apenas, confesaron, con un metro ochenta de altura. Cappy y yo éramos bajitas y nos preocupaba especialmente la parte de la profundidad.

Una persona nos dijo que tuviéramos cuidado con una bolsa de plástico naranja colocada en un palo por un guardabosques anónimo, una advertencia de peligro. Mientras desayunábamos en RVV, nos enteramos de que dos mujeres de mediana edad (igual que nosotras) habían sido arrastradas medio kilómetro río abajo antes de que pudieran superar la fuerza del agua y arrastrarse hasta el suelo rocoso. Habían pasado horas peinando la orilla del río para encontrar todas sus pertenencias, algunas de las cuales estaban arruinadas.

Esa mañana, un caballero del sendero que nos encontramos; un tipo corpulento y robusto, con el paso felino de un corredor de largas distancias y una evidente confianza, nos pintó una imagen diferente. En un tramo ancho del sendero, nos explicó que la leyenda del cruce del Arroyo Bear era «un montón de tonterías, disculpen la expresión». Nos aconsejó que saliéramos del sendero y camináramos río abajo un poco para encontrar un punto donde el arroyo se ensanchaba y se hacía menos profundo.

Habíamos salido de la conversación confundidas y ansiosas.

No podía hacer nada con respecto al cruce del río, que sea lo que tenga que ser, así que concentré mi energía ansiosa en nuestro otro obstáculo. Esperaba que Cappy y yo hubiéramos logrado convencer a Zoe de que debía salir de sus negociaciones con Nemo con toda o parte de su casa de campaña, al menos con la cubierta vegetal. Me parecía obvio, ella llevaba el permiso que él necesitaba para permanecer en el sendero, y él poseía la casa de campaña que ella necesitaba para sobrevivir a las temperaturas nocturnas en las tierras altas, pero me preguntaba si Zoe sería lo suficientemente firme como para conseguir lo que necesitaba. Estaba segura de que mis compañeras de caminata mantenían conversaciones internas similares en el sendero llano y sombreado. Mantuve la vista al frente. Quería verlo antes de que él nos viera a nosotras.

Mucho antes de encontrar a Nemo, nos encontramos con dos guardabosques del Servicio de Parques Nacionales donde el sendero dejaba el sinuoso arroyo para cruzar una pradera. Los jóvenes, vestidos con los uniformes verdes y grises del Servicio de Parques Nacionales, estaban dando mantenimiento a los senderos y campamentos. Cuando nos acercamos, estaban desmantelando un campamento ilegal, esparciendo las piedras de una fogata que alguien había construido demasiado cerca del sendero. Aprovecharon nuestra llegada para hacer una pausa en su trabajo caluroso y sucio, y dejar las herramientas a un lado.

Un guardabosques, el mayor de los dos, era de la raza de los montañeses: alto, bronceado y pecoso, con una espesa barba cobriza. Sus botas y uniforme parecían haber pasado varios veranos en la naturaleza, y parecía capaz de volverse completamente salvaje con un poco de ánimo. Su compañero más joven era del estilo de los Scouts Águilas, con el pelo negro muy corto y un uniforme impecable a pesar del calor y la suciedad que lo rodeaban. Estaba tan bien arreglado que su bigote, pulcramente recortado, destacaba como una señal de inconformismo.

Terminadas las bromas, nos explicaron el trabajo que estaban haciendo y nos dieron el discurso de rigor sobre la Regla de los 30 Metros: los excursionistas deben acampar al menos a 30 metros del agua y del sendero. Nuestro campamento, que habíamos instalado la noche anterior, había infringido claramente esa regla, pero no lo mencionamos.

El guardabosques mayor, que era apenas mayor que los hijos de Cappy y mi hijo, dijo:

—Hoy también estamos revisando los permisos para áreas naturales. ¿Podríamos ver el suyo, por favor?

—Claro. —Dejé mi mochila en el suelo. Zoe hizo lo mismo. Saqué nuestro permiso de lo más profundo de mi mochila y lo saqué de la bolsa Ziploc antes de entregárselo al Guardabosques de la Montaña.

—¿Este permiso es para ustedes tres? —preguntó después de examinar el documento.

—No, eso es solo para Cappy y para mí —dije, señalándonos a ambas de un lado a otro.

Cappy explicó que llevábamos un permiso para tres porque habíamos empezado como un trío, pero Jane nos había dejado en Red Meadow.

—Entonces, ¿dónde está el tuyo? —preguntó, volviéndose hacia Zoe, quien sacó su permiso de una cartera impermeable.

Al ver que era para dos personas, una luz de reconocimiento se encendió en sus ojos claros. Levantó la vista y le preguntó a Zoe:

—¿Tu compañero de excursión está ahí adelante? Un tipo llamado... —Hizo una pausa antes de volverse hacia su compañero y preguntarle—: ¿Cómo se llamaba?

—Nicodemo —ofreció Zoe—. Se llama Nicodemo.

—Sí. Eso es. —El Scout Águila confirmó.

El Guardabosques de la Montaña explicó cómo habían detenido a Nemo varias horas antes. Sin permiso, Nemo no había podido demostrar su derecho a estar en la zona agreste, y mucho menos en el sendero John Muir. Los hombres de verde le habían ordenado a Nemo que esperara donde estaba hasta que pudieran comprobar la veracidad de su historia.

—Nos alegra saber que nos decía la verdad.

—Él te está esperando donde el sendero gira hacia el cruce del arroyo —agregó el Scout Águila.

Seguimos hablando del tiempo, del sendero, del impacto del deshielo tardío en las flores silvestres y de la crecida del agua. Entonces Cappy preguntó específicamente sobre el temido cruce del Arroyo Bear.

—¿Qué tan profundo es? ¿Es seguro vadearlo?

—Llegas temprano, debería estar bien. Cuanto más tarde, más nieve derretida hay, y los ríos corren más altos y rápido. Puede haber entre 13 y 15 centímetros más de profundidad por la tarde que por la mañana —explicó el Guardabosques de la Montaña—. Eres baja, así que es bueno que llegues temprano.

—Hemos oído muchísimas historias de miedo. ¿Tienes algún consejo para cruzar con seguridad? —pregunté.

—Asegúrate de desabrochar tu mochila, en caso de que te caigas, para que puedas salir de ella rápidamente —aconsejó Scout Águila.

—Tienes bastones de senderismo. Úsalos. Y ve despacio —añadió el Guardabosques de la Montaña.

Nos despedimos de ellos y continuamos el camino sabiendo que Nemo y el río estaban justo enfrente.

Efectivamente, apenas media hora después de platicar con los guardabosques, vi a Nemo sentado con su estudiada naturalidad en una gran roca angular junto al sendero. Para darles un poco de privacidad durante lo que seguramente sería una conversación tensa, y con suerte una negociación exitosa, Cappy y yo saludamos a Nemo y luego continuamos otros 15 metros por el sendero. Nos detuvimos y disfrutamos de un tentempié tranquilo mientras esperábamos a que Zoe terminara su conversación con Nemo.

Los observamos atentamente, intentando aparentar desinterés. Aunque el sonido de sus voces nos llegaba, estábamos demasiado lejos para oír sus palabras. Intentamos descifrar su lenguaje corporal. Primero, estaban muy separados, con un espacio incómodo como algo sólido entre ellos. Nemo mantenía los brazos cruzados sobre el pecho, apoyando una cadera contra una roca. La afectada indiferencia de la parte inferior de su cuerpo contrastaba con la postura firme y cerrada de la parte superior. Miró directamente a Zoe a la cara. Zoe, con las manos en los bolsillos, alternaba entre mirarlo a la cara y al suelo. A medida que la conversación avanzaba, ambos comenzaron a gesticular, señalando y señalando hacia el sendero, el equipo en las mochilas y el uno al otro. Zoe negó con la cabeza varias veces.

Debió ser doloroso. Habían empezado la caminata, menos de dos semanas antes, un equipo de amigos con un objetivo común. Estábamos presenciando un divorcio. Finalmente, empezaron a rebuscar en sus mochilas, tirando el equipo al suelo. Vi a Zoe darle a Nemo su bomba de agua y su hornillo. Nemo le entregó algunas herramientas o equipo demasiado pequeños para que pudiera identificarlos a esa distancia. Luego, dudó antes de extender el permiso. Nemo lo tomó y se lo metió en el bolsillo. Lo que no vi cambiar de manos fue la casa de campaña, ni siquiera la lona, ni siquiera la cubierta vegetal.

—No lo vi darle ninguna pieza de la casa de campaña. ¿Tú sí? —le pregunté a Cappy. Zoe y Nemo se habían dado la espalda mientras volvían a empacar sus mochilas en lados opuestos del sendero.

—No. Creo que lo tiene todo. Debe de tener una lengua de oro —dijo ella.

—Y un corazón muy mezquino —añadí—. Solo le faltaba la lona. Podríamos haber improvisado una casa de campaña con las dos lonas. ¿Qué vamos a hacer ahora?

Zoe nos siguió. Nemo seguía jugueteando con su mochila.

—No lo sé —dijo Cappy—. Tendremos que pensar en algo. Nos pusimos de pie y preparamos nuestras mochilas para seguir adelante.

—Seguro que lo haremos —confirmé.

El rostro de Zoe era una pared pálida y vacía mientras caminaba en silencio junto a nosotras siguiendo el rastro.

Nos pusimos detrás de ella. No recordaba ninguna otra ocasión en que Zoe hubiera tomado la delantera. No caminó mucho, ni siquiera medio kilómetro, deteniéndose antes del cruce del Arroyo Bear.

—¿Y bien? —pregunté.

Zoe explicó que Nemo había cedido y había decidido separar al equipo. Él seguiría caminando solo, lo que le permitió a Zoe continuar la caminata con nosotras. A cambio de su magnánima generosidad, se llevó la estufa, el purificador, el permiso y ¡toda la casa de campaña!

Tal como lo temíamos. Zoe estaba más decepcionada que enojada, decepcionada por haber juzgado tan mal la calidad de su amigo. Estaba decidida a resolver el problema de la casa sin una casa.

Mientras discutíamos los resultados de un obstáculo a la vista del siguiente, Nemo pasó caminando hacia el sur. Nos saludó con un leve asentimiento. Me pregunté si se hubiera ido para siempre o si nos volveríamos a encontrar con Nemo. Sé que Cappy estaba tan emocionada como yo de tener a Zoe con nosotras para siempre, pero nos preocupaba cómo dormiría. Hacía frío por la noche, y aún no habíamos llegado a la Sierra Alta al sur; se avecinaban noches de escarcha y temperaturas bajo cero. No estaba segura de sí Zoe se daba cuenta del frío infernal que iba a hacer.

Luego dejé de lado mis preocupaciones por la casa de campaña para concentrarme en mis preocupaciones por el río.

Con inquietud, nos acercamos al punto donde el Arroyo Bear dividía el sendero, cortándolo profundo y ancho como si una retroexcavadora hubiera estado trabajando. La fuerza del agua se canalizaba en una corriente estrecha y rápida, que producía un chapoteo y un rugido desconcertante.

De pie en la intersección había un hombre canoso con equipo completo de senderismo y una llama. Sí, una llama. La llama llevaba dos mochilas voluminosas, una a cada lado y una tercera encima. El hombre, sin mochila, se agarraba firmemente a una cuerda resistente sujeta al hocico del animal. De frente al animal, de espaldas al río, tiraba con firmeza de su extremo de la cuerda hacia el agua. Al mismo tiempo, usaba palabras suaves y persuasivas para animarlo a entrar en la impetuosa corriente.

La llama se quedó inmóvil, negándose a dar un solo paso en la dirección que el hombre quería que caminara. Cuanto más tiraba el hombre, con el rostro enrojecido y apoyándose en su tirón, más tercamente se resistía el animal de carga, tirando en dirección opuesta, con la cuerda tensa. Lentamente, el tira y afloja se convirtió en una danza. El hombre y la llama comenzaron a moverse, dando vueltas uno alrededor del otro. Mientras el animal más fuerte se retorcía y giraba su lomo hacia el vado, el hombre intentó en vano hacerlo girar. Giraron una y otra vez, cara a cara, unidos por la gruesa cuerda que los separaba. Finalmente, el hombre dejó de tirar y se detuvieron, todavía uno frente al otro, no más cerca del agua que cuando llegamos.

El hombre suspiró, se desplomó un poco y soltó la cuerda. Se acercó a la llama y extendió la mano libre para acariciarle el flanco. Con los ojos abiertos, la llama retrocedió. El hombre le habló en voz baja y volvió a extender la mano. El animal cedió, se quedó quieto y permitió que el hombre le acariciara el hombro. Finalmente, le rozó el brazo con el hocico. Reconciliados, los dos regresaron por el sendero, alejándose del agua, para descansar y pensar en un nuevo plan.

Cappy aprovechó la oportunidad para hacer un nuevo amigo del sendero y obtener información sobre la llama.

—¿Vas de excursión solo? —preguntó.

—Sí —dijo el hombre. Ató la correa a la rama de un árbol—. Me encontraré con mi hijo en un par de días.

Se quitó un pañuelo rojo del cuello y empezó a secarse el sudor de la cara y el cuello arrugados.

—Vengo de Tuolumne Meadows. Mi hijo vuela desde Colorado y se reunirá conmigo en Sequoia en dos días... ¡Si logro cruzar el río! —El hombre se quitó el sombrero ancho y se secó la cabeza y el pelo canoso.

—¿Caminaste desde Yosemite con una llama? —pregunté—. ¿Por qué elegiste un animal de carga en lugar de una mochila?

—Solía ir de mochilero a menudo, pero me lastimé la espalda hace un par de años y ya no puedo cargar una mochila completa.

Se tocó la parte baja de la espalda e hizo un estiramiento con torsión.

—Hasta hoy, ha sido genial que la llama se encargue de todo el trabajo pesado. —Continuó explicando el arte de empacar, montar el campamento y mantenerlos bien alimentados, tanto a él como al animal.

—Puede que tenga que acampar aquí esta noche y esperar hasta la mañana, cuando el agua esté en su nivel más bajo.

—Buena suerte —dijimos y nos giramos hacia la Leyenda del Sendero Número Cuatro, preguntándonos qué sabía la llama sobre el río que nosotras no.

Nos detuvimos al borde del agua y observamos el camino que nos aguardaba. El agua se movía rápidamente de izquierda a derecha frente a nosotras. El río rebosaba, deslizándose entre los arbustos que crecían a su alrededor, dejando al descubierto sus raíces al arrancar la tierra húmeda. El fondo del arroyo, difícil de ver porque la superficie del agua rebosaba burbujas y ondulaciones, estaba bordeado de piedras lisas y redondeadas de distintos tamaños, desde pelotas de tenis hasta pelotas de fútbol y balones de baloncesto medio inflados. Las piedras estarían resbaladizas, pero no crecían musgo ni algas en esa rápida corriente.

—Hablemos de esto antes de empezar —dije. Nos quedamos hombro con hombro mirando el agua y pensando en voz alta.

—Sí —coincidió Cappy—. Primero, nos desabrochamos todos los cinturones.

Cada uno extendió la mano para desabrochar las hebillas del vientre y el pecho.

—Hay que alargar los bastones —añadí—. Tendremos que plantarlos bien anchos para ampliar la base y que se mantengan firmes.

Zoe dijo:

—Como dijo el guardabosques, debemos cruzar de una en una. Si solo hay una en el agua, solo hay una a quien rescatar a la vez.

—Bien. Y las que estén en tierra deberían quitarse las mochilas, pero conservar sus bastones. Así estaremos listas para ir al rescate de inmediato —dije.

—Yo quiero ir primero —dijo Cappy, sin apartar la vista del agua—. Iré muy despacio, paso a paso. —Nos miró a mí y luego a Zoe—. ¿Están de acuerdo?

Aceptamos y nos quitamos las mochilas. Apoyé mi carga contra una roca y regresé con los bastones a la orilla. Cappy observaba el camino bajo el agua, con el rostro concentrado. Zoe se acercó a mí.

—¿Están listas? —preguntó Cappy.

—Estoy lista cuando tú lo estés —respondí.

—Hagámoslo entonces —dijo, colocando sus bastones de senderismo en el agua, como un par de vigas de soporte de acero, a un pie del borde.

Cinco minutos después, estaba del otro lado. Con los pies bien puestos en tierra firme, Cappy alzó los brazos, aun agarrando las varas, y dio un sonoro «¡Viva!». Zoe y yo la vitoreamos y le devolvimos el saludo de victoria.

—¡Una menos, faltan dos! ¡Me toca a mí! —dije, y fui a buscar mi mochila, mientras que, al otro lado, Cappy se quitaba la suya.

Caminé hasta la orilla, planté los pies con firmeza y escudriñé el fondo del río en busca del camino más suave y directo. Extendí los brazos y coloqué mis bastones de senderismo en el agua, abriéndolos para un mejor equilibrio. Primer paso, pie derecho, pie izquierdo, pies uno al lado del otro. Apenas me llegaba a los tobillos, pero sentía la fuerza de la corriente intentando empujarme río abajo.

Segundo paso, levanté y coloqué mis bastones uno a uno para mantener la estabilidad. Di otro paso adelante, pie derecho, pie izquierdo. El fondo del río descendió bruscamente; ya me llegaba a media pantorrilla. Impulsada por la corriente, me incliné río arriba.

Levanté mi bastón de senderismo río abajo, con la intención de ponerlo justo delante, pero el agua lo arrancó de un tirón, casi arrancándomelo de la mano. Por suerte, la correa de muñeca lo sujetaba firmemente, o se hubiera ido río abajo. Dos veces intenté colocar la punta del bastón entre las rocas, y las dos veces casi se lo lleva la corriente. Al tercer intento, apunté a un punto río arriba de mi objetivo, así que, al clavar el bastón, la punta quedó en el lugar perfecto. Tras encajar el otro bastón, di otro paso adelante. El agua me llegaba por encima de las rodillas.

Al detenerme para observar el paso que me abría paso hacia aguas más profundas, me tambaleé. El guijarro sobre el que estaba se balanceaba. Me incliné río arriba, apoyándome firmemente en ambos bastones, como un cuadrúpedo con las extremidades extendidas. Respiré hondo y exclamé suavemente: «¡Guau!».

Mis tobillos y rodillas se esforzaban por encontrar un ángulo estable, mientras que mis caderas y el torso se esforzaban por mantener el equilibrio.

Paso tres, el dobladillo de mis pantalones cortos se hundió en el agua gélida y espumosa. Paso cuatro, estaba sumergida hasta las caderas. Cuanto más caminaba, más me empujaba el agua y más tenía que inclinarme contra la corriente. Colocar el pie significaba hundirlo río arriba, buscando un punto mucho más arriba de donde realmente pretendía pisar.

Ya había cruzado la mitad del arroyo y estaba subiendo cuando me di cuenta de lo fríos que estaban mis piernas y pies. Tenía la piel entumecida por el deshielo y me dolían los huesos. Los últimos pasos en aguas menos profundas fueron más rápidos, y entonces me encontré junto a Cappy en tierra firme.

Levanté mis bastones e imité la celebración de Cappy. Ella alzó sus bastones para chocar con los míos: un choca esos cinco con un sonido metálico, como de celebración. Sentí un hormigueo intenso en los dedos de los pies y las rodillas, descongelándose en el aire, y una oleada de cálido alivio comenzó en la coronilla y me recorrió el cuerpo.

—¡Te toca, Zoe! ¡Despacio y con calma! —dije, quitándome la mochila.

—¡Ya voy! —gritó. Su paso natural más largo y su mayor alcance (sin mencionar su juventud y fuerza) llevaron a Zoe a cruzar el Arroyo Bear rápidamente. La saludamos con un «¡Viva!» y otra ronda de entusiastas choques de manos.

—Otra Leyenda del Sendero muerde el polvo —dijo Cappy, mientras nos recuperábamos.

—¿Tuvimos suerte de llegar después de las inundaciones más intensas de la temporada? ¿Estaban las aguas mucho más agitadas hace unos días? ¿Así empiezan estos rumores? —se preguntó Zoe en voz alta.

—No lo sé. Podría haber sido. La nieve se ha derretido rapidísimo la última semana —dijo Cappy.

—Esta fue la Leyenda del Sendero Número Cuatro, ¿verdad? —conté. Tenía la mochila al hombro otra vez—. Primero, conquistamos los cuencos y el campo de nieve antes del Paso Silver. Segundo, atravesamos esa increíble cascada.

Cappy dijo:

—Las noventa y nueve curvas de ayer que resultaron ser solo sesenta y ocho fueron la Leyenda Tres.

Terminé el recuento:

—Y cuarto, hemos vadeado el imposible Arroyo Bear.

—Las Tres Mujeres, cuatro. Leyendas del Sendero, cero —coincidió Zoe.

Caminamos por el sendero, siguiendo el río que acabábamos de cruzar, muy juntas para continuar nuestra conversación.

—Es curioso que, con todas estas Leyendas del Sendero, hayamos dedicado tanto tiempo y energía a preocuparnos por el próximo desafío gigantesco —dije por encima del hombro—, y ninguna ha estado a la altura de su reputación. Para mí, cruzar el Arroyo Rush en ese tronco en nuestra brumosa tercera mañana fue mucho peor que cualquiera de estas Leyendas del Sendero.

—¿Qué tal nuestra primera vez cruzando un río? Cuando creíamos estar perdidos camino al Paso Donohue —dijo Cappy.

Asentí, recordando lo sorprendidas que estábamos al tener que vadear agua tan profunda.

—¿Acaso las plagas de mosquitos chupasangre no merecen su propia leyenda? ¡Quizás deberíamos empezar a inventar nuestros propios rumores! —La voz de Zoe resonaba con risas.

—Podríamos contar nuestras propias historias. —Giré la cabeza para que mi voz llegara a Cappy, en la tercera en la fila—. Cuando algún excursionista que va hacia el norte empiece a advertirnos sobre un terrible obstáculo más adelante...

—¡Añadiremos nuestras propias advertencias! ¡Me encanta! —Zoe terminó mi pensamiento—. ¿Qué tal un puente arrasado?

—¿O un nuevo deslizamiento de tierra? —Me reí ante lo absurdo.

—Claro, nunca realmente... —Zoe y yo nos echamos a reír. Cappy negó con la cabeza, pero nos sonrió.

Sintiéndome ligera de corazón, aceleré el paso y un silencio pacífico descendió sobre nosotras.

Acostada en una losa de granito bajo el cálido sol, descansando después de comer junto a Cappy y Zoe, seguía pensando en el equipo de mochilero de Zoe. Pensar en casas de campaña y hornillos me recordó mi primer viaje de mochilero, treinta y siete años antes.

Tenía quince años y había viajado con mochila a la naturaleza de Yosemite con un grupo de diez chicos y chicas, todos miembros de mi equipo de natación. Nos guiaban y acompañaban dos padres, uno de los cuales había sido guardabosques del Servicio Nacional de Parques Nacionales (NPS) en Yosemite en su juventud, por lo que conocía a la perfección esa naturaleza salvaje. Hicimos senderismo y acampamos durante una semana en las tierras altas de los alrededores de Tuolumne Meadows.

Hubiera sido agosto de 1969, cuando el excursionismo era muy diferente. A diferencia de 2006, llevábamos mochilas de aluminio y lona y caminábamos con botas gruesas de cuero. Usábamos pantalones de mezclilla o pantalones cortos y playeras de algodón durante el día, y por la noche nos cubríamos con ropa interior larga de algodón, suéteres de lana, cachuchas y guantes. Un impermeable grueso de plástico con capucha era mi última capa.

En aquellos tiempos, usábamos vasos Sierra de acero inoxidable para beber directamente de los lagos y arroyos, sin filtros. Recuerdo simplemente sumergir mi brillante vaso de plata en el agua cristalina de un arroyo y lo dulce que sabía. Hacíamos fogatas para cocinar, sin estufas compactas. Una noche me encargaron recoger leña caída. Entonces vi cómo nuestro líder cortaba una rama en astillas con un hacha pequeña que llevaba antes de encender una fogata en un círculo de piedras.

Comimos la comida más horrible jamás creada. Cerdo con frijoles, aún enlatados, lo mejor del menú, se cocinaba directamente al fuego y luego se servía medio quemado, medio frío en platos de aluminio. La comida liofilizada estaba en sus inicios, un derivado del programa espacial de la NASA, como el Tang que bebíamos. El proceso de cocción distaba mucho de ser perfecto y los resultados eran casi incomestibles. Los huevos revueltos de color amarillo pálido estaban gomosos y sabían a tiza. Trozos de polvo flotaban como cuajada en la leche con chocolate que bebíamos. De niña, era muy quisquillosa para comer, muy sensible a las texturas, así que apenas podía tragar la comida sin sentir arcadas. Lo único que me impedía negarme a comer del todo era no querer parecer tonta delante de los chicos guapos del grupo de senderismo, y el hecho de que estaba muerta de hambre.

Limpiar pudo haber sido peor que comer. Recuerdo que me asignaron la tarea de limpiar los restos de huevo de la sartén de hierro fundido. Nuestro líder me enseñó a fregar con arena el huevo seco que se había quedado pegado al interior. Enterré la porquería viscosa en un agujero, antes de enjuagar la sartén con agua fresca en el arroyo. Ahora lo recuerdo con asombro y repugnancia.

Mi hermana menor, Diane, también hizo senderismo en ese viaje, así que nos vimos obligadas a compartir casa de campaña. En las noches de buen tiempo, dormíamos al aire libre bajo las estrellas, una experiencia maravillosa para una chica de ciudad. Esas noches, Diane y yo compartíamos la lona sin discutir. Pero la noche que llovió, nos apretujamos una al lado de la otra en algo llamado casa de campaña tubular: un tubo de plástico fino, amarillo brillante, de dos metros y medio de largo, como una bolsa de basura gigante sin fondo. Atamos una cuerda a lo alto de un árbol, la pasamos por el tubo y atamos el otro extremo a otro árbol. Terminamos con un túnel triangular, combado y suspendido de la cuerda, abierto de par en par por ambos extremos.

La casa hubiera funcionado mejor si hubiéramos podido mover los árboles para colocarlos correctamente. De lo contrario, tuvimos que conformarnos con nuestra casa inclinada cuesta abajo. Con un cielo lloviendo a cántaros toda la noche, un canalón estacional se coló por la puerta trasera de la casa y salió por la delantera. Mi bolsa de dormir y yo quedamos empapados de pies a cabeza en el chorro de agua fría. Mi hermana roncó durante todo el evento hasta que la desperté para compartir mi sufrimiento. Discutimos hasta que salió el sol.

A la mañana siguiente, extendí mi mochila y mi ropa sobre las rocas para que se secaran al sol y observé cómo todos los demás nadaban en el lago helado. Ya había tenido suficiente agua fría durante la noche, así que me senté en las rocas a ver a mis compañeros retozar como nutrias.

Puede que fuéramos el grupo más grande en los senderos en 1969, pero no éramos los únicos. Una noche, una joven pareja de luna de miel acampaba cerca de nosotros. Habían montado su casa de campaña al anochecer, pero antes de poder colgar sus provisiones en las ramas de un árbol, lo que se consideraba la mejor práctica por aquel entonces, se distrajeron amorosamente dentro de la casa. Por desgracia, una osa negra y su cachorro, que buscaban comida al anochecer, se encontraron justo en ese momento, atraídos por el aroma de la comida.

Los osos intentaron unirse a la pareja y sus bolsas de comida dentro de la casa. Con rapidez, el novio usó su navaja para abrir un agujero en la pared de la casa, lo que les permitió escapar, aterrorizados, pero por lo demás ilesos. Se refugiaron con nosotros y pasaron los últimos días de su luna de miel acampando y viajando en compañía de diez niños y adolescentes. Incluso compartieron nuestras comidas, ya que los osos se habían comido todo lo que llevaban en sus mochilas, incluso rompiendo latas de atún para lamerlas.

Agradecí las mejoras científicas en la comida y el equipo para mochileros que se habían producido en los años intermedios. Los alimentos liofilizados modernos eran sabrosos y fáciles de cocinar. No había platos ni sartenes asquerosos que limpiar, ni ollas ni latas pesadas que cargar, apenas había basura que sacar y no había leña que recoger ni cortar.

Para 2006, todo era mucho más compacto y ligero. Nuestra casa de campaña y mochilas eran algunos kilos más ligeras, al igual que nuestra ropa. Mis zapatos modernos no pesaban nada comparados con esas viejas botas de cuero café. Además, esta vez, nuestra comida estaba guardada de forma segura en contenedores a prueba de osos, no colgada de un árbol como una piñata maloliente que los atraía al campamento.

Podríamos habernos esforzado por cruzar el Paso Seldon con nuestros cansados pies esa tarde, pero enfrentarnos a las imponentes nubes oscuras en la cima de la montaña era algo completamente distinto. Aunque habíamos salido ilesos de una tormenta eléctrica a gran altitud, y se supone que un rayo no cae dos veces, perseguirlo hasta un nuevo lugar y esperar que no nos golpeara una segunda vez parecía una temeridad. Sabiamente, nos detuvimos a acampar en el Lago Marie.

Teníamos una segunda razón más inmediata para irnos temprano. Antes de que llegara el diluvio, necesitábamos improvisar una solución a nuestro problema de tres personas y una casa de campaña. Recuerdo poco de nuestra caminata después de comer, porque, a cada paso, le daba vueltas a la casa. No teníamos chicles ni alambre, pero entre todos teníamos varias herramientas y suministros que podríamos usar para ensamblar las tres grandes piezas del rompecabezas: la casa de campaña para dos personas, su toldo y su lona de suelo, y así crear un refugio improvisado. No teníamos postes ni tela extra, pero llevábamos cuerda de nailon, bolsas de basura negras de plástico y varias correas de nailon y conectores.

Mientras caminaba, revolví mentalmente los ingredientes disponibles como si fuera un enorme rompecabezas de tangram, girándolos primero de un lado a otro, intentando crear un espacio protegido para que Zoe durmiera. Finalmente, en mi imaginación, las distintas piezas se ensamblaron formando un refugio. Estaba segura de que funcionaría y tenía muchas ganas de probarlo.

—Tengo una idea para la casa —solté en cuanto nos detuvimos—. Creo que podemos hacer un refugio con la base.

Me quité la mochila y estaba desatando mi mitad de la casa.

Mientras Cappy y Zoe se quitaban las mochilas, observé las nubes oscuras que seguían creciendo desde el paso que teníamos delante. Rayas grises oscuras descendían desde la base plana de las nubes de tormenta, un vívido espectáculo de agua cayendo del cielo sobre las escarpadas cimas de las montañas.

—Ya está lloviendo ahí arriba. —Señalé y las demás se giraron para mirar.

—Tenemos que levantar esto rápido. —Cappy se apresuró a desatar la mitad de las piezas de la casa.

—Zoe, necesitas un refugio esta noche —dije.

Cappy estaba tan preocupada como yo; ambas éramos más conscientes que Zoe de su necesidad de protección. A pesar de ser agosto, a más de 3,000 metros de altura, la noche iba a ser húmeda y gélida.

—Primero, vamos a armar la carpa. Luego creo que puedo improvisar la base de lado —expliqué mientras desenrollaba la carpa.

Cappy y yo nos movimos con rapidez; después de haber armado la casa tantas veces, podríamos haberlo hecho con los ojos vendados. Extendí el cuerpo de la casa como si fuera una sábana y enhebramos los tubos largos y flexibles en sus fundas de tela. Presionando cada extremo de los postes en un bolsillo de la esquina, la casa se alzó formando una cúpula.

—Estaremos bien sin la lona siempre y cuando tengamos cuidado donde la ponemos —dije mientras acomodábamos la casa sobre la piedra nivelada, dejando un amplio espacio a un lado para nuestro proyecto de construcción.

Zoe ya estaba lista con la base de la casa. Con un trueno rugiente, giramos la cabeza al mismo tiempo y vimos que las nubes se hacían más altas y anchas. Los relámpagos florecieron en una red asimétrica contra la negrura de las nubes, animándonos a apresurarnos.

Aparté mi atención del cielo.

—Esta es mi idea.

Señalé y gesticulé mientras explicaba.

—Podemos usar la lona para hacer un túnel triangular donde Zoe pueda dormir, como un refugio en el lateral de nuestra casa —comencé, señalando la cresta que recorría la parte superior de la cúpula—. Si sujetamos uno de los lados largos por aquí y lo estiramos hacia la izquierda hasta que toque el suelo por aquí, será como la mitad de una casa.

—Su espacio no tendrá suelo —dijo Cappy—, solo paredes que se unen en un punto por encima de ella. ¿Así lo ves?

—Sí. Si hubiéramos tenido ambas lonas, podría haber puesto algo entre su colchoneta y el suelo —confirmé—, pero no las tenemos.

—¿Y qué pasa con la lluvia? —se preguntó Cappy—. No creo que este material sea impermeable.

Cappy tomó el rectángulo de nailon negro de Zoe y palpó su textura con los dedos.

—Yo tampoco lo creo —dije—. Esperaba que, después de construir el refugio, pudiéramos extender el toldo lateralmente para cubrir ambas estructuras, pero no estoy segura.

Usé las manos para mostrar hasta dónde podría llegar el toldo.

—Me apunto —dijo Zoe—. Intentémoslo.

Tomó una esquina de la tela negra que sostenía Cappy y, entre ambas, la extendieron.

—Hay que usar un par de mosquetones para conectar el borde superior a la casa, y luego amarramos cabos a cada esquina inferior como amarres —dije.

Cada una llevaba cabos y clips de repuesto en la mochila, solo para solucionar problemas. Después de probar las conexiones, Zoe encontró un par de piedras del tamaño de un balón de fútbol americano para usarlas como anclajes.

Había que ajustar y asegurar repetidamente las cuerdas y los clips. Era cuestión de equilibrio: ni demasiado apretadas ni demasiado sueltas, sino con la precisión perfecta, como Ricitos de Oro. Finalmente, estiramos el toldo en un ángulo incómodo sobre la cúpula y el refugio, con la esperanza de que mantuviera secos ambos refugios.

Nos tomó varios intentos y varios intentos fallidos, pero lo logramos. Aunque parecía endeble, se mantuvo firme. Retrocedimos un paso y contemplamos el resultado final. Habíamos creado un tubo triangular tenso a lo largo de nuestra casa de campaña, tal como lo habíamos imaginado.

—¡Somos mujeres! ¡Escúchennos rugir! —dije, levantando las manos.

A cambio, mis compañeras vitorearon. Fue satisfactorio haber abordado el problema con trabajo en equipo, otra victoria, una de muchas ese día.

—¡Necesitamos una botella de champán para bautizarlo! —El rostro de Cappy lucía una amplia sonrisa que reflejaba mi propio orgullo y logro. Caminamos alrededor de la carpa y su compañero, admirando nuestra obra ligeramente torcida.

—O al menos una botella de cerveza —asintió Zoe, y luego extendió el brazo para rociar unas gotas de agua de su Nalgene sobre el toldo y dijo—: ¡Te bautizo como la Franken-casa!

Todas reímos.

—Qué nombre tan apropiado para algo tan improvisado. —Asentí con aprobación.

—Mírenlo bien —dijo Cappy—. Recuerden exactamente cómo está construido, para que podamos reconstruirlo mañana.

«Buena idea», pensé. Examiné nuestra obra, intentando memorizar cada detalle. Resolver el problema una vez había sido divertido, pero reinventarlo no lo sería.

—Creo que la tormenta se aleja.

Las palabras de Zoe interrumpieron mi concentración. Me giré para mirar las nubes negras de tormenta que se acercaban, ¡pero casi habían desaparecido! O bien se habían secado por la lluvia y se habían reducido a nada, o bien vientos más fuertes en las alturas se las habían llevado. Solo quedaban cúmulos blancos y esponjosos que se perseguían en un cielo brillante.

De repente, el tiempo nos regaló algo, la recompensa por un trabajo bien hecho. En lugar de atrincherarnos, teníamos la tarde y la noche para el ocio. Al tomarme el tiempo para observar a nuestro alrededor, descubrí que habíamos conquistado una hermosa cuenca de piedra con forma de estadio. Nuestros asientos a 50 metros de la línea, ubicados en una amplia plataforma de granito que se inclinaba suavemente hacia el lago, nos ofrecían una vista despejada. El extenso lago azul oscuro estaba salpicado de pequeños islotes y penínsulas serpenteantes formadas por rocas desprendidas cuando un glaciar excavó la cuenca del lago en la montaña.

Me quité el sombrero y me masajeé la nuca. Observé a mis compañeras mientras empezaban a relajarse. Zoe estaba sentada, con su cuerpo desgarbado inclinado sobre su mochila, rebuscando en su contenido. Largos mechones de pelo castaño le caían sobre la cara, así que se los metió detrás de las orejas. Sacó la ropa sucia, la juntó en un pequeño montón colorido y bajó al lago para lavar un poco la ropa y bombear agua.

Cappy se sentó con nuestro mapa topográfico extendido sobre las piernas y la guía de senderos a su lado. Nos habíamos detenido un poco antes de nuestro destino previsto, así que estaba recalculando el kilometraje del día siguiente y memorizando la ruta. Su rostro se relajó, profundamente concentrada, recorrió el mapa con el dedo índice y luego consultó las indicaciones en la guía.

Cappy me miró.

—Mañana, justo antes de llegar al Rancho Muir, estaremos en el punto medio simbólico.

—¿En serio? ¿Cómo es posible? —Me sorprendió que ya hubiéramos viajado tan lejos. Me estaba quitando las sandalias y los calcetines, pero me detuve al oír su anuncio.

—160 kilómetros. —Arqueó las cejas y asintió lentamente, asegurándome de que me estaba dando la información—. La mitad de la distancia entre las Happy Isles en el Valle, donde empezaron Zoe y Nemo, y Whitney.

Cappy, Jane y yo habíamos empezado a hacer senderismo en Tuolumne, saltándonos la subida de 35 kilómetros desde el valle de Yosemite hasta los prados de Tuolumne. Todos habíamos hecho esa subida antes, así que no sentíamos la necesidad de repetirla, sobre todo con las mochilas llenas. Muchos senderistas del Sendero toman esa misma decisión. Así que Cappy y yo habríamos recorrido unos 132 kilómetros al llegar al Rancho Muir al día siguiente, cuando Zoe recorrió ciento sesenta.

—Estamos agarrando buen ritmo de la caminata —dije—. No quiero que esto quede a medias. Quiero seguir caminando.

Mis pies estaban casi curados, los músculos de las piernas y la espalda estaban fuertes, y realmente sentía que podía seguir caminando para siempre.

—Se está volviendo más fácil, ¿no crees? —Cappy parecía tan contenta y relajada como yo.

—Sí. Hemos solucionado algunos problemas; se siente natural. —Me estiré en la roca que había elegido como diván—. Es tan diferente a la primera semana, cuando todo iba mal.

—No fue tan malo —dijo Cappy, ladeando la cabeza como si no tuviera idea de qué estaba hablando.

Me incorporé y la miré.

—Cappy, ¿no te acuerdas? ¿Lo has olvidado todo? Empezó con mi esguince de tobillo y las ampollas. Luego perdimos el rastro y terminamos en medio de un rayo...

—¡Después de eso todo mejoró muchísimo! —insistió Cappy, incorporándose y mirándome a los ojos.

Estaba incrédulo.

—¿Mejor? —continué—. Luego ahogué mi cámara y tuve que cruzar el río en ese horrible tronco. El río tenía una crecida terrible. Tu caja de comida se perdió en Red Meadow...

—Sí, pero luego mejoró muchísimo —insistió de nuevo, frunciendo el ceño. De verdad creía lo que decía.

—Y ese horrible campo de nieve en el Paso Silver. ¡Y todos esos mosquitos! —Quise reír, pero no pude, era tan increíble. Sé que puse los ojos en blanco con incredulidad ante su insistencia—. Esos primeros cinco o seis días fueron como plagas bíblicas, solo nos faltaban ranas en las mochilas y sangre en los ríos.

Ella negó con la cabeza y sonrió. No creo que se le ocurriera otro argumento, pero tampoco iba a ceder.

—Ahora todo está más que bien —le aseguré—. Al principio todo salió mal, pero ahora todo está bien en el mundo, perfecto. Y no estoy lista para que esté a medio terminar.

—Tenemos que saborearlo, porque, nos guste o no, ¡el Rancho Muir es el punto medio tradicional! —Cappy se levantó para unirse a Zoe en el lago, con la bomba, los recipientes de agua y una pequeña toalla en la mano.

Me saqué el collar de debajo del pañuelo en mi cuello y leí las palabras de los anillos; fuerza, valor, espíritu. Por primera vez en mucho tiempo. Me hicieron sonreír.

Cappy tenía razón en una cosa. Necesitaba saborear el momento presente. Mientras ambas trabajaban y jugaban en el agua, yo me senté con las piernas cruzadas sobre mi losa de granito, rodeado de una inmensa belleza natural; cielos azules infinitos, agua cristalina, imponentes picos plateados y grises, verdes salpicaduras de vegetación, el dulce perfume del aire fresco y un silencio puro, y me dispuse a saborear con toda mi alma la gran fortuna de mi lugar en la Tierra.

Me acosté para tomar el sol. El calor irradiaba de las rocas bajo mí, uniéndose a mi ser con el calor que viajaba a través del aire tenue del sol. Cerré los ojos, con la intención de relajarme, pero en lugar de eso, me eché una siesta.

La noche carecía de la luz de la luna; la delgada media luna había cedido el cielo a miles de millones de estrellas centelleantes. La Vía Láctea se fundió en una gruesa franja de blanco brillante que se arqueaba sobre nuestras cabezas, como los faros del tráfico en la carretera que lleva al cielo. La luz celestial, derramándose sobre la quieta superficie negra como el ébano del Lago Marie, se acumuló en un reflejo gemelo de la Vía Láctea y transformó nuestro estadio de granito gris en un brillante plateado ardiente.

Cuando hizo demasiado frío para quedarse afuera, Cappy y yo sujetamos los bordes del refugio, mientras Zoe se deslizaba con los pies por delante y completamente vestida por la entrada del Franken-casa, directamente a su bolsa de dormir. Luego nos acurrucamos en nuestras propias bolsas de dormir, al lado.

Acostada a mi lado, Cappy dijo:

—Si aún tuviéramos mi casa de campaña para una sola persona...

—Una sola mujer —interrumpí.

Ella se rió entre dientes.

—Si tan solo tuviéramos mi casa de campaña individual. Si no la hubiera enviado a casa con Jane, no necesitaríamos la Franken-casa.

—Ojalá... pero no sabíamos que lo necesitaríamos. Enviarlo a casa fue la decisión correcta en ese momento —le aseguré.

—Lo sé, pero tengo una idea. —Su entusiasmo crecía a medida que hablaba, las palabras fluían a toda velocidad. Se giró para quedar frente a mí. Con la poca luz, apenas podía distinguir sus rasgos—. Mañana, cuando hable con Jim por teléfono en el Rancho Muir, le pediré que lo envíe al día siguiente a la empresa empacadora que nos va a entregar las últimas cajas de comida.

—¡Qué buena idea! —Comprendí de inmediato que esa sería la solución perfecta a nuestro problema persistente—. ¿Crees que hay tiempo? ¿No recogen el correo solo una vez a la semana o algo así?

—Solo podemos intentarlo —Cappy se giró boca arriba y se ajustó la almohada de la chamarra—. Solo espero que Jane le haya entregado la casa a Jim antes de irse a casa de su madre.

Ambos nos quedamos en silencio, pensando, respirando.

—Me alegro mucho de que hayas pensado en eso.

Tomé nuestro libro, encendí mi linterna frontal y comencé un nuevo capítulo.

Con la puerta de la casa abierta de par en par, y con miles de millones de estrellas como testigos, leí en voz alta nuestro cuento para dormir. En la *Ciudad Blanca*, las mujeres eran criaturas ingenuas e indefensas ante el Diablo. En contraste, Las Tres Mujeres eran fuertes y hábiles, superando con éxito todos los desafíos de su cuerpo y mente.

Punto de partida: Cruce del Arroyo Bear, 2,738 metros
Punto final: Lago Marie, 3,233 metros
Punto más alto: Lago Marie, 3,233 metros
Distancia recorrida: 10.6 kilómetros
Kilómetros acumulados: 119.4 kilómetros

Punto central

La idea de un lugar sagrado... es aparentemente tan antigua como la vida misma.
~ Joseph Campbell, *El Poder del Mito*, 1988

Día trece
31 de julio de 2006

Punto de partida — Lago Marie — 3,233 metros

Cuando empezamos a ascender hacia el Paso Seldon, teníamos toda la montaña para nosotras. Sin embargo, al cabo de un rato, una mancha oscura muy por debajo de nosotras empezó a ascender por el sendero, convirtiéndose finalmente en un hombre que caminaba lo suficientemente rápido como para alcanzarnos al coronar el paso. El misterioso punto convertido en hombre resultó ser Wade, un amigo del sendero que habíamos conocido durante el desayuno en RVV unos días antes.

—¡Qué subida! —Wade se unió a nosotras donde estábamos mirando hacia el norte, observando el camino que habíamos recorrido. Sacó una botella de agua y se giró para disfrutar de la misma vista panorámica del Lago Marie y las cimas y pasos de montaña que se extendían más allá.

—Lo lograste a tiempo —dijo Cappy. La brisa que subía del valle alborotó sus rizos grises, haciéndolos rebotar alrededor de su rostro.

Wade rió entre dientes.

—Me esforcé mucho para alcanzar a Las Tres Mujeres. —Levantó su botella de agua en alto, brindando por haber conquistado la montaña—. Pensé que sería divertido tener compañía en el sendero un rato. A veces me canso de caminar solo.

Su boca se abrió en una amplia sonrisa que le hinchó las mejillas hasta que chocaron con sus ojos, arrugándolos en una encantadora sonrisa que lo cubrió todo.

De unos cuarenta años, Wade era un hombre musculoso, compacto, de la misma altura que Zoe, pero bien formado para caminar por la montaña y cargar cargas pesadas. Su barba y bigote, liberados de las exigencias de la civilización y las navajas, se extendían hasta formar una barba espesa que se extendía de un castaño dorado. Esa expresión alegre siempre se reflejaba en sus patillas, y sus ojos resplandecían con un brillo especial.

—Eres amable —dije—, pero dudo que te haya costado mucho alcanzarnos. Nosotras caminamos a paso de tortuga; tú eres mucho más del paso de liebre.

—Hay que tomar una foto del grupo junto al cartel —dijo Cappy. Ya había sacado su cámara y señalaba el cartel de madera del paso.

PASO SELDEN — ELEVACIÓN 3,322 METROS.

—Cierto —dijo Zoe—. ¡Somos senderistas lentos y estamos orgullosas de ello! Todos los senderistas que encontramos en el camino nos adelantan.

—Algunos rápidamente, otros lentamente, pero al final todos nos dejan atrás —añadió Cappy.

—Cappy, esta vez saldrás en la foto. —Zoe intercambió lugares con ella para una segunda foto.

Esas fotos podrían ser sacadas de un catálogo de equipo de senderismo, de Patagonia o Cabelas, cada uno luciendo un ejemplo diferente de ropa de senderismo de moda. La de Wade era sin duda la más inusual: zapatillas ultraligeras para correr, rodilleras de neopreno, una playera verde holgada y lo que parecían ser pantalones de yoga verde militar hasta la pantorrilla.

Lo había adivinado. De alguna manera, los profesores reconocen a otros profesores incluso disfrazados. Wade daba clases en quinto grado, y me imaginé que su despreocupación y ese brillo en los ojos eran herramientas fundamentales para captar y dirigir la atención de un grupo de enérgicos niños de diez años. Sin duda, nos mantuvo a las tres en medio de una interesante conversación durante el breve intervalo que estuvo con nosotras.

Empezamos el descenso en cuarteto; Las Tres Mujeres y Wade, y así nos mantuvimos durante nuestro tentempié matutino en uno de los varios valles alpinos que se extendían uno sobre el otro. Tras un rato de platicar, Wade nos despidió con un gesto de la mano y bajó por el sendero a paso ligero y en solitario. Vimos cómo su figura se reducía a la del punto que había sido esa mañana al cruzar el valle y desaparecer por su borde abierto.

Me acomodé en una plataforma de piedra decorada con líquenes en la cabecera del lago colgante, con las piernas colgando sobre el borde. A mi lado había un montículo construido por un viajero anterior con siete piedras planas y cuidadosamente equilibradas. Como una enorme alberca infinita, el otro extremo del lago se unía al cielo en una delgada línea recta: el fin del mundo.

Encaramada en esa plataforma rocosa, contemplé la belleza natural que se extendía ante mí. El aire estaba silencioso y quieto. La luz y la sombra jugaban sobre la superficie del agua. Mis ojos seguían el sendero que serpenteaba a través de ese pequeño paraíso hacia su infinito borde. En ese instante sagrado, me sentí relajada y vibrante a la vez.

Ese día, ese momento, en esa roca, junto a la escultura en equilibrio del montículo, pasé por un punto de inflexión en mi odisea por el Sendero. Mirando hacia atrás, me doy cuenta de que todo mi viaje puede dividirse significativamente en los días que precedieron a ese momento y los que siguieron.

La caminata se había concebido como una aventura desafiante en la naturaleza, pero en ese momento crítico, junto al montículo, se transformó en una peregrinación. Ese día marcó el centro del viaje: el giro de mi viaje interior y, a la vez, el punto central físico del sendero.

Solo era consciente del cambio notable en mi nivel de comodidad: me sentía completamente a gusto con mi cuerpo y mi entorno. Atribuía esas diferencias a músculos más fuertes y al cambio de estaciones. Era más fuerte, así que los desafíos eran más fáciles, y mis miedos, junto con mis dolores y molestias, disminuyeron. La primavera estaba dejando las montañas al verano, llevándose consigo la lluvia, los truenos y relámpagos, las crecidas, los mosquitos y gran parte de la nieve restante.

En este nuevo estado de tranquilidad, experimenté menos distracciones y pude dedicar más energía a captar los detalles. Mis ojos absorbieron más: más colores y texturas, más brillantes, más profundidad y amplitud. Mis otros sentidos también captaron más sonidos, aromas y sabores. Era como si se levantara un velo entre el mundo que me rodeaba y yo, permitiéndonos un contacto directo. Parecía haber encontrado mi lugar. Me sentía en casa, como en casa.

Las palabras de mi collar se habían manifestado, y esperaba con fuerza, valor y espíritu el misterio acogedor y precioso de lo que me aguardaba. La alegría bullía a flor de piel. Antes, me sentía demasiado pequeña para el espacio que ocupaba, pero ahora mi cuerpo era fuerte y mi corazón se expandía sin miedo hacia la inmensidad del mundo que me rodeaba. Antes, secretamente deseaba volver a casa. Ese día, estaba en casa, justo allí en el sendero, y quería quedarme para siempre.

Hasta el día de hoy, al reflexionar sobre mi gran Odisea del Sendero John Muir, es ese lugar, justo al sur del Paso Selden, el que me viene inmediatamente a la mente. Puedo cerrar los ojos y revivirlo todo con perfecta claridad; la pequeña torre de roca, un monumento en miniatura construido para marcar el camino; la delgada línea plateada en la distancia donde la Tierra tocaba el Cielo; y el sendero dorado que los conectaba como una larga y delgada flecha que apuntaba hacia el horizonte y el futuro.

Cada vez que mi mente regresa a ese recuerdo icónico, mi corazón regresa a la sensación de asombro que sentí sentada en esa cornisa rocosa. Mi pecho se hincha, mi respiración se entrecorta y anhelo regresar a ese lugar de paz y bienestar extremo.

Durante toda la mañana y parte de la tarde descendimos de terraza en terraza, de estanque a lago, cada uno más grande, ancho y frondoso que el anterior. El sendero cruzaba repetidamente el Arroyo Sallie Keyes. El primer cruce lo hicimos de un solo paso, pues el arroyo era muy angosto. Pero a medida que el agua se acumulaba cuesta abajo, los cruces se volvían más interesantes, saltamos sobre guijarros dispersos, caminamos sobre grandes escalones y nos balanceamos sobre los estrechos lomos de troncos caídos.

—¡Esperen! ¡Alto! —ordenó Cappy—. Necesitamos una foto de esto.

—¿De qué? —Hice una pausa, desconcertada.

—¡De ti, en ese tronco! ¡No te muevas! —Ya al otro lado del arroyo, Cappy estaba de pie al borde del agua apuntándome con su cámara con una mano, mientras con la otra me indicaba—: ¡Alto!

Me quedé a medio camino, sobre el árbol caído que servía de puente sobre el agua rápida. Mis pies, calzados con sandalias, estaban firmemente apoyados en la superficie lisa del tronco, y mis bastones de senderismo, completamente extendidos, se extendían hasta el fondo del lecho del arroyo. Miré el tronco y el agua que corría, y caí en la cuenta: Cappy estaba documentando mi recién descubierta confianza.

Miré directamente a la cámara de Cappy, con una sonrisa de satisfacción. Allí estaba yo, caminando con paso firme y en equilibrio sobre la estrecha viga, sin sentir rastro alguno de la fobia que antes me había aprisionado.

Una vez que crucé, salté del tronco a la orilla con un grito triunfal, chocando bastón metálico de senderismo con Cappy.

—¡Hemos recorrido un largo camino, cariño! —dije.

Un perro grande y blanco, con el cuerpo robusto de un retriever, nos saludó moviendo la cola mientras nos acercábamos a la puerta de madera que custodiaba la entrada al Rancho Muir esa noche.

—Oye, amigo, ¿eres el acompañante oficial? —Zoe se agachó y acarició al simpático animal.

Mientras desataba la cuerda que cerraba la puerta, el perro se deslizó por debajo del peldaño más bajo y nos esperó dentro. Zoe abrió la amplia puerta de rieles divididos para que pasáramos antes de cerrarla con seguridad. El perro, con la lengua fuera y la cola meneando, nos guio cuesta abajo hacia un grupo de edificios.

Un pequeño edificio atemporal, construido con piedra tosca, se alzaba un poco apartado del resto. Su puerta de madera, inclinada sobre sus bisagras y reforzada con tiras de metal oxidado, delataba su edad, como las patas de gallo junto a los ojos de una mujer desmienten su juventud. Construido con piedra local de color café dorado, ese edificio anexo había servido de almacén durante muchísimo tiempo. Decenas de cubetas de tres litros y medio, una junto a la otra, llenaban el oscuro interior y se desparramaban sobre el verde césped circundante, un arcoíris de plástico; blanco, amarillo, azul pálido, rojo, cada una con el nombre de su propietario y la fecha de llegada prevista en negrita.

El Rancho Muir, nuestra tercera parada para reabastecernos fue diferente a las dos primeras. Al estar en un lugar remoto, ofrecía pocos servicios a los excursionistas de larga distancia, no había regaderas ni baños, ni teléfono, ni tienda, ni restaurante. Afortunadamente, sí ofrecían apoyo para reabastecerse, un servicio indispensable. A juzgar por la cantidad de cubetas gigantes amontonadas en el pequeño edificio de piedra, hicieron un buen negocio con los viajeros del Sendero y el PCT.

La encargada de la oficina salió a recibirnos mientras observábamos boquiabiertas la avalancha de cubetas. Vio orden en lo que nos pareció un caos y solo tardó unos instantes en buscar las etiquetas antes de encontrar las nuestras justo donde esperaba. Arrastré la mía hasta un banco de madera donde pude sentarme, abrir la tapa y reencontrarme con lo que había empacado seis semanas antes. Cappy hizo lo mismo con su propia cubeta.

Nemo ya había visitado el Rancho Muir y se había ido. Esperábamos que se hubiera llevado una parte justa del contenido y le hubiera dejado a Zoe la otra mitad, ya que dependía totalmente de esa comida durante las dos semanas que le quedaban. No había lugares como Red Meadow, RVV o el Rancho Muir más al sur del sendero donde se pudieran guardar paquetes de comida para los excursionistas. Cappy y yo habíamos pagado un dineral para que nuestra cuarta y última entrega de comida se entregara a caballo de carga en un cruce de senderos a medio camino entre el Rancho Muir y Whitney Portal. Zoe y Nemo no habían elegido esa opción tan cara, así que la comida que le esperaba a Zoe en el Rancho Muir era todo lo que tendría para comer durante 14 días.

La mujer recordaba claramente el paso de Nemo y localizó la lata de pintura de Zoe. Zoe abrió el cubo y encontró su porción llena, con un nuevo problema: dos semanas de comida eran demasiado voluminosas para caber en su bote para osos. Durante un rato, se quedó parada observando la montaña de comida, sin saber qué hacer.

Mientras tanto, Cappy y yo revolvíamos nuestras propias cubetas y elogiábamos su contenido.

—¡Ropa interior limpia! —suspiré. Tiraría la que llevaba usando varios días. Enviarme ropa interior nueva y un suministro de protectores diarios desechables había sido mi mejor idea para empacar, un lujo.

—¡Chocolate! —Cappy sacó una bolsa Ziploc de M&M's de su pila de comida.

—¡*La Ciudad Blanca*, continúa! —Agité la cuarta entrega de nuestro cuento para dormir.

—¡Y mango deshidratado! —Uno de mis favoritos. Abrí la bolsa Ziploc y me llevé una rebanada dorada a la boca en ese mismo instante.

Me llevó mucho tiempo desempacar todas mis provisiones y luego reorganizarlas en mi contenedor y mochila. Si me guardaba la cena de esa noche, con una combinación de organización cuidadosa y fuerza bruta, apenas podía meter nueve desayunos, almuerzos y cenas, nueve días de tentempiés y mis productos de aseo aromáticos en mi contenedor de osos y aun así cerrar bien la tapa. Cappy pudo hacer lo mismo, dejando solo la cena de esa noche afuera. Pero por mucho que lo intentara, Zoe no pudo meter 14 días de comidas y botanas en su contenedor. Eso iba a ser un problema más adelante, pero por el momento, guardó el sobrante en dos bolsas pesadas que podía llevar al campamento.

Además de la entrega de alimentos, el Rancho Muir ofreció, por una tarifa, el uso breve de una computadora con una conexión a internet por línea telefónica extremadamente lenta para enviar correos electrónicos y un campamento gratuito para los excursionistas del Sendero y el PCT. Dejamos nuestras mochilas en la puerta de una vieja cabaña hecha a mano y nos sentamos en tres sillas desiguales alrededor de la vieja computadora de escritorio, ansiosas por conectar con el mundo exterior. Nuestras familias esperaban que nos comunicáramos por teléfono, pero tendrían que conformarse con los correos electrónicos.

Usar el correo electrónico para este propósito era muy práctico. Podía asegurarle a mi familia que estaba a salvo y confirmar nuestra ubicación, pero no podía dedicarme a contar historias. Había estado haciendo una lista mental de las anécdotas divertidas que podría compartir por teléfono, pero tendrían que esperar.

Después de esos mensajes, mi hijo y mis padres no volverían a saber de mí hasta que llegáramos al final del camino; solo tendrían que confiar en que estábamos donde debíamos estar. Dean y papá confiarían en nuestro progreso constante, pero mamá estaría imaginando todos los desastres posibles que podrían sobrevenirnos.

Sin embargo, hicimos dos arreglos importantes por correo electrónico. Primero, Cappy le envió un mensaje a Jim pidiéndole que nos enviara su casa de campaña individual por USPS al mismo servicio de entrega a domicilio que ya tenía nuestras cajas de comida, explicándole la urgencia de actuar con rapidez. Al mismo tiempo, le informó a Jim sobre nuestro progreso. Nos encontraríamos en Whitney Portal, así que necesitaba saber que llegaríamos con un día de retraso y que seríamos Las Tres Mujeres, en lugar de dos.

Cappy leyó el correo electrónico en voz alta para confirmar que estaba completo.

Asentí:

—Está bien. Todo está listo. Esperemos que tu plan funcione.

Ella presionó Enviar.

Zoe también les avisó a sus padres para que supieran cuándo y dónde encontrarla después de que todas volviéramos a Yosemite. No mencionó la ausencia de Nemo en esos planes. Eso podría esperar.

Tras recuperar nuestras mochilas, ahora cargadas de comida, y las bolsas extra de Zoe, recorrimos el sendero de 400 metros hasta el campamento, bastante rudimentario. Confieso que esperaba que el Rancho Muir fuera similar al de Red Meadow o RVV, así que me decepcioné al llegar y encontrarme con edificios rústicos, sin teléfono ni regaderas. A pesar de mis bajas expectativas, el campamento para mochileros me decepcionó aún más. Si bien era gratis, no había baños ni cajas para osos, solo una amplia extensión de tierra compactada bajo las ramas extendidas de un gigantesco árbol perenne. Compartíamos el lugar con otro campista.

Nuestro amable compañero de campamento se presentó con su nombre de sendero, Zorzal, en honor a los alegres mirlos de hombros escarlata que rondaban entre los juncos y espadañas de las marismas y prados a menor altitud. Espantapájaros hubiera sido un apodo más apropiado para el joven muy alto, delgado y desgarbado, con una barba oscura, espesa y mal recortada, y un cabello que sobresalía como paja oscura bajo su sombrero de ala ancha. Al quitarse los lentes de sol, sus cálidos y expresivos ojos, profundos y castaños, asomaban bajo unas cejas oscuras. Veinteañero, tenía la edad de Zoe.

En un momento de sorpresa, descubrimos que era de nuestro barrio de Grass Valley. Invitamos a nuestro nuevo amigo a cenar. Entusiasmado, salió corriendo, con todo su cuerpo, a buscar su comida, con su camisa de franela a cuadros rojos y negros ondeando libremente alrededor de su delgado cuerpo. Regresó con un plato principal liofilizado en sus dedos largos y nudosos, y pasamos una tarde tranquila intercambiando historias de aventuras; él era mucho más aventurero que nosotras.

—Comencé el PCT en la frontera con México la primera semana de marzo —dijo a su entusiasta público, con su voz animada transmitiendo la emoción de aquellos lejanos primeros días. —Ese día partimos diez excursionistas. Cuatro de nosotros formamos equipo y nos mantuvimos unidos a través del desierto. Esos chicos ya se fueron, probablemente ya estén en el Lago Tahoe.

La decepción desvaneció sus palabras.

—¿Qué pasó? —preguntó Cappy.

—No sé cómo lo contraje, pero terminé enfermo de giardia. —Espantapájaros, no podía pensar en él como otra cosa, hablaba como si estuviera confesando un pecado, escupiendo la última palabra.

—¡Qué horrible! —dije.

Conocía esa horrible infección. La giardia es un parásito diminuto y agresivo, común en los ríos de la Sierra, que los viajeros de zonas agrestes pueden ingerir con agua mal filtrada. Se requiere un tratamiento riguroso con antiparasitarios para combatir esta astuta infección que causa estragos en el sistema digestivo de sus víctimas, dejándolas sin energía.

—Siempre tuve cuidado de filtrar mi propia agua. Pero a veces, en la naturaleza salvaje, la gente comparte su agua. Hay que confiar en que la han filtrado. —Su voz se apagó. Bajó la mirada y negó con la cabeza como si aún no pudiera creer lo que le había pasado.

—Me enfermé gravemente. Tuve que ir a casa y guardar cama un par de semanas para recuperarme. Mi mamá tuvo que cuidarme; estaba muy débil. —Parecía derrotado—. Los chicos tuvieron que seguir caminando sin mí. —Me dio mucha pena—. Una vez que me recuperé, volví y retomé el sendero donde lo había dejado.

—Hoy me tomé un día libre —explicó Espantapájaros—. Necesitaba descansar y recuperarme.

Pareció recuperarse, incorporándose y hablando con optimismo. Para mí, su día libre parecía más un último esfuerzo por recuperar fuerzas para viajar que un poco de descanso.

Observándolo atentamente mientras hablaba, de repente vi mejillas hundidas, donde antes había visto rasgos angulosos y una saludable esbeltez; muñecas y tobillos huesudos, donde antes había visto la flacidez juvenil. Quizás Espantapájaros no estaba tan recuperado como quería creer. Quizás su enfermedad lo había dejado sin fuerzas. La madre que llevo dentro quería hacerle preguntas personales, ofrecerle algún consejo sabio. Pero yo no era su madre, así que me contuve.

El número de excursionistas NOBO había disminuido (los PCT habían desaparecido hacía tiempo y la mayoría de los del Sendero se trasladaron a SOBO), por lo que Espantapájaros estaba casi solo en el largo sendero, dos tercios del cual aún se extendían frente a él hasta Canadá.

—Estoy atrasado en kilómetros, pero adelantado en comida. —Confesó que le faltaba comida.

Le ofrecí una taza de mi chocolate caliente para acompañar su cena, y aceptó con la misma avidez de un cachorro. En ese momento, tenía mucha comida y deseaba haberle donado más, pero solo tenía lo suficiente para llegar a la mula y a mi siguiente provisión.

—Voy a rebuscar en el barril de sobras del rancho y tomar lo que me den. —Al igual que en Red Meadow y RVV, el Rancho Muir tenía provisiones de comida abandonada por excursionistas que se habían abastecido en exceso. Si nuestro ritmo lento y constante de tortuga quemaba más de tres mil calorías al día, su velocidad de liebre requería mucho más.

Las Tres Mujeres rara vez se dedicaban a preparar postres, que solían ser un desastre, y preferían comer los dulces que habíamos empacado. Esa noche, para celebrar nuestra llegada al Rancho Muir, tuvimos algo especial. Cappy había empacado una bebida deshidratada: una mousse de chocolate pegajosa, solo con agua, lo suficientemente grande como para satisfacer a varias personas. La dividió en cuatro, y aunque todas saboreamos la cremosidad, fue Espantapájaros quien pareció disfrutar más de la extravagancia, raspando hasta la última gota del envase y chupándose los dedos.

Toda la noche había mostrado una actitud alegre, riendo con ganas de sus propias historias bien contadas, pero sus sonrisas tendían a resaltar las ojeras. Zorzal tenía la intención de reanudar su caminata en solitario a la mañana siguiente, con la esperanza de recuperar tiempo, caminando a toda velocidad. Pero Espantapájaros no parecía tan seguro del éxito.

Mientras escuchaba sus historias; un mito griego moderno sobre las pruebas que hay que soportar, me llené de compasión por él. Al mismo tiempo, sentí gratitud por mi propia situación. Había experimentado numerosas dificultades, y sobre todo la primera semana, me había sentido abrumada por el dolor y el miedo, pero nada que hubiera superado se comparara ni remotamente con las experiencias de Espantapájaros. Era joven y fuerte, y debería haber estado en su mejor momento físico. Cappy y yo teníamos más de cincuenta años y, aunque lejos de ser débiles, deberíamos haber palidecido comparadas con él. Él estaba recorriendo el PCT de 3,200 kilómetros en comparación con nuestra caminata de 320 kilómetros por el Sendero John Muir. Sin embargo, allí estábamos, avanzando con dificultad, a nuestro ritmo mesurado hacia nuestra meta final, creciendo cada día en fuerza, valor y espíritu, mientras parecía que, a pesar de sus palabras optimistas, Espantapájaros corría el riesgo de abandonar su ambiciosa aventura y regresar a casa. Tal vez si él hubiera estado viajando en nuestra dirección, Cappy y yo lo hubiéramos adoptado como adoptamos a Zoe, pero no fue así y no pudimos, así que simplemente le deseamos buena suerte.

Estaba anocheciendo, y la sobreabundancia de comida de Zoe yacía amontonada alrededor de su contenedor para osos, que no podía expandirse para dar espacio ni a un ápice más. Había reducido la pila, aprovechando al máximo el espacio de la cubeta apoyando todo su peso sobre su contenido comprimido. Sin embargo, lo que quedaba aún llenaba una bolsa del tamaño de una pelota de baloncesto.

—Eso es todo. ¿Y ahora qué hago? —preguntó, reclinándose sobre sus talones, apelándonos a Cappy y a mí.

—Cuélgalo en el árbol —dije, pensando que era la mejor de las malas ideas. Todos los excursionistas del Sendero llevan un contenedor para osos por una razón, se ha demostrado desde hace tiempo que colgar la comida atrae más que disuadir a los osos.

—Nunca he hecho eso —confesó Zoe—. ¿Cómo subo esto?

Zoe permanecía de pie con la bolsa de nailon abarrotada en una mano y un trozo de cuerda fina de nailon en la otra. Observaba las ramas del alto asta de pino que se alzaba en el centro de nuestro campamento.

—No lo he hecho en años —dijo Cappy—, pero es bastante sencillo.

Se levantó del tronco que había estado usando como silla y caminó hacia Zoe, ofreciéndose a ayudar.

—Lo he hecho unas cuantas veces, pero nunca es tan fácil como parece —dije.

Cappy y yo unimos los rollos de cuerda que llevábamos cada una, formando una sola cuerda larga.

—Tendrás que usar una piedra para pasar la cuerda por encima de la rama del árbol —dije, buscando en el suelo una piedra del tamaño de una pelota de tenis.

Cappy le ofreció una piedra oblonga a Zoe.

—Tú eres la escaladora. Será mejor que hagas los nudos.

Con una risita, Zoe empezó a enrollar la cuerda alrededor de la roca, primero en una dirección y luego en la otra. Al terminar, levantó su piedra envuelta y dijo:

—¿Y ahora qué? —mirándome fijamente.

—Primera regla: ten cuidado. Conozco historias muy graciosas de gente que se golpeó la cabeza con piedras al intentar este proceso —dije con una sonrisa—. Pero solo son graciosas en retrospectiva —añadí—. La idea es lanzar la piedra por encima de la rama, para que la cuerda la siga, bajando y volviendo a bajar. Eso te da un sistema de poleas primitivo para subir la bolsa a lo alto del árbol y, lo que es igual de importante, una forma de bajarla por la mañana.

El proceso parece muy sencillo, pero nunca lo he encontrado tan simple. La elección de la rama es crucial; debe ser lo suficientemente alta como para que un oso adulto, de pie sobre sus patas traseras, no pueda alcanzar la bolsa. La rama debe ser lo suficientemente larga como para que la bolsa cuelgue lejos del tronco, de modo que ni siquiera una cría de oso pueda trepar por ella para alcanzarla. Los osos son buenos resolviendo rompecabezas, así que, si pueden alcanzarla, trabajarán con paciencia hasta encontrar la manera de conseguir la comida. El proceso siempre parece implicar lanzar repetidamente la piedra hacia la rama elegida, fallar varias veces, y esquivar la piedra que cae entre cada lanzamiento. No fue ninguna sorpresa que eso fuera exactamente lo que sucedió esa noche.

Cappy y yo retrocedimos mientras Zoe se adelantaba y apuntaba a su objetivo.

—¡Aquí va!

Había elegido una rama larga a unos cuatro metros y medio de altura y apuntaba a un punto a unos dos metros y medio del tronco. Los dos primeros lanzamientos se quedaron cortos, fallando por completo la rama. En cada uno de ellos, Zoe esquivó la roca que caía.

—¡Esto no es fácil! —dijo Zoe.

Sus tres siguientes intentos elevaron la roca, pero se enganchó en ramas más pequeñas que crecían de la rama principal, que se doblaron, haciendo que la cuerda y la roca volvieran a caer. Solo una vez, la roca golpeó a Zoe, rozando su hombro sin hacerle daño y desprendiéndose de la cuerda que la envolvía. Finalmente, por pura suerte, la roca y la cuerda pasaron por encima de la rama justo en el lugar correcto. Éxito.

Izada en el aire, la piñata rellena de comida colgaba del árbol.

Punto de partida: Lago Marie, 3,223 metros
Punto final: Rancho Muir, 2,326 metros
Punto más alto: Paso Selden, 3,322 metros
Distancia recorrida: 12.7 kilómetros
Kilómetros acumulados: 132.1 kilómetros

Cuarto Tramo

Rancho Muir hasta un estanque Sin Nombre
Día catorce al día veintidós

Monstruos en el paraíso

El valor no siempre ruge.
A veces el valor es la pequeña voz al final del día que dice:
Lo intentaré de nuevo mañana.
~ Monika Anne Radmacher, *El Valor No Siempre Ruge*, 2009

Día catorce
1 de agosto de 2006

Punto de partida — Rancho Muir — 2,316 metros

A pesar de mis sueños intermitentes y llenos de osos, no aparecieron osos durante la noche. La bolsa de comida de Zoe colgaba intacta de una rama en lo alto del árbol. Sin embargo, por la mañana hubo visitantes preocupantes de otro tipo.

Mientras Zoe recuperaba su comida, el silencio se rompió con una extraña vibración que inundó el aire. Nos quedamos allí, con la vista al cielo, buscando. Ladeé la cabeza mientras giraba a un lado y a otro, intentando aislar el ruido rítmico, pero en el terreno montañoso, resonaba, lo que dificultaba localizar su origen.

El sonido metálico estaba fuera de lugar, así que no fue hasta que vi la máquina que identifiqué la vibración distintiva de un helicóptero. No estábamos en la gran ciudad, donde podría tratarse de un reportaje de NewsCopterFour, un transporte aéreo de evacuación médica de emergencia o incluso una persecución policial, pero un helicóptero seguía siendo un problema.

—¿Qué será? —Zoe se cubrió los ojos con las manos, protegiéndolos del brillante sol de la mañana. Un helicóptero verde del Servicio de Parques Nacionales sobrevoló directamente el árbol que minutos antes había contenido la comida extra de Zoe. Se dirigía al sureste, la misma dirección en la que caminaríamos. Recogimos nuestras cosas en un silencio concentrado, interrumpido por breves estallidos de ansiosa especulación.

—¿Un rescate? —sugerí—. Quizás alguien se perdió o se lastimó.

—¿Un incendio forestal? —dijo Cappy.

Tras desayunar y cargar con nuevas y pesadas cargas sobre nuestros hombros y caderas, nos dirigimos hacia el sendero de tierra. El gran perro blanco del campamento nos acompañó hasta la puerta, donde se aseguró de que la hubiéramos cerrado bien antes de regresar a su puesto de guardia a la sombra.

El Sendero se ensanchaba a medida que seguía el rugiente río San Joaquín, ascendiendo una suave pendiente que se adentraba en las montañas. A nuestra derecha, el agua se precipitaba mar adentro, deslizándose sobre las grandes rocas angulares que formaban sus orillas y la mantenían en su lecho. La profunda V del cañón del río estaba llena hasta el borde. El agua se abría paso ladera abajo, fluyendo desde los picos nevados hacia las tierras bajas. No había remansos suaves pegados a la orilla. Ningún pez acechaba en las tranquilas pozas. Estas aguas frías y rápidas no invitaban a vadear; nadar sería mortal.

—¡Un resbalón y mañana estarás tirada en una playa de la costa! —bromeé.

—De hecho, tus muchos pedazos rotos probablemente estarían flotando en algún embalse río abajo —me informó Cappy—. No creo que el San Joaquín llegue ya hasta el océano.

—¿Toda esta agua se agota antes de llegar al Océano Pacífico? —Zoe estaba tan sorprendida como yo.

—Es difícil de creer —nos aseguró Cappy—. Las grandes explotaciones agrícolas tienen que regar sus cultivos.

Nuestro pequeño desfile se extendía por el sendero, mientras el Sendero nos llevaba hacia el Parque Nacional Kings Canyon, en lo más profundo de la Sierra. De nuevo, oímos el agudo y preocupante zumbido de un helicóptero que se acercaba al integrarse con el agua, para luego abrirse paso y, por encima de el rugido del agua. El helicóptero voló a baja altura sobre el río, siguiendo su trayectoria como una autopista sin obstáculos hacia la naturaleza, tan bajo que la cabeza del piloto estaba a la altura de la nuestra y podíamos ver el interior del compartimento de pasajeros. Al desaparecer, el sonido se redujo a un profundo y amenazante zumbido.

—Ese no era el mismo helicóptero —señaló Zoe.

No era la pequeña máquina verde con el símbolo del Servicio Nacional de Parques; su logotipo le resultaba desconocido.

—¿Es el alguacil? —pregunté—. ¿El Departamento de Bomberos de California?

—¿Qué estará pasando? —se preguntó Cappy. Nos habíamos detenido en el centro del sendero para ver pasar la máquina a toda velocidad—. ¿No huelo humo, y tú?

Todas nos giramos para observar el cielo, pero no vimos rastro de humo.

—Sin duda, están en una misión —respondí—, no haciendo turismo.

El helicóptero volaba rápido y bajo, con el frente hacia abajo y la cola ligeramente elevada en un ángulo de intensidad.

Mientras especulábamos, un tercer helicóptero pasó zumbando en la misma dirección. Caminando a grandes zancadas por el sendero junto al río, la ansiedad me acompañaba. A cada paso, observaba el cielo y aguzaba el oído para captar otros sonidos que pudieran darme pistas sobre lo que nos esperaba. Durante la siguiente hora, los helicópteros sobrevolaron el río, transportando personas y equipo a las profundidades de las montañas.

En lugar de dispersarnos por el sendero, como era nuestra costumbre, caminamos apiñadas. La curiosidad se veía atenuada por la ansiedad; una me impulsaba hacia adelante, emocionada por saber qué estaba pasando; la otra me frenaba, temerosa de lo que pudiéramos encontrar. ¿Había alguien en el sendero? ¿Se había perdido alguien o había resultado herido? ¿Era una misión de búsqueda y rescate? ¿Una cacería humana? ¿Un incendio? Quizás los helicópteros transportaban paramédicos con equipo médico de emergencia. O guardabosques y alguaciles armados. O escuadrones de búsqueda o bomberos.

Un par de guardabosques uniformados, con armas a la cintura, aparecieron en el sendero frente a nosotras. Estaban uno al lado del otro, mirando hacia el río y conversando. Esperaba que nos saludaran y nos pidieran nuestros permisos para la zona agreste; pero al acercarnos, los dos hombres de rostro serio solo hicieron una pausa y asintieron. Cuando ya no podían oírnos, reanudaron la conversación. Seguimos caminando; la curiosidad nos picó.

Al principio, pensé en preguntarles qué estaba pasando, pero su postura rígida, sus brazos cruzados y su simple reconocimiento de nuestra presencia transmitían el mensaje: No interrumpan nuestro importante asunto, tan claro como un cartel rojo brillante de Prohibido el Paso.

—Si hubiera habido algún peligro más adelante, nos habrían detenido —dije después de haber caminado 20 metros.

—O al menos nos advirtió —añadió Zoe.

—¡Eso elimina al asesino con el hacha! —dijo Cappy, arrancándonos una risa nerviosa a todas.

—Probablemente fuego también —dije.

—¡Aún es un misterio! —dijo Zoe.

Después de 400 metros, nos encontramos con más uniformados; dos alguaciles, ambos hombres, y una guardabosques. Estaban de pie al borde del sendero, armados y serios. Al acercarnos, señalaban y gesticulaban hacia el sendero y las montañas, enfrascados en su animada conversación. Al igual que la pareja que los precedía, su sobria conversación se interrumpió bruscamente al pasar. Nos saludaron con leves asentimientos, y la guardabosques casi susurró: «Buenos días». Una vez más, su actitud no invitaba a preguntas, así que seguí caminando. Su conversación se reanudó después de que pasáramos.

Un poco más adelante, encontramos a una senderista solitaria sentada al borde del sendero, apoyada en su mochila.

—Hola —dijo, levantando la vista de donde estaba rebuscando en una pequeña bolsa.

La saludamos y reducimos la velocidad para esquivar sus pies, que sobresalían en el camino. Preguntó:

—¿Se enteraron? —Cuarenta y tantos, pequeña pero musculosa, sus ojos brillaban.

Nos detuvimos.

—¿Sabes qué está pasando? —preguntó Cappy mientras formábamos un semicírculo a su alrededor.

La mujer se sentó un poco más erguida, apretando la bolsa contra su pecho antes de hablar.

—Oí que alguien se ahogó. Cayó.

—¿Ahí? —dije, señalando el agua salvaje que estaba justo a nuestro lado.

—Eso es lo que oí. Una mujer —aclaró. Su rostro bronceado se arrugó.

—¿En serio? —y— ¡Dios mío! —dijeron Zoe y Cappy al mismo tiempo.

Mis ojos se clavaron en el agua blanca y furiosa como imanes al hierro. Cuando reuní la fuerza suficiente para apartarlos, vi que las otras tres también miraban el río.

Los pensamientos me daban vueltas en la cabeza. «¿Cómo se cayó?» No podía imaginar siquiera acercarme a esa corriente rápida. «¿Dónde ocurrió? ¿Estaba sola?» Sus últimos momentos debieron ser aterradores. «¿Alguien la vio caer?» Pero lo único que dije en voz alta fue:

—¿Dónde? ¿Cerca de aquí?

Giré la cabeza para ver pasar el agua rugiendo. Se me revolvió el estómago al imaginar a alguien atrapado en esa corriente.

Toda nuestra aventura en Sendero fue una huida de la civilización y de todos sus complejos problemas y dificultades, desde el tráfico y las facturas hasta el trabajo y la política. Fue un retiro a la naturaleza, al estilo de Walden Pond o las caminatas de John Muir. El mundo natural era nuestra utopía, la civilización simbolizaba todos los males de los que escapábamos temporalmente. Justo en ese momento, sin embargo, parecía que el río se había vuelto maligno. En lugar de ser neutral, la naturaleza albergaba un atisbo de maldad.

La mujer se puso de pie y señaló más adelante en el sendero.

—Escuché que estaba cerca de donde este río se une con otro cerca de Kings Canyon, pero no estoy segura con exactitud.

Su cabello castaño y corto enmarcaba su rostro bronceado, resaltando sus ojos oscuros. Estaban rodeados de líneas de preocupación que coincidían con la angustia que tensaba su voz.

—Llevo un rato sentada aquí. La noticia me dejó sin energías —admitió—. Caminando sola, me siento bastante segura, pero de vez en cuando me preocupa que pase algo malo y que necesite ayuda. Esto me impactó mucho, como si pudiera haber sido yo.

—Estaba pensando... podría haber sido cualquiera de nosotras. —Con las manos en las caderas, Cappy se irguió completamente.

—No puedo imaginar qué podría haber llevado a alguien a acercarse lo suficiente como para caerse —dije.

—Nadie intentaría lavarse las manos ni filtrar agua en un recipiente. —Zoe coincidió.

—Esa agua está tan furiosa que te revolcaría hasta la muerte antes de que tuvieras tiempo de ahogarte. —Negué con la cabeza.

Me parecía increíble la idea de que alguien se aventurara al borde de lo que parecía más un animal salvaje y feroz que una masa de agua utilizable. Al mismo tiempo, me impactó la revelación de la mujer. El utópico mundo natural que había conjurado para mi propio y dichoso paseo se vio repentinamente sacudido por un temblor de realidad. La naturaleza era salvaje. Nosotras no. Debíamos tener cuidado.

Nos despedimos de nuestra informante y continuamos nuestro camino, refugiándonos en un silencio absoluto para reflexionar. Me encontré pegada al borde izquierdo del sendero, el más alejado del río. Era un sendero ancho y llano, muy seguro, sin peligro de que el río me rozara los pies, sin peligro de caer. Aun así, no pude evitar alejarme. La historia de la mujer había teñido el agua impetuosa de tonos siniestros.

Nuestro plan era parar a almorzar en el desafortunado punto donde el río San Joaquín se une al Arroyo Piute, el punto que marcaba el límite entre el Área Silvestre John Muir del Bosque Nacional Sierra y el Área Silvestre del Parque

Nacional Sequoia-Kings Canyon. En la confluencia y el límite, encontramos un impresionante puente de acero que cruzaba el Arroyo Piute y un cartel de bienvenida.

AHORA ESTÁS ENTRANDO AL
PARQUE NACIONAL KINGS CANYON

La mañana era calurosa a esta altura, así que la sombra que ofrecía un bosquecillo al otro lado del Arroyo Piute nos llamaba. Nos detuvimos a mitad del tramo y nos apoyamos en la barandilla, testigos de la fuerza del agua que corría bajo nosotras. El río y el arroyo que se unían en ese punto estaban repletos; sus aguas grises y verdes convergían, se arremolinaban y luego corrían con una fuerza combinada aún mayor. Al contemplar toda esa fuerza, no podía imaginar el horror de quedar atrapada en su gélida violencia. Ninguna fuerza ni valentía podría vencer la furia de la naturaleza.

Bajamos del puente y extendimos nuestro equipo en la sombra bajo el pequeño grupo de árboles, acomodándonos en el suelo. Extendí mis provisiones sobre mi regazo con las piernas cruzadas, usando la tapa de mi contenedor para osos como bandeja.

Estaba terminando los últimos bocados de mis Fig Newtons cuando dos grupos de guardabosques y alguaciles uniformados se reunieron cerca del puente, en el lado de Kings Canyon. Un poco más allá de nuestro alcance, hablaban por encima de un mapa que uno de ellos les mostró a todos.

Un guardabosques se separó del grupo para caminar hacia nosotras. Llevaba el clásico sombrero del Oso Smokey del Servicio de Parques Nacionales y unos lentes de sol de aviador, que dejaban ver poco de su rostro. Su boca, casi enterrada en un espeso bigote, no revelaba más información. Nos saludó a la sombra de los árboles y nos pidió nuestro permiso para la naturaleza.

Busqué en mi mochila el papel invaluable. «Por fin», pensé, «tendremos la oportunidad de hacer preguntas».

Cappy no esperó ni un segundo.

—Acabamos de llegar caminando desde el Rancho Muir —dijo—. Llevamos toda la mañana observando los helicópteros. ¿Qué pasó?

Dejé de buscar para observar su rostro.

—Señora, buscan a una mujer desaparecida. —El guardabosques se quitó los lentes, revelando unos ojos castaño oscuro, rodeados por las profundas arrugas que se forman tras años de exposición al sol y a la intemperie—. Creemos que se cayó al Arroyo Piute.

Hizo una pausa mientras los cuatro mirábamos hacia el río caudaloso.

—Se ve que está muy crecido.

—Oímos rumores sobre eso —dijo Cappy—, pero no podíamos creerlo.

—Es terrible —dije, envalentonada—. ¿Sabes cómo fue?

Di un paso al frente y le tendí nuestro permiso para tres personas.

Tomó mi papel y lo hojeó mientras respondía.

—No estamos seguros. La gente subestima el poder del agua, se acerca demasiado y se resbala. Simplemente no lo sabemos. Puede que bajara a reponer agua y se resbalara con piedras mojadas. Su marido encontró algunas de sus cosas junto al río al despertar esta mañana.

—Gracias —dijo, devolviéndome el permiso. Luego añadió, con genuina preocupación—: Señoras, tengan cuidado.

Se ajustó los lentes de sol y se giró para unirse a su grupo.

Regresamos a nuestro descanso, llenándolo de conversaciones inquietas en lugar de nuestro silencio habitual. Fue todo menos relajante. Como curiosas, no podíamos apartar la atención del fatal accidente ocurrido en nuestro tranquilo camino a través de la Sierra.

Meses después, mucho después de que Cappy y yo hubiéramos regresado a casa y al trabajo, nos enteramos de que la mujer ahogada había sido asesinada por su marido. La empujó, montó la escena para que pareciera que se había caído y luego salió a pedir ayuda con una historia inventada. Un hombre «civilizado» fue declarado culpable del crimen. Incluso en las profundidades del mundo salvaje y natural, un ser humano había sido más peligroso que los elementos, al elegir usar el río como arma. Fue un alivio saber que la Naturaleza, una fuerza benigna y neutral, fue declarada inocente de todo delito.

Una nube oscura se cernía sobre nosotras al partir después de almorzar. Soportábamos el sombrío ánimo de la mañana con la misma seguridad con la que cargábamos nuestras mochilas. Aunque el cartel de Kings Canyon nos había recibido amablemente, el estado de abandono del sendero era poco acogedor. El sendero era un callejón estrecho entre muros de vegetación tan altos como nuestros hombros, confinado y claustrofóbico bajo el sol abrasador. Los arbustos a ambos lados se adentraban en el polvoriento sendero, agarrándonos brazos y piernas, dejándonos arañazos y tirando de la ropa.

Luego caminamos con dificultad por un tramo de bosque muerto, tan amenazador como cualquier bosque de cuento de hadas, dando vida a los pensamientos inquietantes que me rondaban la cabeza. Era fácil imaginar lobos y brujas acechando en las sombras, acechando a chicas con sudaderas rojas que se desviaban del sendero, o a excursionistas con botas color rubí.

El sendero emergía del bosque negro para caminar junto al río San Joaquín, aguas arriba de nuestro lugar de almuerzo. Tallado en granito y suspendido en la pared rocosa, nuestro camino seguía una vez más la trayectoria del agua, ascendiendo mientras se precipitaba. Los sonidos del río rebotaban en las paredes del cañón, reverberando hasta que los crujidos y chapoteos individuales ya no eran perceptibles en su bramido. El sendero ascendía hasta que nos encaramamos en el acantilado de granito, mirando hacia el río, cuyas dimensiones se reducían a la distancia.

Esa tarde caminé cerca de mis compañeras de ruta. Su compañía fue un consuelo después de los acontecimientos inquietantes de la mañana. No tenía miedo, pero una ligera ansiedad parecía envolvernos como una niebla. Mi idea de que todo es maravilloso en el Sendero se había desinflado.

Nuestro destino final del día se encontraba muy por encima del agua. Sin embargo, nos esperaba en la cima del imponente acantilado al otro lado del cañón. Para llegar allí, nuestro camino nos llevaría hasta el fondo del estrecho cañón, a la orilla, cruzaríamos un puente y luego nos arrastraría de vuelta por el otro lado.

Río arriba, a lo lejos, se vislumbró un elegante puente, delicado como un encaje desde la distancia, único rastro visible de la influencia humana. Si bien el sendero que recorrimos apenas era un rasguño en la dura piedra gris, el puente era una proeza de ingeniería, una escultura.

—¿Cómo construyeron eso en este cañón? —me pregunté en voz alta—. Debió de ser un esfuerzo enorme.

Me impresionó el ingenio y la dedicación humanos que se habían invertido en excavar el Sendero en el corazón de la Sierra Granítica.

Nos detuvimos en el centro de aquel viejo puente y miramos directamente hacia las curvas cerradas que ascendían por la cara este del cañón hacia Evolution Meadow y nuestro campamento. Las tres primeras estaban marcadas por líneas horizontales distintivas que cruzaban la pared rocosa, pero más allá de ellas, el sendero se perdía entre la cortina de piedra como una ilusión óptica.

—Cappy, ¿sabemos cuántas curvas hay? —¿Estaba perdiendo el tiempo? ¿Dudaba si empezar? Estaba exhausta por alguna razón. No era tarde; aún quedaban varias horas de buena caminata, pero mi cuerpo se sentía débil.

—No. Esa información no estaba en la guía —dijo—, pero apuesto a que hay muchas.

Cappy parecía ansiosa por subir, prácticamente dando saltos.

Saqué una bolsa Ziploc de caramelos duros del bolsillo de una mochila. Quizás una infusión de azúcar me vendría bien. Me puse una bolita de canela roja en la boca y luego escogí cinco más para guardar en el bolsillo cuando volviera a sentirme decaída; un Werther dorado, dos de caramelo, uno de menta rojo y blanco y otro de canela.

Le tendí la bolsa a Cappy, asintiendo para indicarle que le ofrecía algo. Tomó un par de dulces y me dio las gracias con una sonrisa.

—Será mejor que los contemos al subir —dijo Zoe—. Estoy muy cansada esta tarde, así que mejor nos ponemos en camino.

Le acerqué la bolsa.

—¿Quieres? —El azúcar picante me cubría la boca—. Yo también estoy cansada. Ojalá pudiera inyectarme esto directamente en la sangre.

Zoe hizo su selección.

—Gracias. Estos pequeños cohetes propulsores deberían ayudar.

Metí la bolsita en la mochila y empecé a subir la primera curva.

—Número uno —anuncié.

Contaba en voz alta cada giro del sendero. Al final de cada cambio, el sendero estaba seco y polvoriento, y el aire conservaba el aroma calcáreo del granito en descomposición. Al final de cada cambio, el impar, daba la vuelta y el Arroyo Evolution caía del cielo. No estaba segura de sí estaba más fresco cerca de la cascada, pero el agua y la espuma que pasaban me proporcionaban una sensación de alivio.

En la décima curva, me apoyé en la pared del cañón, donde el sendero se aferraba a la piedra. Pensé en quitarme la mochila mientras esperaba a que mis compañeras me alcanzaran, pero decidí que requeriría demasiado esfuerzo; gastaría más energía quitándola y poniéndola que simplemente estando de pie y apoyada. Dejé que la pared aguantara todo el peso posible.

Lenta y segura, Cappy, poniendo un pie delante del otro, se acercó a grandes zancadas. No parecía más cansada de lo habitual mientras bebía su CamelBak. Zoe, en cambio, tenía la mandíbula desencajada y una expresión pálida que sugería que estaba tan cansada como yo. Se sentó, se apoyó a medias en la pared de roca junto a mí y sacó su botella de agua. Apoyó la cabeza en la misma pared y bebió a sorbos.

—Estoy agotada —dije—. ¿Cómo están?

Me quité el sombrero y me limpié la cara con el pañuelo. Tenía los rizos húmedos y aplastados por el calor. Me picaba la cabeza. Me eché un poco de agua por la pechera de la camisa. No estaba fría, pero estaba más fresca que mi piel.

—Estoy completamente atontada. No sé por qué, pero lo estoy. —Zoe se había quitado el sombrero, liberando su cola de caballo lacia, y con la cabeza inclinada hacia adelante, el agua goteaba en la nuca, dejándola resbalar por sus hombros.

—Simplemente estoy arrastrándome hasta esta cima de la montaña —coincidí.

—Me siento genial —dijo Cappy—. ¿Por qué no tomo la delantera y bajo un poco el ritmo un rato?

—¿Cuánto nos queda por recorrer? —pregunté.

Era como la escena del campo de amapolas del *Mago de Oz*, donde Dorothy y los viajeros, a la vista de la Ciudad Esmeralda, respiran el aire perfumado y de repente sienten la necesidad de acostarse y dormir. Solo Cappy, nuestro Hombre de Hojalata, era inmune al aire que estaba agotando nuestras fuerzas.

Con paciencia y el entusiasmo de una animadora, Cappy respondió:

—Solo tenemos que llegar a la cima de esta escalada. —Señaló la pared del acantilado—. Nuestro campamento está prácticamente encaramado al borde. ¡Podemos lograrlo!

Retrocedí un paso para mirar hacia arriba. Desde abajo, las curvas cerradas son imposibles de apreciar; simplemente se funden con la ladera. La distancia hasta donde habíamos empezado había aumentado constantemente a medida que ascendíamos. El San Joaquín estaba muy abajo. Pero la distancia hasta la cima de la pared parecía inalterada; el cielo se alejaba a cada paso.

Cappy salió primero. La seguí con paso pesado, con Zoe detrás. Me concentré en el camino que tenía delante; mis piernas cansadas arrastraban los pies, incapaz de levantarlos tan alto como de costumbre. Lo último que quería era tropezar y caer.

A más de la mitad de la subida, después de haber perdido la cuenta de las curvas, una enorme roca, plana como una mesa y tan ancha como el suelo de mi sala, colgaba como una repisa sobre el cañón. Nos detuvimos allí para un picnic en el cielo. Zoe dejó soltó su mochila y se dejó caer al suelo, emitiendo un gemido. Dejé caer mi mochila de mis hombros y luego me dejé caer, sin saber si alguna vez volvería a levantarme. Me acosté, con los pies apoyados en la mochila. Tomé una foto increíble: mis pies con sandalias en el cielo, con solo las puntas de los picos negros de las montañas sugiriendo la tierra. Un par de halcones, justo desde donde estábamos posadas, volaban en círculos en las corrientes ascendentes y se llamaban el uno al otro con voces agudas.

Cappy era muy buena, haciendo todo lo posible para animarnos a Zoe y a mí a renovar nuestras fuerzas. Intenté complacerla, absorber energía de la luz del sol, de la belleza natural que nos rodeaba por todas partes, de las nueces pecanas y los arándanos secos que ingería. Ya no podía renovarme. Lo único que me devolvería las fuerzas y la energía era una cena abundante y una buena noche de sueño; lujos que aún me quedaban por delante.

En ese momento, no tenía ni idea de por qué luchaba con una flacidez física que parecía como si me hubieran drogado el cuerpo. Mirando hacia atrás, dudo que mi agotamiento fuera solo físico. Ciertamente, mi mochila pesaba varios kilos más; había añadido toda esa comida nueva en el Rancho Muir. Y el sueño irregular de la noche anterior, interrumpido por el sueño de un oso, no había sido reparador. Pero ¿podrían las conmociones emocionales de la mañana haberme desinflado las energías? ¿Podría ser que la respuesta masiva de emergencia que presenciamos y la noticia final del ahogamiento de la mujer me hubieran quitado mi habitual segunda energía de la tarde? Quizás mi anterior subidón de adrenalina había sido reemplazado por un bajón de adrenalina. No puedo estar segura desde esta distancia. Solo recuerdo lo horrible que fue la noticia, lo inusual que fue ese nivel de agotamiento y lo sorprendida y confundida que estaba por mi debilidad.

—Solo quiero ir al campamento —dije, levantándome al final de nuestro descanso. Estiré los brazos por encima de la cabeza, girando y doblándome para estirar los músculos de la espalda y los hombros, intentando aflojar los nudos y que la sangre fluyera—. Dejemos todo esto atrás.

Levanté la mochila y la puse con cuidado sobre mis hombros, deseando que se sintiera más ligera que cuando la había dejado veinte minutos antes.

Caminaba en un estado de ensoñación, contando mis pasos. Uno, dos, tres, cuatro. Mis piernas se balanceaban como pesas, como las pesas en los extremos de péndulos. Izquierda, derecha, izquierda, derecha. Cinco, seis, siete, ocho. Mis brazos trabajaban al ritmo de mis piernas, balanceando mis bastones de senderismo hacia adelante y hacia atrás, en un movimiento opuesto. En mi estado de ensoñación, el ritmo de los péndulos de mi cuerpo me empujaba lentamente hacia adelante. Sin necesidad de pensar. Solo movimiento. Uno, dos, tres, cuatro. De un lado a otro, mi cuerpo se movía por la cara del cañón. Primero hacia el agua que caía, luego de vuelta al extremo seco de la curva. Hacia el agua, luego de vuelta al polvo.

El tiempo convencional desapareció. Una vez que el sol se movió más allá de la estrecha franja de cielo visible. Una vez que todo quedó en sombras. El tiempo cambió. Solo los péndulos oscilantes contaban el tiempo. Solo existía el tiempo entre pasos. Al acumularse, su suma era el tiempo entre el agua y el polvo. Acumula suficiente de cada uno para que el tiempo llegue a la cima.

Uno, dos, tres, cuatro. Izquierda, derecha. Derecha, izquierda.

De ida y vuelta. Agua, polvo. Agua, polvo.

Al coronar la pared del acantilado con la última curva, descubrimos que la cascada que habíamos seguido hacia arriba había cambiado. A esta altura, se descomponía en una serie de cascadas. El agua se precipitaba hacia el borde, cayendo y revolcándose en varias pequeñas gotas, formando espuma y danzando con cada rebote. Así era el río al acercarse al borde de la montaña. En lo alto del acantilado, fluía plano y tranquilo, dirigiéndose directamente hacia nosotras mientras estábamos encaramadas en la cresta, con el sendero discurriendo justo al lado del agua. Entonces, el Arroyo Evolution se desbordó sobre los últimos metros de roca antes de desbordarse y precipitarse para encontrarse con el San Joaquín muy abajo. En segundos, el agua cubrió los 450 metros que tanto nos había costado escalar.

Ya habíamos visto valles colgantes a lo lejos, a través de cañones y amplios valles glaciares. Esta vez, nos encontrábamos justo en la entrada del valle, en el punto donde dejó de existir y simplemente se desvaneció en el aire. El agua que descendía por el valle desde los picos más altos que lo rodeaban simplemente se desplomó sobre el borde de la Tierra.

—Nuestro campamento está a poca distancia, a menos de un kilómetro. Está bajo los árboles y no muy lejos del río —dijo Cappy, interrumpiendo nuestra ensoñación, citando la guía para animarnos.

—Estoy totalmente desesperada.

Me permití expresar en voz alta lo que había estado pensando ahora que estábamos cerca de nuestro destino final.

Incliné mi cuerpo hacia adelante, arrastrando los pies para mantener el ritmo del torso y evitar caerme de boca. Más adelante, los árboles se apartaban del agua, y la hierba cubría el espacio entre ellos y el sendero, que discurría paralelo al río. El agua, plana y lisa como el cristal, creaba una ilusión de paz.

Sin decir palabra, Zoe se agachó para recoger un cono pequeño y lo arrojó al centro del río. Todas nos detuvimos a observar cómo se precipitaba hacia la cascada y el acantilado en cuestión de segundos. Solté un pequeño grito ahogado.

Tras unos pasos más, encontramos un campamento solitario; teníamos ese valle remoto completamente para nosotras. Rápidamente dejé mi mochila y me dejé caer sobre un tronco. Zoe se unió a mí. Las dos estábamos agotadas. Cappy no tanto. Estaba llena de energía. Apoyé los codos en las rodillas para sostener mi cuerpo inerte.

—Vamos, chicas. Tengo que armar la casa antes de que se derrumben por completo. —Se suponía que era una broma, pero era demasiado cierto para reírse.

Tenía razón. Me puse de pie con dificultad y saqué mi parte de la casa. Cappy empezó a retirar un grupo de rocas alisadas por el río, apiladas en medio del lugar, solo para descubrir que la civilización se había infiltrado incluso en un paraje tan remoto. Amontonada debajo y escondida entre las rocas, había basura: bolsas de plástico, toallas de papel y envoltorios de comida deshidratada que los ocupantes anteriores habían traído, pero no se habían molestado en llevarse.

—¡Qué asco! —Cappy dio un paso atrás y señaló los insectos que se arrastraban entre el montón de basura.

—¿No han oído hablar de acampar sin dejar rastro? —pregunté mientras Cappy se agachaba para sacar la basura asquerosa de su escondite.

—¡Obviamente no recibieron el mensaje! —Zoe negó con la cabeza con disgusto, pero se arrodilló junto a Cappy para ayudar—. ¿Qué vamos a hacer con todo esto?

—Llevárnoslo, por supuesto —dijo Cappy sin dudar. Me daba escalofríos tocar la basura de otra persona, pero seguí su ejemplo.

—¡Esto es horrible! —dije—. ¿Quién demonios va de mochilero y deja cosas así? ¿Cómo puedes ser alguien que ama la naturaleza y también alguien que la profana?

Mientras recogía la basura, la apreté y comprimí para que pudiéramos dividirla y esparcirla entre las bolsas de basura que cada una llevaba. La empacaríamos.

—No tiene sentido —dijo Cappy, con la cara apretada alrededor de su nariz arrugada mientras se miraba las manos, ahora sucias. Las mías estaban pegajosas y ennegrecidas por la grasa, y quería lavarlas con agua y jabón antes de tocar nada. Sentía mi cara arrugarse sola, como si estuviera mordiendo algo amargo.

Encontramos un lugar donde el caudaloso río se arremolinaba en una poza tranquila y pudimos lavarnos las manos y llenar nuestras botellas de agua sin peligro. Aun así, nos mantuvimos juntas y alejados del agua más rápida. Ni siquiera Cappy se atrevió a nadar.

Después de cenar, nos metimos temprano en la cama, saltándonos el cuento. Caímos una a una en un sueño tan profundo que ignoramos todos los ruidos de medianoche que visitaban sigilosamente nuestra pequeña isla de civilización en el bosque.

Punto de partida: Rancho Muir, 2,316 metros
Punto final: Evolution Meadow, 2,822 metros
Punto más alto: Evolution Meadow, 2,822 metros
Distancia recorrida: 14.4 kilómetros
Kilómetros acumulados: 146.6 kilómetros

Caminando al límite

El objetivo de la vida es vivir,
y vivir significa estar consciente,
gozosamente, embriagadamente, serenamente, divinamente consciente.
~ Henry Miller, *Trópico de Capricornio*, 1939

Día quince
2 de agosto de 2006

Punto de partida — Evolution Meadow — 2,822 metros

«Hoy me pondré las botas», decidí mientras me acurrucaba en mi capullo de plumas. Me sentía renovada y con energía tras mi largo y profundo sueño.

Llevaba dos semanas caminando con sandalias, ya que unas ampollas me obligaron el segundo día a cambiar mis botas de montaña por mis Tevas, más suaves y cómodas. Durante casi 160 kilómetros, habían eludido su deber, colgando de la parte trasera de mi mochila por las agujetas. Había estado cargando mis botas, en lugar de que ellas me llevaran a mí, y ya era hora de que empezaran a cumplir su función.

Nos adentrábamos en las Tierras Altas, donde pasaríamos la mayor parte del resto del viaje. Viviríamos y viajaríamos por encima del límite arbóreo; la subida sería más empinada, rocosa y dura para mis pies. Poco del sendero estaría compuesto de tierra blanda de pradera o suelo forestal cubierto de mantillo. De ahí en adelante, gran parte del Sendero había sido cincelado y volado en granito o construido sobre laderas de pedregal. Las botas ofrecerían mejor protección y sujeción que las sandalias. Eso suponiendo que pudiera convencer a mis pies de que toleraran los mismos monstruos que los habían destrozado y provocado las ampollas originales.

Esa mañana, aunque mis puntos sensibles por fin habían sanado, como estrategia defensiva, me vendé los pies como si no lo hubieran hecho, envolviéndolos desde el talón hasta la punta, como burritos, con una capa protectora de cinta adhesiva. Cuando parábamos a comer, les daba un descanso a mis pies y me ponía sandalias por la tarde. Después de atarme las agujetas, caminaba en pequeños círculos probando la sensación desconocida. Aunque me daba miedo caminar con mis botas, pensé que era prudente tener dos opciones de calzado durante los días de escalada en roca dura.

Con un mosquetón, sujeté mis Tevas a la espalda de mi mochila.

—¡Creo que mi mochila acaba de perder un kilo! —La subí suavemente a mi espalda con un movimiento rápido.

—Pero ahora tienes ese kilo en los pies —dijo Zoe—. En realidad, no estás cargando menos peso.

—Mejor cerca del suelo que sobre mis hombros —dije, levantando una bota para admirarla.

Me gustaba pensar que podría evolucionar como senderista y amante de la naturaleza para integrarme a la naturaleza. Quizás mi profundo aprecio por la belleza de la naturaleza me permitiría algún día trascender mi rol de forastera, de simple viajera. Sin embargo, mis ampollas y sus vendajes me recordaban a diario que, en realidad, era solo una viajera de paso; no pertenecía realmente.

Necesitaba zapatos especiales para proteger mis pies civilizados del contacto con la tierra. Necesitaba un equipo muy caro para mantenerme caliente, resguardada y alimentada, cosas que cualquier ardilla o ciervo que se precie podía hacer sin ayuda. Tenía que reabastecerme con provisiones de comida que enviaban a las estaciones de paso. No podía vivir de la tierra.

No quería pensarlo así. Parecía como si estuviera caminando al límite, entre la civilización y la naturaleza. Quizás no estaba caminando por la naturaleza, sino por sus márgenes. Aunque sentía que llevaba dos semanas inmersa en ella, quizá el Sendero era solo una estrecha franja de civilización que se extendía por el mundo natural, y yo seguía cómodamente acogida por ella.

Lista, abroché mi mochila y busqué mis bastones de senderismo, que habían estado apoyados contra un árbol durante la noche. Agarrando los mangos, descubrí que uno tenía un corte tosco.

—¡Oye, son marcas de mordeduras! —dije—. ¡Algún bicho me ha estado mordiendo los bastones!

Varios pares de marcas paralelas, las incriminatorias huellas de dientes royendo, apuntaban directamente a los culpables.

—¡Ardillas!

Cappy revisó sus propios bastones, que estaban apoyados en el mismo árbol, y encontró una destrucción similar.

—¡Qué pequeños pícaros! Sin duda, ardillas. En busca del sudor salado de nuestras manos. —Se dio la vuelta como si fuera a espiar a los villanos que nos observaban desde detrás de las rocas o asomándose por la parte trasera del ancho árbol.

—No oí nada anoche, ¿y tú? —preguntó Zoe. Sus bastones estaban apoyados en otro árbol y no mostraban señales de haber sido manipulados.

—Nada —dijo Cappy—. No oí nada.

Zoe levantó su sombrero, con el dedo asomando por la parte superior.

—¡Las ratitas me hicieron un agujero en el sombrero! —El hueco estaba justo en el centro, encima de la visera.

—Primero, ¡son los infractores humanos, ahora los vándalos animales! ¿En qué se está convirtiendo el mundo rural? —Inspeccioné las marcas de mordeduras en el mango de espuma negra, frotando las marcas con el dedo, y concluí que no obstaculizaría el avance.

Cappy se puso su propio sombrero, ¡solo para descubrir que también tenía un agujero en el centro de la frente! Puso los ojos en blanco y suspiró.

En los años transcurridos desde entonces, he reflexionado sobre toda esta depredación. Las criaturas salvajes roían los límites de la civilización, aventurándose en incursiones, tomando lo que necesitaban y luego corriendo de vuelta a salvo a su lado de la frontera. ¿Estaba yo simplemente royendo los límites a mi manera, aventurándome a cruzar la línea, fingiendo pertenecer, y luego retirándome a mi lado legítimo de la frontera cada vez que me quedaba sin comida, equipo o valor?

Dicen que el noventa y cinco por ciento de los visitantes de los Parques Nacionales de Estados Unidos nunca se desvían más de medio kilómetro de las carreteras principales. Siempre me había sentido bastante orgullosa de que eso no me describiera. Después de todo, yo era una del cinco por ciento que caminaba regularmente lejos de la carretera, adentrándose en la naturaleza. Quizás me había estado engañando todo el tiempo. Tal vez al recorrer el Sendero John Muir, solo caminaba por otra carretera principal. Nunca podría conectarme plenamente con la naturaleza, por mucho que lo intentara. Por supuesto, poco de este profundo pensamiento se grabó esa mañana en el sendero.

—¡Salgamos de aquí! —Cappy abrió el camino con paso decidido, siguiendo el Arroyo Evolution río arriba adentrándose en el Valle Evolution, un valle gigantesco formado por muchos valles pequeños unidos, uno ligeramente por encima del otro, como terrazas en un anfiteatro.

Antes de abandonar el bosque, el sendero se adentraba en las aguas engañosamente tranquilas del Arroyo Evolution y emergía al otro lado, la misma agua que momentos después se precipitaría por el borde del escarpado acantilado que habíamos escalado el día anterior. Una leyenda del sendero contaba que cada año, excursionistas ingenuos seguían el sendero hacia el arroyo y acababan siendo arrastrados hasta la muerte. Cerca del punto donde el sendero se sumergía, un pequeño letrero andrajoso, escrito a mano en papel de encuadernación y manchado por la lluvia, estaba clavado en un palo delgado clavado en el barro al borde del agua.

Cappy nos leyó la nota en voz alta.

¡PELIGRO!
¡NO CRUZAR AQUÍ!
¡VAYAN MÁS ARRIBA!

—Está bastante claro —dije—. Pero parece una señal bastante débil, algo que podría pasar desapercibido fácilmente.

Me imaginé a algún pobre diablo, distraído por la belleza circundante o con los pies doloridos, pasando de largo la advertencia y metiéndose en el agua. Mis ojos siguieron el agua corriente abajo hacia el rugido apagado de la cascada y me estremecí.

Zoe negó con la cabeza.

—Uno pensaría que hubiera una señal permanente para algo tan peligroso; una señal roja incluso con una calavera y huesos cruzados.

—Supongo que creen que todos los que pasan por aquí han leído la guía o han oído las advertencias de boca en boca. —Cappy se puso las manos en las caderas y se encogió de hombros.

—Esta es la primera Leyenda del Sendero que ha estado a la altura de su reputación —dije—. Todas las demás se desvanecieron, pero esta se siente auténtica.

—Me alegra que lo hayamos tomado al pie de la letra, sin dudarlo —dijo Cappy—. ¿Tú no?

Encontramos el vado seguro, evidente por las decenas de huellas que se adentraban en las aguas poco profundas, y lo cruzamos con el agua hasta los tobillos por un amplio lecho empedrado. La transformación del río, de un monstruo furioso a un asesino sigiloso y a un arroyo dulce y murmurante en tan solo una corta caminata río arriba, fue impresionante. La hierba que se extendía desde las orillas disimulaba la extensión del río, llenando todo el valle con una fina capa de agua filtrada.

Evolution Meadow era una jungla de pastos y flores silvestres, de fondo empapado, que llegaba hasta la cintura o el pecho y se extendía cientos de metros en todas direcciones, y que casi borraba el sendero fangoso. Como pioneros estadounidenses cruzando las praderas de pastos altos, apartábamos la vegetación con los brazos para vislumbrar el camino un paso adelante. Abrir camino, abrirse paso entre el mar de hierba, era una tarea ardua, así que nos turnábamos para tomar la delantera y mantenernos cerca para no separarnos.

Llevar botas había sido sin duda una buena decisión, no por las razones de la roca dura que había anticipado, sino porque el prado era un laberinto gigantesco, empantanado y esponjoso. Los ruidos que se desprendían a cada paso eran como los de un animal: sorbiendo y chupando, chirriando y crujiendo. En algunos tramos, el barro se me pegaba a las botas y se aferraba con una fuerza que me hubiera arrancado las sandalias de los pies.

La mejor parte del viaje del día comenzó con un corto grupo de curvas cerradas que nos atrajeron hacia arriba de un pequeño valle a otro, cada uno acunando una prístina pradera alpina; pequeños valles tan hermosos que nos detuvimos en cada uno para girar lentamente, tratando de asimilar los detalles. Los pájaros cantaban y revoloteaban, sus sombras como puntas de flecha trazando sobre rocas y arbustos. Mariposas y polillas, abejas y libélulas bailaban y ronroneaban en abundancia. Las flores se agrupaban en racimos de colores iguales, pintando las laderas con diseños de arcoíris. Las ardillas terrestres aparecieron y luego se escondieron. Las marmotas se pavoneaban de una roca apenas disimulada a otra. El agua goteaba y gorgoteaba. El sendero serpenteaba, serpenteando entre rocas y salpicando de un lado a otro en el agua, como si hubiera sido trazado por un duende ebrio de néctar fermentado.

—¿No sería este un escenario ideal para *Sueño de Una Noche de Verano*? —dijo Cappy, mientras estábamos en el centro de una pequeña terraza de postal. Cerró los ojos y aspiró lentamente el aire, cálido y perfumado con un dulce aroma.

—Sería fácil imaginar hadas revoloteando por este jardín de flores. O a Pan saliendo de ese grupo de arbolitos. —Señalé un bosquecillo de arbolitos, atrofiados y retorcidos en poses peculiares que parecían bailarines moviéndose al son de la música inaudita de tormentas invernales pasadas. Yo también respiré hondo, disfrutando de los dulces aromas que flotaban tan densos en el aire que casi podía saborear el néctar.

—A mí me parece más bien Narnia —dijo Zoe.

Antes de dejar ese pequeño valle, rompí un brote de una planta aromática con flores de lavanda y me lo metí en la pechera de la camisa, con la esperanza de que perfumara el aire mientras caminaba. También arranqué el tallo largo y estrecho de ajo silvestre; masticar su dulzor picante mientras reanudábamos el viaje me hizo desear que Jane todavía estuviera con nosotras.

El Sendero nos llevaba hasta la Cuenca Evolution, pero nos detuvimos antes de llegar a ese objetivo para almorzar y tomar el sol en un grupo de trozos de granito con vistas al camino.

—A John Muir le encantaban los bosques de pinos —dije—, pero a mí me encantan los paisajes lunares de las zonas más altas.

—¿Más que estos prados increíbles y todas sus flores silvestres? —preguntó Zoe.

Tras pensarlo un momento, dije:

—Sí. Son únicos, tan extremos que son mis favoritos.

—Para mí, no hay nada mejor que una pradera alpina —dijo Zoe.

Arriba, el cielo era de un pálido azul veraniego, sin nubes. La recta línea blanca de la estela de un avión se abría paso a través del cielo como una flecha a cámara lenta, un recordatorio de que la civilización aún estaba ahí fuera, a una distancia que crecía con cada paso que nos alejábamos del Rancho Muir. No habíamos visto a nadie en toda la mañana, y como estábamos recogiendo la basura dejada por los anteriores ocupantes de nuestro último campamento, estábamos igual de felices de estar solas en el mundo.

Al entrar en la Cuenca Evolution y ascender aún más, los últimos árboles, incluso los más pequeños, desaparecieron, y la vegetación dio paso casi por completo al granito. El río se ensanchó y disminuyó su caudal hasta transformarse en el Lago Evolution, el lago más hermoso que habíamos visto hasta entonces, y habíamos experimentado algunas bellezas. Rocoso por un lado y bordeado de hierbas resistentes y juncos por el otro, con manchas de nieve salpicando las piedras y los picos que lo rodeaban, el lago se alzaba a casi 3,000 metros de altura. La aspereza gris del granito contrastaba con el brillante zafiro del agua, desafiando la vista a absorber los detalles.

El sendero bordeaba el lago oblongo, desde su desembocadura hasta su nacimiento, revelando otra vista impresionante con cada giro. Si aún hubiera tenido mi cámara original, con su capacidad para mil fotos, hubiera estado disparando como una loca, pero, limitada como estaba por las baterías de mis cámaras antiguas, cuidaba celosamente mis fotos. Como era de esperar, había disparado tres veces antes de recorrer la mitad del lago, así que me permití una última foto. Me vi obligada a renunciar a mi deseo de capturar mis experiencias. Me vi obligada a simplemente experimentar y dejarme llevar. «Qué zen».

En la entrada, donde el lago se transformaba de nuevo en río, el sendero cruzaba de nuevo al otro lado. El agua seguía siendo ancha, seguía siendo un lago, pero poco profunda. Rocas del tamaño de un escabel, con la parte superior plana como un tambor, se habían dispuesto en una línea recta como la de un avión a reacción. Colocado a una distancia perfecta, un círculo de piedras celtas, inclinado de lado y desplegado como una alfombra roja, nos invitaba a cruzar. Cada piedra nos dejaba los pies suspendidos a escasos centímetros del agua, que nos llegaba hasta las rodillas. El cruce tenía la belleza y la simplicidad de un jardín de rocas japonés. Cruzamos casi con reverencia, una a la vez, saboreando cada paso con atención plena, como si estuviéramos meditando al caminar.

Me vinieron a la mente las palabras de guía de Thich Nhat Hanh: «Camina como si besaras la Tierra con los pies».[13] Extendí el pie derecho y encontré una piedra firme bajo el talón. Luego, apoyé todo mi cuerpo sobre la planta del pie, de modo que todo el pie quedara enganchado. Sentía cómo el suelo me empujaba hacia arriba a través de la pierna, sosteniéndome como las raíces de un árbol. Levanté el pie izquierdo y me acerqué al siguiente escalón, sintiendo primero la solidez bajo los pies y luego desplacé el peso hacia adelante para que descansara allí. Por un instante, mi peso se dividió por completo, con la mitad apoyada en cada piedra, y luego volví a empezar. Cada paso creaba una extraña combinación entre la sensación de la solidez de la Tierra bajo mis pies y la percepción visual de caminar sobre aguas tranquilas. Sin tambalear, llegué a la orilla opuesta.

Mis botas volvieron a ser mis amigas. Se habían redimido esa mañana, sosteniendo y amortiguando mis pies contra el duro camino de granito. De ahora

---

[13] Thich Nhat Hanh, *La Paz Está En Cada Paso: El camino de la atención plena en la vida cotidiana* (Random House, 1995), pág. 28.

en adelante, casi todos nuestros pasos serían sobre granito sólido, muy por encima de la línea de árboles y rodeados de imponentes picos y vistas panorámicas de piedra y cielo.

Acampamos en el Lago Sapphire, que hizo honor a su nombre al anochecer y puede o no haber sido más hermoso que el Lago Evolution.

Habíamos estado inmersas en la naturaleza durante más de dos semanas. Como nadadores que se bañan y suben solo brevemente a tomar aire, habíamos emergido a los confines del mundo artificial tres veces al recoger la comida que habíamos guardado. Eventualmente tendríamos que regresar, reconocer nuestra frágil humanidad y retirarnos. Pero en momentos como esa noche, descubrí que mi alma se había aclimatado al mundo natural y estaba en completa armonía con la Tierra, el cielo y el agua que me rodeaban. Ni una sola fibra de mi ser extrañaba a la gente ni las comodidades mundanas. Me conformaba con los inmensos placeres de poner un pie en la piedra frente a mí y luego el otro, todo el día, y luego quedarme dormida para soñar sobre el mismo granito.

Punto de partida: Evolution Meadow, 2,822 metros
Punto final: Lago Sapphire, 3,343 metros
Punto más alto: Lago Sapphire, 3,343 metros
Distancia recorrida: 13.5 kilómetros
Kilómetros acumulados: 160.1 kilómetros

Almuerzo en casa de John

Los cuentos de hadas son más que verdaderos—
no porque nos digan que los dragones existen,
sino porque nos dicen que los dragones pueden ser vencidos.
~ Neil Gaiman, *Caroline*, 2002,
parafraseando a G. K. Chesterton, *Tremendous Trifles*, 1909

Día dieciséis
3 de agosto de 2006

Punto de partida — Lago Sapphire — 3,343 metros

—Todos dicen que la subida al Paso Muir es la más difícil hasta ahora. —La voz de Cappy sonaba un poco desafinada y tensa por el entusiasmo—. Si queremos pasar tiempo en la cima disfrutando del refugio, tenemos que salir antes de lo habitual.

Cappy se afanaba, haciendo sus tareas matutinas a toda velocidad. Empezó a guardar el equipo en su mochila, pero se detuvo a mitad de camino, con la atención desviada a otra tarea importante.

La noche anterior, justo antes de nuestro cuento para dormir, Cappy nos había repasado a Zoe y a mí el itinerario de la mañana, como era su costumbre. Esa mañana, repasó los planes de viaje detallados. Sostuvo el mapa del sendero en su regazo y señaló cada pico y paso con el dedo.

—Aquí está el Paso Muir. Allí están el Monte Darwin y el Monte Mendel... —La ignoré sin perder la compostura.

Me había señalado los mismos puntos de referencia el día anterior mientras avanzábamos por el corazón del Valle Evolution, 13 picos, todos con nombres de científicos pioneros: Darwin, Mendel, Lamarck, Spenser y Huxley.

—Mm-hmm. Mm-hmm. Vale. De acuerdo. —En realidad no me importaban los nombres. Quería saborear el mundo natural que recorría. Había escuchado con paciencia todos los días anteriores, pero mi tolerancia había bajado esa mañana. Estaba decidida a ser amable, pero tenía la intención de ir bastante adelantada para minimizar las sesiones de nombrar lugares emblemáticos que tendría que completar. Por suerte, Zoe estaba interesada y prestaba mucha atención mucho mejor que yo.

Sin consultar, Zoe y yo habíamos aumentado el ritmo matutino, armonizando en silencio con las agudas vibraciones de Cappy. Iba a volver a usar mis botas toda la mañana.

—Cappy —pregunté—. ¿Por qué estás tan empeñada en salir a caminar tan temprano esta mañana?

Al principio, no respondió, y no estaba segura de que lo hiciera. Entonces se detuvo para mirarme directamente. Una sonrisa se dibujó en su rostro, suavizándolo hasta convertirlo en una serenidad santa.

—Llevo más de treinta años soñando con escalar el Paso de Muir y pasar el rato en esa cabaña histórica, desde que estaba en la universidad, y no quiero perderme ni un instante de esa experiencia.

Como si acabara de descubrir que estaba perdiendo el tiempo, sus ojos se enfocaron, su sonrisa desapareció y se dedicó a terminar de ensamblar su equipo.

—¡Vamos! —Cappy señaló el camino con su bastón de senderismo.

«¡Sí, señor!», pensé, y luego salí para guiarla en la dirección que ella me indicó.

—¡Al punto rojo! —dije, refiriéndome al punto del mapa donde Cappy había decidido que haríamos una parada para nuestro descanso matutino junto al Lago Wanda.

Ascendimos con paso firme por un paisaje lunar monocromático, pintado con todos los tonos de plata y gris disponibles en la paleta de un artista. Ninguna vegetación suavizaba las líneas angulares del paisaje granítico, y ni una sola nube perturbaba el cielo azul grisáceo desteñido. Desde este punto estratégico, el mundo era inmenso e impresionante. Éramos motas, simples granos de arena, moviéndonos sobre una fina capa entre la tierra y el cielo, siguiendo un camino que, con cada paso, se adentraba cada vez más en ese cielo.

Al cruzar una cuesta, la vista se amplió. A pocos pasos del sendero, un pequeño lago, del color de un azul topacio, brillaba entre la roca gris. Hierbas de juncia color esmeralda crecían en un fino anillo alrededor de la orilla como un volante de encaje verde. Su repentina aparición fue sorprendente y extraña, de un colorido intenso en lo que había sido un paisaje monocromático.

Esperé a Cappy y Zoe. Mientras mis compañeras se acercaban, no hablé. Quería observar sus reacciones al llegar a mi posición privilegiada.

—¡Guau! —suspiró Zoe. Permaneció inmóvil a mi lado; su atención se dirigió como un imán hacia el pequeño lago centelleante.

Cuando Cappy se acercó, siguió nuestra mirada hasta que sus ojos se posaron en la gema acuática.

—Ese es el Lago Wanda —dijo—. Hay algo en el limo del granito que le da al agua ese inusual color azul.

Casi al unísono, Zoe y yo nos giramos para mirar a Cappy un momento, luego volvimos la vista hacia el pequeño lago, incapaces de apartarnos por mucho tiempo.

—El Lago Wanda lleva el nombre de la hija de John Muir, Wanda. Este es el último lago de este lado del paso. Justo al otro lado, debajo de la cabaña Muir, está el Lago Helen, llamado así por su otra hija —continuó Cappy.

—Es tan hermoso —susurré.

Zoe había dejado su mochila junto a la mía y estaba buscando algo para picar. Me senté en una roca cuadrada, me quité el pañuelo del cuello y me limpié el polvo de los lentes de sol. Zoe se sentó frente a mí en el sendero, preparándose para disfrutar de nuestro descanso matutino. Pensaba en lo irónico que era que, el punto rojo, fuera en realidad un punto azul, un lago que era un círculo azul dibujado a lo grande en el paisaje, cuando vi que Cappy seguía en el sendero con la mochila puesta. Miraba hacia adelante, en lugar de hacia el lago.

—No podemos parar todavía —dijo, mirando primero a Zoe y luego a mí.

—Claro que sí. —Cerré el protector solar y miré el reloj. Eran casi las diez, la hora perfecta para nuestro descanso matutino—. Hemos caminado una hora y media. Es un buen lugar para parar. Incluso tiene buenas vistas. —Señalé con la mano el lago Wanda—. ¡Además, es el punto rojo!

—No. No podemos. —Cappy se giró para mirar el sendero de nuevo, y obviamente no entendió mi juego de palabras con puntos rojos y azules—. Quiero poder tomarme mi tiempo en la cabaña. Si paramos ahora, pasaremos menos tiempo allí arriba. Si comemos algo mientras caminamos, podremos descansar más tiempo al llegar.

Sacó una barra de proteínas del bolsillo y la desenvolvió, todavía de pie en el centro del sendero, con la mochila todavía puesta.

¿Cómo podía decir lo que quería y seguir siendo diplomática? ¿Acaso no habíamos aprendido finalmente a controlar nuestro ritmo? Recorríamos más distancia con menos dolor cuando tomábamos descansos largos a media mañana y a media tarde, además de una siesta a la hora del almuerzo. ¿Por qué querríamos cambiar ese patrón exitoso? Estaba confundida. No esperaba su resistencia.

—Cappy, se suponía que este era nuestro lugar de descanso matutino, ¿verdad? Quiero descansar quince o veinte minutos. —Como no quería discutir, mantuve la voz tranquila y la miré fijamente—. Necesito este descanso matutino. Creía que todas lo necesitábamos.

Demostrar paciencia no es lo mismo que ser paciente de verdad, y por dentro yo era todo menos paciente.

—Ya pasó la parte más difícil de la subida. Si seguimos caminando, llegaremos en media hora. Luego podremos relajarnos un rato más. —La voz de Cappy era insistente, subiendo una octava con determinación. Permaneció de pie, ocupando el sendero.

Zoe solía actuar como observadora silenciosa cuando Cappy y yo discrepábamos. Hizo lo mismo esta vez, poniéndose de pie y dando un paso simbólico hacia la vista y alejándose de la discusión. Estaba segura de que simplemente aceptaría el resultado final, sin importar lo que se decidiera.

Me sentía entre dos espadas, la proverbial espada y la pared. Podía tener una discusión seria con Cappy e insistir en tomarme el descanso de la mañana, o podía ceder, sabiendo que mi cuerpo lo pagaría más tarde. ¿Qué era el menor de los males? ¿El dolor y el cansancio al final del día o una discusión con mi compañera de senderismo que dañara mi relación?

—Cappy, un descanso ahora mismo solo nos retrasará unos minutos. Seguro que podemos tomarnos ese tiempo para descansar.

—Eso significa menos tiempo en la Cabaña Muir. —Su rostro, normalmente expresivo, se transformó en una máscara de inexpresividad—. Voy a seguir caminando. Ven ahora o después. Haz lo que quieras.

Se dio la vuelta y se marchó.

«¿Fue un reto? ¿Tan segura está de que morderé el anzuelo? ¿Le importa?»

La observé alejarse con paso firme. La brisa jugueteaba con su cola de caballo rizada y onduaba su camisa blanca. El clic-clic de sus bastones de senderismo sobre el granito se hacía cada vez más débil con la distancia.

Emociones opuestas de lealtad e independencia luchaban por mi corazón. «¿Acaso mi sentido de lealtad al equipo está fuera de lugar? ¿Por qué es todo o nada, sin margen para concesiones? ¿Por qué fui tan fielmente leal, mientras que Cappy no demostró comprender el concepto de equipo?» A la confusión se unió la frustración, pues el hilo que nos unía se deshilachaba cada vez más a medida que ella se alejaba.

Al girarme hacia Zoe, vi que ella también estaba observando la salida de Cappy.

—Bueno, Zoe —me encogí de hombros exageradamente—. Supongo que vamos de excursión.

—Supongo que sí —respondió. Reticente, me puse de pie. Al unísono, levantamos nuestras mochilas y nos preparamos para la caminata.

—Adelante y hacia arriba —murmuré. Cappy estaba a unos 100 metros por delante, fácil de ver en ese paisaje minimalista. Zoe se me acercó justo detrás de mí. Sabía que Cappy esperaba que la siguiéramos. De las tres, Cappy era la caminante más lenta, así que solo tardamos unos minutos en alcanzarla. Después de caminar juntas unos pasos, lo suficiente como para decir un silencioso «ganaste», salí adelante, a mi lugar habitual en nuestra pequeña procesión.

El sendero serpenteaba junto al Lago Wanda y luego ascendía abruptamente bajo un sol radiante hacia el Paso Muir, de 3,657 metros de altura. La cabaña emblemática era visible desde muy abajo y hacía que el paso pareciera mucho más cercano de lo que realmente estaba. Caminamos y caminamos, y la cabaña no aumentó de tamaño; parecía retroceder un metro por cada metro que avanzábamos.

La cabaña permanecía tentadoramente fuera de mi alcance, un solitario ciervo café de dientes torcidos mordiendo el cielo. Me faltaban las energías. Me pesaban los pies. Mis reservas se agotaban. Cappy y Zoe iban a metros de mí, así que me agaché hasta el borde del sendero, en la parte alta, apoyando la mochila en el suelo para aliviar el peso de mis hombros y caderas sin desabrocharla. Me llevé un caramelo de café Werther's a la boca y bebí Gatorade de un trago de mi botella de Nalgene. Mi almuerzo, fuera de mi alcance en el contenedor para osos en el fondo de mi mochila, me llamaba: Fig Newtons y arándanos, crema de cacahuate y galletas.

Cuando Cappy se acercó, parecía tan cansada como yo. Sus pasos eran lentos, pero decididos, y se desplomaba un poco bajo el peso de su mochila. Empecé a tener esperanzas de que finalmente aceptara detenerse a descansar.

—Ya hemos caminado media hora más y aún nos queda mucho camino por recorrer. ¿Por qué no paramos a recuperar fuerzas un poco? —sugerí.

—¡Mira qué cerca está! No podemos parar ahora. —Hablaba con el fervor de un peregrino sediento que contempla un espejismo acuático—. Llegaremos en unos minutos.

Se había detenido frente a mí, pero era evidente que no tenía intención de sentarse ni un instante.

«¿En qué se diferencia tanto su realidad de la mía?» Para mí, la Cabaña Muir aún estaba a una larga y empinada caminata. Era un día despejado, a gran altitud, así que la cabaña parecía tan cerca que se podía tocar, pero era solo una ilusión óptica. Estaba al menos a 800 metros de distancia, en línea recta, pero no éramos cuervos, el sendero que teníamos por delante cruzaba la ladera de la empinada montaña.

—Cappy, estoy agotada. Solo quiero descansar. —Expresé mi súplica racional con mi voz más persuasiva.

—Adelante, si quieres. No me detendré. Descansaré cuando llegue a la cabaña. —Señalando hacia el paso, añadió—: Mira cuánta gente hay ya allí. Quiero llegar mientras nuestros amigos sigan allí.

Había varias motas de colores moviéndose en la cima del paso, cerca de la cabaña de techo afilado. Su tono serio delataba su intolerancia a las discusiones y los acuerdos.

Frustrada y cansada, pero decidida a mantenernos unidas como equipo, me puse de pie.

—De acuerdo —susurré, dándole la espalda a Cappy y seguí caminando.

La ira es un gran motivador. La energía negativa, cargada de adrenalina, que me recorría como una corriente eléctrica me impulsó hacia arriba. Quejándome a gritos con cada paso, me esforcé por alcanzar un ritmo que me llevaría a la cima lo más rápido posible.

«Qué tontería», pensé. «Agotarse no es buena idea. ¿Por qué Cappy es tan terca? ¿Por qué siempre cedo?» ¡Qué lástima! No soy muy consciente, pero sí muy eficaz para encontrar reservas de energía.

En aquel momento, la decisión de Cappy de renunciar a un descanso me pareció irracional, y su disposición a marcharse sin concesiones, un abandono. Al mirar atrás, hace más de una década, me doy cuenta de que mi obstinada lealtad al equipo era igualmente irracional, minando mi lealtad hacia mí misma. Si yo estuviera en la misma situación hoy, me hubiera parado a descansar veinte minutos junto al sendero. Me hubiera despedido de Cappy con la mano, diciendo: «Nos vemos luego en la cima». No me hubiera tomado su decisión como algo personal, sino que la hubiera aceptado como su decisión. Pero no fue eso lo que hice; en cambio, usé mi ira palpitante para impulsarme por el empinado y rocoso sendero.

Cuando mi estómago pedía a gritos más comida, le daba Werther's y Gatorade. Cuando mis músculos se quejaban y mis piernas tenían dificultad para levantar los pies, le daba otra dosis de adrenalina cediendo a mi frustración.

—¡Esto es una tontería! ¡No puedo creer que esté haciendo esto! —me decía en voz alta, echando más leña al fuego de mi interior.

El último tramo fue particularmente difícil. Arrastré mi cuerpo sin mirar atrás para ver dónde estaban Cappy y Zoe. Mantuve la cabeza gacha, el torso inclinado hacia adelante, con la vista puesta solo en el suelo a mis pies, como un toro que embiste ciegamente por el espacio. Pasé por debajo y a través de una belleza natural que ignoré por completo por respeto a mi estado de ánimo general.

De repente, llegué a la cima. Me detuve en seco cuando el sendero dejó de ascender y se niveló. Giré lentamente, aturdida como si acabara de despertar de un sonambulismo. Había estado mirando mis pies y el sendero, pero allí, en la cima, miré hacia arriba y a mi alrededor.

Vastas extensiones de granito gris y plateado se extendían infinitamente en todas direcciones, un paisaje lunar interrumpido solo por un puñado de lejanos lagos azules. Un cielo azul pálido, igualmente monocromático, se cernía sobre ellas, extendiéndose hacia las mismas distancias infinitas.

Dos docenas de personas poblaban la zona cercana a la cabaña encaramada en la cima. Un murmullo de conversaciones llenaba el aire enrarecido. No había visto a tanta gente junta en una semana, desde el RVV, aunque se sentía más tiempo, como si hubieran pasado meses.

No me uní a ellos. Encontré un saliente llano justo al lado del sendero y me dejé caer al suelo con la mochila puesta. Sentada, la desenganché y la dejé caer de lado junto a mí. Saqué el contenedor de comida. Mi almuerzo estaba encima del resto del contenido. Con una concentración increíble, me metí comida en la boca. Hambrienta de azúcar, grasa y proteínas, no podía comer; masticaba y tragaba con la suficiente rapidez. Era una necesidad frenética. Crema de cacahuate exprimida en galletas, en los dedos, directamente en mi boca. Puñados de arándanos secos pegajosos y mitades de nuez pecana, que normalmente hubiera dispuesto ingeniosamente sobre la crema de cacahuate, simplemente los recogí y me los metí en la boca. Bocado tras bocado de galletas de higo desmenuzadas, las acompañé con grandes tragos de Gatorade.

Finalmente, saciada mi hambre, me acosté sobre mi mochila. Me desaté las botas y me las quité, apoyé la cabeza sobre la mochila en una otomana de piedra. Mirando hacia la ladera por primera vez, vi a Cappy y Zoe subiendo lentamente, con la última curva aún por delante.

No estaba de humor para ser sociable; me preocupaba un poco decirle a Cappy que la consideraba personalmente responsable de todos mis dolores y molestias físicas, de mis sentimientos heridos y de mi sensación de abandono. En cambio, como un ermitaño, me retiré. Me bajé la cachucha hasta los ojos y comencé mi merecido descanso. El suelo bajo mis pies estaba calentito por el sol, aunque el aire a 3,000 metros de altura era fresco.

—Joan, ¿estás despierta? —Era la voz de Zoe. Se había quitado la mochila y se estaba acomodando a mi lado. Me incorporé un poco y me ajusté el sombrero, recogiendo mi cabello detrás de las orejas.

—Solo descansando — respondí.

—¡Qué subida tan horrible! ¿Cómo puede ser algo tan hermoso y terrible a la vez? —Zoe rebuscó en su contenedor para osos y sacó su almuerzo.

—¿Cómo están tus caderas? —pregunté.

—Están bien en las subidas —dijo con la boca llena de nueces—. Son las bajadas las que todavía me dan problemas. No tengo ganas de bajar de este lugar.

—¿Dónde está Cappy? —Me di cuenta de que había desaparecido tan pronto como llegó.

—Fue directamente a la cabaña —dijo Zoe señalando por encima del hombro hacia la multitud que se encontraba dentro y alrededor de la primitiva estructura de piedra.

Efectivamente, cuando miré por encima del hombro, pude ver a Cappy, con la cámara en la mano, platicando con un pequeño grupo de excursionistas vestidos de color caqui.

Había un ambiente festivo en la cima del Paso de Muir. Una multitud se congregaba en la cima ancha y plana del paso, un marcado contraste con la soledad del sendero. A veces me parecían atractivas estas comunidades transitorias y quería unirme a su abrazo; otras veces me repelía el ruido y la conmoción y quería retirarme lo más lejos posible. El grupo que se reunió espontáneamente en la cima del Paso de Muir pertenecía a esta última categoría; su bullicio estaba fuera de lugar en una de las catedrales sagradas de la naturaleza. Permanecí en mi lugar de descanso en la periferia, absorbiendo la infinita vista que se extendía ante mí, incluso después de que Zoe se alejara hacia la cabaña.

Un joven barbudo, junto a una mochila enorme, tocaba un didgeridoo de casi dos metros. Me pregunté qué hubiera tenido que dejar atrás para hacer espacio entre sus pertenencias para ese lujo tan difícil de manejar. Apoyó un extremo en una roca a gran distancia, y con el otro, tarareó fervientemente. Sus roncas y melodiosas vibraciones resonaban en los vastos espacios entre el paso y los altos y escarpados picos que nos rodeaban, como los profundos y vibrantes cantos de los cantantes de garganta tibetanos. Estaba en la cima del mundo, y las notas que creaba viajaban ininterrumpidamente kilómetros y kilómetros.

En los intervalos entre las canciones aborígenes del músico, otro excursionista comenzó a dar una serenata al grupo con cantos tiroleses alpinos, y su voz trémula se desvaneció en el mismo vasto vacío. Tanto las notas agudas como las graves rebotaron en las lejanas paredes de granito, y sus ecos flotaron hacia nosotras como canciones de respuesta.

Mis ojos siguieron la música a lo lejos. Las vistas desde los 3,600 metros de altura eran impresionantes. El Valle Evolution, que nos había llevado dos días recorrer, se extendía a nuestros pies, rodeado de imponentes picos y crestas dentadas. Los pequeños lagos que habíamos pasado al subir brillaban como piedras preciosas bajo la lámpara de un joyero.

Cappy regresó a la pequeña cornisa donde yo descansaba, sentándose a comer su almuerzo.

—Bonita vista, ¿eh? —dije con mi voz más amable—. En un día despejado, puedes ver hasta el infinito, ¿verdad?

No estaba segura de sí estaba lista para ser cálida y amigable. Pero sabía que todo funcionaría mejor si éramos un equipo funcional, así que hablé para convencernos a ambas de mi amabilidad.

—Es tan bonito como esperaba —dijo Cappy entre bocados.

Hizo una pausa para masticar.

—Se ve claramente dónde estábamos. Ese de allá es el Monte Darwin. Y ese es el Monte Mendel. —Señalaba los mismos picos—. Ese es el Monte Haeckel y ese está el Monte Lamarck.

—Voy a ver esa famosa cabaña tuya. —Molesta otra vez, me levanté para escapar de otra sesión de nombres tan rápido y diplomáticamente como pude.

Cappy tenía razón, por supuesto. Mientras la energía negativa de mi ira se disipaba en la montaña bajo mis pies, pude ver y apreciar con claridad la belleza única de la Cabaña Muir. Construida por el Club Sierra en 1930 con ladrillos de granito local, se encuentra justo en la cima, a 3,800 metros de altura. Oficialmente bautizada como Refugio Conmemorativo John Muir, es un cilindro dorado coronado por un cono.

Encontré a Zoe hablando con un pequeño grupo de excursionistas justo afuera de la cabaña. Juntas, entramos en el fresco y oscuro santuario, tras pasar la pesada puerta de roble diseñada para protegernos de los elementos. Me pregunté cuántos excursionistas habrían pasado bajo ese dintel de piedra en los últimos setenta y seis años. El interior, que parecía un templo, parecía sagrado; un monje se hubiera sentido como en casa.

En lo alto, los ladrillos del tejado formaban círculos concéntricos. Una chimenea de piedra adornaba una pared. Por respeto a su lugar en la historia y la naturaleza, me moví lenta y silenciosamente, en un estado de reverencia.

Zoe debió de sentir algo similar, porque habló en voz baja al señalar por encima de la repisa una gran placa de latón que dedicaba el refugio a John Muir. Decía, entre otras cosas:

LA CABAÑA MUIR ESTÁ CONCEBIDA COMO
UN REFUGIO TEMPORAL PARA EXCURSIONISTAS
ATRAPADOS POR TORMENTAS EN ESTA SECCIÓN EXPUESTA DEL
SENDERO.[14]

Zoe se preguntó:

—¿Te imaginas esperar aquí una gran tormenta?

Me vino a la mente la tormenta que Cappy, Jane y yo habíamos experimentado en la cima del Paso Donohue el segundo día. Refugiarse en la Cabaña Muir parecía mucho mejor que acurrucarse en posición fetal en el suelo mojado.

Extendí la mano para tocar los bordes planos y cortados de las piedras de las paredes. «Sería acogedor con suficiente leña», susurré.

—Estarías muy aislado. ¿Y si una tormenta durara días? —preguntó.

---

[14]La Cabaña Muir fue designada Monumento Histórico Nacional en el Registro Nacional de Lugares Históricos en 2016 y fue reinaugurada por el Club Sierra en una ceremonia celebrada en la cabaña el 25 de agosto de 2016, coincidiendo con el centenario del Servicio de Parques Nacionales. La nueva placa de bronce, que muestra imágenes de John Muir y William Colby frente a la Cabaña Muir, dice:

> El Refugio Conmemorativo John Muir fue construido en 1930 para homenajear al principal conservacionista estadounidense de los primeros tiempos y primer presidente del Club Sierra. Concebido por William Colby, líder del «Excursión de Altura» del Club Sierra, inspirado en la tradición de construcción italiana de Trullo Hut y diseñado por el arquitecto de la Bahía de San Francisco, Henry Gutterson, este rústico refugio alpino perdura como un digno tributo a la gran pasión de Muir por preservar la naturaleza y su legado para nuestros Parques Nacionales. 25 de agosto de 2016, Centenario del Servicio de Parques Nacionales, Club Sierra.

—Antes era algo que se hacía —dije—. La gente solía planificar sus caminatas para poder acampar aquí, hiciera buen o mal tiempo. Un lugar para marcar en la lista de deseos.

—¿Y de dónde venía la madera?

—Buena pregunta. —Me reí. No me imaginaba subiendo una carga de leña a esa montaña.

Afuera, la encantadora canción del didgeridoo era transportada por la brisa, mientras que adentro tocábamos los fuertes muros antiguos, mirábamos los halos de piedra en el techo e imaginábamos cómo había sido en los viejos tiempos.

Usando la cámara de Zoe, nos turnamos para tomarnos fotos junto a la chimenea. Zoe, erguida, posó como una alpinista, con una bota apoyada en la chimenea y una mano sobre la repisa. Intenté la misma pose, pero al ser quince centímetros más baja, no me salió bien.

Cuando salimos, entrecerrando los ojos por el sol, Cappy nos esperaba allí con su mochila, con ganas de irse.

—Se hace tarde, chicas, y nos espera una larga caminata. Pero primero, por favor, ¿me sacan una foto frente a la cabaña?

Me ofreció la cámara y dejó la mochila a un lado.

No pusimos de pie en una línea de tres. El descenso ante nosotras estaba sepultado en profundas franjas blancas. Decorada con jeroglíficos de «nieve de sandía» rosa y brillando inocentemente bajo un cielo azul claro, la extensión nevada irradiaba una belleza que contrastaba con su alta dificultad. [15]Si hubiera sabido que la jornada iba a ser una serie de desafíos dignos de un clásico relato de aventuras, hubiera abordado cada formidable tarea con menos miedo y más asombro.

—Ese es el lago Helen —anunció Cappy—, llamado así por la segunda hija de John Muir.

No creo que me viera poner los ojos en blanco.

---

[15] La nieve de sandía, también llamada nieve roja, parece pintada con acuarelas rosas y rojas. Es creada por una especie de alga verde con un pigmento rojo secundario, además del pigmento verde clorofila. Prospera en aguas casi heladas. La nieve de sandía es común en las zonas altas de la Sierra Nevada durante el verano.

—Está en el cañón Le Conte; el Lago Wanda estaba en la Cuenca Evolution. ¡Qué chido! La cabaña de John Muir está rodeada por los dos lagos que llevan el nombre de sus hijas. —continuó.

—¿Qué opinas de las polainas? —pregunté sin mencionar a nadie en particular—. Parece que esos dos tipos las usan.

Señalé a dos hombres 40 metros más adelante, abriéndose paso por una amplia extensión blanca salpicada de charcos de agua gigantes.

—Lo están pasando mal con esos cuencos de nieve —dijo Cappy—. Parece bastante desafiante.

Mientras observábamos, el que iba adelante perdió el equilibrio cuando la cresta de hielo podrido que separaba dos cuencos de nieve se rompió, y su pierna se hundió hasta la rodilla en la nieve ablandada por el sol y el agua helada, después de agujerearse. Se nos escaparon tres jadeos simultáneos. Observamos cómo recuperaba el equilibrio y salía del agujero que su pierna había creado en el hielo.

Las Tres Mujeres estaban en silencio.

—Polainas, sin duda —respondió Cappy con retraso—. Hay que mantener los pies secos.

Pronto nos pusimos protectores de tela impermeables en los tobillos y las botas.

—Lo tenemos todo bajo control —dijo Zoe.

Como atleta, afrontaba cada reto con una seguridad que me costaba imitar. Su mandíbula firme sugería que estaba a punto de lanzarse cuesta abajo. En el fondo, sabía que le preocupaba el castigo que el descenso le infligiría a su cadera herida.

Estudiando el terreno blanco que se avecinaba, pensé en el sinuoso camino que tendríamos que seguir alrededor y entre los cuencos. Me imaginé caminando por la gélida pista de obstáculos con la gracia de un equilibrista, manteniendo la mochila en equilibrio mientras sorteaba los cuencos de nieve. A pesar de mis esfuerzos, me estremecí al pensar en caer de culo en un cuenco resbaladiza de agua helada y convertirme en el equivalente a una tortuga de espaldas.

Bajé como si estuviera atravesando un campo minado, probando cada paso antes de apoyar todo mi peso en el pie delantero. Mantuve la vista puesta en el camino que Cappy había tomado delante de mí y la otra en la nieve bajo mi siguiente paso. ¿Sería mejor caminar por donde ella había caminado, donde la capa de hielo había sido probada y demostrada su resistencia? ¿O su paso debilitaría sus enlaces cristalinos, de modo que debería buscar otra ruta? Decidí seguir sus pasos. Fue un proceso lento.

Desde atrás se oyeron ruidos alarmantes: el crujido del hielo al romperse, seguido del grito de sorpresa de Zoe. Con cuidado, giré los hombros para mirar. Estaba sacando su bota del agujero que había creado.

—¿Estás bien ahí atrás? —grité.

—Sí, perfecta —respondió ella—. ¡Qué frío hace!

Ajustó el equilibrio y dio un paso con éxito, ligeramente inclinado respecto a su trayectoria original.

Volví a mi lento progreso. Cada paso deliberado exigía una elección intencionada y un cambio cuidadoso del peso. Mis movimientos se asemejaban a la práctica del Tai Chi, donde cada movimiento es intencional, equilibrado y a cámara lenta.

—¡Yu-hu! —gritó alguien.

Tres cometas de colores brillantes pasaron como un rayo a mi derecha, bajando la colina a la velocidad de un cohete entre una cacofonía de gritos salvajes. Casi me caigo al girar la cabeza para verlos pasar. Al principio, pensé que alguien se había caído, gritando, pidiendo ayuda. Pero luego me di cuenta de que tres excursionistas se deslizaban en trineo por la superficie helada, en parte con las botas, en parte con las mochilas, y los gritos y alaridos celebraban su paseo. Tan rápido como aparecieron, desaparecieron ladera abajo.

Ni en un millón de años lo hubiera hecho. ¡Quién sabía lo que me esperaba al fondo! ¡Un infierno helado! Ni siquiera podía confiar en que la superficie del camino soportara mi peso, y mucho menos una trayectoria a alta velocidad.

—¿Pueden creerlo? —nos gritó Cappy.

—¡Qué locura! —respondió Zoe.

Más tarde descubriríamos que existe un término para esa «maniobra de deslizamiento controlado» —glissade—, pero no me pareció ni controlada ni racional. Una vez que mi ritmo cardíaco se recuperó, retomé mi propio progreso lento y prudente.

Cappy se detuvo a esperarnos donde terminaban los cuencos de nieve. Más adelante, el sendero cruzaba directamente la ladera de una pendiente pronunciada hacia nuestra derecha. Si me caía, imaginaba un deslizamiento involuntario hasta el pie de la montaña, llegando hecha pedazos. Más adelante, la depresión en la nieve que era el sendero se extendía en tres líneas oscuras casi paralelas sobre la deslumbrante superficie diagonal, ninguna más atractiva que las demás.

—¿Alguna idea sabia sobre cómo abordar esto? —Barrí el brazo por el aire, observando el camino a seguir.

—Con cuidado —dijo Zoe.

—Qué graciosa —respondí, pensando que estaba siendo irónica.

—No, en serio —repitió—. Con cuidado.

Eso era lo que pretendía hacer.

—Estaba pensando en algunos consejos prácticos para no acabar ahí abajo, hecha un lío. —Señalé.

Me había hecho sonreír, lo cual era bueno. Había estado de muy mal humor casi todo el día. Mi ira por la marcha forzada de la mañana hacia La Escalada Épica se mezclaba con la frustración generada por el cruce de la tarde. Allí de pie, gotas de miedo se añadían a la receta, una a una, creando una sopa volátil de emociones negativas.

—Hoy sigue siendo un día de pruebas —dije, sin darme cuenta de que Las Tres Mujeres habían aparecido en un relato mítico de búsqueda—. Creo que deberíamos ajustar nuestros bastones. Tenemos que usarlos en la nieve a ambos lados del sendero.

Pensaba en voz alta.

—Mantener el equilibrio de lado a lado será crucial. —Empecé a probar bastones de diferentes longitudes contra la nieve virgen a ambos lados de la zanja del sendero.

—Buena idea. —Cappy empezó a ajustar sus propios palos—. ¿Otras ideas?

No respondí. Esa había sido mi única idea brillante.

—Con cuidado —dijo Zoe por tercera vez. Esta vez, me reí entre dientes a pesar de mi mal humor, que ya estaba arraigado.

Cappy abrió el camino, caminando con cuidado y clavando sus bastones en la capa de hielo de cada lado.

Esperé a que diera diez pasos y luego la seguí con la misma determinación, buscando un punto de apoyo firme en la zanja húmeda y cubierta de hielo, sujetándome con los bastones. Mis dedos se aferraban a las plantillas de las botas con fuerza, intentando agarrar el suelo. Mis tobillos se movían, cambiando de ángulo a medida que las suelas de las botas encontraban estabilidad. Resbalaba y patinaba como un patinador inexperto, pero mis bastones se mantenían firmes en cada intento.

Cuando Cappy soltó un chillido agudo, levanté la vista y vi que se había volcado y estaba sentada en la ladera del sendero. Sus pies y pantorrillas aún estaban en la hondonada, pero su pesada mochila amenazaba con hacerla resbalar. Se retorció y se acomodó, esperando a que Zoe y yo nos acercáramos.

—¿Te ayudo? —pregunté mientras ella se sentaba en el bordillo nevado, recuperando el aliento y apartándose varios mechones de pelo suelto de la cara.

—Estoy bien —dijo y sonrió, justo cuando Zoe se unió a nosotras.

—¡Me asustaste, Cappy! —dijo Zoe.

—Supongo que no fui lo suficientemente cuidadosa —bromeó Cappy, señalando su recuperación total.

—¿Tomo la delantera un rato? —pregunté—. Es duro ser la pionera del camino.

—Buena idea —dijo Cappy.

Ella se levantó y la pasé con dificultad. Moviéndonos de nuevo, nos dispersamos por el sendero. Era difícil liderar en este terreno. Cuando seguía a Cappy, podía confiar en que ya había probado el terreno. Ahora, quería probar cada paso con mucho cuidado.

Diez minutos después, me tocó perder el equilibrio. Había plantado mis bastones con cuidado a ambos lados de la depresión y me apoyé en ambos al dar dos pasos hacia adelante. Mi pie derecho resbaló en el hoyo helado y se deslizó hacia adelante como si intentara hacer el split dentro del estrecho sendero. Entonces, el bastón derecho, que ahora usaba para evitar hacer el split, se hundió en la superficie helada, profundamente en la nieve, y no me brindó el apoyo que tanto necesitaba.

Acabé despatarrada, igual que Cappy, con las piernas torcidas, con el torso y la mochila arrastrándome cuesta abajo. Sé que solté algún tipo de ruido, porque casi de inmediato Cappy me llamó.

—Está bien —grité.

Me quedé allí unos instantes, inmóvil. Quería pensar en mis próximos movimientos antes de hacerlos.

No recuerdo cómo me recuperé, pero sí recuerdo que necesité bastante energía de reserva, una reserva ya escasa. Recuerdo que me retorcía. El problema era que la fina capa de hielo que cubría la nieve blanda no era lo suficientemente fuerte como para impulsarme hacia arriba. Cada vez que presionaba la superficie, se agrietaba y mi brazo se hundía a través del hielo podrido en la masa húmeda de abajo. Finalmente, descubrí cómo impulsarme con todo el antebrazo extendido, distribuyendo mi peso, y me levanté de golpe y giré el cuerpo cuesta arriba. Cappy y Zoe llegaron justo cuando estaba sentada en el bordillo de nieve, como había hecho Cappy antes.

—Te toca, Zoe —dije—. Pero con cuidado.

El chiste ya era aburrido, pero aún provocaba un gruñido de agradecimiento.

Ese día, Las Tres Mujeres se habían transformado en personajes de un antiguo cuentos de hadas, un grupo de almas gemelas en una búsqueda. En los cuentos, siempre son tres pruebas y luego un tesoro. Habíamos superado nuestros dos primeros desafíos, muy reales; la Ascenso Épico a la cabaña y el Traicionero Cruce de Nieve. A las tres de la tarde, estábamos completamente inmersas en nuestra tercera prueba, el Sendero de Cristal, y yo estaba definitivamente lista para ese tesoro.

Durante un tiempo, caminamos penosamente por un sendero soleado, prácticamente libre de nieve y de vegetación. Construido con montones desordenados de fragmentos de roca metamórfica, el camino se movía y tintineaba como cristales rotos. Estrecho, el sendero serpenteaba hacia arriba y hacia abajo sobre el terreno inestable. Mis tobillos y rodillas sufrieron un esfuerzo extenuante mientras los fragmentos angulares se mecían, se inclinaban y resbalaban entre sí.

Al cruzar la nieve, nuestras quejas habían sido alegres, casi juguetonas. Las quejas auténticas comenzaron con vehemencia mientras nos tambaleábamos por las rocas de cristal, y nuestra infelicidad se convertía en maldiciones.

—¡Esto parece una maldita casa de la risa en una película de terror! —Zoe escupió sus palabras.

—Al menos estamos demasiado alto para que haya serpientes de cascabel escondidas en las rocas —dijo Cappy.

—¡Tal vez hayamos muerto y hayamos ido al infierno de Dante, condenadas por una eternidad! —sugerí.

—¡Malditas rocas! —añadió Zoe.

No tenía sentido enojarme con las rocas, pero mi paciencia se había agotado. Todas la habíamos agotado. El sol calentaba y se reflejaba en las rocas, deslumbrándonos desde arriba y desde abajo. El sudor me corría por la espalda y entre los pechos, empapando mi ropa y creando un aroma acre.

«Debería haberme tomado mi descanso matutino», pensé. Todas deberíamos haberlo hecho. Nos estábamos quedando sin energía, batallábamos con la caminata y cada vez estábamos más irritables.

En los cuentos clásicos de aventuras, los personajes superan tres pruebas, encuentran el tesoro y viven felices para siempre. La aventura de Las Tres Mujeres debería haber terminado en cuanto completamos lo que Zoe llamó «La caminata más fea y rocosa del infierno». ¡Deberíamos haber recibido nuestro premio en ese mismo instante! Pero el destino nos tenía reservado algo más. Nos dieron un cuarto obstáculo extra que superar. Tras superar la Escalada Épica, la Travesía Nevada Traviesa y el Sendero de Cristal, nos encontramos cara a cara con los Monstruos de la Roca.

La parte inestable del sendero terminaba en un campo de grandes rocas, cubos gigantescos, todos amontonados desordenadamente. Era un antiguo derrumbe, pero parecía como si la torre de bloques de un joven gigante se hubiera derrumbado justo delante de nosotras, bloqueándonos el paso. Pasamos un buen rato serpenteando entre, rodeando y sobre esa pila.

Finalmente, la montaña se quedó sin pruebas. La vegetación empezó a aparecer a lo largo del sendero rocoso, primero pequeños arbustos resistentes, luego florecieron hierbas y arbustos. Árboles achaparrados se agrupaban. El agua se filtraba entre las rocas y los árboles. No me había dado cuenta de cuánto anhelaban mis ojos el lujo, la suavidad, del verdor hasta que sentí que se relajaban espontáneamente ante el dramático cambio de paisaje.

En el primer prado de verdad, un pequeño espacio verde resguardado por tres lados, nos detuvimos. ¿Todo nuestro esfuerzo se vería recompensado con un hermoso y verde campamento?

—¿Es aquí? —pregunté, deseando desesperadamente pasar la noche allí—. Cappy, por favor, dime que este es nuestro campamento.

—Creo que sí. Este arroyo debe ser la Bifurcación Middle del Río Kings.

—¡Gracias a los dioses! —Arrojé mi mochila y la seguí hasta el suelo.

Zoe se dejó caer a mi lado.

—No se pongan cómodas, chicas. Vamos a armar la casa. —Cappy tomó las riendas.

Nuestro campamento se encontraba en medio de un claro. El suelo estaba cubierto de hierbas y pequeñas flores silvestres. El espacio abierto estaba adosado a una escarpada pared de granito y rodeado por dos lados por bosquecillos de árboles enanos retorcidos. La vegetación era tan exuberante que parecía que habíamos viajado a otro universo. El aire transportaba el rico aroma de las plantas verdes que brotaban de la tierra calentada por el sol. El lado abierto daba a un valle boscoso, hacia hileras e hileras de crestas montañosas, las más cercanas negras y dentadas, las más lejanas, lisas y de un violeta brumoso. Detrás de nosotras, el cielo se tornaba amarillo pálido.

Tras unas pocas horas en medio de aquella exuberante belleza, la tristeza del día desapareció de mi mente. Con precisión quirúrgica, mi mal humor, efecto de la fealdad del paisaje y la dificultad del sendero, desapareció de mi mente. En su lugar, la satisfacción creció como una enredadera verde y floreciente. Este era nuestro bien merecido tesoro, nuestro Jardín Paradisíaco.

Después de cenar, Cappy sacó el mapa topográfico de su pequeño compartimento y lo extendió sobre una piedra plana. Tenía la guía abierta en su regazo con las secciones que acabábamos de recorrer.

Estaba apoyada en una roca de granito, escribiendo en mi diario, cuando la voz de Cappy me llamó la atención. Levanté la vista de mi pequeño cuaderno de espiral.

—Perdona, Cappy, ¿qué dijiste?

Se incorporó.

—Dije que todavía llevamos un día de retraso. Tenemos que ponernos al día.

Presionó el dedo sobre el mapa y agitó el itinerario de viaje que había escrito en junio. Mirándome a mí, a Zoe y viceversa, esperaba una respuesta.

—De acuerdo.

No estaba muy segura de qué quería que hiciera. Habíamos estado dándole vueltas a este problema todas las noches durante una semana.

Nos habíamos retrasado el segundo y tercer día, cuando la tormenta en la cima del Donohue y la inundación del Arroyo Rush nos detuvieron. Dos semanas después, todavía íbamos un día por detrás del plan modificado que Cappy le había enviado por correo electrónico a Jim desde el Rancho Muir.

—Tenemos que tomar decisiones, elegir diferentes paradas para poder ponernos al día —dijo Cappy. Nuestras miradas se cruzaron—. O no llegaremos a tiempo a Whitney.

Arrugas de preocupación rodeaban sus ojos. Su boca se redujo a una delgada línea recta.

«¿Llegar a tiempo?», pensé. Yo no sentía la presión del tiempo. Cappy sí. Era una fecha límite que habíamos elegido nosotras mismos, no una fecha límite que tuviéramos que cumplir. En mi opinión, era flexible.

—Cappy, de verdad, me da igual cuándo lleguemos a Whitney. —Supe en cuanto las palabras salieron de mi boca que era justo lo que no debía decir—. ¿No podemos llegar un día tarde? ¿Qué más da?

Mantuve la voz tranquila, intentando parecer sincera, no indiferente.

«¿Qué prisa tiene?», pensé.

Zoe se movía silenciosamente por el campamento organizando sus pertenencias, reempacando su bote de comida y colgando ropa húmeda para que se secara. No dijo ni una palabra, pero sabía que estaba escuchando y reflexionando.

—Joan, Jim va a estar allí el 15. Nosotras también tenemos que estar allí —me recordó Cappy que su marido nos estaría esperando en Whitney Portal cuando llegáramos—. Tenemos que recuperar 16 kilómetros.

—¿Por qué no le decimos que venga un día después? —pregunté.

Había hecho la misma pregunta tres días antes, cuando estábamos en el Rancho Muir, sentadas frente a la computadora, escribiendo correos electrónicos a casa.

—Podríamos enviarle un mensaje con la persona que nos va a traer la comida al Lago Charlotte —sugerí.

«¿Seré egoísta?», pensé, levantándome. Empecé a caminar por el claro. Caminé hacia la vista de la montaña y observé cómo el amarillo del oeste se oscurecía a dorado y mandarina, y el azul del este se fundía en amarillo pálido.

—No quiero llegar un día tarde. Jim ya reservó un motel en Lone Pine —dijo Cappy detrás de mí—. Además, ¿cómo podemos enviar un mensaje con la persona de paquetería si llegamos al punto de encuentro un día tarde? Ya se habrá ido.

Se mantuvo en su lugar en la piedra, aunque había tirado todos los papeles al suelo, frente a ella. No pensé que se tratara de ver a Jim, pero empecé a preguntarme si su sinceridad provenía de extrañar a su marido.

Cappy se tomó muy en serio su puesto de jefa de navegación, sin dejar nada al azar. Nos había mantenido seguras y en el buen camino durante más de dos semanas. Y yo, después de los primeros días, le había cedido voluntariamente toda la responsabilidad de las decisiones del sendero, porque le parecía muy importante. Ahora quería que volviera a intervenir y la ayudara a tomar decisiones, pero yo no quería. De hecho, me daba igual.

Sintiendo la frustración crecer, supe que no iba a ganar esta discusión. Seguí mirando al cielo, mientras Cappy esperaba mi respuesta. El silencio solo lo rompía el susurro de la brisa que subía del valle y los cantos vespertinos de los pájaros, invisibles entre los árboles. Quería hablar con calma, así que respiré hondo un par de veces más el dulce aroma antes de girarme para mirarla.

—Cappy, en serio, me da igual cuándo lleguemos a Whitney —repetí—. Sé que es importante para ti, y está bien, pero para mí no lo es en absoluto. Así que siéntete libre de tomar las decisiones que quieras. Cambia la cronología que quieras. Solo dime a done ir.

Me preocupaba que mis palabras salieran con demasiada fuerza, pero no fue así. Salieron suaves y firmes. Tragué saliva y me acerqué para escuchar su respuesta.

—Pero no quiero tomar estas decisiones sola. ¿Y si me equivoco? —Como un director de orquesta, las manos de Cappy subían y bajaban al ritmo de cada pregunta—. ¿Y si no podemos recorrer la distancia? ¿Y si nos quedamos sin energía en una zona donde no hay dónde acampar?

Las preguntas de Cappy revelaban lo pesada que se había vuelto la responsabilidad para ella. Sus ojos se abrieron de par en par, suplicando.

Estaba empezando a entender. Le había dejado cargar con esta carga extra porque creía que quería ese control, sin darme cuenta de lo difícil que se había vuelto el trabajo ni de lo preocupada que estaba por decepcionarnos.

—Muéstrame —dije, y me acerqué a sentarme a su lado en la roca.

Zoe había terminado de organizarse y, al percibir el cambio en la conversación, se acercó y se unió a nosotras alrededor del mapa. Cappy explicó el dilema y diversas soluciones, cada una con sus propios problemas. Hice todo lo posible por escuchar con atención y explicarle mis preferencias.

Acordamos caminar un poco más cada día; un par de kilómetros extra al día sería suficiente. Algunos días, la distancia tendría que ser mucho mayor que otros, ya que los lugares de acampada dictaban dónde podíamos parar. Esos kilómetros extra diarios significaban que nos encontraríamos con el caballo de carga que traería nuestra siguiente reserva de comida el día que llegara. Esos kilómetros extra diarios significaban que podríamos llegar a Whitney Portal el 15, como lo habíamos planeado, un final feliz.

Antes de comenzar el viaje, tuve la impertinencia de pedirle al Universo que usara mi próxima aventura en el Sendero para presentarme desafíos que me llevaran al límite, desafíos físicos, por supuesto, y también mentales, emocionales y espirituales. Una idea romántica que chocaba con la realidad de los desafíos del sendero.

«Gracias, Universo».

Punto de partida: Lago Sapphire, 3,322 metros
Punto final: Lago Inferior en la Línea de Árboles en el Cañón Le Conte, 3,169 metros
Punto más alto: Paso Muir, 3,643 metros
Distancia recorrida: 10.4 kilómetros
Kilómetros acumulados: 170.5 kilómetros

Joan M. Griffin

Oculto a simple vista

La mente puede ir en mil direcciones,
pero por este hermoso camino, camino en paz.
Con cada paso, el viento sopla.
Con cada paso, una flor florece.
~ Thich Nhat Hanh, *La Paz Está En Cada Paso:*
El camino de la atención plena en la vida cotidiana, 1992

Día diecisiete
4 de agosto de 2006

Punto de partida — Lago Inferior en la Línea de Árboles en el Cañón Le Conte —
3,169 metros

La mañana comenzó con un amanecer glorioso. La parte abierta de nuestra pequeña pradera alpina, como un cuenco, miraba hacia el este, y vimos cómo el sol salía tras la lejana hilera de picos. Sus siluetas negras recortaban una franja irregular en el fondo del cielo color frambuesa. La alfombra de hierba brillaba como un esmeralda, cada brizna iluminada por los rayos horizontales de luz. A medida que el sol ascendía, las montañas se separaban en cordilleras distintas, cada una de un color diferente; pizarra, canela y gris paloma. El cielo se tornó primero turquesa, luego azul claro. Ante nosotras, montaña abajo, el arroyo que formaba la Bifurcación Middle del Río Kings centelleaba a la luz de la mañana.

Sentada con las piernas cruzadas sobre el suelo acolchado de hierba, medité. Me concentré en mi respiración, siguiendo el aire que entraba y salía de mis pulmones. El sol de la mañana calentaba mi piel y una brisa me acariciaba los rizos. Relajé mi mente y mi cuerpo. La tierra me sostenía. El aire me rodeaba. Me sentí abrazada.

La caminata matutina nos llevó junto al descenso de la Bifurcación Middle. Inicialmente un arroyo de agua fina se fusionó con afluentes en cascada para convertirse en un río gigantesco y caudaloso que se desbordaba. El sendero seguía cerca del agua en un largo y gradual descenso a través del Cañón Le Conte. Atravesamos una serie de ecosistemas; densos bosques sombríos, grutas de helechos frescas y húmedas, y varias praderas alpinas rebosantes de flores, para finalmente llegar a un denso bosque en las profundidades del cañón. El descenso fue completamente opuesto al del día anterior. No había campos de nieve que cruzar, ni rocas que escalar, ni esquisto que nos retorciera los tobillos; el sendero era suave para nuestros cuerpos. La vegetación era exuberante, perfumada por el aire fresco. Paramos a descansar junto al río y a almorzar en un terreno cubierto de hojarasca a la sombra de un denso bosque de coníferas.

Mientras caminaba, reflexioné sobre los días anteriores en el sendero. Empecé a reírme, a reírme entre dientes, y luego a reír a carcajadas hasta que se me saltaron las lágrimas. Había conseguido justo lo que le había pedido al Universo, una abundancia de desafíos que me llevaron al límite en muchos sentidos. A las previsibles dificultades físicas de la caminata se sumaron desafíos interpersonales, pruebas de coraje y fuerza interior, y mucho más. Saqué mi collar y jugueteé con los anillos.

«Camina tu propio camino, recorre tu propia travesía», me entrené con ese viejo adagio de los excursionistas mientras me encontraba erizada por la identificación y etiqueta repetitiva de Cappy. Mirando hacia atrás, creo que Cappy necesitaba decir en voz alta el plan del día, los nombres de los lugares y las etiquetas de las características, como una forma de sentirse en control y a gusto. Creo que tener el poder del conocimiento le trajo una familiaridad con nuestro entorno, y eso le trajo comodidad y confianza. Pero en ese momento, viviendo tan cerca, no podía entender la naturaleza terapéutica de sus rituales de dar nombres. En cambio, me estaba volviendo loca. Para sentir esa misma sensación de comodidad, control y facilidad, necesitaba la paz y la calma que encontraba en el silencio y la soledad. Y necesitaba saborear mi entorno, no analizarlo.

Quería experimentar una flor a nivel sensorial. Quería verla, olerla y tocarla, no etiquetarla. Toqué los tallos y las flores, pasándolas entre mis dedos, notando su textura. Acerqué una de lavanda a mi nariz, inhalando su aroma y notando lo diferente que era de la amarilla.

De alguna manera, necesitaba encontrar una manera de superar este desafío tan diferente para ir más allá de mis propias reacciones y encontrar la paz en nuestras diferentes formas de ser.

Esa misma mañana, mientras meditaba, descubrí que el resumen matutino de Cappy sobre los eventos y puntos de referencia del día se me escapaba sin distraerme de mi respiración ni de mi calma interior. Cappy parecía contenta de compartir sus conocimientos y observaciones con Zoe, y Zoe parecía disfrutar de la conversación. No necesitaban que participara ni que las escuchara.

Mi senderismo se convertiría en una meditación caminando, lo había decidido esa mañana. Simplemente dejaría que la charla constante se disipara mientras me concentraba solo en mis propios pasos, mi propio camino. «Al caminar, camina». La concisa sabiduría de Thich Nhat Hahn me habló esa mañana.

Caminé adelante como siempre, pero comencé a alejarme. Manteniéndome lo suficientemente cerca como para ser consciente de mis compañeras de caminata detrás de mí, creé más espacio a mi alrededor. Caminé solo por el sendero en una soledad pura y pacífica. Me detenía de vez en cuando, en las curvas del sendero y en los cruces, para esperar a Cappy y Zoe, para conectar. Luego, volvía a caminar adelante, retomando mi ritmo meditativo. Caminaban juntas, charlando y felices, experimentando el viaje a su manera. Con mi nueva perspectiva, con la espaciosa sensación de paz y soledad que el cambio creó, mi paseo matutino fue un deleite puro e ininterrumpido.

Caminé en soledad mientras atravesábamos una serie de prados; Big Pete, Little Pete y Grouse, cada uno bordeado de bosques y algunas rocas plateadas. El agua corría y serpenteaba por todas partes, y los helechos se desplegaban a la fresca sombra de las rocas, cubiertas de musgo verde y círculos anaranjados de líquenes. Las flores silvestres danzaban con la brisa ascendente que creaba ondas y ondas arcoíris por el prado y llenaba el aire de perfume. Abejas, mariposas y libélulas se balanceaban y zumbaban individualmente, mientras los mosquitos volaban en bandadas. No podía dejar de sonreír.

Estaba tan contenta de que cuando hicimos una pausa para encontrar el lugar perfecto para almorzar entre los árboles a lo largo del borde de Grouse Meadow, me reí a carcajadas con alegría apreciativa cuando Cappy señaló al pájaro, quieto como una estatua, observándonos desde el costado del sendero.

—Mira —dijo, señalando hacia la sombra de los árboles—. Tenemos una fiesta de bienvenida. ¡Un urogallo ha venido a decir: «¡Bienvenidos a Prado del Urogallo!».

Las delicadas rayas y manchas de sus plumas imitaban la sombra moteada de la maleza donde se escondía, haciéndolo casi invisible a solo unos centímetros del sendero.

El dosel de los altos árboles proporcionaba una sombra profunda a nuestro lugar de almuerzo. Acostada en mi colchón rosa, con los pies en calcetas apoyados en mi mochila, observé cómo los pájaros carpinteros de cabeza roja revoloteaban entre las ramas. Las agujas de los árboles, recortadas contra el cielo pálido, se superponían, creando patrones cambiantes al ser mecidas por la ligera brisa. El suave movimiento era hipnótico y me sumió en un estado de ensoñación.

Me despertó por completo un repiqueteo repetitivo que vibraba en el suelo bajo mis pies. Levanté la cabeza para escuchar con más atención, y el sonido se convirtió, no en un redoble de tambor, sino en el de pies calzados que avanzaban rápidamente por el sendero de tierra junto a nuestro oasis de sombra.

Con los ojos bien abiertos, me incorporé y giré justo a tiempo para ver a dos jóvenes pasar volando, ajenos a nuestra existencia, trotando por el sendero.

Llevaban zapatillas de correr en lugar de botas, y estaban sin camisa, solo con pantalones cortos ligeros que les llegaban hasta la cadera. Llevaban mochilas ultraligeras que no eran más que mochilas finas como la seda. En cuestión de segundos, desaparecieron como fantasmas tras la curva del sendero.

—¡Esos tipos están locos! —susurró Zoe desde su nido dormida.

—Sin duda no huelen rosas —me reí entre dientes, sacudiendo la cabeza—, ni pinos, para el caso.

—No nos vieron y apuesto a que tampoco vieron al urogallo —dijo Zoe.

—Me recuerdan a aquellos dos tipos que conocimos en Red Meadow, los que estaban decididos a recorrer los 321 kilómetros del Sendero en cinco o seis días —dijo Cappy.

—Y seguramente ya lo terminaron, y probablemente están de vuelta al trabajo también —agregó Zoe.

—Pobrecitos —dije—. Se están perdiendo todo esto.

Levanté los brazos hacia el cielo para abarcar los árboles, las montañas y el cielo que había sobre mí.

Volví a mi posición supina y a observar las agujas de pino.

—Mira hacia arriba. ¿No parece encaje negro sobre satén blanco? —pregunté.

Una brisa ocasional agitaba las agujas de las ramas que se extendían sobre nosotras, creando dinámicos patrones de Fibonacci en ébano y perla, y la suave canción de cuna del viento me acompañó hacia mi siesta.

Si la mañana había sido una hermosa fotografía a color, la tarde fue un negativo sin revelar. Avanzamos lentamente por tramos calurosos y secos, atravesando bosques parcialmente quemados y senderos de praderas en mal estado.

Se acercaban nubes de tormenta de color gris oscuro. Por primera vez en días, oímos el premonitorio estruendo de un trueno lejano. Grandes gotas de lluvia caían sobre el sendero, creando pequeños cráteres en la arena, primero lentamente, una a una, luego más rápido. Los relámpagos dibujaban líneas en el cielo oscuro.

Nos reunimos para hablar.

—¿Seguimos? —pregunté—. ¿O buscamos un lugar para acampar?

Personalmente, quería detenerme, no caminar bajo la lluvia, pero el entorno era de los más inhóspitos que habíamos encontrado, lo que hacía que caminar y detenernos fueran opciones igualmente poco atractivas.

—Todavía estamos a un par de kilómetros de donde habíamos planeado acampar —dijo Cappy.

«Parar le dificultará a Cappy hacer kilómetros extra hoy», pensé. Me pregunté si era eso lo que ella estaba pensando.

Mientras hablábamos, me quité la mochila. La puse en equilibrio sobre un tronco y busqué mi chamarra impermeable en el fondo, así como su funda impermeable. Tanto si caminábamos como si encontrábamos un lugar para acampar, mi mochila y yo debíamos permanecer secas.

—Qué lugar tan horrible. Quizás si caminamos un rato, pase la tormenta —decía Zoe, que llevaba ropa impermeable.

—Lo más probable es que solo sea una tormenta fugaz por la tarde y que desaparezca en un rato —añadió Cappy. Nos adentramos en el dosel del bosque que bordeaba el sendero.

Apenas había hablado, la lluvia se convirtió en un diluvio torrencial. El suelo estaba mojado y los árboles que nos rodeaban ya no ofrecían ningún tipo de refugio efectivo.

—Mira eso —dijo Cappy—. Busquemos un lugar razonable para acampar y refugiarnos. Esta tormenta llegó para quedarse.

Después de la conversación de la noche anterior sobre llegar a tiempo, me alegré de que fuera ella quien sugiriera acortar el día.

—Recuperaremos la distancia mañana —dije—. Solo un par de kilómetros, ¿no?

—Bien —respondió ella.

Decisión tomada; elegimos un lugar llano cerca de donde estábamos. No estaba a los 30 metros del sendero, pero nos convencimos de que se trataba de una emergencia menor y que nuestra transgresión era perdonable. Estábamos en una parte del bosque que se había quemado hacía poco, así que el suelo estaba tan cubierto de ceniza como de tierra. Para cuando terminamos, mis brazos, piernas y ropa, pero sobre todo mis manos, estaban manchados de hollín. No me atreví a tocarme la cara. Éramos un trío de Cenicientas.

Nos llevó un rato, pero logramos meternos en la casa de campaña y el refugio improvisado sin traer demasiada ceniza. Era demasiado temprano para comer o dormir, así que leí en voz alta. Mientras la tormenta nos azotaba, nos relajamos y nos distrajimos visitando una vez más *El Diablo en la Ciudad Blanca*.

Se oyeron voces acercándose. Hice una pausa en la lectura. Cappy abrió el cierre de la casa y nos asomamos para ver quién seguía viajando bajo la lluvia.

Todavía me pregunto si debí creer lo que veían mis ojos. Vestidas con la ropa deportiva más llamativa y moderna, más apropiada para una sesión de yoga que para el sendero, tres jóvenes platicaban animadamente al pasar junto a nosotras: cachuchas con visera sobre sus coletas rubias recogidas, capris ajustados de licra con suéteres cómodos, una capa colorida sobre la siguiente, calcetines brillantes asomando por la parte superior de sus botas. Eran arcoíris que caminaban y hablaban, en vibrantes tonos aguamarina, rosa eléctrico y verde lima. No podrían haber sido más incongruentes en ese lugar desolado y empapado ni siquiera si hubieran estado montadas en unicornios.

Eran el segundo grupo de excursionistas que nos había pasado sin vernos ese día. ¿Nos habíamos sumergido tanto en la naturaleza, perdido tanto de nuestra civilización, que nos mimetizábamos? ¿Éramos humanos salvajes? Quizás nos habíamos mimetizado tan naturalmente como aquel urogallo en Grouse Meadow. Al igual que los caminantes veloces de la tarde, estas mujeres vestidas de arcoíris parecían no solo ajenas a nuestra presencia junto al sendero, sino también a toda la naturaleza salvaje que las rodeaba.

Punto de partida: Lago Inferior en la Línea de Árboles en el Cañón Le Conte, 3,169 metros
Punto final: Arroyo Palisades justo antes de Deer Meadow, 2,570 metros
Punto más alto: Lago Inferior en la Línea de Árboles en el Cañón Le Conte, 3,169 metros
Distancia recorrida: 14.4 kilómetros
Kilómetros acumulados: 185 kilómetros

Escalera al cielo

*La vida debería ser una lucha de deseos hacia las aventuras
cuya nobleza fertilice el alma.*
~ Rebecca West, La Joven Rebecca, 1982

Día dieciocho
5 de agosto de 2006

Punto de partida — Arroyo Palisades, justo antes de Deer Meadow — 2,570 metros

El bosque encantado de Dorothy en la Tierra de Oz no tenía nada comparado con nuestro bosque encantado. Al salir de la casa de campaña, casi esperaba que un mono volador apareciera de detrás del tronco ennegrecido por el fuego de un árbol muerto. Las ramas caídas y las piedrecitas estaban teñidas de negro. Me abrí paso con cuidado hacia lo que quedaba de árboles, evitando los finos tallos de la maleza que se recuperaba, pero mi ropa estaba manchada de negro al terminar mi aseo matutino. Cuanto más me sacudía los pantalones cortos, más se extendía la suciedad. Las uñas y cutículas sucias hacían que mis manos parecieran las de un mecánico de carros.

Al regresar, encontré a Cappy con un peine, peinándose con dificultad. Su camisa, que antes era blanca, se había convertido en un lienzo para un dibujo abstracto al carboncillo. Se apartó un mechón de la cara, dejándose una mancha en la mejilla. Zoe salió de su bolsa de dormir, con las rodillas y las espinillas cubiertas de gris. Para cuando desarmamos y guardamos la casa, éramos un trío de deshollinadores, sin chimeneas.

—Desayunemos después de salir de este lugar —sugirió Zoe, metiendo su bolsa de dormir en su mochila.

—Buena idea. —Me sentí aliviada al pensar en escapar.

Nos despedimos del campamento improvisado de esa noche. Había cumplido su función de refugio, permitiéndonos pasar la lluvia en casas secas, pero sin belleza ni ambiente. La tormenta ya había pasado, y el cielo gris de la mañana se estaba disipando, dejando solo unas pocas nubes dispersas que se dirigían hacia el este a través de un cielo azul.

—Estén atentas al Hombre de Hojalata y al León Cobarde —dijo Cappy mientras entraba al estrecho sendero.

—¡Leones, tigres y osos! ¡Ay, Dios mío! —grité, uniéndome a ella.

—¡Dios mío! —Zoe sonrió y meneó la cabeza.

Si hubiéramos tenido espacio para caminar de dos en dos, podríamos habernos tomado del brazo para saltar y cantar *Vamos a Ver al Mago*. Pero como el sendero apenas daba cabida a una procesión en fila india, me conformé con tararear la melodía, que se convirtió en un estribillo pegajoso en mi mente.

En aproximadamente medio kilómetro, el bosque abrasado por el fuego llegó a un abrupto final. Como un hechizo, el entorno se transformó en un instante en una pradera abierta, exuberantemente verde y salpicada de flores silvestres. Como viajeras en el tiempo, en un solo paso pasamos de una película muda granulada en blanco y negro a una superproducción en 3D, con sonido Envolvente Dolby y Technicolor. Un lánguido hilo de agua serpenteaba entre el verde con murmullos y salpicaduras diminutos, invitándonos a desayunar y ofreciéndonos agua para nuestras bombas.

Mientras comíamos, Cappy sacó el mapa topográfico, y el tema de la Escalera Dorada se convirtió en el centro de nuestra conversación. Puso el dedo junto al punto donde la línea gruesa que marcaba el Sendero cruzaba una veintena de finas curvas de nivel, tan juntas que parecían una mancha de tinta negra. Era lo más dramático que un mapa puede llegar a ser, el equivalente a una luz roja intermitente que advierte de un cambio radical de elevación.

—La Escalera parece prácticamente vertical —dijo Cappy.

—Recuérdame. ¿Cuál es el desnivel? —Me preparé para un número grande y una subida ardua.

—Son unos 450 metros de subida —respondió Cappy rápidamente—. Subiendo en línea recta.

—Mira, prácticamente todas las Leyendas del Sendero que hemos oído han resultado ser un fiasco —dije—. Los cruces de ríos, el de la cascada, los cuencos de nieve, las noventa y nueve curvas cerradas, todas. ¿Por qué esta sería diferente?

Observé a Cappy.

—No es que piense que va a ser malo —explicó—. Puede ser muy malo.

La cola de rizos de Cappy estaba recogida en un chongo, pero las canas que le rodeaban la cara se habían soltado y, iluminadas por el sol de la mañana, brillaban como un halo plateado.

—Esperar lo mejor y prepararse para lo peor, ¿verdad? —dijo Zoe.

—Correcto —dije. «Directamente del Manual del Boy Scout», pensé, aprobando.

Al terminar de comer, borré de mi mente los últimos vestigios del bosque embrujado mientras me restregaba el hollín de la piel. Sacrificando uno de mis preciados paños limpiadores faciales, limpié meticulosamente debajo de cada uña y alrededor de cada cutícula. A medida que mis manos recuperaban su bronceado natural, el paño blanco se volvió negro.

—Escucha lo que dice la guía. —Cappy volvió a leer el libro de Tom Winnett—: «Las empinadas y rocosas curvas de la Escalera Dorada están construidas sobre los acantilados del desfiladero del Arroyo Palisade. Esta sección fue la última del Sendero Muir en construirse, y es fácil entender por qué». —Me miró—. Fue la última en construirse porque era un acantilado escarpado e intransitable.[16]

—Cappy, hemos subido muchas curvas cerradas. ¿Por qué es diferente esta? —preguntó Zoe.

Zoe siempre estaba dispuesta a interactuar con Cappy cuando se preocupaba por el siguiente desafío. Era mucho más paciente que yo. No es que no me preocupara, pero quería controlar mi ansiedad hasta tener claro a qué me enfrentaba.

—Se supone que es una subida muy calurosa y seca, muy expuesta, sin la protección de los árboles —volvió a explicar Cappy lo que habíamos oído de los excursionistas con los que nos habíamos cruzado, quienes lo habían oído de alguien más.

Me miró mientras usaba agua de mi sistema de bebida para lavarme las manos.

—Y no hay agua en ningún lugar del camino, así que debemos asegurarnos de tener los recipientes llenos cuando salgamos de aquí. —Cappy estaba estresada, y yo quería evitar absorber esa energía.

Respiré un par de veces antes de volver a hablar.

—Hasta ahora, los rumores y las Leyendas del Sendero han sido intimidantes y exagerados.

—Lo sé, lo sé. No quiero dar la alarma; solo necesito estar preparada. —Cappy dobló el mapa y lo guardó en su bolsa.

Nos dirigimos a través de la pradera, que se volvía más espesa y exuberantemente enmarañada a cada paso. Hierbas y tallos floridos se extendían hacia el cielo, compitiendo por los rayos del sol. Tuvimos que abrirnos paso a través de la exuberante selva que nos llegaba a la cadera, la cintura y, a veces, a los hombros, como Hepburn y Bogart en *La Reina de África*. Serpenteamos por el laberinto descuidado, con la nariz dirigida hacia la hilera de árboles que teníamos delante, hasta llegar finalmente al límite del bosque. Allí, a la sombra, el sendero se asentó y nos acompañó a través del bosque fresco y tranquilo.

---

[16] Thomas Winnett y Kathy Morey, *Guide to the John Muir Trail* (Wilderness Press, 1998), pág. 38.

Nos detuvimos. La pared conocida como La Escalera Dorada se alzaba imponente. Desde donde admirábamos el obstáculo a una distancia cómoda, el sendero parecía desaparecer en la roca sólida, con las curvas invisibles en la áspera pared vertical del cañón. Era espectacular.

Un manto vertical de granito dorado se alzaba desde la base del valle del río hasta el cielo, como un lienzo dorado donde un intrépido grafitero se había arriesgado a pintar con aerosol solo unas pocas líneas verdes oscuro que sugerían árboles solitarios. La imponente barrera era inmensa, más grande de lo que incluso la leyenda del sendero había sugerido: «increíblemente empinada, terriblemente agotadora...».

Como Alí Babá bloqueado por un muro de piedra, necesitábamos una frase mágica que nos abriera paso, «¡Ábrete, Sésamo!».

Era media mañana cuando iniciamos el ascenso. El sol ascendía hacia su cenit en un cielo sin nubes. Tomé la delantera y marqué un ritmo lento y constante, usando mis bastones de senderismo para ayudarme a levantar el cuerpo con cada paso. Ya me había vuelto eficiente en este tipo de ascenso.

—Uno, dos, tres, cuatro: amor, vida, verdad, belleza —conté y canté mientras subía con paso decidido las rampas en zigzag.

El sendero poseía una belleza inherente invisible desde abajo. Era liso y ancho a pesar de colgar como estantes voladizos apilados uno sobre otro en la pared del acantilado. Cincelado en el granito por artesanos con el poder de la dinamita y la precisión de las herramientas de albañil, era a la vez una maravilla y un testimonio. Se sentía como si estuviéramos escalando las paredes resplandecientes de una majestuosa catedral. El sendero se extendía en elegantes arcos sobre la roca, ofreciendo vistas panorámicas que se extendían cada vez más con cada nivel. Me pregunté si esto era lo que veían las águilas cuando volaban en círculos lentos en estos valles de la Alta Sierra.

Aunque empinado y extenuante, el camino no era para nada imposible; tampoco era seco ni desolado. En muchos tramos, el agua corría por la pared del acantilado, filtrándose por las grietas y serpenteando por el sendero donde pusimos los pies. Los estrechos bordes del sendero estaban exuberantes de flores silvestres y plantas aromáticas, imitando las coloridas avenidas que bordeaban las banquetas de la ciudad en el cielo. Los cálidos rayos del sol desprendían aromas húmedos de las plantas en flor. Los dulces perfumes del néctar de las flores se mezclaban con los aromas intensos y especiados de las plantas aromáticas.

Subí por el empinado sendero arrastrada por la nariz, pasando de una planta con flores a otra, ajena a la dificultad de la subida. Más de una vez me detuve a rozar con los dedos los delicados pétalos de las plantitas. Arranqué hojas de un poleo verde pálido, con su fragancia a salvia y sus flores en forma de bejín, y las llevé a la nariz.

Hicimos una pausa para nuestro tentempié matutino a un tercio de la subida de la Escalera, en un lugar lo suficientemente amplio como para permitirnos sentarnos tres en fila contra la pared de roca que sostenía la siguiente curva. Ante nosotras se extendía una impresionante panorámica del cañón donde habíamos comenzado el día.

Cappy observó las plantas con flores que crecían cerca mientras mordía una barrita de chocolate Clif.

—Ojalá Jane estuviera aquí; sabría los nombres de todas estas plantas. —Estuvimos de acuerdo en la identidad de las flores de brocha roja y Penstemon violeta intenso, así como de las compactas aromáticas de poleo, pero había otras, como la familiar flor amarilla en la mano de Cappy, para las que no podíamos recordar ningún nombre.

—Esta Escalera Dorada no se parece en nada a lo que esperaba —sonrió Zoe—. ¡Es preciosa! ¡Y hay muchísima agua!

Sus largas piernas estaban recogidas bajo su cuerpo, y sostenía un puñado de granola con M&M's de colores brillantes.

—¿Es aquí cuando me resisto a decir «te lo dije»? —Me reí entre dientes y levanté las cejas.

—Lo sé —respondió Cappy con una sonrisa y un movimiento de cabeza—. Estas ni siquiera son las curvas cerradas más difíciles que hemos escalado.

—¡Es eso, o es que somos tan fuertes que nos parece más fácil! —sugerí.

—Son bastante empinadas, y solo estamos a medio camino de la cima. —Zoe señaló hacia arriba por encima del hombro—. ¡No arruines la subida llamándola fácil!

Mi estado de ánimo mejoraba con cada paso del sendero.

—¿Crees que este lugar parece aún más hermoso porque esta mañana fue tan fea, o es realmente así de increíble?

—¿Es eso una paradoja, como el árbol que cae en el bosque? —respondió Cappy.

—Creo que es muy hermoso porque planificamos nuestra caminata perfectamente. —Zoe tenía una sonrisa satisfecha.

Era cierto. Si hubiéramos salido de Tuolumne a principios de julio, habríamos tenido que luchar contra la nieve profunda en las zonas más altas. Un par de semanas después, el agua y las flores se habrían secado y desaparecido.

—Entonces las Leyendas del Sendero habrían sido ciertas. —Cappy añadió la última palabra sobre el tema, y luego se levantó para reanudar la subida. Recogí una astilla de piedra dorada, delgada como una punta de flecha, para añadirla a mi colección de guijarros.

Seguimos subiendo, pero en lugar de volverse increíblemente empinado y terriblemente agotador, siguió siendo una subida celestial a través de un jardín. Superar con éxito un obstáculo de ese tamaño y reputación genera confianza. Sentía cómo me llenaba la conciencia de que era fuerte sola, y que juntas éramos aún más fuertes. Sin duda, aún quedaban más pruebas por delante, pero la Escalera Dorada era un icono, casi tan significativa para mí como conquistar el Monte Whitney.

Almorzamos bajo uno de los pocos árboles que se aferraban a la pared de granito; un enorme y antiguo árbol perenne de corteza roja que se alzaba como un centinela sobre un pequeño terreno en el amplio punto donde la curva invertía su curso. A la cabeza, llevaba veinte minutos de empinada subida observando ese árbol, con su promesa de sombra y descanso, y me lo había propuesto antes de detener nuestra pequeña caravana para almorzar. Me repetía a mí misma: «Ya casi llego. Ya casi llego. Solo un poco más».

Después de comer, nos relajamos, con los pies bien apoyados, para nuestra siesta. En calma, nos sumimos en un silencio apacible. Cerré los ojos y escuché todos los pequeños ruidos; el crujido de las agujas en el aire, el zumbido de los insectos alrededor de las plantas aromáticas, el canto ocasional de algún pájaro y mi propia respiración.

Después de largos minutos de descanso, Zoe susurró:

—¿Te das cuenta de que no hemos visto a otro ser humano en todo el día? —Su cachucha le cubría los ojos.

—Tienes razón —dijo Cappy. Acomodó las piernas y cruzó los brazos detrás de la cabeza.

Repasé los recuerdos del día.

—Las últimas personas que vimos fueron esas mujeres tan peculiares que pasaron caminando bajo la lluvia anoche.

Nuestro agradable silencio se reanudó.

El agudo canto de un halcón atrajo mi mirada hacia la vasta extensión que se extendía más allá de nuestra Escalera. Busqué en el cielo a quien lo llamaba, con la esperanza de verla en vuelo. Un minuto después, oí un canto de respuesta, más lejano. Entonces, también se quedaron en silencio.

Mirando hacia atrás, muchas de mis experiencias más memorables provienen de tramos del sendero, como la Escalera Dorada, donde no habíamos encontrado a nadie, donde teníamos la tierra y el cielo, la belleza, todo para nosotras.

—¿Cuántos años crees que tiene este árbol ancestral? —pregunté en voz alta—. ¿Crees que empezó a crecer aquí antes o después de que abrieran el sendero?

Cappy respondió:

—Esta sección fue la última en construirse, a finales de los años treinta. Si la semilla cayó y empezó a crecer la primavera siguiente, el árbol tendría, ¿cuánto?, poco más de sesenta años.

—Demasiado grande y viejo para eso, ¿verdad? —Recorrí con la mirada la amplia base del abeto, su áspera corteza roja, hasta donde sus ramas más altas sondeaban el cielo—. Así que debió estar de centinela aquí mismo mientras construían el sendero, y lo rodearon.

Zoe rompió su silencio:

—Apuesto a que los que construyeron estas curvas se sentaron aquí y comieron su almuerzo en nuestro lugar sombreado.

Años después, supe que el abeto rojo había recibido el acertado nombre científico de *Abies Magnifica*, debido a su imponente belleza. El árbol que se alzaba imponente sobre nuestro lugar de almuerzo junto al sendero ese día vivirá cientos de años y seguirá animando y protegiendo a los excursionistas en sus ascensos celestiales por la Escalera Dorada durante muchas generaciones.

Cuando coronamos la última de las curvas doradas, nos detuvimos en el borde del cañón y miramos hacia atrás, hacia el camino por el que habíamos venido, hacia las hileras de picos y crestas a través del cañón y el fondo del valle muy por debajo. Me sentí eufórica y mi confianza se vio reforzada por nuestro logro.

Cappy y Zoe tomaron fotos desde ese punto estratégico, digitalizando la escena para futuras referencias. Yo observaba sin cámara, pues las baterías de las mías ya estaban agotadas. Solo podía intentar absorber la belleza en mi mente analógica para mi propia referencia futura.

—Señoras, todavía nos queda mucho camino por recorrer.

Cappy guardó su cámara en un lugar seguro. La parada temprana y lluviosa de la tarde anterior nos había retrasado, así que aún nos quedaba bastante camino por delante.

El sendero ascendía suavemente por el Cañón Palisades. El Arroyo Palisades estaba caudaloso, fluyendo en dirección opuesta, pero siguiendo la misma ruta general que el Sendero. Nos detuvimos a escalar un circo tallado por glaciares, rodeado de numerosos picos, varios de ellos de al menos 4,000 metros. Cañón abajo, por donde habíamos venido, se encontraban los dos Lagos Palisades de un azul intenso que habíamos pasado; cañón arriba se alzaba la imponente mole del Paso Mather, que ascenderíamos a primera hora de la mañana.

Montamos el campamento en medio de un conjunto de rocas angulares y cantos rodados, erráticos, aproximadamente del mismo tamaño que la casa. Salvo alguna que otra fina capa de vegetación resistente, el entorno estaba compuesto enteramente de roca gris y plateada y un cielo azul claro. Los afilados 13 y sus anchos hombros dentados proyectaban sombras sobre el suelo de granito. El paisaje austero era mágico y lunar, casi desprovisto de color, pero contenía una miríada de matices entre el blanco y el negro.

Después de armar las casas, cenar y llenar los recipientes con agua, nos sentamos sobre losas de granito aún calientes por el sol y observamos cómo las nubes hinchadas navegaban por el cielo y el sol se ponía detrás de los imponentes picos.

—Cappy, ¿cuánto caminamos hoy? —Zoe yacía boca arriba, con las rodillas dobladas y la cabeza apoyada en las manos. Se había soltado el pelo de la cola de caballo y lo tenía desparramado sobre la cabeza.

—Unos siete kilómetros y medio —respondió Cappy—. La mayor parte cuesta arriba.

—Un buen día entonces —dijo Zoe satisfecha.

—Recuperamos parte del tiempo perdido. —Me giré de lado para mirar a Cappy—. ¿Fue suficiente?

Volteó la cabeza hacia mí.

—Todavía llevamos seis u ocho kilómetros de retraso.

Asentí.

—Bien. Son solo unas cuantas horas de caminata.

El problema era de espacio y tiempo. Los pases debían abordarse temprano, cuando estábamos frescas y el sol no estaba tan alto, en lugar de al final del día, con calor y cansadas. El Paso Mather estaba perfectamente preparado para ser nuestro obstáculo matutino. La distancia era importante, pero también lo era la posición. Era un poco como el billar; era genial embocar una bola, meter una, pero uno necesitaba una buena posición para subir o meter la siguiente y asegurar un juego exitoso.

—Me parecen interesantes todas estas Leyendas del Sendero. Hemos pasado tanto tiempo preocupándonos por el próximo desafío monstruoso —dije—. Había una cascada por la que caminar que nos asustó mucho. Y luego, cuando llegamos, resultó ser casi fácil y muy divertido.

—Muy cierto. —Cappy se unió a mis recuerdos—. ¿Recuerdas el Arroyo Evolution y el letrero escrito a mano en ese palo: «¡Abandonen la esperanza quienes crucen por aquí!» o alguna advertencia similar. Me pregunto si alguien fue arrastrado por esa cascada.

—Es difícil saber en qué creer. En cualquier caso, hemos tenido mucha suerte. ¡Parece que nos topamos con cada Leyenda del Sendero cuando ya no es tan legendaria! —dije.

—Escucha la confianza que transmiten nuestras voces —dijo Cappy incorporándose—. Hemos superado muchas cosas.

—Y afrontamos nuestros miedos —dije.

—¿Como cruzar ríos sobre troncos? —me preguntó Zoe.

—Sí. Así. —Me reí, recordando cómo había pasado por encima de ese tronco enorme con el trasero.

El sol ya se había ocultado, pero sus últimos rayos horizontales teñían las montañas orientales del rosa algodón de azúcar del resplandor alpino. Aunque la roca bajo mis pies aún conservaba e irradiaba un calor considerable, el aire en la superficie se enfriaba rápidamente. Me levanté a regañadientes de mi silla de granito para ponerme mis capas de noche; pantalones y chamarra de forro polar, guantes y gorro.

Al darme la vuelta, vi la luna alzándose sobre la cresta que el resplandor alpino acababa de abandonar.

—¡Mira eso! —señalé—. Está casi llena, solo falta una pequeña franja.

Mis amigas dejaron de lado sus propios procesos de preparación y reaccionaron al unísono:

—¡Guau!

—¡Qué día tan maravilloso! —dije—. ¡Le doy un diez de diez!

—Sí. Es un campamento de primera en una noche de primera. —Cappy sonreía de oreja a oreja.

A medida que la tarde se convertía en noche y el cielo se oscurecía, la luna se hacía aún más brillante. Sin las luces de la ciudad que interfirieran, sin la densa cortina de una atmósfera a menor altitud, la cara lunar brillaba como un foco, iluminando todos los objetos y superficies a nuestro alrededor. ¡Podría leer nuestro cuento antes de dormir sin la ayuda de mi linterna frontal!

De madrugada, salí sigilosamente de mi capullo de plumas y me deslicé silenciosamente fuera de la casa para hacer pis. Me había puesto la chamarra y los pantalones de polar, y llevaba los calcetines, medio vestida para protegerme del frío gélido. Aunque la luna se había ocultado, mi camino de alejamiento de la casa estaba iluminado únicamente por la luz de las estrellas.

La Vía Láctea, una línea blanca brillante, curvada como la raya de la cola de un zorrillo sobre la profunda negrura del espacio. En lugar de regresar de inmediato al calor de mi bolsa de dormir, me quedé de pie en un charco de luz, eché la cabeza hacia atrás y contemplé las estrellas. A más de 3,000 metros de altura, sola en un mundo en blanco y negro hecho de granito, espacio y luz, tuve la sensación de estar en el cielo, no debajo de él, una mota de luz entre tantas. Me sentí a la vez enorme e infinitesimalmente pequeña, parte del universo y aparte de él, integral y separado; una paradoja, ambos opuestos verdaderos. Al meditar, a veces siento que me disuelvo, me uno con el espacio que me rodea. Esa noche, con los ojos bien abiertos y plenamente presente, sentí esa misma sensación.

Punto de partida: Arroyo Palisades, justo antes de Deer Meadow, 2,570 metros
Punto final: Cañón Palisades, más allá del Lago Upper Palisades,
justo al Norte del Paso Mather, 3,413 metros
Punto más alto: justo al Norte del Paso Mather, 3,413 metros
Distancia recorrida: 12 kilómetros
Kilómetros acumulados: 197.1 kilómetros

Joan M. Griffin

Escalando con Sísifo

Lo salvaje nos recuerda lo que significa ser humanos,
lo que nos conecta en lugar de lo que nos separa.
~ Terry Tempest Williams, de la Declaración ante el Subcomité Senatorial de
Gestión de Bosques y Tierras Públicas, 1995

Día diecinueve
6 de agosto de 2006

*Punto de partida — Cañón Palisades, más allá del Lago Upper Palisades,
justo al Norte del Paso Mather — 3,413 metros*

Habíamos pasado la mañana escalando, escalando y escalando. Una y otra vez, curvas cerradas, nos llevaban hacia arriba, a través de un aire cada vez más enrarecido y frío, hacia la cima del Paso Mather, de 3,600 metros de altura.

Tras superar una de las reparaciones de deslizamientos más difíciles del sendero, me quedé descansando al final de una curva, bebiendo agua, chupando un caramelo Werther's y esperando a que Zoe y Cappy se unieran a mí. Aunque me gustaba caminar en solitario durante largos tramos, me sentía bien al reunirme con ellas y reconectar. Gestioné la distancia entre nosotras como la cuerda de un yoyó, extendiéndola hasta el límite de mi comodidad, luego haciendo una pausa para tensarla, antes de extenderla y detenerme, equilibrando mi doble necesidad de independencia y comunidad.

—Este tramo áspero me lastimó los pies —dijo Cappy—, pero el resto de mi cuerpo se siente fuerte esta mañana.

Su rostro se esbozó en una sonrisa de satisfacción. Era la segunda vez en dos días que Cappy mencionaba el dolor de pies, pero en ese momento apenas lo notó. Mientras que Zoe y yo habíamos sufrido al principio del viaje diversas llagas y dolores, Cappy había caminado más de 150 kilómetros sin dolor, así que no le di más importancia a sus pies.

—No me gusta caminar sobre pedregal. Tengo que concentrarme mucho en cada paso —dijo Zoe.

Eso, viniendo del escalador, me hizo reír.

—Tú y tu mochila son tan altos que probablemente pesan más arriba que nosotras, las pequeñas.

Empezaba a sentir frío, a pesar de los rayos constantes del sol, mientras mi cuerpo sudoroso y cansado se enfriaba. Una brisa creciente acentuaba el frío, así que me di la vuelta para continuar. Continué liderando el ascenso, manteniendo mi ritmo, usando los brazos y los bastones para impulsarme por la desafiante pendiente y acortando distancias poco a poco hasta la cima.

De repente, la empinada rampa terminó, y me encontraba en la cima del paso. «En línea recta», había recorrido solo medio kilómetro desde el campamento, pero siguiendo las curvas del sendero, había caminado casi dos kilómetros y medio y ascendido cerca de 300 metros. Me quité la mochila y me quedé de pie para admirar la vista infinita, girando lentamente, intentando asimilar su inmensidad. Dentro de ese inmenso panorama se alzaban varios picos distintivos; alguno de cerca de 3,900 metros, incluso un par de más de 4,200 metros, la única cima en la Tierra que superaba mi mirador de 3,600 metros en la cima del Paso Mather.

¡Estaba de pie sobre el lugar donde volaban las águilas!

¡Oh, qué podría hacer un fotógrafo con esa vista! Si tan solo. Negué con la cabeza para ahuyentar el lamento y saboreé la belleza inconmensurable.

Mi ensoñación se interrumpió cuando oí a Cappy llegar gritando.

—¡Increíble! ¿Viste esto? ¡Una prímula de Sierra! No puedo creerlo. —Estaba señalando flores.

Era difícil creer que algo pudiera crecer allí, a más de 3,000 metros de altura, sin protección del sol, el viento, la lluvia ni la nieve. No había tierra, ni polvo, solo una fina capa de granito descompuesto, asentada en grietas y protegida al pie de las rocas. Sin embargo, allí estaban, enclavadas en una grieta en la cima del Paso de Mather, las prímulas de Sierra, de un rosa brillante, con sus llamativas flores de cinco pétalos, sobresaliendo dos centímetros por encima de una estera verde grisácea.

—¡Un pequeño jardín en el cielo! —Cappy dejó a un lado su mochila y se agachó para mirar más de cerca.

La había pasado de largo, pero en cuanto me lo señaló, vi varias otras parcelas de diminutas prímulas escondidas a plena vista. Se veían empequeñecidas por la enorme roca en la que crecían; la gigantesca montaña en la que nos encontrábamos, de un gris granito por todas partes, que se asomaba a un cielo despejado y azul por todas partes.

—En un día despejado, se puede ver hasta el infinito —dije.

Aunque sabía que terminaba en un horizonte lejano, la vista de trescientos sesenta grados parecía infinita.

Teníamos el Paso Mather completamente para nosotras. No había nadie cuando llegamos, y nadie interrumpió nuestro almuerzo matutino a gran altitud. Pero antes de comenzar el descenso por la cara sur, y justo cuando empezábamos a posar para los retratos de rigor en la cima, un equipo de padre e hijo apareció por la cara norte, por el mismo camino que habíamos recorrido.

—¡Hola! ¡Bienvenidos a la cima del mundo! —gritó Cappy en cuanto vieron sus cabezas. Ya de pie, esperamos mientras se acercaban.

—Buenos días. Soy Jeff —dijo el mayor—. Mi hijo, Mark.

Señaló al más joven con un gesto de la cabeza y luego le extendió la mano. Nos saludamos con la calidez de buenos amigos del sendero.

Jeff rondaba los cuarenta y tantos, diez años más joven que Cappy y yo, y su hijo veintitantos, más joven que Zoe. Ambos eran altos, de más de un metro ochenta, y atléticamente esbeltos. Vestían la ropa de senderismo habitual y llevaban el equipo universal.

Antes de que descargaran sus mochilas, les pregunté:

—¿Les importaría tomarnos una foto de grupo? Así podríamos tomarles la suya.

Mark usó las cámaras de Cappy y Zoe para capturarnos mientras posábamos, con las mochilas puestas, los bastones preparados, de espaldas al vasto panorama del norte y los rostros protegidos por las alas de los sombreros y los lentes de sol.

—¿Harán todo el Sendero? —preguntó Zoe mientras intercambiábamos lugares.

Los hombres respondieron mientras posaban y les tomaba una foto.

—Sí. Conseguí un mes de vacaciones, y Mark está de vacaciones de verano en la universidad. Llevo un año planeándolo. Pensé que podría ser la última oportunidad de tener a Mark solo para mí por un tiempo. —Le dedicó una cálida sonrisa a su hijo.

—¿De dónde son? —preguntó Cappy—. No de California creo.

Estábamos listas para empezar a bajar, pero hacía días que no conversábamos lo suficiente, y creo que todas teníamos hambre de conversación y de nuevas historias.

—De Minnesota —dijo Mark—. Estudio en Northwestern, en la zona de Chicago, y creo que me quedaré ahí.

Había bajado su mochila y ya estaba sacando comida y agua mientras hablábamos. Si teníamos que comer tres mil calorías al día para mantener nuestros pequeños cuerpos, supuse que un chico en crecimiento como Mark tendría que duplicar esa cantidad en una caminata como esta.

—Se ha convertido en un chico de ciudad —dijo su padre—. A su madre y a mí nos cuesta mucho que vuelva a casa de visita. En este viaje, lo tengo atrapado, solo para mí, y es maravilloso. Un momento para conectar.

Miró a Mark, obviamente bromeando. Su hijo se sonrojó un poco y sonrió, ya con la boca llena.

—Íbamos juntos a los Boy Scouts cuando éramos mucho más jóvenes —dijo Jeff. «Se comporta como uno de los antiguos jefes de tropa de mi hijo», pensé, «tranquilo y seguro». No era difícil imaginarlo erguido con su viejo uniforme caqui y su sombrero de ala ancha—. Pero ha pasado mucho tiempo. Quería recuperar algo de esa sensación de aventura juntos.

—Como en los viejos tiempos —intervino Mark con una sonrisa generosa.

Era evidente que había participado voluntariamente en su propio secuestro y parecía estar muy a gusto en la naturaleza, pues su transformación de chico de ciudad no estaba del todo completa.

Pensé en las innumerables razones por las que la gente pone sus vidas en pausa para embarcarse en la larga y desafiante aventura de recorrer el sendero John Muir; para superar el desafío físico o contemplar la belleza natural, para sumergirse en la soledad o descubrir el significado espiritual, para escapar de las responsabilidades de la vida o simplemente disfrutar de la aventura romántica del viaje. Tendría que añadir a mi lista el tiempo para reconectar.

Creía que Cappy estaba en el sendero por la belleza y la aventura, pues completar el Sendero había sido su meta desde los años sesenta. Zoe disfrutaba de los desafíos físicos de la caminata. Yo no estaba tan segura de mis propias aspiraciones, ya que parecían evolucionar con el paso de los kilómetros. Antes de embarcarnos, fue tanto el atractivo de la aventura como la promesa de una experiencia espiritual sanadora lo que me atrajo al sendero. Sin embargo, durante los primeros días difíciles del Sendero, los desafíos físicos y emocionales eran lo único en lo que podía concentrarme. Una vez vencidos esos dragones, pude sumergirme en la belleza natural y la soledad, permitiéndoles trabajar en mi espíritu herido. Quizás estaba en el sendero por todas las razones de esa lista.

Antes de despedirnos de dúo padre e hijo, y cruzáramos el borde, Cappy les señaló las coloridas prímulas que había descubierto. Dijeron «ooh» y «aah», y se despidieron con la mano, aunque con sus largas zancadas y su juventud, seguro que pronto nos pasarían.

Nos conduje a través del borde del paso, con la nariz apuntando hacia el sur, los bastones de senderismo totalmente extendidos y la mente y los músculos recién descansados, hacia el empinado sendero descendente.

El descenso a la Cuenca Superior fue notablemente diferente al ascenso por la ladera norte, atravesando un conjunto distinto de ecosistemas debido a la orientación sur. Comenzó seco y polvoriento, como un desierto. Cada paso levantaba una pequeña nube de polvo blanco de granito descompuesto, que me dejaba la parte posterior de las piernas grisácea con un polvo arenoso.

El sendero de granito se sentía precariamente empinado bajo mis pies, y la delgada capa de polvo y grava del tamaño de un frijol sobre la piedra era como caminar sobre rodamientos de bolas. Mis pies querían resbalar y hacerme caer al suelo. Coloqué mis bastones con un propósito antes de cada paso torpe; si mis zancadas se alargaban demasiado, mi mochila y yo terminaríamos haciendo splits. Una vez durante ese descenso, mi mente vagó por un momento hacia el austero paisaje lunar que me rodeaba, y encontré mis brazos girando como molinos de viento y mis pies haciendo un suave movimiento para mantenerme erguida. Me detuve en el lugar. «Respira», me dije, deseando que el ritmo de mi corazón palpitante disminuyera. «Concéntrate, concéntrate», me ordené. «No quieres caerte».

Una imagen irónica me vino a la mente mientras miraba hacia el paso y luego hacia la cuenca. Escalando pasos de tres mil seiscientos y 4,600, los hitos que marcaban nuestro camino por el Sendero, estábamos manifestando un desafío de Sísifo. Éramos como el pobre Sísifo de la leyenda griega, condenado eternamente a empujar su roca hasta la cima de una montaña antes de caer y tener que empezar de nuevo. Como él, nos abrimos paso por la cara norte de cada paso, empujándonos y tirando de nosotras mismas por interminables curvas. Luego, con los bastones al máximo para evitar resbalones, rodamos con nuestras cargas hasta el fondo para empezar de nuevo. Cada una de nosotras estaba condenada a repetir el interminable ejercicio de levantarse y cargar con su carga hacia el cielo, solo para caer de nuevo a la tierra antes de comenzar de nuevo en el siguiente paso. La analogía y su imagen me hicieron reír, disipando los últimos vestigios del miedo que me había atrapado cuando casi caí sobre los mármoles.

Mis compañeras se acercaban cabizbajas, concentradas en sus pasos mesurados. En los últimos diez días, me había detenido a observarlas acercarse tantas veces, a veces subiendo una cuesta, a veces bajando curvas cerradas, a veces cruzando una amplia pradera plana, siempre bajo el peso de sus mochilas. El esfuerzo diario de cargar con cargas pesadas por varios pasos de montaña estaba moldeando sus cuerpos y su forma de andar. Los músculos de las pantorrillas de Cappy se abultaban y flexionaban con cada paso, claramente definidos bajo su corta falda de senderismo. Los brazos desnudos de Zoe estaban bronceados, sus bíceps se contraían y relajaban mientras usaba los bastones de senderismo para sujetar sus piernas.

Se supone que la historia de Sísifo representa la inutilidad de persistir en esfuerzos condenados al fracaso. Nuestra versión del relato era lo opuesto a fútil, lo opuesto a condenado. Avanzamos cada día, en kilómetros recorridos, en pasos conquistados y en la transformación de nuestros cuerpos, visiblemente más fuertes.

Nos reunimos por un momento en el sendero para comparar nuestras experiencias de deslizamiento y tomar uno o dos sorbos de agua. Con su bastón de senderismo colgando del lazo en su muñeca, Cappy señaló a lo lejos, hacia la cuenca debajo de nosotras, donde el sendero nos llevaría al siguiente paso.

—Desde Mather, a casi 3,600 metros, bajaremos hasta donde cruzaremos la bifurcación sur del Río Kings. Eso está a unos 3,000 metros —indicó. Zoe y yo miramos hacia donde ella señalaba al otro lado del valle—. Luego emprenderemos el ascenso. Pararemos esta noche en el Lago Marjorie, a unos 3,300 metros. Mañana por la mañana, a primera hora, nos prepararemos para subir y cruzar el Paso Pinchot, que es solo un poco más alto que Mather, 3,697 metros. ¡Es increíble!

Los ojos de Cappy brillaron.

Prestaba atención a sus palabras y gestos con una mitad del cerebro, así que la otra mitad quedaba libre para concentrarme en mis pies y mi equilibrio. El simple hecho de estar de pie en el empinado sendero lleno de grava requería mi concentración.

—¡De 3,000 a 6,000, y de 6,000 a 13,000 metros, todo en un solo día! ¡Es increíble! —dijo Zoe.

Miré hacia atrás y hacia arriba para ver una pequeña nube de polvo flotando sobre el sendero justo debajo del paso.

—Creo que nos persiguen —dije, desviando la atención de todos hacia la montaña que habíamos dejado atrás.

La nube blanca con dos puntos oscuros en el centro parecía rodar por el sendero y avanzaba a buen ritmo. Padre e hijo pronto pasarían junto a nosotras con sus largas piernas.

A medida que descendíamos, empezaron a aparecer restos de vegetación a lo largo del sendero; plantas resistentes, bajas, menos que las que habíamos encontrado a la misma altura en la ladera norte. Aún más abajo, atravesamos prados con árboles achaparrados y arroyos serpenteantes. En las partes más bajas de la cuenca, cruzamos la bifurcación sur del Río Kings y numerosos arroyos afluentes. A su alrededor, se extendían exuberantes prados, florecían flores silvestres, y pájaros y ardillas intercambiaban cantos y graznidos.

Paramos a almorzar un rato cuando nos topamos con un conjunto de losas planas de granito en medio de uno de esos amplios prados verdes. Nos tomamos la pausa en serio, preparándonos para la subida de la tarde.

—Creo que la Dieta del Sendero está funcionando —dije.

Estaba sentada con las piernas cruzadas, comiendo con desenfreno. Me había quitado el sombrero, las botas y la camisa de manga larga. Solo me quedaba una playera de tirantes, pantalones cortos y calcetines, mi ropa de diario para la siesta.

—¿Qué quieres decir? —preguntó Zoe. Levantó la vista de su cecina de pavo. También se había quitado el sombrero y las botas.

—A principios de la primavera, Cappy y yo asistimos a una plática en el colegio comunitario local sobre la dieta del Sendero, impartida por una pareja que la había practicado —le conté—. Compartieron sus fotos y sus historias. Usaron el término Dieta del Sendero para describir cómo, por mucho que comieran, seguían perdiendo peso en el camino.

—Creo que ella perdió diez kilos y él perdió cinco, o viceversa —agregó Cappy desde su rincón de la losa de granito pulido.

—Creo que funciona, porque mis pantalones cortos de senderismo me quedan muy sueltos de cintura. —Usé el pulgar para sacar la cinturilla de mi cadera—. ¡De hecho, me quedan tan sueltos que ni siquiera tengo que desabrocharlos para bajármelos al orinar! —reí—. Si no los tuviera abrochados con el cinturón de la mochila, creo que se me caerían mientras camino.

—¡De verdad, Joan! —se rió Cappy conmigo—. Mis pantalones cortos también me quedan bastante sueltos. Pero no podré seguir con esta rutina de ejercicios cuando llegue a casa, así que tendré que comer más despacio.

—Pero ahora no —dijo Zoe—. Siempre tengo hambre. Es como si nunca me llenara del todo.

Acentuó su afirmación dándole un mordisco depredador a la cecina.

Terminado el descenso, era hora de subir nuestras cargas a la siguiente cresta. Adiós, Mather. Hola, Pinchot. La parte baja del ascenso al Paso de Pinchot atravesaba un denso bosque en la cresta norte. Una y otra vez, a la sombra de los árboles, las curvas nos llevaban cuesta arriba a paso de tortuga. Cerca del límite arbóreo, los árboles se redujeron en tamaño y número, para ser reemplazados por prados alpinos salpicados de pequeños lagos y estanques, y llenos de rocas erráticas dispersas. El sendero seguía ascendiendo, serpenteando entre prados.

El cielo estaba despejado, la alfombra verde adornada con un arcoíris de flores silvestres. Hilos de agua; arroyos y riachuelos, cruzaban una y otra vez las praderas. El sonido del agua en movimiento se mezclaba con el susurro de la brisa entre la hierba y los arbustos. Los estanques relucían. Alguna marmota tomaba el sol en una roca. Los pájaros cantaban.

La subida de la tarde, diseñada para ubicarnos en el punto perfecto para iniciar la subida final al Paso Pinchot, fue desafiante. Estaba empezando a cansarme cuando llegué al lago ancho y poco profundo mucho antes que las otras dos. Recordé, por la descripción anterior de Cappy, que tenía un nombre de mujer. ¿Era Monika? ¿Marie? No, habíamos pasado por el Lago Marie días atrás. Quizás era Marguerite. ¿Margaret? Algo así, estaba seguro.

El Lago Como se Llame ocupaba el centro de su terraza. El agua gorgoteaba profundamente en estrechos canales, entrecruzando su pradera esmeralda en laberínticos patrones geométricos. Muy angosto, de apenas unos centímetros de ancho, cada franja recta de agua se podía cruzar de un solo paso. La turba teñía el agua de los delgados canales de un bronce bruñido.

Más adelante, el sendero serpenteaba por otra ruta larga y empinada, que seguramente abordaríamos por la mañana. Mirando hacia atrás, por donde había venido, la pradera parecía una mesa esmeralda, con el borde recto y afilado como un cuchillo, y sobre ella solo un cielo pálido y vacío.

Llevaba sentada unos diez minutos cuando las diminutas siluetas de mis compañeras de ruta aparecieron sobre el horizonte verde. Primero aparecieron sus sombreros y cabezas, luego sus torsos, ensanchados y cuadrados por las mochilas, y finalmente sus botas. Llegaron unos minutos después a mi lado, jadeando y exclamando ante la belleza de la terraza.

—¿No es increíble? —dije.

—El agua cambia de color según la dirección en la que mires. —Cappy señaló primero a la izquierda y luego a la derecha—. Por aquí es dorada, y por allá es negra.

Empezó a desabrocharse las correas para bajar su pesada mochila.

—Mira hacia el norte —dije—. Es como si estuviéramos en el borde de un mundo plano.

Zoe dejó su enorme mochila junto a la mía y giró en la dirección que le señalé.

—Me recuerda a la película de El *Señor de los Anillos*, tan natural. ¿No parece un lugar donde uno se encuentra con elfos y hobbits en el camino?

—Quizás deberíamos estar atentas a los trolls —dije entre risas. Empezando a sentirme descansada, estaba ansiosa por acampar.

Me levanté de mi lugar de descanso de piedra y caminé unos pasos hacia el borde este del prado, donde el terreno llano era un poco más alto y seco, y dije:

—¿No crees que este es el lugar perfecto para nuestra casa?

Cappy, que había estado observando nuestro entorno, girando a un lado y a otro, se detuvo y se giró para mirarme directamente.

—Este no es el lago Marjorie, Joan. —Habló con la autoridad de un hecho científico absoluto, como si hablara de la gravedad, como si hubiera dicho: «Las rocas caen hacia abajo, Joan. No hacia arriba».

—Nuestro campamento está a 1,600 metros más o menos subiendo esa colina —añadió, señalando el sendero de granito gris que se elevaba hacia las alturas sin árboles del siguiente paso de montaña. No había duda en su voz.

Se me encogió el corazón. Mi cuerpo se desplomó al pensar en otro kilómetro, obviamente todo cuesta arriba.

—¿Y qué lago es este? —pregunté. Era lo máximo que podía hacer para desafiar a Cappy a demostrar su conocimiento mucho mayor y mejor identificado del sendero y sus puntos de referencia. Estaba cansada y decepcionada, y no quería seguir caminando.

—Es solo un lago sin nombre —dijo Cappy, desestimando mi pregunta con un gesto despreocupado. Se sentó en la roca donde yo había descansado hacía poco y empezó a buscar algo para botanear en su mochila.

Sabiendo que cualquier desafío a los conocimientos de senderos de Cappy sería inútil, me tragué la decepción. Saludé al agua: «Adiós, lago como se llame. Lago Marjorie, allá vamos», luego agarré mi mochila y me di la vuelta para irme.

—¿Te vas? Acabamos de llegar —dijo Cappy, dejando de rebuscar en su mochila, me miró con el ceño fruncido.

Giré la cabeza para mirarla por encima del hombro.

—Sí. Nos vemos en el campamento. Estoy cansada. Solo quiero llegar a donde pueda parar —dije antes de emprender el camino. Sabía que estaba siendo una idiota, pero no tenía ni una pizca de energía que perder con paciencia. La necesitaría toda para subir esa colina.

Mirando hacia atrás, la ironía es evidente. Le estaba haciendo a Cappy exactamente lo mismo que ella me había hecho a mí camino a la Cabaña Muir. Abandonarla. Pero en ese momento, estaba segura de que tenía razón en ambas ocasiones.

«Un kilómetro y medio. Puedo hacerlo en media hora», me aseguré.

—Incluso cuesta arriba —insistí, hablando en voz alta ahora que estaba sola.

Hice acopio de energía.

—Estaré en el lago Marjorie en treinta minutos —repetí, solo para asegurarme de haberme oído.

—Al menos estoy a la sombra —susurré.

Negué con la cabeza, volví a mi mantra de escalada y me concentré en mis pasos. «Uno, dos, tres, cuatro. Amor, vida, verdad, belleza, abundancia y paz...». Brazos y bastones se balanceaban para complementar pies y piernas. Botas presionaban la tierra, bastones tiraban del espacio. «Cinco, seis, siete, ocho. Amor, vida, verdad, belleza, abundancia y paz».

Sin previo aviso, el bosque terminó.

Dejé de contar, de cantar y de caminar.

El espacio frente a mí se abrió a otra hermosa pradera salpicada de más hermosas flores silvestres, dominada por otro hermoso lago, alimentado por más hermosos arroyos y riachuelos serpenteantes.

¿Puede uno volverse inmune a la belleza? Mis ojos estaban cansados, sobre estimulados por colores y formas, luz y oscuridad. Una vista eclipsaba a la anterior. Estaba perdiendo la capacidad de apreciar cada objeto hermoso, cada escena deslumbrante. La belleza se estaba convirtiendo en ruido blanco, ahogando mi comprensión.

Quizás necesitaba vitamina A para recuperar la vista. Quizás necesitaba cerrar los ojos para descansar. Quizás necesitaba dormir para reponer las sustancias químicas de mis retinas que registraban los colores verdes y azules. Ese día, esa semana, las había agotado todas. Quizás por la mañana tendría una nueva reserva.

Suponiendo que había encontrado al verdadero Lago Marjorie y no a otra impostora, localicé un lugar encantador para acampar. Había una pequeña cornisa al este del lago, casi como una plataforma real, con vistas a Marjorie y su prado.

Mientras esperaba, me acosté en mi colchón, cerré los ojos y respiré hondo, recalibrando mi actitud. Dejé que mi impaciencia se elevara al cielo con cada respiración, mi frustración se desvanecía en la tierra mientras mis músculos se relajaban.

Me desperté al oír a Cappy y Zoe llamarme a pocos pasos. Esa pequeña siesta me había revitalizado y tranquilizado. Me incorporé y sonreí a modo de saludo.

—¿Qué te parece si ponemos nuestra casa de campaña en esta cornisa?

—Es perfecto —dijo Cappy. Se quitó la mochila y empezó a sacar la mitad de la casa que llevaba.

La broma era a nuestras expensas. A la mañana siguiente, caminaríamos 400 metros antes de descubrir que, después de todo, no habíamos pasado la noche en el Lago Marjorie, sino en la orilla de otro impostor, otro lago sin nombre. Incluso Cappy se dejó engañar por sus propias ilusiones, permitiéndonos detenernos justo antes de nuestro destino. Nos reiríamos de nuestro error y decidiríamos que tenía un propósito, pues hicimos una nueva amiga inspiradora en el segundo Lago Marjorie falso.

Zoe tendió un tendedero entre la casa y un arbolito. Solo llevaba dos prendas de ropa interior, dos camisetas deportivas sin mangas y dos calcetines de senderismo, y necesitaba refrescar una de cada. Esta etapa de la caminata; entre el Rancho Muir y el encuentro con los caballos de carga, era más larga que las anteriores, así que tenía que lavar y secar mi ropa por el camino. Y no podría enviar por correo la ropa sucia cuando llegara la nueva.

Además de mi botella de agua, llevaba un pequeño recipiente plegable de tela, de unos veinte centímetros de diámetro, que llené con agua del lago. Usé jabón biodegradable, pero no me gustaba echar la tierra ni los químicos al lago, así que lo llevé todo a varios pasos de la orilla. Me senté en un pequeño banco de piedra sobre una amplia losa de granito pulido por el glaciar para lavar la ropa.

—Toma asiento —le dije a Zoe, que se había acercado con su ropa sucia y sus recipientes de agua.

—Gracias. —Dobló sus largas piernas para sentarse y extendió su ropa a su lado.

—Puedes usar mi recipiente cuando termine. —Mis calcetines estaban empapados en agua jabonosa mientras exprimía el agua de mi playera—. Hace mucho frío; no creo que todo se seque esta noche, así que solo estoy lavando la mitad de mis cosas.

—¡No hay nada peor que caminar con la ropa interior mojada! —confirmó Zoe.

—¿Vas a lavar la ropa, Cappy? —pregunté—. ¿O vas a nadar?

—Hace demasiado frío incluso para mí —dijo, llevándonos el agua—. No es tarde, pero ya casi estoy lista para ponerme otra capa.

Dejó el montón de ropa en nuestro lavadero improvisado y fue a buscar su chamarra.

Enjuagué mis calcetines y le pasé el bote con jabón a Zoe. Luego colgué la ropa mojada en el tendedero junto a la casa. Estaba sacando mi chamarra y mis pantalones de polar de la mochila cuando oí una voz masculina:

—¡Hola, vecinas!

Me giré y vi a un caballero maduro, mayor que Cappy y mis cincuenta y tantos, vestido según los estándares de moda del Sendero; pantalones de senderismo color caqui (del tipo que se pueden reducir a pantalones cortos con un cierre), una camisa verde musgo y botas de montaña, de pie en el borde de nuestro pequeño estrado para acampar.

—¿Puedo pasar? —Tenía una sonrisa amplia y cordial.

—Adelante —respondió Cappy.

Ella y Zoe se pusieron de pie. Me puse la chamarra y me acerqué a saludar a nuestro visitante. Aparte de los Scouts padre e hijo en la cima del Paso Mather, no habíamos visto a nadie con quien hablar en días, lo que lo hacía muy grato.

—Me llamo Bob.

Entró en el campamento. Su apretón de manos fue cálido y firme, a juego con su sonrisa.

—Qué bonito lugar tienen aquí. ¿De dónde son? —preguntó—. ¿Hacia dónde van?

Completamos nuestras respuestas y luego hicimos las preguntas habituales sobre el sendero.

A sus sesenta, Bob lucía una mata de pelo canoso que rodeaba una calva incipiente. Unas pobladas cejas blancas se elevaban sobre sus ojos claros al hablar, y una multitud de líneas de expresión se estiraban y relajaban animadamente al narrar sus historias. Y qué narrador era.

—Ya es la hora del cóctel. Ojalá tuviéramos una buena botella de Naggiar Sangiovese para compartir, pero solo podemos ofrecerte una roca para sentarnos y platicar un rato.

Señalé nuestro pequeño oasis en la tarima.

Dimos una vuelta y nos sentamos en las piedras para compartir nuestras historias. Mi lamento por no tener vino inspiró a Bob a contar una anécdota de su juventud. Parece que él y sus amigos solían llevar botellas llenas de vino y un sacacorchos al campo.

—Eso añadiría demasiado peso a mi mochila para que yo lo haga ahora —dijo—. ¡Era mucho más fuerte y estaba más loco entonces!

De nuevo, esa risa. Nos hizo reír a todas.

Resultó que Bob había recorrido el Sendero varias veces.

—De hecho, intento hacerlo todos los veranos —dijo—. Aunque no sé cuántas veces más podré. Cada año me pregunto si será el último. Entonces me digo: «Solo una vez más, una vez más». Al final, me veré obligado a recorrerlo solo a pequeños tramos.

Su risa era contagiosa.

«¡Qué inspiración!», pensé. «Espero estar tan sana y fuerte como Bob dentro de diez años, para poder seguir haciendo senderismo y acampando en la Sierra cuando tenga sesenta años».

Cuando le describí dónde vivíamos Cappy y yo, dijo:

—¡Entonces sí que somos vecinos! Yo también vivo en la región vinícola, en Sonoma.

—Es un mundo pequeño después de todo —recité más que cantar.

Era una escena doméstica muy cómoda; una conversación agradable con compañía en el porche delantero, la ropa secándose en el tendedero del patio trasero, la cena esperando en la cocina.

—Esto ha sido encantador, pero ya debe ser la hora de cenar, y mejor me voy. —Bob se levantó.

—Tenemos que repetir esto el año que viene —dijo, tocándose el sombrero de mentira y saliendo del porche hacia su casa de al lado.

Desapareció en el crepúsculo de las alturas tras un pequeño bosquecillo, y, como él se dirigía al norte y nosotras al sur, no volveríamos a ver a Bob.

Punto de partida: Cañón Palisades, más allá del Lago Upper Palisades, justo al Norte del Paso Mather, 3,413 metros
Punto final: Lago Marjorie, 3,393 metros
Punto más alto: Paso Mather, 3,681 metros
Distancia recorrida: 14.1 kilómetros
Kilómetros acumulados: 211.3 kilómetros

Toque dorado

Sentí que mis pulmones se inflaban con la avalancha del paisaje—
aire, montañas, árboles, gente.
Pensé «esto es ser feliz».
~ Sylvia Plath, *La Campana de Cristal*, 1963

Día veinte
7 de agosto de 2006

Punto de partida — Lago Marjorie — 3,393 metros

No sé si el paisaje se había vuelto más magnífico cada día o si mis ojos se habían recuperado de la noche a la mañana de su sobrecogida inmunidad a la belleza, pero este día parecía el más hermoso que jamás había experimentado. Una vez más, la profusión de color, de luz y sombra, se registró en mi mente feliz.

Lagos de color azul zafiro brillaban en círculos dorados. Flores silvestres salpicaban arcoíris a lo largo de los bordes del sendero. Una brisa hacía bailar las hierbas y los arbustos enanos. Y nuestro sendero zigzagueaba entre rocas doradas, charcas brillantes, arbustos de color verde pálido y franjas de pequeñas flores, todo ello mientras ascendía sin cesar.

La subida al Paso Pinchot fue completamente diferente a cualquier otra. Esta montaña había sido moldeada con una piedra metamórfica dorada que brillaba al sol. La roca, que se rompía y desmoronaba con facilidad, se había desintegrado en una fina capa de tierra que retenía más humedad, por lo que incluso a 3.300 metros, la vegetación crecía a lo largo del sendero.

Las curvas cerradas se extendían a izquierda y derecha, elevándonos hacia la cima del paso de 3.600 metros y pasando junto a numerosos lagos y estanques pequeños. Cintas de nieve derretida, que a menudo confundían el sendero con el lecho de un arroyo, serpenteaban hacia abajo a medida que ascendíamos a paso firme. Hierbas, juncos, arbustos y abundantes flores silvestres, que se sentían cómodas en la abundancia, poblaban la ladera y el límite del sendero dondequiera que se acumulaba tierra e incluso había la más mínima protección contra el viento.

Los Pasos se hacían cada vez más altos a medida que caminábamos hacia el sur. De los siete Pasos a lo largo del sendero Muir que se extendían por encima de los 3.300 metros, el de Pinchot de hoy era el quinto. En los próximos días, superaríamos los dos últimos; el de Glen y el más alto de todos, el de Forester, que medía más de 3.400 metros. Los pasos se elevaban cada vez más, al igual que nuestra fuerza y resistencia.

Habíamos ascendido bastante cuando, al doblar una curva del sendero, me encontré con una visión inesperada. Una recua de caballos descendía del paso y venía hacia nosotras. Primero, me detuve, pensando en esperar a que mis compañeras de excursión, que iban unos minutos detrás, me alcanzaran. Pero, donde me encontraba, el sendero era estrecho y no sería un buen lugar para cruzarme con la caravana. No quería estar en la parte exterior, en la ladera abierta del acantilado, de la curva cuando pasaran, pero tampoco quería quedar aplastada contra la pared interior del sendero por los animales que pasaban.

No soy especialmente aficionada a los caballos. Siendo sincera, me dan miedo. Me parecen enormes e intimidantes, así que quería mantener la mayor distancia posible entre ellos y yo. Este viaje me había puesto cara a cara con varios de mis miedos, los que sabía que tenía; los rayos y cruzar el agua sobre troncos, y otros que no sabía que tenía; caminar por cascadas y cruzar campos de nieve empinados. Los había enfrentado a todos con distintos grados de gracia y descubrí que era más valiente de lo que creía. Al tener que compartir el sendero con una remuda de caballos, inesperadamente se me presentó otra oportunidad de enfrentarme a algo que me asustaba.

Examiné el camino, buscando un lugar amplio que me permitiera apartarme y dejar pasar a los caballos de carga sin peligro. Veinte metros más adelante, el sendero serpenteaba alrededor de los restos de un antiguo derrumbe. Se habían creado varios huecos donde la roca caída se unía al sendero, pequeños nichos junto al sendero donde las tres podíamos apartarnos y dejar que las criaturas tomaran su derecho de paso.

Cappy y Zoe me encontraron esperándolas en uno de esos rincones rocosos. También habían estado observando a los caballos y notaron que me había detenido, se apresuraron a unirse a mí. Los caballos habían desaparecido por un instante tras un afloramiento rocoso que ocultaba un tramo del sendero.

Cuando reaparecieron, estaban bastante cerca, levantando polvo al trotar rápidamente. El primero y el último caballo de la recua llevaban jinetes. Entre ellos, cinco robustos animales cargaban cajas y bolsas de lona; una a cada lado y otra centrada encima que se balanceaban con cada paso de los caballos. Sus pasos, que sonaban como metal contra roca, no estaban sincronizados, así que avanzaban, balanceándose y tambaleándose al azar. Los caballos se agruparon, con las cabezas superpuestas a las colas, y sus patas buscando apoyo en el sendero rocoso.

La primera mujer apenas nos saludó con un breve asentimiento. La otra levantó la mano y ofreció un rápido «Gracias». Ninguna sonrió. Cada una se sentó erguida en su silla, con un sombrero de ala ancha y lentes oscuros que ocultaban sus ojos. Chasqueaban los dedos y hablaban con sus monturas, animándolas a darse prisa. En un instante, desaparecieron de la vista.

«¿Adónde se dirigían? ¿Por qué apresuraban a sus animales?». Como otros viajeros de larga distancia, planeábamos encontrarnos con un caballo de carga en un par de días, y las caravanas mantenían numerosas estaciones de guardabosques y campamentos rurales repletos de provisiones, así que no era raro encontrar caballos de carga en la naturaleza. Lo que me pareció extraño fue su intensidad, su afán por apresurarse. Era una caravana cargada, con montones de provisiones, el tipo de carga regular programada con mucha antelación. Entonces, ¿por qué la prisa? El encuentro me dejó pensando.

Subimos cada vez más alto, dejando atrás todo salvo las plantas más resistentes y los coloridos líquenes. A esa altitud; casi 3,600 metros, nos envolvía el apacible silencio del espacio. Salvo el viento y nosotras mismas, no había nada que hiciera ruido. Así como no había sonido, tampoco había olor, solo el aroma prístino e inodoro del aire, limpio y puro.

A pesar de la empinada subida, no necesité bajar la marcha para seguir mi mantra de escalada, ni lo haré yo misma al subir la colina. Simplemente puse un pie delante del otro, una y otra vez. De repente, me encontré emergiendo entre las rocas en la cima del paso, como una de las picas de Sierra que poblaban las tierras altas asomando la cabeza por su túnel rocoso.

El Paso de Pinchot podría haber sido confundido con un castillo a 4,600 metros de altura. Montones de pedregal dorado; formados por roca metamórfica fragmentada y los fragmentos de roca intacta de formas extrañas que aún permanecían en pie, parecían torres de castillo rodeadas de murallas. El viento soplaba a raudales sobre el paso, terriblemente frío, así que lo primero que hice fue buscar ropa de abrigo y empezar a vestirme con varias capas; chamarra de lana, guantes, gorro y rompevientos.

—¡Brrrrr! —Cappy, y luego Zoe, se unieron a mí en la cima.

Rápidamente se pusieron las capas exteriores y nos agachamos, usando las defensas del castillo como refugio. El panorama era completo, una vista de trescientos sesenta grados, de horizonte a horizonte, del mundo abajo y más allá. Comí una barrita Clif, con la mirada puesta en el paisaje del norte. El Paso de Mather se alzaba imponente al otro lado de la cuenca salpicada de lagos que habíamos cruzado el día anterior.

—Buenas y malas noticias —empezó Cappy. Recargada en la muralla del castillo, saboreaba puñados de granola casera, rica en nueces y frutos secos.

—A ver —reí—. Empieza con las buenas noticias.

Zoe y yo apartamos la mirada del paisaje para concentrarnos en Cappy.

—No más escaladas hoy. Acabamos de ascender más de 300 metros en tres kilómetros, y lo hicimos en un tiempo realmente bueno. —Cappy sonrió.

Sus ojos color castaño dorado, ocultos por sus lentes oscuros, brillaban sin duda. Compartí su orgullo por el logro.

—A este paso, pronto recuperaremos el tiempo perdido. —Sabía que eso hacía muy feliz a Cappy, pero aun así no me entusiasmaba la idea de recuperar el tiempo perdido. De hecho, me gustaba bastante la idea de robar tiempo extra para llegar tarde.

—¿Y...? ¿Cuál es la mala noticia? —preguntó Zoe.

—La siguiente etapa del recorrido será un desafío diferente.

—¿Cómo es eso? —pregunté.

—El campamento de esta noche está a 2,590 metros. Ahora mismo estamos a más de tres mil seiscientos —Cappy dejó que asimiláramos la diferencia.

—¡Guau! ¡Tenemos que bajar un kilómetro hoy! —Me quité el sombrero y observé su rostro.

—Casi. De hecho, son más bien 1,600 metros —dijo Cappy—. Va a ser duro para las caderas de Zoe y para tu tobillo. Tendremos que descansar mucho por el camino.

Sabía que le preocupaban las abrasiones de Zoe; siempre se agravaban con las marchas cuesta abajo.

La joven Zoe, habló.

—Eso es darles muchos golpes a las viejas articulaciones. —Sonreía, intentando restarles importancia a los posibles problemas.

—¿Tienes algo para protegerte las caderas? —le pregunté a Zoe—. Voy a volver a atarme las agujetas para que no se golpeen los dedos en las puntas de las botas.

Empecé a desatar las agujetas.

—Me alegro de que no estemos haciendo esta caminata, NOBO, o estaríamos subiendo esos 1,200 metros —dijo Cappy—. Yo también voy a volver a atarme las botas.

Zoe se puso de pie, estirando su largo cuerpo, girando, dando vueltas y estirándose hacia arriba, poniendo a prueba la tierna piel nueva que se extendía sobre sus caderas.

—Muéstrame qué estás haciendo ahí. —Zoe se sentó a mi lado.

Le hice una demostración y ella empezó a cambiar sus propias agujetas.

—¿Cómo tienes las caderas y los hombros? ¿Tienes algo para protegerlos? —repetí.

—Están mucho mejor, pero esto me preocupa un poco —dijo—. Creo que voy a intentar acolcharme las caderas con mis calcetines extra.

—Buena idea.

La cuenca del Arroyo Woods, al sur del Paso Pinchot, era enorme; un valle profundo y largo que se curvaba al sur y al este desde nuestra elevada altura. El sendero rocoso que se extendía frente a nosotras descendía por laderas de talud similares a las del lado norte antes de abrirse paso a extensas praderas. Extensos bosques cubrían el fondo de la cuenca. Ocultos a la vista, el Arroyo Woods y sus afluentes fluían por el corazón de la cuenca.

Empezamos a descender la colina, agrupadas para las dos primeras curvas. Bastones largos, una cuidadosa colocación de los pies y una concentración total hicieron que la caminata fuera muy silenciosa, salvo por el rítmico chasquido y el roce de los bastones y las botas sobre la piedra. No podía levantar la vista mientras caminaba. Las estrechas curvas estaban llenas de fragmentos de roca que fácilmente podrían hacer tropezar a un senderista desprevenido. En cambio, me detenía con frecuencia por breves momentos para satisfacer mi necesidad de observar el entorno. Si hubiera tenido una cámara, los hubiera llamado Momentos Kodak.

Cuando las curvas cerradas empezaron a perder su pendiente, el sendero abandonó la roca desnuda para atravesar una pradera alpina tras otra. Ocasionalmente, campos de talud arenoso de antiguos deslizamientos interrumpían las praderas. El sendero cruzaba innumerables riachuelos, todos descendiendo con nosotras y serpenteando entre los erráticos prados y las flores silvestres.

Tras un par de kilómetros y un desnivel de más de 300 metros, me detuve en un exuberante prado, tallado en patrones geométricos por riachuelos dorados que se entrecruzaban. Mis pies llevaban casi un kilómetro quejándose; me ardían las plantas de los pies y las yemas de los dedos gordos. «¿Se me estarían formando ampollas otra vez?» El agua llamaba a esos puntos sensibles, así que antes de que Zoe y Cappy pudieran alcanzarme, me quité las botas, los calcetines, la cinta protectora y sumergí los pies en ese oro líquido. Moví los dedos y flexioné los tobillos, dibujando círculos en el agua dorada. No me hubiera sorprendido oír el siseo de las llamas extinguiéndose con el agua fría.

—¿No quieres descansar a la sombra? —preguntó Cappy al llegar.

Seguramente parecía que planeaba quedarme un rato, con la mochila tirada a un lado, sin zapatos y con los ojos cerrados de puro placer. Hacía rato que me había quitado la chamarra y estaba pensando en dejar también las mangas largas.

—Normalmente diría que sí, pero no hace precisamente calor —dije—, y esta agua es demasiado increíble para dejarla.

Estaba acostada boca arriba, mirando directamente hacia arriba, a ella y a Zoe recortadas contra el cielo.

—Lo recomiendo muchísimo. Podría ser agua mágica. Mis pies estaban en llamas; ahora solo arden. Un poco más de tiempo, y quizá estén curados y listos para seguir caminando. —Me reí, pero casi hablaba en serio.

—Me vendría bien un poco de magia. —Zoe dejó caer su mochila, se sentó y empezó a desatar sus zapatos—. No sé cómo me ayudará la cadera, pero aceptaré lo que pueda.

—Te superamos en número. —Le sonreí a Cappy—. Únete a nosotras.

Dudó un segundo, luego tuvo que admitir que el agua tenía propiedades restauradoras y que podría haber estado encantada.

—¿Ves qué dorada se ve el agua? Creo que de ahí saca sus poderes mágicos —bromeé—. Zoe, deberías bautizarte las caderas con ella.

Una hora después, mientras recogíamos, Cappy dijo:

—Todavía nos faltan más de 25 kilómetros para encontrarnos con el caballo de carga.

La ansiedad le cortaba las palabras como siempre cuando hablaba de plazos y destinos. Se subió las mangas largas de su camisa, que antes era blanca, hasta los codos y apretó los labios formando una fina línea.

—Todavía nos queda el resto del día, todo el día de mañana y la mañana siguiente —dije con ligereza, decidida a no absorber la energía nerviosa que proyectaba—. ¿No te parece factible?

Me giré hacia el camino, lista para dejar atrás el agua mágica y el tema de conversación.

Con la mochila puesta, ajusté el cinturón y la correa del pecho, un proceso que se había vuelto tan automático que apenas necesitaba pensarlo. Durante los primeros días de nuestra caminata, tenía que rebuscar en varios bolsillos de la mochila cada vez que necesitaba encontrar algo. Me había llevado mucha atención y varios minutos ajustar las correas de la mochila a la perfección cada vez que me la ponía. Pero para el día veinte, podía encontrar cualquier cosa con rapidez, sabía exactamente en qué bolsillo y a qué profundidad buscar. Y podía ponerme la mochila, estar bien ajustada y lista para salir a caminar en tan solo unos segundos. Definitivamente me estaba fusionando con mis escasas posesiones y mi mochila.

—Creo que podemos, —dijo Cappy—. Creo que llegaremos a tiempo. Pero tenemos que seguir adelante.

Sus palabras amables no cuadraban del todo con la ansiedad que se desprendía de su voz.

—¡Suenas como *La Locomotora que Sí Pudo*! «Creo que podemos, creo que podemos...». —Me reí y me adentré en el sendero, interrumpiendo la conversación. Ella podía preocuparse con cada paso si quería, pero yo tenía la intención de volver a mi pequeña burbuja de felicidad andando.

La cuenca del Arroyo Woods se había visto gigantesca desde la cima del Paso Pinchot esa mañana, extendiéndose hasta la distancia antes de desaparecer bajo un oscuro dosel de árboles que la distancia hacía diminutos. Por la tarde, también parecía gigantesca. Llevábamos horas caminando y aún nos quedaban kilómetros por recorrer antes de dormir. El paisaje a nuestro alrededor era impresionante. Los prados dieron paso a un denso bosque con una profunda sombra que nos mantuvo frescas durante el calor de la tarde.

Y el sendero seguía llevándonos hacia abajo. Esa noche escribí en mi diario que «caminamos, subiendo y bajando, subiendo y bajando, pero, sobre todo, definitivamente, hacia abajo». Por debajo de los 2,600 metros, la manzanita y el chaparral reemplazaron los bosques, volviendo el sendero polvoriento. Sin árboles, de repente era una tarde calurosa y seca de agosto.

Lo que no habíamos visto al abrigo del bosque eran los acantilados que se alzaban a nuestras espaldas y a ambos lados a lo largo del ancho cañón. Al salir de las sombras, los imponentes acantilados se alzaban como prueba tangible de la distancia recorrida. Esa mañana, habíamos estado en la cima mirando hacia abajo, y ahora mirábamos hacia arriba desde abajo. Las imponentes paredes se alzaban más de 900 metros sobre nuestras cabezas.

Al adentrarnos en el valle, cruzamos una frontera invisible y regresamos a la periferia de la civilización. Un punto de entrada de fácil acceso al corazón de la Sierra atraía a campistas de fin de semana y excursionistas ocasionales del Valle Central de California, al oeste, por lo que el Sendero John Muir y los diversos senderos transversales estaban repletos de todo tipo de personas. Viejos y jóvenes, solos y en parejas, en desfiles y enjambres, familias con niños, todos jugaban a Seguir al Líder hacia el Parque Nacional Sequoia-Kings Canyon. Al igual que el Arroyo Woods, que había crecido gracias a las aportaciones de sus numerosos afluentes, la población del sendero aumentaba en cada acceso a la amplia y transitada carretera del Sendero.

No queriendo ser arrastradas y ahogadas por la multitud, Las Tres Mujeres se reunieron en un grupo compacto en la vía que se ensanchaba. Solo en Red Meadow, dos semanas antes, habíamos tenido contacto cercano con tanta gente que no fuera senderista del Sendero ni del PCT. Nos habíamos topado con una multitud en RVV y otra en la cima del Paso Muir, pero eran grupos más pequeños de compañeros de viaje. Miembros de la hermandad del sendero, se veían, olían, actuaban y hablaban como nosotras.

Estas personas eran diferentes, extrañas. Vestían ropa veraniega de colores vivos y olían a champú y jabón. Eran ruidosos y apresurados, y se movían en grupos parlanchines. También eran menos amigables; pocos nos miraban a los ojos, y quienes lo hacían nos saludaban con un rápido asentimiento o una sonrisa antes de apartar la vista. Quizás se sentían incómodos, pensando que teníamos un aspecto rudo. Extrañaba la camaradería instantánea que habíamos encontrado con los viajeros en el campo. Me sentía como una extraña en tierra extraña, y mis antenas, se pusieron alerta.

El Arroyo Woods se había convertido en un río profundo y ancho que se abría paso desde las Tierras Altas. Aunque no corría con la furia aullante del Arroyo Piute, un río salvaje como un animal, que días atrás había cobrado la vida de una hermana excursionista, el Arroyo Woods avanzaba con la firmeza y constancia de un tren de carga.

—La guía decía que el puente sobre el Arroyo Woods es muy inusual —nos había dicho Cappy mientras nos sentábamos a remojar los pies esa misma tarde—. Es un puente colgante llamado el Golden Gate de la Sierra.[17]

Había formado parte de una de sus mini conferencias más fascinantes. Al acercarnos al cruce del río, estábamos alerta.

—¡Mira! Ahí está —anunció Zoe sonriendo. Se detuvo de golpe y señaló hacia adelante, con su cola de caballo rubia aun ondeando.

Una majestuosa obra de arquitectura; una escultura de madera, alejada de caminos y cobertizos de herramientas, se erguía única y apartada de los árboles circundantes. Era elegante, formada por líneas simples y armoniosas.

De pie junto a Zoe, admirando el puente, dije:

—Parece tan fuera de lugar, pero a la vez es tan... atractivo.

Me costó definir la belleza tanto para este producto de ingeniería humana como para los productos del entorno natural que lo rodea, pero era evidente que era acertado para ambos. El puente colgante parecía un dibujo a pluma y tinta, mientras que el paisaje natural que lo rodeaba era como una vívida pintura al óleo.

Una torre de soporte se alzaba en cada extremo del puente, una en la orilla norte del río, cerca de nosotras, y la otra en la orilla sur. Un par de gruesos cables conectaban las partes superiores de las dos torres, colgando en amplias U sobre el barranco inundado entre las orillas, como si fueran unas combas. Dos cables adicionales sostenían un sendero de listones de madera, suspendido en otro elegante arco invertido sobre el agua, muy por debajo.

—¡Vaya! ¡Qué chido! —fue mi respuesta inmediata.

—Esto será divertido. —Una amplia sonrisa se extendió por el rostro de Zoe, reflejando la mía, estoy segura.

La estructura nos atrajo hacia adelante hasta que estuvimos observando desde tan solo unos metros mientras una joven cruzaba delante de nosotras. La chica,

---

[17] Thomas Winnett y Kathy Morey, *Guide to the John Muir Trial* (Wilderness Press, 1998), pág. 40.

vestida con pantalones cortos, playera y tenis de colores brillantes, probó primero el suelo del puente con un tímido golpeteo del pie. Luego caminó rápidamente, con una mano en cada una de las gruesas cuerdas que servían de pasamanos. El puente colgante parecía ondear suavemente en una ola sinuosa que la seguía hasta el otro lado, mientras sus pies hacían un ruido de palmadas sobre los listones de madera que era absorbido por el sonido del agua que fluía por debajo.

Al llegar a la rampa de entrada, nos detuvimos a leer un cartel colocado en un poste.

UNA PERSONA
A LA VEZ
EN EL PUENTE

Cappy dudó cuando le hice señas para que pasara.

—No, tú primero —dijo con el rostro inexpresivo.

No supe si estaba siendo amable o estaba preocupada, pero me adelanté y subí por la rampa de madera que constituía el extremo norte del puente. Los primeros pasos en el estrecho tramo, de solo un metro de ancho, fueron como subirse a la tabla de un barco pirata, salvo que se extendía sobre el agua y luego seguía hasta tierra firme al otro lado. La estrechez ofrecía una curiosa vista del agua que corría a gran velocidad por debajo.

Dejé mis bastones de senderismo colgando de sus presillas para las muñecas, así podía usar la barandilla de cuerda para equilibrarme. El puente se balanceaba y se mecía bajo mis pies lo justo para que fuera divertido e interesante, no tanto como para asustarme, ni siquiera para emocionarme. El movimiento sinuoso que había notado cuando la chica cruzó comenzó también bajo mis pies, extendiéndose hacia adelante y hacia atrás desde donde pisaba, de modo que el suelo parecía subir y bajar suavemente como olas del mar con cada zancada. Cuando llegué al centro, intenté rebotar un poco, doblando las rodillas y estirándolas rápidamente varias veces para ver si podía hacer que el puente rebotara o se balanceara. El puente respondió con un pequeño movimiento brusco, y luego volvió inmediatamente a sus ondas serpenteantes. Mi peso corporal, incluso con la mochila puesta, no era suficiente para tener ningún impacto.

Me giré para mirar a mis compañeras de senderismo, los saludé con la mano y sonreí.

—¡Qué divertido! —les grité, y terminé rápidamente de cruzar y esperé a que se unieran a mí.

Zoe llegó después. Se detuvo a la mitad, como yo, e intentó hacer que el puente rebotara también, pero tuvo la misma experiencia. Llegó a mi lado con una gran sonrisa y un paso ágil.

—Sin duda, un puente muy divertido.

Arqueé las cejas y asentí en señal de acuerdo:

—En serio.

Estoy segura de que nos veíamos raras, pues estábamos una al lado de la otra esperando y observando a Cappy empezar a cruzar. Zoe me superaba con creces. Apenas le llegaba al hombro y tenía que voltear hacia arriba para mirarla a la cara cuando hablábamos.

Mientras observábamos el cuidadoso comienzo de Cappy, Zoe dijo:

—Creo que se siente incómoda con el cruce.

Observé a Cappy de cerca. Estaba bien, solo un poco indecisa, y definitivamente no rebotaba en el medio. Estoy segura de que se sujetaba con fuerza a las barandillas, pero para eso estaban.

Llegó con una sonrisa. Sus ojos revelaban una sonrisa de alivio. Chocamos los cinco como solíamos hacer al cruzar ríos difíciles cuando apenas éramos principiantes en el Sendero y cada cruce nos parecía un gran logro.

—No me gustó eso—, dijo Cappy con bastante énfasis y moviendo la cabeza lentamente. —No me gusta el terreno inestable.

Me identifiqué con ese tipo de reacción de miedo impulsiva. Había empezado la caminata sin poder cruzar puentes de un solo tronco, con la confianza en mi propia capacidad para mantenerme erguida completamente minada por un terror irracional. Ahora era Cappy, firme e inquebrantable, quien estaba un poco conmocionada.

—El puente colgante de una mujer es el cruce de troncos de otra —dije y fui recompensado con una pequeña sonrisa.

—Me sorprendió lo mucho que me molestó. —Cappy dejó escapar un gran suspiro, como si lo hubiera estado conteniendo.

Nos alejamos del puente para buscar un lugar para acampar. Los campamentos, alineados a la par, se extendían junto al río, y otros se extendían en grandes franjas más alejadas del agua. Grandes cajas para osos de metal; distintivos elementos permanentes que reforzaban la inmersión de este lugar en la civilización, estaban ubicadas entre los campamentos. La mayoría de los lugares estaban ocupados por casas de campaña y una colorida variedad de accesorios de campamento. Tras días de tranquila soledad, acompañados únicamente por los sonidos de la naturaleza y nuestros propios ruidos, los sonidos humanos resultaban extrañamente desconcertantes. Las madres llamaban a sus hijos, los niños se llamaban entre sí y reían mientras jugaban, hombres y mujeres charlaban entre el crujido y el traqueteo de las tareas coordinadas de montaje del campamento. La cacofonía resonaba en mi cerebro sin invitación y amenazaba con apoderarse de todos los espacios tranquilos.

En silencio, caminamos hasta el final de la hilera, unidas en la búsqueda de un rincón aislado en ese bullicioso pueblito fronterizo. Nos instalamos en el último campamento junto al río. Aún se veía el puente, pero solo compartía un límite arbolado con los vecinos. El vasto terreno para acampar había sido cortado del espeso bosque que crecía a ambas orillas del río. Pinos y abetos imponentes rodeaban y daban sombra a todos los sitios, creciendo hasta la orilla del agua e impregnando el aire con su aroma penetrante. Instalamos la Frankencasa entre dos grandes rocas que podrían haber sido confundidas con casas de campaña y nos instalamos.

Mientras Cappy y Zoe nadaban en el agua fría, me metí hasta las rodillas, me di un baño estratégico y luego me tiré en una roca calentada por el sol junto al arroyo. Desde mi posición, las vi jugar como dos nutrias de río, zambulléndose, chapoteando y flotando boca arriba. Su deleite con sus propias travesuras me hizo sonreír. Más cerca del puente, un grupo de niños retozaba y chapoteaba, y sus risas nos llegaban.

A pesar de la inyección de las vistas y sonidos de la civilización en nuestra existencia previamente aislada, el singular día estaba llegando a su fin. Desde cualquier punto de vista, ese día había sido el más desafiante, pero también el más exitoso. Sin prisas, habíamos atravesado 16 kilómetros de paisaje infinito y en constante cambio. Habíamos escalado y superado el paso más alto hasta entonces, un mirador que nos había brindado una vista infinita de trescientos sesenta grados del universo. Luego, descendimos más de 1,000 metros a través de un ecosistema de asombrosa belleza tras otro. A menos de 2,590 metros, el Campamento del Arroyo Woods y su acogedor Golden Gate se encontraban un poco más abajo que Tuolumne Meadows, el punto de partida de nuestra gran aventura veinte días antes. En un solo día, habíamos viajado desde el punto más alto hasta el más bajo hasta el momento, y luego lo celebramos relajándonos junto al agua que bailaba y cantaba.

Punto de partida: Lago Marjorie, 3,393 metros
Punto final: Arroyo Woods, 2,596 metros
Punto más alto: Paso Pinchot, 3,685 metros
Distancia recorrida: 15.6 kilómetros
Kilómetros acumulados: 226.9 kilómetros

Bajo una luz diferente

Vengan, hadas, sácame de este mundo aburrido,
porque yo viajaría con ustedes sobre el viento
y ¡bailaría sobre las montañas como una llama!
~ William Butler Yeats, *La Tierra del Deseo del Corazón*, 1894

Día veintiuno
8 de agosto de 2006

Punto de partida — Arroyo Woods — 2,596 metros

Amaneció temprano. No me despertó ni la luz del sol moteada que se filtraba a través de las paredes de nailon de la casa ni el canto de los pájaros. No fue el murmullo musical del agua en movimiento lo que me despertó. Ni siquiera fue Cappy crujiendo en su bolsa de dormir a mi lado. Fue el ruido desenfrenado de la humanidad lo que me sobresaltó y me abrió los ojos. Al principio, no tenía ni idea de dónde estaba ni de qué eran esos ruidos extraños. Permanecí acostada unos instantes, confundida, hasta que mi mente se aclaró.

Miré a mi derecha, hacia Cappy.

—¿Qué demonios?

—Gente —respondió ella, poniendo los ojos en blanco y exhalando con fuerza.

Recordé dónde estábamos, acampados entre las masas de Kings Canyon. En mis sueños, había estado en un lugar alejado de la civilización.

—Supongo que es hora de levantarnos —dije riendo.

—Parece que mi despertador ha sonado. —La voz incorpórea de Zoe llegó a través de la pared de tela.

—Es bastante molesto —dije—. ¿No podrías haber elegido una alarma más bonita?

—¿Como los cantos de los pájaros? —dijo Cappy.

Al igual que yo, se movía, estirándose para alcanzar la ropa que había apartado antes de acostarse.

Tras pocas discusiones, Las Tres Mujeres llegaron a un consenso. Íbamos a escapar rápidamente de aquella pequeña ciudad de casas y adentrarnos en la naturaleza deshabitada. Para ello, preparamos el equipaje con determinación, desayunamos mientras trabajábamos y nos dirigimos directamente al sendero que se dirigía al sur.

En el letrero que indicaba la salida del campamento hacia el sur, nos encontramos con una pareja de treinta y tantos que también se apresuraba hacia la naturaleza salvaje. Caminamos un trecho juntos. Más jóvenes y fuertes, nos superarían en cuanto terminaran el ritual de las bromas y el intercambio de información. Pero por el momento, hablamos del clima y las condiciones del sendero, compartimos nuestra aversión a las multitudes e intercambiamos notas sobre los pasos pasados y futuros.

—¿Se cruzaron ayer con un grupo de caballos de carga en el sendero? —preguntó la mujer alta y bronceada.

—Lo hicimos. En la cara norte de Pinchot. Por la mañana. Teníamos que apartarnos de su camino. —Cappy describió nuestro encuentro con detalle.

Me animé. A ellos también les debió parecer curioso el incidente, o no habrían preguntado, así que añadí:

—Parecía que tenían prisa. Nos pareció un poco raro.

—Estaban parados, abrevando a sus caballos, cuando nos topamos con ellos. —El hombre rubio y barbudo añadió más detalles.

Zoe hizo la gran pregunta:

—¿Alguna idea de por qué tenían tanta prisa?

—Una de las mujeres dijo que estaban en una misión de rescate —explicó la mujer—. Un hombre caminaba por el sendero con una especie de pierna falsa, una prótesis, y se rompió, se partió en dos, así que no pudo seguir. ¿Te lo imaginas?

—Apuesto a que era el tipo que vimos cerca de la Cabaña Muir. ¿Lo recuerdan? —les dije a Cappy y Zoe—. Tenía una de esas prótesis metálicas curvas nuevas, como las de aquel corredor olímpico. No parecía una pierna, solo una pieza de metal que se curvaba desde la rodilla hasta el zapato.

—¿No era uno de esos tipos que bajaban esquiando por la ladera nevada de Muir? ¿Los que nos asustaban cuando pasaban zumbando y gritando? —le recordó Zoe.

—Oh, ese tipo. —El reconocimiento floreció en el rostro de Cappy.

—Hablé con él y sus amigos unos minutos en la cima del Paso Muir —añadió Zoe—. Estaba entusiasmado con su nueva pierna. La llamaba su pata de palo.

—Debió de estar terriblemente frustrado —dije—, atrapado en la naturaleza, sin piernas. Me pregunto cómo consiguieron ayuda.

—Su amigo salió a pie para contactar a los guardabosques —continuó el hombre—. Los de la paquetería ya estaban en el sendero para entregar provisiones, pero se desviaron para el rescate.

—Nos alegra mucho haberlos encontrado —dijo Cappy—. Misterio resuelto.

Nos separamos, y aunque sugirieron que nos veríamos en un campamento esa noche, estaba bastante segura, incluso con nuestra versión de senderismo 2.0 más fuerte y rápida, de que no lo haríamos.

Quebrarse una parte de una pierna era sin duda una situación extrema, pero cualquier lesión grave en la naturaleza podía dejar a una senderista fuera de combate e impedirle caminar hacia un lugar seguro. Una caída que resultara en una fractura de muñeca o tobillo, o un corte profundo, podía convertirse rápidamente en una situación peligrosa si se caminaba sola. A veces me frustraba con mis compañeras de senderismo. No siempre coincidíamos en nuestro progreso ni en nuestros planes. Pero siempre aprecié cómo Las Tres Mujeres éramos capaces de resolver los problemas en equipo y apoyarnos mutuamente cuando surgían miedos o dolores. Me sentía segura y tranquila caminando con compañeras estables, incluso mientras disfrutaba de mi soledad caminando delante.

La caminata de la mañana fue un reflejo del descenso del día anterior, con una subida gradual que salía del chaparral y atravesaba el bosque. Los senderos forestales son cómodos, blandos por la tierra y la hojarasca. El silencio era acogedor, interrumpido solo por el canto de los pájaros y alguna ardilla que corría como loca por el sendero.

Un par de horas después de dejar el campamento abarrotado, nos detuvimos para tomar nuestro tentempié matutino y descansar en un tranquilo aislamiento junto a un pequeño arroyo.

—Estamos a punto de entrar en la cuenca de los Lagos Rae. —El rostro de Cappy era soñador, su voz tensa por la emoción. Le contó a Zoe lo que me había dicho seis meses antes, cuando estábamos en plena preparación—. Visitar los lagos Rae ha sido uno de mis sueños, desde que empecé a viajar de mochilera en la universidad.

—Es una tierra de muchos lagos. —Estaba mirando el mapa que Cappy había sacado. Pude ver que justo enfrente se encontraba la Cuenca de los Lagos Rae. Justo al oeste estaba la Cuenca de los Sesenta Lagos, y al este había muchos más óvalos azules que simbolizaban lagos.

—Es decepcionante que no podamos pasar la noche —dijo Cappy—, pero me emociona que podamos pasar unas horas allí. Algún día volveré para quedarme más tiempo.

Dicho esto, se puso de pie, lista para ver si el lugar mítico que había creado en su mente se parecía al real.

Cada encantador lago nos invitaba a detenernos y visitarlo un rato; nadar en sus aguas cristalinas, caminar por su perímetro, relajarnos en su soleada orilla. Rechazamos todas las invitaciones, aunque a regañadientes, hasta que pudimos justificar una pausa llamándola hora del almuerzo. Con el Lago Lower Rae a nuestra disposición, nos sentamos en una enorme roca de granito con vistas al agua y saboreamos nuestro almuerzo.

Haciendo honor a su reputación, después de almorzar, Cappy se metió al agua. Aseguró que las aguas poco profundas cerca de la orilla eran cálidas y acogedoras. Se metió hasta las rodillas, le gritó a Zoe que se uniera a ella, se zambulló de cabeza en el lago y salió a la superficie seis metros más adelante resoplando, con su larga melena colgando como una cuerda por la espalda. Zoe se quitó la ropa y se quedó en sostén deportivo y pantalones cortos antes de meterse. Ambas se zambulleron, chapoteando y riendo. Insistieron en que era refrescante y me llamaron desde mi percha rocosa.

Contenta donde estaba, saludé.

Cappy salió para tirarse en una roca calentada por el sol. Estaba segura de que necesitaba recuperar el calor después de pasar un tiempo en el gélido deshielo. Zoe seguía nadando de un lado a otro frente a nuestro picnic, con el aspecto de un delfín extraviado.

A pesar de la belleza del Lago Lower Rae, y de Dollar y Arrowhead antes que él, palidecía en comparación con los Lagos Middle y Upper Rae. Los lagos unidos compartían un estrecho istmo de tierra apenas por encima de la línea de flotación, que proporcionaba un estrecho camino entre ellos. El ligero puente de tierra era lo único que impedía que los dos lagos se fusionaran.

Nos sentíamos presionadas por nuestro horario y sabíamos que no podíamos quedarnos ni en el del medio ni en la del alto. Pero su belleza edénica nos deslumbró y redujo nuestro ritmo de paseo a una caminata. Luego, nos quedamos deambulando, señalando y exclamando «ooh» y «aah».

Peces dorados jugaban en las aguas poco profundas. Los pájaros piaban entre los arbustos y los árboles pequeños. Una ranita cruzó el sendero de un salto y se zambulló en el agua. Las flores florecían a lo largo del sendero. Bayas, rosas y rojas, adornaban uno de los arbustos.

—Comida para osos —dijo Cappy, señalándolos.

—Viviría aquí si fuera un oso —dijo Zoe—. Este sería un lugar estupendo.

Se dio la vuelta lentamente, observándolo como si estuviera considerando hacer una oferta por la propiedad.

Observé el agua, siguiendo la orilla con la mirada. Estrechas penínsulas rocosas señalaban el centro del lago, mientras que pequeñas calas en forma de medialuna se abrían paso en la tierra. El agua adquiría colores siempre cambiantes; pálido y brillante desde un ángulo, brillante y reflectante desde otro, tan claro que revelaba el fondo rocoso del lago desde otro. El lago resplandecía con tonos zafiro y turquesa, violeta y azul.

—Cappy, tenías razón —dije—. Podría quedarme aquí una semana. Hay tanto que ver.

Sintiendo la atracción del Paso de Glen y el encuentro con los caballos de carga al día siguiente, giramos para continuar caminando. Cerca del puente de tierra, casi tropecé con un hombre agachado, observando algo en el agua.

—Hola. Me llamo Arnold —dijo, levantándose. Apenas terminamos de presentarnos, apareció otro hombre, acercándonos por el pequeño istmo—. Ese es mi amigo Hank.

Ninguno de los dos jóvenes llevaba mochila completa, aunque ambos llevaban riñoneras repletas de equipo fotográfico y una mochila. Vestían el uniforme estándar del Sendero, junto con sombreros de ala ancha. Sus barbas mostraban más de una semana de crecimiento.

—¿Se quedan o solo están de paso, señoras? —preguntó Hank. Apoyó su pequeño trípode en una roca cercana y bebió de una botella de agua.

Le explicamos nuestro dilema, nuestro deseo de quedarnos para siempre, nuestro plan original de pasar una noche y nuestra situación inmediata.

—Qué lástima. Esto es un paraíso, y perfecto para la fotografía —dijo Arnold, levantando su Nikon negra—. Entre aquí y Cuenca de los Sesenta Lagos, he tomado mil fotos.

—Y eso es solo en su tiempo libre. Se supone que está contando peces y buscando ranas. —Hank rió suavemente. Eso, como seguramente pretendía, nos provocó miradas de confusión.

—¿Por qué estás contando peces? —pregunté, mirando de un hombre a otro.

—Estamos tratando de determinar por qué la rana patiamarilla, una importante especie nativa de la Sierra, se está extinguiendo. Se han considerado muchas razones diferentes; enfermedades, clima, depredadores, contaminación. Creemos que se debe a que las truchas no nativas, introducidas por la gente, las están matando al comerse sus huevos —explicó Arnold. Su comportamiento había cambiado por completo, de senderista casual a científico profesional serio; era su pasión, y se irguió un poco más.

Hank agregó, con la cadencia cuidadosa de un maestro:

—Entonces, estamos comparando lo que sucede aquí en los Lagos Rae, donde tenemos truchas, con lo que no sucede en los Sesenta Lagos, justo al otro lado de la cresta, donde no hay truchas, y esperamos que nunca las haya.

—Contar truchas y buscar ranas. Eso tiene más sentido ahora —dijo Cappy—. Estudios científicos como ese me parecen fascinantes. ¿Qué has descubierto?

Su rostro reflejaba la seriedad de Arnold.

—Todos los datos hasta ahora parecen respaldar nuestra tesis —dijo Arnold—. Eso es bueno, pero también malo. Bueno, porque sabemos qué está causando el problema. Malo, porque las truchas no se van a ninguna parte y están diezmando las poblaciones de ranas.

—¿Por cuánto tiempo estarás aquí haciendo esto? —preguntó Zoe.

—Llevamos aquí todo el verano y casi hemos terminado de recopilar datos. Ahora tenemos que volver a analizarlos y redactar nuestro informe —dijo Hank—. Pero primero nos tomaremos unas pequeñas vacaciones.

—¡Por eso todas las fotos! —intervino Arnold. Su rostro pasó instantáneamente de serio a juguetón, con una gran sonrisa dibujándose en él, y volvió a levantar la cámara.

Le pregunté qué estaba fotografiando.

—Un poco de todo —dijo—. Ayer solo tomé primeros planos de flores y rocas. El único objetivo que usé fue mi macro. Pero se acerca la luna llena y espero ver algo interesante para fotografiar esta noche.

Me dolió un poco el corazón. El deseo de Cappy no fue el único frustrado por las indiferentes exigencias del sendero. Mi plan original de documentar nuestro viaje con miles de fotografías se había ahogado con mi nueva y pequeña Nikon. Si tan solo.

Hank señaló un inusual pico multicolor de roca metamórfica que se alzaba majestuosamente sobre los dos lagos.

—Tomé una interesante serie de retratos de la Dama Pintada con diferentes luces. Una mañana me levanté de noche para fotografiarla al amanecer y luego tomé unas fotos geniales de su silueta al anochecer.

—Nos estás haciendo muy difícil la salida —dije—, pero si nos quedamos a hablar, me voy a poner a llorar porque no podemos pasar la noche.

Me reí.

Me agaché para recoger una pequeña piedra verde jade, lisa como el satén tras años en aguas turbulentas. La guardé con mi colección de bolsillo. Nos despedimos con la mano y dejamos que el sendero nos guiara lejos de la hermana del Medio y pasando también por la Superior.

No teníamos intención de subir el Paso de Glen esa tarde. Lo hicimos por capricho. Fue una decisión unánime y espontánea. Tras salir del Lago Upper Rae, el sendero ascendió a través de un bosque alto y sombrío, interrumpido por amplias zonas de brezo que crecían donde el sol se filtraba por los claros del dosel. A medida que el bosque daba paso, por encima del límite arbóreo, a plantas más pequeñas y a vistas despejadas del imponente paso, nos detuvimos en el sendero para observar la zona y hablar sobre encontrar un lugar para acampar. Estábamos en el lugar perfecto para acostarnos y lanzarnos a la ascensión al paso a primera hora de la mañana.

—¿Cómo se sienten, chicas? —preguntó Zoe—. O sea, ¿están cansadas? Me siento con mucha fuerza ahora mismo.

Se subió la mochila al hombro mientras hablaba.

—Estoy bien —hice una pausa entre sorbos de agua—. Mi cabeza me dice que debería estar cansada, y el plan dice que debería estar lista para parar, pero mi cuerpo me dice lo contrario. Podría caminar un buen rato.

A pesar de haber caminado 11 kilómetros y ascendido más de 600 metros ese día, tras nuestros dos días más exitosos, me sentía fresca, incluso con ganas de seguir.

—Ni siquiera quiero parar —dijo Cappy—. Quiero seguir. Pero, y es un gran pero, el Paso de Glen está justo ahí. ¿Queremos cruzarlo esta tarde? ¿Ahora? ¿Ahora mismo? ¿O esperar hasta la mañana? Podríamos acercarnos un poco más y acampar, pero más allá de eso, solo podemos acampar hasta llegar al otro lado.

—Entonces, ¿dices que tenemos que elegir entre quizás 800 metros y acampar a este lado, o tenemos que comprometernos a subir y cruzar? —dije. Miré mi reloj. Eran casi las seis—. ¿Cuántos kilómetros? ¿Y de cuánto es la subida?

Quería saber realmente qué significaría aquello. Saqué una bolsa de plástico de caramelos duros del bolsillo. Si iba a caminar más, iba a empezar a tomar una dosis constante de azúcar. Me metí uno de canela en la boca y ofrecí el resto. Zoe tomó un par de caramelos de menta.

El paso se alzaba sobre nosotras, una pared de roca desnuda que se alzaba hacia el cielo con su punta de 3,600 metros. Estaba segura de que las curvas se entrecruzaban en su cara, pero estaban camufladas por su rugosidad y los taludes que se extendían de arriba abajo.

—Son unos tres kilómetros desde aquí hasta la cima, y subiremos unos 500 metros —explicó Cappy—. No es una caminata fácil.

Eligió un caramelo.

Volví a intervenir.

—Qué curioso. Hace diez días o una semana, hubiera dicho: «Ni hablar», pero ahora mismo digo: «¡Pan comido!» «¡Hagámoslo!».

Juntas, nos habíamos fortalecido tanto estos últimos días que fue poderoso. La curva de aprendizaje física que enfrentamos al principio fue muy pronunciada, pero la superamos y ahora estábamos cosechando los frutos.

—¡Bien, señoras! ¡Adelante! —Zoe señaló el camino con el brazo derecho y el bastón.

Las curvas se volvían cada vez más pronunciadas, y su precariedad exigía mi atención constante. Sin embargo, no tuve que reducir la marcha ni detenerme a descansar. Simplemente seguí caminando al mismo ritmo constante, sin jadeos. El sendero a veces era arenoso, a veces liso y a veces sepultado bajo montones de pedregal. Me aferraba al borde interior del sendero, manteniendo la mano en la parte alta como la barandilla de una escalera.

Ninguna vegetación suavizaba la agreste belleza de la roca desnuda. Estábamos muy por encima del límite forestal y allí no crecía nada. La nieve se acumulaba a los lados del sendero. Un viento gélido arreció a medida que ganábamos altura, proveniente del oeste. Me detuve a buscar mi rompevientos. Ni siquiera el calor que generaban mis músculos era suficiente para mantenerme caliente.

El extremo oriental de cada curva serpenteaba alrededor de una larga cresta vertical que subía y bajaba por la ladera de la montaña. Esa cresta actuaba como un parabrisas, por lo que hacía calor bajo el sol del atardecer. En el extremo oeste de cada curva, sin embargo, hacía mucho frío, azotado por el viento que silbaba contra los ángulos afilados de la piedra. Caminando hacia el oeste, el viento me daba de frente, impidiendo mi avance, agarrando mi gran mochila cuadrada que se alzaba sobre mi cabeza como una vela, intentando obligarme a retroceder. Tenía que inclinarme hacia adelante por la cintura y presionar contra el viento para mantener el movimiento. Caminando hacia el este, el viento me empujaba a la espalda, ayudándome como un barco que avanza a favor del viento, aunque a veces sentía que una ráfaga intentaba tirarme justo al borde del estrecho sendero. Entonces pasaba la cresta vertical y volvía a entrar en calor.

A pesar del reto de la subida, me sentía eufórica. Me detenía de vez en cuando para apartar la vista de mis botas y del sendero y admirar las vistas panorámicas. Fila tras fila de picos y crestas; de 3,000, 3,500 y 4,000 metros de altura, se extendían en la distancia, y abajo, los lagos que habíamos visitado esa tarde nos deslumbraban.

El Paso Glen, una larga y esbelta roca de granito que se alzaba como un cuchillo, era diferente a todos los demás pasos que habíamos superado. La franja rocosa, apenas lo suficientemente ancha como para albergar el sendero en fila india que la recorría, me recordaba a caminar sobre el muro de ladrillo que separaba la casa de mi infancia de los jardines de nuestros vecinos. Un viajero que se detuviera en medio del sendero, con los brazos extendidos, podía dejar caer una piedra con cada mano, de modo que ambas cayeran cientos de metros antes de rebotar y caer una y otra vez, una en la cuenca de los Lagos Rae al norte, la otra en el Cañón del Arroyo Bubb al sur.

Llegamos al extremo oriental del Paso Glen de casi 3,600 metros y nos detuvimos juntas donde la última curva conducía a su lomo afilado.

El Paso de Glen era angosto. No había dónde sentarse y descansar, pero menos mal. Era tarde, casi las siete. Salimos al sendero más tarde que nunca. El terreno a nuestro alrededor era árido y empinado, y teníamos que caminar una distancia antes de encontrar un terreno llano para acampar. El sol estaba tan bajo en el cielo occidental que, incluso desde nuestra posición, había desaparecido tras la siguiente hilera de picos. Aunque el cielo permanecería claro en el prolongado crepúsculo de las Tierras Altas, refrescaba rápidamente. Necesitábamos seguir adelante.

El sendero giraba bruscamente a través de una muesca en la roca lo suficientemente ancha para que una persona pudiera pasar a través de ella y descendía en un ángulo agudo hacia una serie de pronunciadas curvas descendentes.

—Necesitamos encontrar un lugar donde pasar la noche —dijo Cappy después de unos minutos.

—Sé que debemos darnos prisa, pero también debemos tener cuidado —dije.

Estaba tan entusiasmada por la forma espontánea en que conquistamos el paso que no me había dado cuenta del tiempo transcurrido. El cielo se acercaba lentamente a la oscuridad. Aunque estábamos a solo unos 60 metros por debajo del paso de más de 3,500 metros, estábamos profundamente inmersas en su sombra. Sentía la ansiedad carcomiendo mi mente.

El camino de piedra descendía con una pendiente pronunciada y estaba cubierto de arena y piedrecitas. La prisa aumentaba la probabilidad de que alguna de nosotras resbalara y cayera. Me concentré por completo en dónde ponía los pies, cada paso era deliberado. No iba a caerme.

—Rápido, vamos a tener que elegir entre ponernos las linternas frontales o simplemente detenernos en el sendero —dijo Zoe después de unos minutos—. No quiero caminar por este sendero a oscuras.

—No hay zonas de acampada oficiales a estas alturas —recordó Cappy la guía—. Hay que buscar un lugar llano, cualquier lugar llano.

Apenas pronunciadas esas palabras, doblamos una curva del sendero y encontramos un estanque poco profundo y sin nombre, apenas un hoyo en el fondo rocoso, más pequeño que una alberca de jardín común y corriente, y ni de lejos tan profundo. Estaba rodeado y resguardado por muros verticales y grandes rocas. Junto a él había un espacio plano y liso, del tamaño y la forma de nuestro campamento, perfecto para nuestra casa de campaña y su refugio aledaño. Rápidamente me quité la mochila y saqué mi parte de la casa.

Miré hacia arriba y me quedé sin aliento. De repente, todo el espacio se bañó en la espectacular luz naranja y rosa de un resplandor alpino que se intensificaba.

A lo largo de los años, he pasado muchas tardes en la Sierra admirando el hechizo del último rayo de sol, la forma en que primero cubre de brillante color toda la ladera orientada al oeste, mientras el resto del mundo se vuelve gris. A medida que el sol, oculto durante tanto tiempo, se esconde tras el mar, el resplandor colorido se reduce, y su línea inferior se extiende por el lienzo de la montaña, como un reloj de arena invertido, lleno de un volumen cada vez más reducido de arena color salmón, hasta que solo la punta del pico más alto permanece bajo la luz coloreada. Finalmente, el color se extingue por completo cuando los últimos granos de arena brillante caen hacia el cielo.

Aunque me asombra el fenómeno del resplandor alpino cada vez que lo presencio, la experiencia de esa noche fue singular. Nuestra pequeña casa de campaña estaba bañada por un foco de resplandor alpino. Estábamos inmersas en un baño de rosa y naranja. El estanque lo reflejaba, y las paredes verticales y las rocas del lugar brillaban como si estuvieran iluminadas desde dentro. Era como estar dentro de una bola de nieve mágica, llena, no de nieve blanca, sino de fotones brillantes de luz ardiente que giraban a nuestro alrededor. Dejamos de trabajar para observar cómo los colores y las sombras cambiaban y cambiaban a nuestro alrededor como fluidos de colores que se extendían, se mezclaban y se dispersaban.

El resplandor alpino siempre es fugaz. Tras un breve lapso, presenciamos cómo la oscuridad expulsaba los últimos colores vivos por el espacio, dejándonos atrás en la monotonía de la oscuridad total de la noche.

Parpadeé.

—Ni siquiera sabía que se podía experimentar eso.

Nos quedamos en una oscuridad casi total, interrumpiendo el silencio con palabras que solo sirvieron para revelar nuestra estupefacción. Realmente no hay palabras en español para describir la experiencia con claridad. Me pregunto si los tibetanos o los nepaleses, que viven en lo alto del Himalaya, tienen palabras en sus idiomas para describir lo que vimos y sentimos esa noche.

Con las linternas frontales puestas, terminamos rápidamente la casa que habíamos abandonado para ver el espectáculo de luces. Luego, abrigadas con varias capas para protegernos del frío de la altura en la noche despejada, preparamos la cena, filtrando e hirviendo agua del estanque de nieve derretida para preparar nuestros platos principales y tazas de chocolate caliente.

Nos merecíamos un buen descanso y disfrutar de los logros del día y la satisfacción que nos dejó el espectáculo de luces. Ese día, caminamos más de 16 kilómetros y ganamos más de 1,000 metros; ¡un nuevo récord para el equipo! Por tercer día consecutivo, caminamos más y con más intensidad que nunca. Sin champán, aprovechamos el chocolate caliente para brindar por nuestros logros.

No sabíamos que el espectáculo no había terminado. La Sierra, o La Sierra de Luz de John Muir, tenía otra sorpresa bajo la manga esa noche.

—¡Sombras lunares! ¡Tienes que ver las sombras lunares! —gritaba en voz baja.

El crujido de la bolsa de dormir de Cappy fue su primera respuesta a mi llamada.

—¿Qué? —Murmuró hasta despertarse y metió la cara entre las solapas de la casa.

—¿Mmmh? —Zoe se incorporó, ya alerta dentro de sus múltiples capas y se reclino, su cabeza emergió para mirarme.

—¡Tienen que ver esto! ¡La luna proyecta sombras! —dije. Dudé en despertarlas de su profundo sueño, pero solo por un momento. No podía dejar que mis compañeras se lo perdieran.

El aire era gélido. Me había puesto una chamarra y pantalones de lana, gorro y calcetines para salir a hacer pis por la noche, pero seguía teniendo frío. Seguro que había cristales de hielo en el exterior de la casa al levantarme por la mañana. Pero la belleza podía más que el frío, y esto era demasiado auspicioso como para perdérselo.

La luna llena, una superluna, como descubriría más tarde, que parecía superbrillante y enorme desde nuestra posición elevada, era un intenso foco blanco en la noche despejada. Cada arruga y grano del rostro circular del hombre en la luna era visible con precisión. Intensamente brillante, proyectaba sombras, haciendo innecesaria mi linterna frontal. Me quedé admirando el cielo y jugando con mi sombra, mientras las demás se ponían suficiente ropa para salir a jugar conmigo.

Zoe dio vueltas y vueltas, mirando primero al cielo y luego a las siluetas negras y plateadas que nos rodeaban.

—¡La luna es gigantesca!

—¿Qué está pasando? —Cappy emergió y luego se quedó en silencio, contemplando el segundo espectáculo de luces de la noche.

Nuestra pequeña habitación de campamento junto al estanque estaba habitada por erráticos glaciares, grandes y pequeños. Más temprano en la noche, habían brillado con los colores del fuego; luego desaparecieron en la profunda negrura. Ahora, estaban iluminados intensamente, proyectando gruesas sombras de tinta. Cada grano de arena y cada guijarro resplandecía en plata, su sombra convertida en un charco de negro alquitranado detrás de ellos. El gemelo de la luna flotaba como una gota de mercurio, plata líquida sobre la superficie de ónix negro de la diminuta laguna del campamento.

—Primero una fiesta de resplandor alpino y ahora una fiesta de sombras lunares —dijo Zoe—. Y pensar que encontramos este lugar por casualidad.

—Es mágico, como un país de hadas en blanco y negro. ¡Después las hadas saldrán bailando de entre las sombras! —dije, dando vueltas exageradamente entre las piedras verticales y las sombras.

Punto de partida: Arroyo Woods, 2,596 metros
Punto final: Estanque Sin Nombre, justo al Sur del Paso Glen, a unos 3,566 metros
Punto más alto: Paso Glen, 3,635 metros
Distancia recorrida: 16 kilómetros
Kilómetros acumulados: 243 kilómetros

Un vaquero, un huevo y una pregunta

El poder de la imaginación nos hace infinitos.
~ John Muir, *John of the Mountains:*
The Unpublished Journals of John Muir, 1938

Día veintidós
9 de agosto de 2006

Punto de partida — Estanque Sin Nombre, justo al sur del Paso Glen — a unos 3,566 metros

Incapaz de quedarme quieta, me levanté para pasear en un pequeño círculo frente a mis compañeras sentadas. «¿Dónde está nuestro mensajero?», me pregunté. ¿Se habrían olvidado de nosotras? ¿Nos habríamos perdido al caballo y al jinete? Era más de mediodía, y una niebla gris de incertidumbre flotaba en el aire a nuestro alrededor.

Revisé mis recursos. Me quedaban dos barritas energéticas y una cena liofilizada en mi bote de comida casi vacío, y era una caminata muy larga hasta el asentamiento más cercano. ¿Qué haríamos si la comida nunca llegaba?

—Ni siquiera tenemos un plan B —dije. Con las manos en las caderas, volviéndome para mirar a Cappy, intenté sonar tranquila, pero mi voz chillona me delató.

Habíamos llegado una hora antes a la intersección del Sendero y el sendero del Lago Charlotte, el lugar donde debíamos encontrarnos con el mensajero que nos estaba preparando la comida. El amplio espacio llano estaba completamente desierto, sin un alma a la vista.

Debido a que Cappy y yo habíamos tenido tantos problemas en nuestros intentos iniciales de contratar el servicio de mensajería, nunca estuvimos completamente seguras de la entrega de alimentos. Durante semanas de primavera y principios de verano, no recibimos respuesta a las llamadas, y no recibimos una confirmación satisfactoria de la recepción de nuestras cajas hasta el último día antes de mi partida de casa. Cappy me llamó para decirme que había recibido un mensaje del servicio de empaque: «El empacador se reunirá ustedes en el cruce de senderos a más tardar el 9 de agosto. Si no están allí, llevará tu comida a la Estación de Guardabosques del Lago Charlotte y la dejará en uno de los contenedores de acero de la parte trasera, donde los animales no puedan acceder a ella.

Era 9 de agosto, así que pensamos que los paquetes probablemente ya habían sido entregados. En lugar de esperar en el cruce, bajamos por el empinado sendero secundario hacia la Estación de Guardabosques del Lago Charlotte.

«El guardabosques podrá ayudarnos», pensé. «No somos las primeras excursionistas en organizar esto, así que seguro que el guardabosques conoce la rutina».

Nos habían dicho que el lago Charlotte era un lugar popular para acampar, accesible para el mundo civilizado, a lo largo de una ruta popular para mochileros que ascendía por el Paso Kearsarge. Esto se confirmó al recorrer el sendero de un kilómetro y medio de largo hacia el lago, así que me imaginé una oficina del Servicio de Parques Nacionales (NPS) llena de gente y un centro de visitantes, donde hablaríamos un rato con el amable guardabosques y luego iríamos a buscar nuestras cajas.

A mitad del sendero de una milla hacia el lago, Zoe nos detuvo de repente.

—¿Por qué bajamos con las mochilas y luego las volvemos a subir?

«¿Por qué, en efecto?» Las estuvieron abajo en segundos y apoyadas contra los árboles junto al sendero.

—Lo que baja, sube —dije.

Y partimos hacia la Estación de Guardabosques sintiéndonos mucho más ligeras.

En lugar de la bulliciosa estación que había imaginado, encontramos la puerta de la pequeña cabaña de una sola habitación cerrada con candado y las ventanas cerradas por las nevadas del invierno en pleno verano. La Estación de Guardabosques del Lago Charlotte no había abierto por la temporada.

No había ningún Guardabosque del Lago Charlotte.

La preocupación me subió hasta las rodillas, como una inundación lenta.

«Está bien», pensé, intentando recuperarme. «Estarán en los barriles de acero sellados detrás de la estación».

Cada una de nosotras levantó la tapa de uno de los tres barriles de metal, el óxido se filtraba a través de la pintura verde descascarada del Servicio de Parques Nacionales.

—Está vacío —dijo Zoe con voz monótona.

—Está vacío —dijo Cappy con la voz un poco más chillona de lo habitual.

—Lo mismo aquí —dije. Solo había restos de basura al azar en el fondo oxidado del barril.

La preocupación se convirtió en miedo y creció hasta agriarme el estómago.

Mis compañeras se desplomaron en los escalones de piedra de río y hormigón que conducían a la puerta cerrada de la cabaña mientras yo paseaba. El silencio nos envolvía. Cappy se giró para mirar el edificio desierto, negó con la cabeza y suspiró.

—Quiero encontrar mis papeles, repasar mis notas. Están en mi mochila.

Dejé de caminar.

—No esperemos aquí. Volvamos al cruce a esperar. —Pero, desanimada, tardé en reaccionar a mi propia sugerencia.

—Esto es deprimente —dijo Cappy—. ¿Y si tenemos que ir caminando a una tienda? Es una larga caminata en la dirección equivocada.

—No dejes volar tu imaginación. Pensemos en positivo —dijo Zoe—. El envío llegará. Solo que se retrasa un poco. Hay que estar en el cruce cuando llegue.

Zoe desdobló su largo cuerpo y se puso de pie.

—¿Qué pasaría si...? —empezó Cappy, pero se detuvo cuando Zoe y yo la miramos con severidad.

—Piensa positivamente —repitió Zoe.

—Bien. Pondré mi cara de felicidad —dijo Cappy, y esbozó una sonrisa exagerada. Parecía una mueca.

Retrocedimos por el empinado sendero, siguiendo nuestras huellas hasta el lugar donde nos esperaban nuestras mochilas abandonadas. Al levantar la mía, la sentí ligera como una pluma. Era demasiado consciente de que el contenedor solo tenía algunos bocados de comida.

Mientras caminaba, repasé en silencio la breve lista de posibles escenarios. La mejor opción era la difícil caminata de 32 kilómetros por el Paso Kearsarge de al menos 3,300 metros de altura hasta llegar al pueblo de Independence, ubicado en la Carretera 395, donde probablemente encontraríamos una tienda. Otra posibilidad era caminar 13 kilómetros por el mismo camino, también por el Paso Kearsarge, hasta el Campamento Onion Valley, un campamento accesible para carros, donde imaginé que podríamos encontrar a alguien con un celular que funcionara. Allí podríamos llamar a la empresa de paquetería.

Ninguna de las dos eran buena opción. Las caminatas serían difíciles y largas, sin garantía de éxito. Ahí fue donde mi mente se detuvo, negándome a aventurarme más.

Cappy, que iba al frente, soltó un grito que me sacó de mis pensamientos fútiles y me devolvió al presente. Señaló el sendero.

—¡Está aquí! —Todo su cuerpo vibraba de emoción.

De un solo movimiento, dejé caer la preocupación que había estado cargando mientras subía la colina y llené mis pulmones con suficiente aire para flotar el resto del camino.

Las tres nos quedamos paralizadas en el sendero observando al jinete que se acercaba lentamente al estilo de un viejo episodio de *La Ley del Revólver*. Era un auténtico vaquero, desde la parte superior del sombrero de ala ancha que le cubría la cara y la mitad del cuerpo hasta las puntiagudas botas bien curtidas. Su caballo caminaba con paso lento. Una cuerda de guía se extendía desde el cuerno de su silla hasta la cabeza de un caballo de carga que lo seguía de cerca.

El vaquero detuvo su caballo y nos saludó con un sonoro y grave

—¿Cómo les va señoras? —Incluso se inclinó el sombrero.

—Te estábamos esperando. —El saludo de Cappy fue casi una acusación. La mueca que había puesto antes se transformó en una sonrisa sincera.

—¿Este es su alijo de comida? —preguntó, girando los hombros y señalando hacia atrás con el pulgar.

—¡Nos alegra mucho verte! —dijo Cappy rápidamente, con un tono más suave. Sus hombros encorvados se relajaron y se irguió un poco.

—¡Nos preocupaba no encontrarte! —dije.

Nos interrumpimos emocionadas. La sensación de malestar en el estómago se disipó y volví a sentir el suelo firme bajo mis pies.

Él se rió entre dientes.

—Voy a dar la vuelta a estos caballos. Tardaré un par de minutos en este sendero. ¿Por qué no se adelantan? Podemos descargar sus cajas en el cruce de senderos, arriba.

No quería apartar la vista de él. Podría ser un fantasma que desaparecería si lo perdía de vista. Subiendo por el sendero con un ritmo renovado, miraba constantemente por encima del hombro para asegurarme de que nos seguía.

Para cuando llegamos al cruce de senderos, había logrado que los dos animales dieran la vuelta y nos alcanzó. Señaló un pequeño bosquecillo que ofrecía un poco de sombra, y nos reunimos allí. Apoyé mi mochila contra un tronco caído.

Nuestro vaquero se bajó del caballo, se tocó el sombrero por segunda vez y dijo:

—Soy Paul—.

Le ofrecí la mano. Sé que mi sonrisa se extendía por mi rostro. Realmente no había querido implementar el plan Kearsarge.

Paul se acercó al animal de carga y empezó a descargar paquetes de cartón de las bolsas de cuero que colgaban a ambos lados.

—¿Llevan mucho tiempo esperando? —preguntó, extendiendo una caja grande con la etiqueta de dirección escrita a mano por mí.

En mi emoción, casi se lo arrebaté de las manos. Quería ir directamente al tronco bajo los árboles y abrirlo, pero me contuve y me quedé a platicar con el simpático y canoso vaquero. Mientras Zoe se encargaba del gran paquete de comida de Cappy, Cappy abrió una tercera caja de cartón increíblemente delgada que esperaba que contuviera su casa de campaña individual.

La decepción le ensombreció el rostro. La caja no contenía casa de campaña, solo la cubierta para la lluvia. Levantó el pequeño trozo trapezoidal de nailon, no más grande que una sábana ajustable para cama matrimonial.

—¿Seguro que no hay otra caja para nosotras? —preguntó.

—¿Por qué hubiera una cubierta, pero no una casa de campaña? —pregunté—. Obviamente, Jim captó tu mensaje. ¿Y por qué las empacaría por separado?

Jim no hubiera enviado uno sin el otro. La expresión en el rostro de Cappy se tornó confusa. No dejaba de mirar dentro de la pequeña caja y de nuevo al caballo.

—Un verdadero misterio —dijo Zoe, minimizando la decepción.

El repartidor estaba de pie junto al caballo de carga. Las alforjas estaban vacías.

—Es todo lo que me dieron esta mañana —dijo, con una voz que, aunque comprensiva, era monótona y objetiva.

Recogió la basura de cartón de nuestras manos y la dobló y la metió en una alforja vacía.

—¿Tienen más basura para mí, señoras?

Volviéndome hacia mi mochila, saqué mi bolsa de basura negra de plástico y se la di. Empezaría la última etapa de la caminata con una bolsa nueva.

—Gracias, señoras. —Sin decir nada más, montó y se tocó el sombrero por tercera vez para despedirse.

Observamos durante unos momentos cómo los dos caballos se movían lentamente hacia el este, luego nos dedicamos a la tarea de volver a llenar nuestros contenedores para osos con nuestra última ración de comida.

—¿Y ahora qué hacemos? —preguntó Cappy a nadie en particular. Sacudió el fino trozo de nailon y me miró a mí, a Zoe y viceversa. —¿De qué sirve esta cosita?

—Estaré bien —dijo Zoe—. No te preocupes.

No sé si se creyó sus propias palabras, pero desde luego no nos convenció a Cappy ni a mí. La temperatura mínima promedio nocturna en las Tierras Altas durante agosto eran de entre uno y cero grados centígrados; muchas noches serían más frías.

—Las noches son cada vez más frías. ¿Viste la escarcha en la casa esta mañana? Contaba con esa pequeña casa —continuó Cappy, insistiendo en voz alta sobre el misterio de la casa desaparecida.

La cubierta sería mejor que nada, pero por poco. Nos daría una capa impermeable para añadir a la Frankencasa, y podría proteger a Zoe de la humedad y el frío mientras seguíamos subiendo y durmiendo a mayor altitud.

Me senté en el tronco, a la sombra, con la gran bolsa de nailon que había sacado de mi caja en equilibrio sobre mis rodillas. Abrí la tapa con cordón y busqué dentro, intentando recordar todos los tesoros que había empacado hacía seis semanas.

Sabía que hubiera siete desayunos, siete almuerzos y siete cenas, además de botanas, dulces y Gatorade. También hubiera vitaminas y pequeños botes de repelente de insectos, protector solar, crema hidratante, molesquín, cinta adhesiva e incluso dos pares de ropa interior limpia y un par de calcetines.

Del saco azul saqué un pequeño paquete de celofán, cuidadosamente envuelto entre suaves capas de tela: ropa interior y calcetines, el papel burbuja de una mujer de campo.

—¡Mira lo que empaqué! —Levanté un gran huevo de Pascua de chocolate conservado de la festividad.

—¿Qué es eso? —Zoe ladeó la cabeza con curiosidad cuando vio el bulto oscuro que sostenía en alto.

—¡Un huevo de Burdeos con caramelo de See's! —anuncié, muy orgullosa de mí misma. Había olvidado por completo que lo había empaquetado—. ¡Apuesto a que hay tres mil calorías aquí mismo en este paquetito!

Saqué mi navaja.

—No puedo creer que te hayas enviado tú misma un caramelo de See's! —dijo Cappy.

—No para mí, para nosotras —corté los doscientos gramos de chocolate y el delicioso relleno azucarado en tres trozos grandes—. Tenemos que comérnoslo ahora mismo antes de que se derrita al sol.

Les di un trozo a cada una y me lamí los dedos pegajosos.

—¡Celestial! —Cerré los ojos para saborear la exquisitez del chocolate derretido.

—¡Esto es como inyectarse azúcar! —dijo Cappy.

Zoe simplemente gimió.

—Con todo este azúcar en la sangre podremos correr los próximos kilómetros —me reí.

Me llevó un tiempo, pero terminé el chocolate y metí los más de tres kilos de comida nueva en mi contenedor para osos y guardé todo lo demás que llegó en la entrega, incluida la última parte de *El Diablo en la Ciudad Blanca*.

Desde el cruce de senderos, descendimos sin parar atravesando un ecosistema tras otro; montículos rocosos, praderas alpinas, bosques. Hasta llegar a la pradera de Lower Vidette, en el fondo del cañón. Una vez abajo, cambiamos de marcha y volvimos a subir por el otro lado del cañón, siguiendo el Arroyo Bubb hacia arriba a través de la misma serie de ecosistemas. La exuberante pradera de Vidette, repleta de hectáreas y hectáreas de fragante lupino morado e innumerables otras flores silvestres, nos ofreció un agradable descanso del sendero de granito.

El aporte extra de azúcar de Pascua no fue suficiente para contrarrestar los efectos de añadir esos tres kilos de comida y provisiones a mi mochila. Muchos kilómetros y horas de descenso y ascenso por el duro sendero de roca nos pasaron factura a todas. Me dolían todas las articulaciones de los pies y los tobillos por el constante golpeteo. En este cuarto día de largas caminatas por las rocas, sentía cada kilómetro, cada paso.

Habíamos comenzado el día cerca de la cima del Paso Glen de alrededor de 3,400 metros y volvíamos a ascender hasta un punto justo por encima de la línea de árboles, cerca del Paso Forrester de 4,300 metros. Entre esos dos puntos altos, habíamos descendido cerca de 8,800 metros por la mañana solo para volver a ascender otros 1,000 metros por la tarde. Fue un desafío de Sísifo a la inversa: primero caímos a tierra, luego volvimos a ascender al cielo.

Me detuve junto a un pequeño arroyo a unos 3,000 metros de altura, tras ascender más allá del alcance incluso de los árboles raquíticos que pueblan el límite del límite forestal. El espacio verde donde me senté a esperar a Cappy y Zoe era un pequeño prado rocoso. Desde mi asiento en la roca, tenía una vista impresionante del gigantesco Paso Forester, una impresionante pared de granito que se alzaba imponente, y el camino a la cima era una subida de cinco kilómetros y 400 metros.

Cuando llegaron las demás, quise sugerir que acampáramos en ese mismo lugar. Sabía que Cappy planeaba que subiéramos más arriba en la montaña para estar mejor preparados para la subida de la mañana. No debía quejarme. Su plan era bueno. Pero estaba muy cansada. Este cuarto día duro consecutivo se sentía demasiado. Ya habíamos caminado más de 16 kilómetros, y mi cuerpo me pedía a gritos que parara allí.

Estaba sentada comiendo una barrita Kind de frutos secos y bebiendo agua cuando mis compañeras de excursión llegaron por una cuesta.

—Descansen un rato —les dije, pensando que, si se ponían muy cómodas, podríamos acabar acampando allí.

—Solo uno ratito —dijo Cappy, sentándose a pocos metros de distancia—. Nuestro campamento está un kilómetro y medio cuesta arriba. —Señaló a Forester—. Y se está haciendo tarde otra vez.

Zoe se había desplomado en el suelo y estaba arrancando el envoltorio de una barrita energética. Su larga espalda se hundía y su rostro reflejaba cansancio.

—¿No es impresionante? Mira qué cresta tan grande es. —Cappy miraba a Forester—. ¡Será nuestro primer cuatro mil!

Ella también parecía cansada. Algunos mechones de sus rizos se habían deshecho y colgaban flácidos alrededor de su rostro. Pero Cappy estaba decidida; vi la fuerza en sus ojos. Estábamos acampando a un kilómetro y medio de aquella colina. No tenía sentido sugerir lo contrario.

—¿Dónde acampamos? —preguntó Zoe—. Ha sido un día muy largo.

Se había quitado el sombrero y se estaba rehaciendo la cola de caballo, pasándola por el pequeño agujero de la parte trasera de la cachucha.

—Hay un pequeño lago en la pradera Upper Vidette —explicó Cappy—. Deben haberse quedado sin nombres originales para los lagos, así que muchos aquí arriba no tienen nombre. En el mapa solo se identifican por su altitud. El nuestro es el Lago Tres Mil Setecientos Treinta y Tres, o algo así.

Me levanté. Si seguía sentada, no podía estar segura de poder levantarme y caminar. Mis músculos habían empezado a endurecerse mientras estaba sentada, como si estuviera experimentando rigor mortis. Estiré la espalda, extendiendo los brazos, inclinándome hacia adelante y girando de lado a lado. Satisfecha, levanté mi pesada mochila y convencí a mis músculos cansados de que me la pusieran a la espalda.

—¿Vienen? —dije—. Quiero terminar con esto.

—Necesito un par de minutos más. Adelante —respondió Cappy—. Estaré justo detrás de ti.

Eso lo confirmaba, Cappy estaba tan cansada como parecía, tan cansada como me sentía yo.

Al borde del prado, el sendero empezó a ascender de inmediato, y pronto ascendía por la ladera árida. Todos mis músculos estaban rígidos por el uso excesivo. A cada paso que daba, una parte de mi anatomía se quejaba. Si seguía recordando mentalmente la sensibilidad que subía y bajaba por mis extremidades inferiores y de un lado a otro, nunca llegaría al Lago Tres Mil Setecientos Treinta y Tres. Acabaría acurrucada a un lado del sendero.

Primero intenté dividir la subida en tramos, avanzando con pequeñas caminatas sucesivas, un método que a veces me ha funcionado cuando me enfrento a una sección larga y desafiante del sendero. Es la estrategia del «Voy a caminar hasta esa gran roca y descansar un minuto», que puede llevarme 50 metros, luego otras cincuenta, hasta llegar a mi destino, como si estuviera masticando y tragando un oso, bocado a bocado.

Me detuve junto a una gran roca de granito. «A veces te comes al oso, a veces el oso te come a ti», pensé. Ese plan no estaba funcionando. Necesitaría una nueva táctica si quería llegar a nuestro destino y recuperar mi estado mental de felicidad, en armonía con la naturaleza, que hasta entonces había cultivado con tanto esmero. Necesitaba canalizar toda esa energía negativa; al fin y al cabo, solo era energía, en algo productivo, como subir esa montaña con mi cuerpo derrotado. Apoyada en una roca alta y cuadrada, sin atreverme a sentarme ni a quitarme la mochila por miedo a las ganas de rendirme, cerré los ojos y respiré hondo tres veces.

Dejé que la silenciosa fuerza de aquella piedra milenaria me sostuviera. Imaginé a los miles de excursionistas que habían pasado bajo la atenta mirada de aquella silenciosa piedra en pie durante las siete décadas transcurridas desde que esa sección del Sendero fue excavada en la ladera de la montaña. En mi mente, algunos de aquellos excursionistas subían la colina con paso firme, como si subieran por una escalera mecánica. Otros, como yo, luchaban por avanzar. Pero ninguno yacía al borde del camino. Nadie en el silencioso desfile histórico que yo imaginaba se quejó ni titubeó. Simplemente avanzaron con determinación y hacia arriba.

Abrí los ojos y me enderecé, estirando el torso hasta alcanzar mi altura máxima, mis ciento sesenta y tres centímetros. «Postura de la montaña, qué apropiada», pensé. Levanté los brazos por encima de la cabeza para extenderme aún más y luego los llevé a los costados.

Ajusté mis bastones de senderismo, reduciéndolos cinco centímetros. Me convertí en cuadrúpedo, usando conscientemente los brazos y los hombros para aliviar la tensión de mis piernas. Clavé ambos bastones a sesenta centímetros de distancia, sendero arriba, y arrastré mi cuerpo.

«Despacio y con paso firme se gana la carrera», pensé. Se desarrolló un verdadero ritmo musical; el clic de mis bastones contra el suelo se acompañó del crujido de mis pies sobre el granito descompuesto que cubría los escalones de piedra, y el crujido de las botas al pisar los trozos de tierra. «Clic-cric-cric-cric» se convirtió en un paso de baile de cuatro tiempos mientras tiraba de los bastones para levantar el torso con los brazos, y luego los empujaba hacia atrás, dándoles un último empujón con fuerza para impulsarme hacia adelante y hacia arriba.

Uno, dos, tres, cuatro y repite.

¡Clic-crujido-rasp-rasp!

A medida que mi cuerpo encontró el ritmo, añadí el mantra que cantaba cada día de mi caminata. El canto de ocho tiempos y el patrón de cuatro pasos se fusionaron, y quedé hipnotizada.

—Amor... —Paso a la izquierda. Inhala. Tira de los bastones.

—Vida... —Paso a la derecha.

—Verdad... —Izquierda. Exhala. Empuja los bastones.

—Belleza... —Derecha.

—Abundancia... —Izquierda. Inhala. Tira.

—Y... —Derecha.

—Paz... —Izquierda. Exhala. Empuja.

—Dame fuerza. —Derecha.

Repetir...

Ya no era consciente de mi entorno. Había entrado en la zona de flujo, un estado alterado de consciencia donde solo sentía los fluidos movimientos de danza trascendentales de huesos, articulaciones y músculos que me llevaban incansablemente hacia arriba.

El tiempo y el espacio se desvanecieron por completo. El sendero se convirtió en un túnel de luz a través de una mancha de colores formada por rocas y cielo. Solo existía tierra, canto y movimiento. Estaba sola y al ritmo del sendero mientras presionaba con el pie y el brazo, la tierra presionaba hacia arriba.

—Amor, vida, verdad, belleza, abundancia y paz, dame fuerza.

Sin previo aviso, el sendero se abrió a una amplia terraza. Había recorrido siete metros sobre el plano y gris paisaje lunar cuando me di cuenta del cambio de entorno. Me detuve y observé. Parpadeé con la vista nublada y estiré el cuello para quitarme el algodón de los oídos. Lentamente, como en una foto Polaroid, los detalles de la escena se aclararon. Más adelante había gente. Y un lago. Trozos de vegetación. Unas cuantas casas de campaña.

—Esto debe ser Upper Meadow —dije en voz alta. Miré el reloj y me pregunté cuánto tiempo llevaría caminando. Supuse que mis compañeras venían detrás y aparecerían en cualquier momento.

Me senté en una roca ancha. Sedienta y hambrienta de repente, bebí las últimas gotas de humedad de mi CamelBak antes de rebuscar entre los bolsillos de mi mochila en busca de caramelos. El sol se había ocultado en el cielo y las nubes se acumulaban en el lejano oeste. Con el frío a flor de piel, busqué mi forro polar y mi rompevientos.

Había una docena de excursionistas deambulando por el paisaje rocoso, todos ellos con sus casas de campaña mucho más cerca del lago y más lejos del sendero que yo. La austera zona de acampada se asentaba en una amplia cuenca, con la parte abierta orientada hacia abajo, en dirección al sendero. En tres de sus lados, picos de montaña de roca desnuda, plateados por los bajos rayos del sol, se extendían más de 3,000 metros, con sus laderas surcadas de riscos y fisuras, y sus crestas afiladas como cuchillos con picos serrados.

Pensé en montar la casa, pero entonces recordé que solo llevaba la mitad. Cappy llevaba los postes. El viento arreció al ponerse el sol en el horizonte, así que me puse unos pantalones de polar y unos pantalones rompevientos encima de los pantalones cortos. El resplandor alpino comenzaba a aparecer en la amplia pantalla plateada de las montañas al este, pintándolas de tonos llameantes. El sol ya no estaba a la vista, pero los colores que proyectaba seguían ascendiendo por la ladera oriental hasta que también se desvanecieron.

Me agaché para recoger una fina astilla de piedra, gris y arenosa, para añadirla a mi colección. Al guardarla en el bolsillo, chocó con la piedra cobriza que había elegido en nuestra percha junto al estanque esa mañana.

No podía creer que Cappy y Zoe no hubieran llegado aún. Sabía que no las había perdido; las estaba esperando demasiado cerca del sendero para que se me escaparan sin ser vistas. «¿Dónde estarán? ¿Qué demonios hacen ahí abajo?»

Por un instante, me invadió una sensación de irritación por tener que esperar con tanta lentitud. Rápidamente, la preocupación la sustituyó. ¿Se hubiera caído alguno? ¿Se hubiera raspado la rodilla? ¿Se hubiera torcido el tobillo? Recordé mi propia caída, el primer día, y el cariño que me habían dado Cappy y Jane. Los veinte minutos que había esperado ya eran demasiado.

Dejando mi mochila como prueba de mi derecho sobre ese campamento, como una asta de bandera clavada en el suelo, volví al sendero. Necesitaba mirar hacia abajo para ver si podía ver a mis compañeras.

Nada. Absolutamente nada.

«¿Debería bajar a ver si necesitaban ayuda? ¿Debería esperar?» Nunca antes las había esperado tanto, jamás. Por otro lado, nunca había caminado tan lejos de mis compañeras, sin detenerme a ver cómo estaban de vez en cuando. Era dolorosamente consciente de que nunca debí haberme separado tanto de ellas.

Sin el peso de mi mochila, pero usando mis bastones de senderismo, regresé por el empinado sendero, bajando los mismos escalones que había trabajado tan incansablemente para ascender.

Unos 400 metros después, oí sus voces resonando en el sendero que tenían delante. Me senté en medio del sendero, en un escalón hecho con una losa de roca. Aparecieron, moviéndose lentamente, tras un montículo del camino. Zoe iba delante, cabizbaja; al principio no me vieron.

—Joan, ¿eres tú? —llamó Cappy.

Se detuvo para mirarme, pero no me saludó. Sus manos se aferraban firmemente a los bastones de senderismo firmemente plantados en el suelo frente a ella. Llevaba su chamarra de lana sobre su camisa blanca.

—Estaba preocupada por ustedes, chicas. —Me levanté y bajé dos pasos para recibirlas.

Siguieron caminando hacia mí, y busqué pistas sobre qué las había retenido. Cappy se apoyaba con fuerza en sus bastones a cada paso. Parecía que estaba agotando sus últimas energías.

—¿Dónde está tu mochila? —preguntó Zoe, escudriñando el suelo a mi alrededor.

Se detuvieron al acercarse. Zoe desplazó el peso de su mochila hacia arriba, reacomodándose las correas en los hombros y las caderas. Me pregunté si sus llagas estaban volviéndose a irritar o si era solo la rigidez normal de la escalada.

—Lo dejé en el campamento.

—¿Cuánto falta para el lago? —preguntó Cappy, con la esperanza de que estuviera a la vuelta de la esquina—. Espero que no esté lejos. Me duelen mucho los pies.

Estaba preocupada. ¿Era el tercer día que la oía quejarse de dolor de pies?

—Qué subida, ¿eh? Creo que son unos 400 metros de vuelta —dije e indiqué con la cabeza la dirección obvia—. ¿Te duelen los pies?

—Sí, me duelen. A veces, en las bajadas, me molestan un poco, pero esta última subida fue realmente desafiante. Cada paso hacia arriba me dolía.

—Estas escaleras fueron hechas para gigantes de piernas largas —dijo Zoe, refiriéndose a la altura de los escalones del sendero, construidos mucho antes con losas cuadradas de piedra.

—¿Ya has estuviste en nuestro lago sin nombre? —Cappy tenía una mirada confundida, al darse cuenta de repente de que ya había terminado la caminata, había bajado para encontrarme con ellas y ahora estaba haciendo la última parte de la caminata de nuevo—. ¿Y bajaste? Qué bien. No sé si yo lo hubiera hecho por ti.

—Claro que sí. —Sabía que era cierto—. Me estaba preocupando.

Seguía preguntándome si hubiera pasado algo por el camino. Sin embargo, no dije nada; no quería que pareciera que estaba señalando lo lento que caminaban.

—Quería bajar a verte. Hace frío y es tarde. Además, me sentía sola ahí arriba.

—¿Cuánto tiempo llevas esperando? —preguntó Zoe mientras empezábamos a subir la colina de nuevo.

—La verdad es que no lo sé, quizá veinte minutos. —Me dio vergüenza—. Ojalá pudiera ayudar a cargar algo. Aun así, la subida es bastante larga.

En lugar de mi lugar habitual al frente del grupo, esperé y me quedé atrás. Sin los 20 kilos que llevaba a la espalda, podría haber subido saltando la cuesta, pero me quedé atrás. No quería perderlas de vista otra vez.

—Joan, ¿cómo subiste tan rápido? No lo entiendo. —Cappy seguía confundida.

—No sé cómo describirlo, pero supongo que recuperé el aliento —dije—. Como tú en la subida a Evolution Meadows.

Aún no estaba lista para compartir la historia secreta de mi estado alterado de senderismo inducido por el canto. Sonaba ridículo incluso para mí, así que iba a pensarlo un rato y experimentar un poco más antes de contárselo siquiera a estas íntimas amigas.

Cuando llegamos a la zona de acampada, ya era casi de noche. Las siluetas oscuras e imponentes de las montañas se alzaban sobre la cuenca de granito. Con una brisa fría que se levantaba, estaba decidida a levantar nuestra Frankencasa lo más rápido posible. Cappy y Zoe se apoyaron en las rocas que rodeaban el lugar que había elegido.

Cada una operaba con sus propios ciclos de energía. Hace unos días, fui la rezagada subiendo a Evolution Meadows. Esa tarde, Cappy se quedó sin energía en la subida final, mientras que yo me recuperé.

Tomando las riendas, insistí en que Cappy sacara los postes de la casa. Fue una experiencia inolvidable con los papeles invertidos. Zoe, mientras tanto, estaba desenterrando los restos que servían para su cama, y los ensamblaba en su refugio.

Como toque final, ella y yo tensamos el nuevo toldo recién adquirido sobre su refugio, creando una segunda capa impermeable para la pequeña cueva de Zoe. Esperaba que la aislara de la escarcha que seguramente se acumularía de madrugada.

En cuanto la carpa estuvo lista, Cappy se animó.

—Miren —dijo señalando—. ¿No son Gary y Monika, los fotógrafos?

Efectivamente, cerca del lago pudimos ver a la pareja mayor con la que habíamos estado saltando durante las últimas dos semanas. Parecían estar hablando con un grupo de jóvenes excursionistas que no reconocí.

—No los hemos visto en unos días.

—Preparemos la cena antes de que oscurezca demasiado para ver la estufa —dije.

—Max también está junto al agua —dijo Cappy—. Está hablando con Stella.

Me detuve a mirar; tenía razón. Donde yo había visto a un grupo de desconocidos, Cappy reconoció las caras de amigos del sendero. Además de Gary y Monika, nos señaló a un grupo de conocidos. Max y Stella, senderistas solitarios con los que habíamos compartido conversaciones profundas mientras tomábamos cerveza y vino en RVV. Bob, el de las llamas, había reemplazado la suya por su hijo adulto, que había ido a recibirlo en el sendero. Y allí estaban las hermanas, Helen y Hannah, que celebraban su quincuagésimo cumpleaños en el sendero. Incluso el despreocupado Wade estaba allí. La serendipia había reunido a todos esos conocidos viajeros, amigos del sendero con los que habíamos compartido un lugar para comer o un campamento, hablado de la última Leyenda del Sendero o celebrado en la cima de un paso.

—¿Cómo alcanzamos a toda esa gente? —me pregunté—. Creía que nos habían dejado atrás hace días, mucho antes de llegar al Rancho Muir. O han estado holgazaneando, o hemos ido incluso más rápido de lo que pensaba.

—¿No sería divertido si todos nos volviéramos a encontrar en la cima de Whitney? —dijo Cappy.

A mitad de mi postre de cacahuates y M&M, Gary y Monika, los fotoperiodistas de Nevada, se acercaron. Tragando un bocado de chocolate, les sonreí para darles la bienvenida a nuestro rincón con hielo y me guardé el resto del postre en el bolsillo.

—¡Hola, señoras! ¡Qué gusto verlas de nuevo! —saludó Gary. Me dejaron atónita. De sesenta y tantos años, estaban en excelente forma. Caminaban por el sendero un poco más rápido que nosotras, cargando con un buen equipo fotográfico extra.

—Hola. ¿Cómo están? —respondimos al unísono. Cappy y yo nos levantamos y nos acercamos. Zoe estaba poniéndose capas a su ropa exterior, un gorro y guantes, pero llegó justo a tiempo para unirse a los abrazos.

—¿Solo quedan unos días? ¿Puedes creerlo? —dijo Monika. Era una mujer sociable, pero con un carácter profesional, de cabello corto y oscuro y una sonrisa seria.

—Parece que ha pasado una eternidad desde que salimos de Tuolumne, y, sin embargo, también parece solo un instante —dije—. ¿Cuándo piensan salir de excursión?

Miré a Monika y luego a Gary.

—Hemos estado perdiendo el tiempo estos últimos días, así que ahora tenemos tiempo que recuperar —dijo Gary—. Esperamos estar en Whitney Portal para el día 11.

—Van a tener que ponerse en camino pronto, ¿no? Son solo un par de días —dijo Cappy.

—De hecho, por eso vamos a visitar todos los campamentos esta noche. Este es nuestro último día entrevistando a otros excursionistas. Queremos asegurarnos de tener fotos de todos con quienes hemos pasado tiempo —dijo Gary, quitándose la correa de la cámara del hombro y poniendo la Nikon negra frente a él con ambas manos.

—También queremos recopilar algunas reflexiones al final del recorrido de todas las personas con las que hablamos durante el camino —añadió Monika—. ¿Estarían Las Tres Mujeres dispuestas a respondernos un par de preguntas?

Sacó un pequeño cuaderno espiral y un lápiz del bolsillo grande de su chamarra y lo abrió. Su proyecto periodístico me intrigó, y tenía pensado visitar su página web al llegar a casa, con la esperanza de ver a Las Tres Mujeres en su artículo.

Seguimos las instrucciones de Gary y nos pusimos de pie frente a un arbusto raquítico que crecía en una grieta de una cornisa rocosa. Cappy, la más pequeña de nosotras, estaba en el centro, con Zoe y yo a los lados.

Años después, esa preciada fotografía se encuentra enmarcada en un lugar de honor en mi estantería y prácticamente grita: ¡ALEGRÍA!

Nuestros rostros están curtidos, bronceados y radiantes. Mis ojos están rodeados por las sombras blancas de los lentes de sol, mientras que los de Cappy entrecierran los ojos con deleite. Llevamos una extraña variedad de ropa para todo tipo de clima en colores combinados. Mi chamarra es verde manzana, mi gorro de lana negro. El gorro de punto de Cappy, un verde fluorescente, está calado hasta más abajo de sus cejas y asoma por debajo de su capucha azul marino. El gorro de Zoe es rojo.

Pero son las sonrisas las que hacen la foto. Nuestros ojos sonríen. Nuestras mejillas sonríen. Nuestras bocas sonríen tan ampliamente que ocupan todo nuestro rostro. Estamos abrazadas, como un equipo fuerte y unido, sin rastro de cansancio ni desarmonía.

—Así que, señoras —dijo Monika—, nuestras preguntas finales son estas: «¿Por qué eligieron recorrer el sendero John Muir? ¿Ha valido la pena?»

Sostuvo el lápiz sobre su libreta.

Eran preguntas sencillas con respuestas complicadas y complejas, porque lo que realmente nos preguntaba era cuáles eran nuestras motivaciones y objetivos. ¿Los habíamos alcanzado?

¿Cuáles fueron mis respuestas? ¡No estoy segura! Sé que nunca hubiera compartido mi dolor personal por la muerte de Krei y su poder motivador con los periodistas que podrían publicarlo.

De pie justo debajo del imponente Paso Forester, podría haber dicho cualquiera de las siguientes afirmaciones. Todas eran ciertas entonces y siguen siéndolo ahora.

«¡Parecía una gran aventura!»

«¡Quería pasar un mes en la naturaleza salvaje volviéndome una con la naturaleza!»

«¡Me encantan los desafíos y este es un desafío icónico!»

«¡Estaba en mi lista de cosas por hacer y quería hacerlo antes de que me volviera demasiado mayor!»

«¡Fue una prueba personal para demostrarme a mí misma que poseía fuerza, coraje y resiliencia!»

Lamentablemente no recuerdo cuáles fueron mis respuestas esa noche.

Punto de partida: Estanque Sin Nombre, justo al Sur del Paso Glen, a unos 3,566 metros
Punto final: Lago Tres Mil Setecientos Treinta y Tres, justo al Norte del Paso Forester, 3,733 metros
Punto más alto: Lago Tres Mil Setecientos Treinta y Tres, justo al Norte del Paso Forester, 3,733 metros
Distancia recorrida: 18.1 kilómetros
Kilómetros acumulados: 260.8 kilómetros

Quinto y Último Tramo

Un estanque Sin Nombre justo al Norte del Paso Forester hacia Whitney
Portal
Día veintitrés al día veintisiete

Joan M. Griffin

Perdido en la traducción

Todos vivimos bajo el mismo cielo, pero no todos tenemos el mismo horizonte. En una era instantánea, tal vez debamos reaprender la antigua verdad de que la paciencia también tiene sus victorias.
~ Konrad Adenauer, citado en
The Atlantic Community Quarterly, vol. 14-15 (1976-1978)

Día veintitrés
10 de agosto de 2006

Punto de partida — Lago Tres Mil Setecientos Treinta y Tres, justo al Norte del Paso Forester — 3,733 metros

Abrigada con varias capas de lana para protegerme del gélido frío de la mañana a más de 3,000 metros de altura, apreté contra la barbilla mi taza de chai con café. El vapor que ascendía calentaba la piel expuesta de mi rostro. Cada sorbo del líquido caliente despertaba un poco más mi cuerpo y mi mente. Observé el borde frontal del amanecer, su reflejo en la piedra, mientras descendía lentamente por las laderas de los picos gris pizarra del oeste, tiñéndolos primero de rosa, luego de dorado.

—Me voy a mover cuando pueda ver el sol —me dije en voz alta, demasiado fría para moverme.

Cappy me sonrió y asintió. Sabía que me obligaría a cumplir esa declaración. En cuanto el sol se hiciera visible, tendría que moverme.

Zoe, tras despertar cubierta de escarcha una vez más, incluso con la nueva capa contra la lluvia que había añadido a su refugio, estaba abrigada con toda su ropa. Mientras Cappy y yo nos apretujábamos en densas bolas aislantes para mantener el calor, Zoe se movía de un lado a otro por el espacio rocoso de nuestro campamento, intentando generar calor. Con la nariz y las mejillas sonrojadas por el frío, se frotaba las manos, luego los brazos y zapateaba con fuerza.

Al otro lado de la zona de acampada, los excursionistas ya se movían con ahínco, preparando el equipaje para el asalto matutino al flanco norte de Forester.

—Los madrugadores ya se están yendo.

Señalé con mi taza a un par de excursionistas vestidos con sus trajes y que marchaban en nuestra dirección, rumbo a las primeras curvas cerradas.

Cappy también los había estado observando.

—Son Stella y Max —dijo con su tono serio.

Cuando se acercaron, Cappy gritó:

—¡Buena escalada! —y saludó.

La pareja se desvió un poco del sendero para acercársenos.

—¡Hola! —dijo Stella, la más extrovertida de las dos. Su pelo, cortísimo, había crecido un poco desde la última vez que la vimos. Parecía el pelaje café de un gato, suave y sedoso, sobre su cara ovalada—. ¿Han oído el consejo que corre sobre escalar el Forester?

—No. —Cappy se levantó para acercarse.

—¿Cuál es el consejo del que hablan? —pregunté, levantándome también.

—Aparentemente, un excursionista de NOBO pasó ayer diciendo que todavía había mucha nieve en el acceso, tanta que era imposible seguir el sendero —continuó Stella.

—¿En serio? —Cappy y yo nos miramos y luego volvimos a mirar a Stella y Max.

Max habló con su voz tranquila y caballerosa:

—La recomendación es: manténgase a la izquierda. Cuando lleguen a la nieve y pierdan el rastro, giren a la izquierda. —Los ojos oscuros y profundos de Max, siempre sinceros, parecían serios. Me pregunté si estaba preocupado por sí mismo o por nosotras, las ancianas.

—Parece fácil. Solo mantente a la izquierda —dijo Cappy.

—Gracias por venir a contárnoslo. —Sonreí también y asentí. Nos habían avisado de un problema inminente, y ese conocimiento venía acompañado de la solución.

—¡Hasta la cima! —dijo Max mientras se alejaban hacia Forester.

—¡En Whitney! —gritó Stella por encima del hombro.

A las nueve ya estábamos en el sendero, una larga serie de empinadas curvas que nos llevarían 300 metros hacia el punto más alto del sendero hasta entonces, el Paso Forester, que rozaba el cielo a más de 4,000 metros. Aunque el sol caía con fuerza sobre nosotras desde el pálido cielo de verano, el viento constante despojaba al aire de todo calor. Llevaba la chamarra encima del forro polar. A pesar del esfuerzo de la escalada, nunca generé suficiente calor corporal como para que esas capas fueran demasiado.

El sendero había sido excavado en la roca plateada. A veces caminábamos sobre una franja de fino granito en descomposición que crujía bajo nuestros pies. Otras veces, el sendero cruzaba tramos de fragmentos de esquisto inestable que emitían un sonido metálico a cada paso. Ninguna vegetación suavizaba los rasgos angulares y lunares de la montaña.

Mientras caminaba, pensé en el consejo que nos habían dado Stella y Max, preguntándome qué significaba exactamente. En realidad, no habíamos recibido información específica. Me preguntaba, en el juego del teléfono descompuesto en la ladera de la montaña, si habríamos oído toda la historia; parecía que los posibles detalles se habían desvanecido. No tenía del todo claro qué se suponía que debíamos hacer. Cuanto más lo pensaba, más confundida me sentía.

Este Misterio del Sendero Enterrado no tenía el mismo peso que las siniestras Leyendas del Sendero que habíamos encontrado durante la primera mitad del viaje. Nada indicaba que nos enfrentaríamos a problemas graves, aunque cruzar hielo y nieve en una subida empinada podía ser peligroso. En el mejor de los casos, nos ralentizaría y nos cansaría. En el peor, resbalaríamos y nos deslizaríamos en la pendiente.

Paramos para nuestro descanso de media mañana en un espacio amplio creado por el giro en U entre un cambio de vía y el siguiente. No había dónde sentarse, así que nos quedamos al abrigo de un afloramiento rocoso, apoyando nuestras mochilas y a nosotras mismos contra la pared de granito para descansar.

—Entonces, mantente a la izquierda. ¿Cuándo crees que debemos mantenernos a la izquierda?

Me estaba metiendo M&M's y anacardos en la boca uno a uno, alternando entre caramelos dulces y frutos secos salados.

—Lo sabremos cuando lleguemos. Aún no hemos visto la nieve. —Cappy se había quitado el sombrero y estaba recogiendo el pelo que el viento había azotado y enredado durante la subida.

—¿De verdad crees que queda tanta nieve? —preguntó Zoe—. No hemos visto mucha nieve en días... Estamos en agosto.

Sacó su pequeña colección de tentempiés, eligiendo una barra de granola antes de guardar el resto en su mochila.

—Forester está mucho más arriba que antes; un auténtico cuatro mil —Cappy desenvolvió una barra Luna. Podía oler el aroma a plátano.

—No es muy cómodo aquí. ¿Caminamos? —pregunté—. ¿O prefieren descansar un poco más?

—Prefiero almorzar con más tiempo arriba que sentarme aquí —dijo Cappy.

—Lo mismo digo. —Zoe se desplegó desde donde había estado agazapada para protegerse del viento.

Partimos hacia la cima. Me preguntaba cuándo encontraríamos nieve y cuándo, como líder, tendría que tomar la decisión de mantenerme a la izquierda.

Las curvas cerradas llegaron a su fin, y el sendero tomó un rumbo más directo hacia arriba. Serpenteaba entre los restos de un antiguo deslizamiento de tierra. Al emerger de un montón de rocas gigantes a una plataforma plana, pude ver el Paso Forester, donde varios pequeños puntos de colores se balanceaban en su borde, como chispas sobre un pastelito glaseado.

Entre el paso y el punto donde me encontraba había una amplia franja de nieve espesa. Mientras esperaba a que Cappy y Zoe me alcanzaran, observé la empinada ladera y el obstáculo nevado. «¿Deberíamos seguir por la izquierda aquí, antes de llegar a la nieve?», me pregunté. «¿Deberíamos avanzar hasta que el sendero desaparezca en la nieve y luego seguir por la izquierda? ¿Evitamos la nieve por completo yendo hacia la izquierda y rodeándola por completo, o simplemente nos mantenemos a la izquierda al cruzarla?» Aunque se veía gente en la cima, no vi a nadie moviéndose alrededor ni a través del campo de nieve colgante.

Zoe se unió a mí, seguida de Cappy. Hombro con hombro, nos quedamos mirando hacia arriba, como si admiráramos una obra maestra de museo. Era una vista impactante. El cielo azul despejado de la mañana estaba ahora surcado de tenues nubes blancas que se deslizaban por el viento. El coloso de granito se alzó hacia el cielo, atrapando las nubes en movimiento y obligando al cielo a dividirse en dos.

Expresé mis preguntas en voz alta y Cappy respondió:

—Sigamos hasta que desaparezca el rastro. Entonces decidiremos qué hacer.

Usaba su tono seguro de sí misma, en el que, como ya había aprendido, no siempre se podía confiar por su seguridad, pues a veces significaba exactamente lo contrario.

—De acuerdo —coincidimos Zoe y yo. Seguí caminando.

Seguí el sendero, serpenteando entre el montón de talud, girando a la izquierda y luego a la derecha, evitando las rocas más grandes y trepando por encima de las más pequeñas. Empezaron a aparecer manchones de nieve junto al sendero, especialmente en la umbría ladera norte de las rocas más grandes. Las extensiones nevadas se hicieron más anchas y profundas, hasta que el sendero se sumergió bajo el manto blanco, desapareciendo por completo. Mirando hacia adelante, la empinada pendiente era una amplia extensión blanca de la que solo asomaban las puntas de las rocas más grandes.

Nos reunimos para decidir cómo aplicar la regla de mantenerse a la izquierda, a lo que nos esperaba. Muy por encima de nosotras, las personas en miniatura del paso habían crecido un poco, y podíamos verlas saludándonos. Sonreímos y les devolvimos el saludo.

Más adelante, aparecieron dos excursionistas que subían por el campo nevado. ¿Sabían que debían mantenerse a la izquierda? ¿Estaban siguiendo el consejo? ¿Iban por buen camino?

No recuerdo quién de nosotras dijo:

—Giremos a la izquierda aquí y bordeemos el campo de nieve. —«Sería más fácil caminar sobre las rocas que sobre la nieve», pensé, pero nos llevaría en lo que parecía la dirección equivocada.

O quién dijo:

—¿Debemos apuntar directamente al lugar donde está la gente en el paso; una línea recta es el camino más corto? —«Ese sería el camino más corto», pensé, pero contradecía el consejo que nos habían dado.

O si alguien siquiera sugiriera:

—¿Por qué no seguimos a esos tipos?

Sé que evitamos una discusión al tomar una decisión neutral que dividió la diferencia. Avistamos una línea recta desde nuestro lugar hasta donde la gente estaba encaramada en el paso, cortando visualmente el campo de nieve por la mitad. Luego nos dirigimos hacia el extremo izquierdo de esa extensión blanca.

—¿Por ahí? —señalé.

Esperaba que estuviéramos tomando la decisión correcta. Ojalá les hubiera preguntado más a Max y Stella.

—Parece correcto —dijo Cappy.

Después de 50 metros de ascenso y resbalones, la caminata se convirtió en escalada en rocas. Trepábamos grandes peñascos, resbalando en la nieve que nos llegaba hasta las rodillas, buscando puntos de apoyo y esforzándonos para subir y cruzar. Habríamos estado bien si no hubiéramos llevado mochilas cargadas. Pero, así como estábamos, arrastramos nuestro equipaje y a nosotras mismas sobre un obstáculo de granito tras otro. Aun así, no vimos rastro del sendero.

Tras casi una hora de lento avance, llegué a un callejón sin salida. Me giré hacia Cappy y Zoe, que estaban varios metros más atrás.

—Este no es el camino —les dije—. Es muy difícil. Tenemos que ir más a la izquierda.

Cappy giró bruscamente a la izquierda y avanzó en línea horizontal por la cara de la montaña y el campo de nieve. Bajé y la seguí. Fue escalada en rocas todo el camino, trepando y superando decenas de enormes peñascos. Exhausta, después de otros veinte minutos de esfuerzo intenso, alcancé a Cappy en el borde de la capa blanca y helada.

Allí estaba el camino, completamente limpio de nieve.

—¡Ahí estás! —le dije al sendero. Entonces me reí de la ironía.

Mirando cuesta abajo, el sendero bordeaba el campo de nieve. Deberíamos haber caminado por tierra firme, evitando la nieve por completo. Habíamos perdido una hora y nos habíamos agotado en el proceso. Habíamos malinterpretado mantenerse a la izquierda.

Arriba, solo quedaba un pequeño grupo para saludarnos. Decepcionada y con pocas energías, caminé por el sendero hacia la cima.

Una hora después, llegué a la cima del Paso Forester y me dejé caer sobre las duras rocas. Llegamos justo a tiempo para despedirnos de un puñado de compañeros de ruta, los últimos madrugadores de la mañana, que ya habían almorzado y descansado. Nos habían visto ascender con dificultad. Intentaron ayudarnos. No nos saludaban con la mano, sino que nos indicaban «¡Manténganse a la izquierda! ¡Más a la izquierda! ¡Más a la izquierda!». Si tan solo hubiéramos sabido interpretar su mensaje.

Me acosté contra la estrecha pared rocosa que constituía la cima del Paso Forester, cerré los ojos y respiré hondo. Inhalé el aire tenue de la altitud, conté hasta tres y luego expulsé mi frustración.

Contemplé el camino por el que habíamos venido. La magnitud de la hazaña que habíamos logrado me inundó con el aire fresco mientras contemplaba la inmensidad del valle y las cordilleras lejanas. La paciencia y la determinación nos habían llevado a superar los obstáculos hasta esa cima elevada por las nubes, a una vista generalmente reservada para águilas y ángeles. Con el mundo desplegado ante mí de esa manera, la gratitud reemplazó a la frustración.

Solo a unas pocas personas se les da la oportunidad, o aceptan el reto, de escalar una montaña de 4,000 metros. Pocas tienen la oportunidad de contemplar esa vista sublime, respirar ese aire puro, superar esos formidables obstáculos o sentir esa euforia llena de alegría. Y yo era una de ellas.

La superficie habitable en la cima era pequeña, con espacio suficiente para apenas una docena de personas apretadas a la vez. El sol parecía estar muy cerca, pero las ráfagas de viento contrarrestaban cualquier calentamiento que proporcionaba. Nos refugiamos acurrucándonos entre las piedras gigantes, como marmotas rupícolas. Este no era el lugar ideal para una pausa larga y relajada para almorzar. Por muy cansada que estuviera de la escalada o por muy maravillada que me quedara por el paisaje, tendría que almorzar rápido y luego seguir adelante para dejar paso al siguiente grupo de excursionistas que ascendían por la cara norte.

Bob, sin llama, y su hijo estaban almorzando. Se hicieron a un lado para dejarnos espacio. Aún me quedaba una ración de salchicha de verano del envío del vaquero. Pensar en esa carne grasosa y salada me animó. Me recargué contra la roca áspera y me entregué lentamente al festín, llenando mis músculos de energía para prepararme para el descenso de la tarde.

Al mirar hacia abajo, vi a cuatro excursionistas ascendiendo. Estaban cometiendo el mismo error que nosotras. Subían con dificultad por el campo de nieve, quizá siguiendo las huellas que habíamos dejado en la nieve. Les hicimos señas, intentando decirles: «¡Manténganse a la izquierda! ¡Más a la izquierda!». Nos devolvieron el saludo y siguieron subiendo en dirección contraria por la nieve.

Bob, su hijo y nosotras tres nos reímos mientras señalábamos y saludábamos, pero no había forma de comunicarse con los escaladores.

—¡Miren esto! —gritó Cappy, y todos nos giramos. Estaba inclinada, inspeccionando algo en el suelo: una planta que crecía en una grieta entre dos rocas. Flotando sobre hojas verdes, parecidas a helechos, flores de color morado pálido se mecían con la brisa.

—¡Son preciosos! ¿Cómo pueden sobrevivir aquí arriba? —pregunté. No vi ni una pizca de nada más verde.

—Pilotos del cielo. Se llaman pilotos del cielo. Leí sobre ellos en la guía anoche. ¡Son maravillosos! —exclamó Cappy, extasiada. Al observar más de cerca, encontró media docena más de plantas asomando desde el refugio de las grietas rocosas. Exclamaba cada vez que descubría una, como si fueran huevos de Pascua—. Los pilotos del cielo son nativos de la Sierra y solo crecen por encima de los 3,000 metros.

La vista celestial, las florecitas moradas y un almuerzo de salchicha de verano habían borrado cualquier vestigio de energía negativa de mi sistema. Me sentía renovada, ansiosa por el siguiente desafío y la siguiente sorpresa que me deparaba.

—¿Nos tomarías una foto? —Bob sin llama sostuvo su cámara en mi dirección.

—Por supuesto. —Ajusté la cámara mientras se acomodaban a ambos lados del cartel de elevación.

Tomé una foto de los hombres sonrientes.

—¿Nos tomas una a nosotras?

Nos cambiamos de lugar. Las Tres Mujeres, con mochilas a la espalda, nos sentamos en cuclillas alrededor del cartel para nuestra foto.

PARQUE NACIONAL SEQUOIA
PASO FORESTER
ELEVACIÓN – 3,262 m

A diferencia de la foto de la noche anterior, que había capturado la esencia de nuestra alegría, la imagen desde lo alto del Paso Forester era testimonio de nuestra fuerza. Nuestros músculos de la pantorrilla y los muslos se abultaban, tan claramente definidos como la confianza y la fuerza que irradiaban nuestros ojos sonrientes.

Detrás de nosotras, la vista se extendía infinitamente hacia el norte. Cielos azules, surcados de nubes, e hileras de montañas lejanas constituían el telón de fondo de un valle largo y ancho, salpicado de lagos, prados y laderas rocosas. Habíamos recorrido un largo camino, cariño.

Años después, mucho después de completar nuestro viaje épico, miro esa imagen nuestra en el Paso Forester y pienso: «Escalé esas montañas. Crucé esos valles. Poseo ese poder».

El ángulo del descenso de la tarde fue aún más brutal que el de la subida de la mañana, como si el sendero tuviera prisa por bajar cuanto antes. Un viento constante que soplaba cuesta arriba, apretándome el pecho, tuvo la inesperada ventaja de ayudarme a mantenerme erguida en el empinado sendero de grava. Esta fue una de las últimas secciones del Sendero en ser construidas, y era evidente por qué. Algunas partes habían sido talladas directamente en la ladera de la montaña, suspendidas como repisas en voladizo sobre una pared. En otros lugares, albañiles de principios de los años treinta habían construido enormes muros de piedra para crear plataformas adicionales que permitieran el paso del sendero. Había zonas donde el camino suspendido estaba formado por escalones, lo que hacía que el descenso se volviera aún más pronunciado.

Hice una pausa para que los músculos de mis piernas, los que controlaban cada paso hacia abajo y los que estabilizaban mis articulaciones, descansaran un momento. Inmóvil, pude apartar la mirada de mis pies para admirar la vista hacia el sur, donde la imponente Cuenca del Río Kern se extendía rodeada de montañas de 4,000 metros de altura por todos lados. Aún estábamos muy por encima de la línea de árboles, a más de 3,600 metros.

Oí el sordo pat-pat-pat de pies que se acercaban rápidamente. Al girarme, me sorprendió ver a una mujer solitaria corriendo por el sendero justo detrás de mí. Cediéndole el borde exterior del sendero, me hice a un lado rápidamente momentos antes de que pasara volando. Llevaba zapatillas deportivas color aguamarina brillante, pantalones cortos de nailon, una chamarra verde y una mochila naranja diminuta. De sus orejas colgaban unos auriculares diminutos. Sin apenas hacer contacto visual al pasar a toda velocidad, asintió una vez, en lo que traduje como un «Gracias por hacerte a un lado para compartir el sendero. Perdón por asustarte».

Me pregunté qué hubiera pasado si yo también hubiera estado escuchando música y no la hubiera oído acercarse. ¿Hubiera disminuido la velocidad o me hubiera empujado? Observé cómo su figura se encogía, transformándose en una mancha colorida que se movía por el paisaje rocoso que tenía delante.

Mis compañeras llegaron enseguida.

—¿Qué tal esa chica que pasó volando? ¿Te imaginas correr por este sendero? —Cappy se saltó su saludo habitual.

—Ni siquiera puedo —dije—. Solo parada aquí, tengo que concentrarme en mis pies y bastones, o se resbalarán cuando cambie mi peso.

Era cierto. Si dejaba de concentrarme en los pies y en la vista, un ligero movimiento de cadera o un pequeño giro del torso podían convertir la grava y la arena bajo mis botas en canicas. Sería muy fácil caer de culo antes de que mi mente se diera cuenta de que estaba cayendo. Ya había hecho ese baile frenético una vez.

—No lo entiendo —dijo Zoe—. Mira qué bonito está aquí. ¿Para qué tanta prisa?

Habían pasado diez días desde que se unió a Cappy y a mí y nos formó de nuevo un trío. Hacía tiempo que se había acostumbrado su ritmo de veinteañera a nuestro ritmo de más de cincuenta, bajando la velocidad de la juventud que Nemo había intentado mantener.

—Imagínense si hubiéramos corrido por la cuenca de los Lagos Rae ayer. Imaginen todo lo que nos habríamos perdido; las vistas, el baño, los científicos, esa belleza, todo.

La voz de Cappy sonaba tensa por la incredulidad. Había pasado media vida deseando visitar los Lagos Rae, y había tenido que conformarse con solo unas horas. Correr por esa cuenca hubiera sido un sacrilegio.

—Quizás para ella solo sea otro lugar bonito para entrenar, y el ejercicio es lo más importante —dije—. Caramba, por lo que sabemos, esta podría ser la décima vez que corre esta pista, y su belleza ya no le interesa.

Me giré para mirar cuesta abajo. Efectivamente, había desaparecido por completo en el paisaje rocoso.

—Imposible. No importa cuántas veces esté en la Sierra, es especial —replicó Cappy.

—De acuerdo. —Zoe señaló la enorme cuenca que se extendía ante nosotras y cambió de tema—. Entonces, Cappy, ¿adónde vamos allá abajo?

—Vamos a parar en el cruce con el sendero del Paso Shepherd. Hay un lugar para acampar en el primer bosque. A menos de 3,600 metros.

Juro que Cappy se sabía el mapa de memoria.

Esa fue mi señal para reanudar nuestro descenso.

A poco menos de una milla al sur del Paso Forester, el sendero descendía a un ritmo más suave. Mis piernas y glúteos, que habían estado tensos durante todo el descenso, también pudieron relajarse. Me detuve para estirarme y animar a esos músculos sobrecargados a que se calmaran. Allí, donde el sendero comenzaba a deslizarse tras su caída en picada, cruzamos el Arroyo Tyndall o uno de sus numerosos afluentes por primera vez, de varias.

Bob y su hijo nos alcanzaron, aminorando la marcha al pasar para saludar y gritar «¡Buen camino!» y «¡Hasta Whitney!». La distancia entre nosotros crecía constantemente. Sus piernas no iban más rápido que las mías, pero sus zancadas eran de setenta y cinco centímetros frente a las mías de veintidós. Tenían una quinta velocidad; yo solo cuatro.

El terreno a nuestro alrededor alternaba entre lo rocoso y lo arenoso. Montones de granito sostenían las tierras altas; las zonas más bajas se convertían en vastos areneros. Ambas estaban sembradas de rocas y cantos rodados. La vegetación resistente se refugiaba en la seguridad de los rincones de sotavento y se extendía como alfombras, ondeando sus diminutas flores en el aire sobre astas de bandera de ocho centímetros de alto. Los únicos animales que vimos fueron insectos entre las plantas y marmotas y picas en los montones de rocas.

Nos detuvimos para descansar en el primer prado que encontramos, una de esas extensiones de hierba salpicadas de flores silvestres, cortadas y troceadas en complejos laberintos por pequeños arroyos. Los pequeños canales eran estrechos y teñidos de ámbar por la tierra formada por la roca metamórfica dorada subyacente. Sin prisa, el agua parecía deambular, en lugar de fluir.

Cuando llegaron Cappy y Zoe, ya me estaba quitando los zapatos, con la intención de remojar los pies en el agua, como había hecho los últimos días. El viento seguía siendo frío, pero cerca del suelo, no era tan penetrante. Tras habernos privado de un largo descanso para almorzar en la cima del Forester, ampliamos el descanso de la tarde. Por primera vez ese día, acostada cerca del suelo a pleno sol, me sentí calientita.

—Espero que de verdad podamos vernos a todos en la cima del Whitney. ¿No sería divertido celebrar juntos al final del sendero? —Cappy se había tirado en el pasto, con los pies colgando en el agua que se movía lentamente.

—Sería divertido —acepté—. Aunque todos van mucho más rápido. Para entonces, podrían llevar un día de ventaja.

No quería intentar seguir el ritmo de los caminantes más rápidos; me gustaba nuestro ritmo cómodo.

—Como Whitney es una subida tan grande, mucha gente se lanza desde el Lago Guitar. La gente puede amontonarse allí la noche anterior —dijo Cappy—. Eso es lo que he leído.

Tenía los brazos cruzados tras la cabeza y el sombrero inclinado hacia adelante.

—Zoe, ¿cómo te va en estos descensos? —pregunté, sabiendo que aún quedaban muchos más.

—Las llagas desaparecieron y los moretones casi desaparecieron —dijo. Se levantó la camisa y se examinó la piel bajo la cinturilla del pantalón con las yemas de los dedos—. El truco fue protegerme las caderas con calcetines.

—Me alegra saberlo —dije—. Mis ampollas también desaparecieron.

—Estas bajadas son duras para mis pies —dijo Cappy—, como si los estuviera golpeando con un martillo a cada paso.

De nuevo, los pies de Cappy le estaban dando problemas.

—¿Qué pasa? ¿Ampollas? —pregunté.

—No son ampollas. Me duelen por dentro, como si me dolieran todos los huesecillos, tendones y músculos del pie —dijo—. Me duele cada paso.

Había sacado el pie derecho del agua y se lo masajeaba con ambas manos.

—Eso no está bien —dije—. ¿Te ayuda el agua fría? Tengo Advil y Tylenol.

—Estaré bien. Me alegro de que no vayamos tan lejos hoy. Creo que me excedí estos últimos días.

La piel alrededor de sus ojos se tensó en una mueca silenciosa, y cambió de pie, metiendo el derecho de nuevo en el agua fría y masajeando el izquierdo.

Esa noche, elegimos un lugar al borde del campamento, con gente a un lado y un claro soleado al otro. Instalamos nuestro campamento y cenamos sentadas en un tronco caído, bajo el sol del atardecer. El viento se había suavizado, y disfruté de los últimos rayos del sol poniente mientras me calentaba las entrañas con una cena de chili bien picante.

—Quiero quedarme aquí para siempre. —Miré hacia atrás, al paisaje que habíamos recorrido ese día.

—¿Aquí específicamente o aquí en el sendero? —preguntó Zoe. Había terminado de comer y estiraba las piernas.

—Aquí en la naturaleza. Me siento en paz —dije.

—Un sueño maravilloso —dijo Cappy—. Aunque poco práctico.

El sol se hundió tras las montañas, deslizándonos hacia el anochecer. Los objetos cambiaron sus colores por diversos tonos de gris.

—Lo sé, pero no quiero volver a casa. —Extendí los brazos, observando todo lo que veía—. Creo que me he enamorado de todo esto.

Los ojos se me llenaron de lágrimas, mientras una cálida oleada de emoción me inundaba el pecho. El inminente fin de nuestro viaje se había colado en mis pensamientos, y mi reacción emocional me tomó por sorpresa.

Punto de partida: Lago Tres Mil Setecientos Treinta y Tres, justo al Norte del Paso Forester, 3,733 metros
Punto final: Cruce del Sendero del Paso Shepherd en el Arroyo Tyndall en Upper Kern Canyon, 3,331 metros
Punto más alto: Paso Forester, 4,023 metros
Distancia recorrida: 11.4 kilómetros
Kilómetros acumulados: 272.6 kilómetros

Joan M. Griffin

El fin está cerca

He cruzado la Cordillera de la Luz,
seguramente la más brillante y mejor de todas las que el Señor ha construido.
~ John Muir, Mi primer verano en la Sierra, *Atlantic Monthly* (1911)

Día veinticuatro
11 de agosto de 2006

Punto de partida — Cruce del Sendero del Paso Shepherd en el Arroyo Tyndall en Upper Kern Canyon — 3,331 metros

—¿Solo diez kilómetros? ¡Pan comido! —dijo Zoe.

Ese era el plan. De alguna manera, habíamos recuperado todo el tiempo y la distancia que tanto le preocupaban a Cappy, y mucho más. Ese día, el día veinticuatro, comenzamos la primera de dos caminatas fáciles. Nos prepararían para la última y audaz ascensión hasta la terminal oficial del Sendero John Muir en la cima del Monte Whitney. Necesitábamos que Cappy y sus pies estuvieran sanos y fuertes para esa ardua ascensión, y este suave interludio le daría tiempo a su delicada piel para sanar.

Dándonos permiso para un comienzo tranquilo esa mañana, retrasamos el despegue hasta casi las diez. La caminata del día fue una montaña rusa a cámara lenta; subimos 150 metros, bajamos 300, luego volvimos a subir 150, con muchas subidas y bajadas menores por el camino. Durante gran parte de la caminata, el sendero nos llevó a través de umbríos bosques de abetos y pinos por senderos de tierra cubiertos de agujas. En ocasiones, un montículo de granito interrumpía el bosque, y el sendero desembocaba en un espacio seco y abierto.

Durante semanas, las únicas señales de dirección que habíamos encontrado estaban colocadas en las cimas de los pasos de montaña donde anunciaban la altitud o en las intersecciones del Sendero con senderos secundarios; donde nos guiaban en la dirección correcta. Pero ese día, aparecieron varias señales.

Primero, en un claro arenoso, nos topamos con un sencillo letrero metálico que marcaba un sendero transversal. La información estaba grabada en la superficie café del letrero, dejando al descubierto brillantes letras plateadas.

← Estación de Guardabosques Crabtree – 7.1 km

← Monte Whitney – 18.8 km

→ Arroyo Tyndall – 7.1 km

→ Paso Forester – 15.1 km

Zoe anunció la distancia a Whitney como si hablara por un megáfono:

—¡Monte Whitney, a 18.8 kilómetros! —Y gesticuló como una Vanna White del campo.

Cappy y yo fingimos una ovación:

—¡Sí! ¡Guau! ¡Hurra!

Fue emocionante, nuestro destino final tan cerca. Teníamos impulso, avanzábamos rápido hacia nuestra meta final. Me sentía efervescente de emoción.

«¡Mira lo que habíamos logrado!», pensé. «¡Ya casi llegamos!» Me visualicé triunfante en la cima, con los brazos en alto y gritando al cielo.

Más adelante, visible a través de una estrecha franja en el bosque, una pared de oscuras montañas nos llamaba. El sendero, bordeado por largas líneas punteadas de adoquines, nos guiaba cada vez más cerca del final.

Después de una hora, otra señal metálica se interpuso en nuestro camino. En el centro de una intersección de senderos, nos indicó una nueva dirección. El poste contenía un par de señales. Una confirmaba que el Paso Forester estaba detrás de nosotras. La otra nos indicaba que tomáramos bruscamente a la izquierda, hacia el Monte Whitney.

← Estación de Guardabosques Crabtree – 1.6 km
← Monte Whitney – 13.4 km

Zoe anunció con su voz dramática:

—Monte Whitney, ¡solo 13.4 kilómetros!

—¡Cinco menos! —dijo Cappy.

—¡Sí! —cantamos todas.

Un nudo me subió del estómago al pecho. Sentí un repentino deseo de detenerme. «Da la vuelta. Regresa». Me alarmaron. «¡Atención! ¡Cuidado con la civilización que se avecina!»

¿Lo había olvidado? Había querido quedarme allí, en la naturaleza salvaje, para siempre. ¡Ahora, se me acababa el tiempo!

Durante días, semanas, me había sumergido en la experiencia de caminar, de la naturaleza, de simplemente ser una con ella. Había aceptado los desafíos diarios que afinaban mi cuerpo y mi mente, y me sentía completamente en casa y feliz viviendo en la naturaleza. Pensar en casa y carros, colchones blandos y electricidad, trabajos y familia, o cualquier otra cosa que recordara a civilización, rara vez había entrado en mi mente. Mi senderismo había parecido una meditación caminando durante días, con pensamientos que me distraían solo ocasionalmente, como susurros tenues.

Como una cuenta regresiva para el despegue, sin embargo, las señales de kilometraje habían despertado mi anticipación. Algo estaba cambiando dentro de mí. La anticipación y la aversión luchaban en mi mente. Me encontré mirando hacia adelante. No solo a Whitney, sino más allá de Whitney, a casa.

Con cada kilómetro que recorríamos, mi mente se dirigía a casa. Pensaba en todas las comodidades de mi querida casita, en el viaje de ocho horas por la 395 y en todo lo que tenía que arreglar en mi aula para que empezara clases en tan solo una semana. En un rincón de mi mente, incluso empecé a componer las grandes historias que les contaría a mi familia y amigos. Primero Whitney, luego mi hogar, me atraían como imanes.

Intenté mantener a raya las invasiones mentales, concentrarme en el presente, en el sendero bajo mis pies, en los árboles, el cielo, las rocas y las flores entre las que me movía. Conté mis pasos: «Uno, dos, tres, cuatro». Invoqué mi fiel mantra: «Amor, vida, verdad, belleza, abundancia y paz», para ahuyentar los pensamientos invasivos.

Pero una pequeña grieta en mi parabrisas mental había comenzado ese día, con esas señales de kilometraje, y poco a poco, la grieta comenzó a extenderse.

El Sendero y el PCT se separaron y tomaron caminos diferentes ese día. El segundo se dirigió al sur a través del desierto de Mojave hacia la frontera con México, a cientos de kilómetros de distancia. Mientras que el primero viró al este, rumbo al Monte Whitney. Los excursionistas de ambos senderos habían compartido la misma ruta durante casi 300 kilómetros, pero había llegado el momento de encontrar destinos separados.

← SENDERO JOHN MUIR
RUTA DE LA CRESTA DEL PACÍFICO →

Las Tres Mujeres y el Sendero John Muir tenían una cita con la montaña. Estábamos en una misión. Bajo el hechizo hipnótico de tantas señales, caminamos más lejos de lo planeado ese día, recorriendo casi 15 kilómetros en lugar de diez.

Por la tarde, justo antes de llegar al Campamento Crabtree Meadow, entramos oficialmente en la Zona Whitney. En el límite había un letrero de madera bellamente tallado, con palabras grabadas a fuego.

PARA ENTRAR EN LA ZONA WHITNEY
SE REQUIERE PERMISO ESPECIAL PARA
TODOS LOS EXCURSIONISTAS, DE DÍA O DE NOCHE

Iban en serio. Las multas por senderismo sin permiso eran elevadas. El permiso que habíamos recogido en Yosemite, que llevaba veinticuatro días, incluía nuestra marcha a través de la Zona hasta el otro lado, en Whitney Portal. Estábamos cubiertas.

Otro cartel, justo dentro de La Zona, apuntaba una vez más a nuestro destino final, como si pudiéramos haberlo olvidado.

→ Lago Guitar – 4.3 km
→ Monte Whitney – 12.1 km

Me sentía mareada con cada nueva señal. Era como un juego, y ganábamos. Pero al caminar entre las señales, consumiendo la distancia que se acortaba, mi tristeza por tener que irme afloró a la superficie.

Junto a ese letrero, totalmente fuera de lugar en el entorno prístino, había un gran contenedor Rubbermaid, rojo escarlata con una tapa verde. Su presencia estridente en ese lugar empañaba la belleza y alteraba la serenidad de la naturaleza circundante con la misma certeza con la que las imágenes de los baños calientes y las hamburguesas con tocino y queso esperándonos en Whitney Portal quebraban mi paz interior.

En la parte superior del contenedor había un cartel de papel impreso en letras grandes y llamativas:

BOLSAS WAG
SOLO NECESITAS UNA

—Solo pensar en usar uno de estos me pone un poquito nerviosa —dije, mientras buscaba mi única bolsa WAG en el contenedor y abría la tapa para mis compañeras. Sentí un sabor amargo en la boca y se me arrugaba la nariz.

Pensé en llevar dos, por si acaso producía más que un senderista promedio y realmente lo necesitaba. Pero no lo hice. Seguí las instrucciones.

Interpreté el silencio de Zoe como una señal de asentimiento. Metió la mano en el contenedor, pellizcó la esquina de su WAG con dos dedos y la sacó con sumo cuidado. La sostuvo frente a ella, lejos de su cuerpo. Sus ojos entrecerrados y la cabeza ladeada transmitieron un silencioso «No estoy muy segura de esto».

—Oh, puede que no sea tan malo. Leí en internet que funcionan bastante bien —dijo Cappy, mientras tomaba la suya con cierta valentía.

Presioné la tapa de plástico nuevamente en su lugar.

—Bastante bien no es lo mismo que bien. Es algo menos que bien. Y preferiría que esto funcionara realmente bien —dije.

Nos hicimos a un lado del sendero y aseguramos las bolsas WAG dentro de nuestras mochilas antes de ir en busca de nuestro lugar para acampar.

Las bolsas WAG (Bolsas de Alivio de Residuos y Gelificación) se habían convertido en Leyendas del Sendero; su historia se contaba a lo largo del Sendero gracias a los senderistas NOBO. De todas las Leyendas del Sendero que nos encontraríamos, esta sería la única donde mi experiencia real resultó ser tan mala como la leyenda predijo. De hecho, fue mucho peor.

Durante los meses de verano, la Zona Whitney se llena de personas de todo el mundo, todas buscando asegurarse el derecho de presumir por haber alcanzado la cumbre del Monte Whitney, la montaña más alta de los estados contiguos de EE. UU. Esas multitudes ejercen una enorme presión sobre el medio ambiente, especialmente cuando hacen sus necesidades. Un excursionista que tiene que hacer sus necesidades no puede cavar un hoyo en el granito para enterrar sus excrementos, y tampoco hay dónde tirarlos.

Las bolsas WAG fueron inventadas como solución a ese problema. Representan el máximo estándar de «No Dejar Rastro» en el senderismo de áreas remotas; lo que entra, debe salir. Más allá de la regla de «Llévalo dentro, llévalo fuera», la Zona Whitney exigía que no solo cargáramos con toda nuestra basura, sino también con nuestros propios desechos humanos, en lo que todos llamaban una Bolsa de Excrementos.

Eran los precursores de las multitudes que se acumulaban más adelante. Nada dice «Bienvenido de nuevo a la civilización» como tu propia Bolsa de Excrementos personal.

La bolsa WAG, en realidad un par de bolsas gruesas de plástico sellables, una dentro de la otra, contenía un polvo seco y espeso que se convertía en un gel espeso al humedecerse. La teoría era que las heces quedarían recubiertas de gel, que luego se endurecería formando un ladrillo inodoro envuelto en plástico. Cada WAG estaba diseñada para usarse más de una vez durante los dos o tres días que tardaba en recorrer La Zona. Desafortunadamente, el sistema no funcionaba tan bien como se describía.

Mucho antes de que terminaran nuestros tres días en la Zona Whitney, mi mochila estaba llena hasta el borde con una masa pestilente con la consistencia de masa de galleta con chispas de chocolate. Temerosa de que se filtrara en mi mochila, la envolví en una bolsa de basura extra y la sujeté por fuera. Aun así, el aroma flotaba alrededor de mi mochila. Era desconcertante ser acechada por ese hedor invisible.

Las instrucciones decían que solo podíamos deshacernos de aquellos bichos espantosos en los contenedores designados para desechos humanos, ubicados al inicio del sendero, en el Portal Whitney, a 16 kilómetros de la cima. Llevaría el bulto maloliente durante tres días, un poderoso incentivo para apresurarme a cruzar la montaña hacia el Portal con sus contenedores designados.

Cualquier inquietud que me inspirase volver a la civilización se vio magnificada por saber que esa noche llevaba en mi mochila una bolsa WAG. Era el símbolo perfecto del creciente impacto que la gente estaba teniendo en nuestras vulnerables áreas silvestres y de las enormes multitudes que nos esperaban al otro lado del Whitney. Esta no iba a ser una reentrada tranquila. Íbamos a chocar de frente contra una pared de gente. Me intimidaba más ese desafío que el de escalar más de 4,500 metros.

Nuestro campamento sobre Crabtree Meadows nos ofrecía una vista perfecta del helicóptero de emergencia que sobrevolaba la cima del Monte Whitney. Acabábamos de hablar maravillas de la amplia vista panorámica que ofrecía nuestro campamento sobre la ancha ladera de la montaña más alta de California, nuestro objetivo final. El coloso de granito parecía tan cerca que podíamos tocarlo. Sin embargo, las distancias en las montañas engañan. No subiríamos al Whitney hasta dentro de dos días, no hasta después de habernos situado en el Lago Guitar, al pie del largo sendero ascendente.

El helicóptero era como una avispa zumbando alrededor de la cabeza de un elefante, demasiado lejos para oír el rugido de las hélices. Si no hubiéramos estado mirando y señalando la imponente montaña, hablando con entusiasmo de conquistar la cima, nos habríamos perdido todo el evento. El helicóptero, una silueta oscura contra el cielo blanco de verano, permaneció en el aire durante varios minutos, moviéndose apenas con los vientos del oeste de la tarde, antes de aterrizar.

Nos levantamos de donde estábamos descansando y dimos un paso adelante para observar mejor entre los árboles.

—¿Qué crees que está pasando? —preguntó Zoe, señalando, mientras aún sostenía la bolsa de nailon que había estado hurgando momentos antes.

—¿Qué estará pasando? ¿Qué motivaría un rescate allá arriba? —Quería mirar a mis compañeras de caminata, pero no podía apartar la vista de la crisis de la altitud.

—Es como ver una película sin sonido —dijo Cappy—. Quiero oír lo que está pasando.

—¿Crees que alguien se cayó? —sugirió Zoe. Su mente, entrenada para escalar rocas, inmediatamente pensó en un accidente.

—Podría ser un caso grave de mal de altura —dije—. ¿Cómo se llama eso, Cappy?

—Edema —me dijo—. A gran altura, se acumula líquido en el cerebro o el pecho. Puede ser mortal en cuestión de horas.

Durante días, había intentado no preocuparme por nuestra culminante caminata hacia la terminal sur del Sendero, en la cima de Whitney, de 4,500 metros. No había experimentado ningún problema de mal de altura en todo el viaje, ni siquiera al afrontar los picos de 3,500 y 4,000 metros de altura de la semana pasada. Mi cuerpo parecía haberse aclimatado a las mayores altitudes de la Sierra Sur.

PERO.

No era la primera vez que intentaba subir a la cima del Whitney, y los recuerdos de aquella experiencia anterior me habían estado siguiendo durante un par de días. Al observar el helicóptero, sentí una opresión en el pecho con una oleada de ansiedad al volver los recuerdos.

Una semana antes del Día del Trabajo de 2004, mi amiga Sue me llamó. Debido a que se habían dado de baja a última hora, tenía un par de espacios libres en un permiso para grupos pequeños para escalar el Monte Whitney durante el fin de semana de tres días.

—¿Quieres venir? —preguntó Sue—. ¿Conoces a alguien que quiera el otro espacio?

—¡Claro que sí! ¡Genial! —no lo dudé—. ¡Y seguro que puedo conseguir otro amigo!

Estaba en buena forma física y confiaba en que escalar el Whitney era posible.

—Es con poca antelación. —La voz de Sue sonaba enérgica y segura—. Vamos a bajar el jueves, acampamos en Whitney Portal y luego haremos senderismo antes del amanecer del sábado. Eso nos da un día para aclimatarnos a la altitud.

Las clases acababan de empezar, así que no tenía mucha flexibilidad. Tendría que esperar para hacer el viaje de seis horas el viernes y ahorrarme ese tiempo extra de aclimatación. No me preocupé; había pasado gran parte del verano acampando en Tuolumne Meadows, a 260 metros de altura, y haciendo senderismo por toda la naturaleza de Yosemite.

Cuando le pedí que me acompañara, René dijo:

—¡Sí! — incluso más rápido que yo.

Era una compañera de trabajo más joven y siempre dispuesta a vivir una aventura al aire libre. Nos tomaríamos el viernes libre, manejaríamos juntas por la carretera 395 por el borde este de la Sierra y nos encontraríamos con el grupo de Sue esa noche.

René y yo llegamos al anochecer y encontramos el estacionamiento y el campamento llenos. Escuché la risa musical de Sue antes de verla. Es una mujer de voz suave y amable, pero esa noche su risa fue nuestra guía. Me recibió con un cálido abrazo y luego extendió la mano para incluir a René.

—Aquí hay espacio para tu casa de campaña. —Recogió el equipo que había servido como marcador de posición.

—Tuvimos que hacer retroceder a la gente para apartar este lugar —explicó con otra risa cálida—. La gente sigue llegando.

El campamento de desbordamiento era un estacionamiento de tierra bajo altos pinos. Pequeñas casas de campaña y bolsas de dormir cubrían casi cada centímetro del suelo. Parecía un campamento de refugiados, donde toda la ropa y el equipo parecían haber sido donados por REI y Patagonia. La cantidad de gente generaba un zumbido constante de fondo.

El plan era salir a caminar antes de las cuatro de la mañana, así que René y yo decidimos ahorrar tiempo durmiendo bajo las estrellas sin la casa de campaña. Sacamos nuestras mochilas del carro, preparamos nuestras bolsas de dormir, preparamos una comida rápida y luego guardamos la comida en las grandes cajas metálicas para osos. No me imaginaba a ningún oso que se precie aventurándose entre esa multitud de humanos ruidosos y malolientes, pero seguí las reglas y guardé todo lo comestible o aromático en la caja.

Poco después de las diez, nos metimos en nuestras bolsas de dormir una al lado de la otra, con las mochilas cerca de los pies. Agotada, esperaba dormir bien antes de que la alarma del reloj me despertara a las tres y media.

Durante toda la noche, llegaron más carros. El sordo rugido de sus motores precedió al brillo de sus luces largas. Cada uno daba vueltas alrededor del estacionamiento, sus ocupantes buscando un lugar donde detenerse, sus faros iluminando con intensidad entre los árboles. No sé qué era más molesto, el silbido de los recién llegados susurrando o el áspero sonido de la tela de nailon al desplegarse y colocarse en el suelo. Justo cuando un grupo se quedaba en silencio, otro carro se acercaba. El desfile continuó toda la noche, y mi frustración aumentó. Dar vueltas en la cama no me ayudó a conciliar el sueño.

Estaba segura de no haber dormido, pero debí haberlo hecho porque me despertó de madrugada el insistente roce del nailon contra el nailon, como si alguien estuviera acomodando una bolsa de dormir sobre una colchoneta, una y otra vez. Frustrado, susurré:

—¡Por Dios, termina ya!

Oí a René murmurar algo, y el sonido se detuvo un instante. Suspiré ante el bienvenido silencio, pero el crujido volvió a sonar.

René se sentó de golpe.

—¡Para! —le espetó con fuerza a una sombra apenas visible cerca de sus pies.

Busqué mis lentes a tientas, me las puse y me incorporé con un movimiento frenético. Boquiabierta, vi cómo René abofeteaba a un pequeño oso pardo sentado sobre sus ancas al pie de su bolsa de dormir. Su pata delantera descansaba sobre su mochila.

—¡Vete! —susurró y volvió a golpearlo. El cachorro se quedó paralizado un instante y luego se perdió en la oscuridad.

René encendió una linterna e inspeccionó su mochila, donde el cachorro la había estado jugueteando. La garra del oso había hecho un pequeño agujero en la tela de nailon.

—¡Ese pequeño monstruo travieso! —dijo—. Intentaba meterse en mi mochila.

Estaba completamente despierta.

—¿Qué hora es? —pregunté, mirando mi reloj—. Las tres.

—No tiene mucho sentido intentar dormir ahora —suspiró René, sacando las piernas de la bolsa y recogiendo sus botas y su chamarra.

Imitando su ejemplo, salí mi bolsa y me puse la chamarra y los zapatos.

El plan del sábado era cargar las mochilas llenas desde Whitney Portal, a 2,400 metros de altura, los nueve kilómetros hasta Trail Camp, que se encontraba a 3,600 metros. Dejaríamos las mochilas allí. Luego, escalaríamos la última parte, la más empinada, hasta la cima del Monte Whitney, a 4,400 metros, tras lo cual regresaríamos a Trail Camp para pasar la noche. Después de dormir bien el sábado por la noche, planeamos caminar el resto del camino de regreso el domingo y manejar de regreso a casa.

Pan comido.

Con linternas frontales para penetrar la oscuridad, subimos y subimos a través de la negrura del amanecer, una curva tras otra. Arriba y abajo, desfiles de excursionistas, visibles solo como luciérnagas que subían lentamente por la montaña. Para cuando el sol asomó, enmarcado en la profunda V que formaban las paredes del cañón que ascendíamos, ya hacía calor y nos quedaba un largo camino por recorrer.

Desde el principio, me sentí lenta y me costó seguirles el ritmo a Sue y René. El grupo se dispersaba por el sendero en la oscuridad, y cuando amaneció, me encontré a la cola. René caminaba justo delante, esperando cada vez que me quedaba atrás.

—No sé por qué estoy tan cansada —dije al alcanzarla en una curva en las curvas cerradas. Me detuve, tomé un buen trago de agua y respiré hondo. Sentí el comienzo de un dolor de cabeza, así que me tomé un par de Advil.

—No te preocupes —dijo René—. No me importa caminar un poco más despacio que el grupo.

Se recogió unos mechones rubios sueltos detrás de las orejas y se ajustó la larga cola de caballo que le caía recta por la espalda.

—Se hace tarde, casi las ocho —dije—. Quiero llegar arriba con tiempo para bajar.

Me preparé para volver a caminar.

—Creo que este es un buen día para ser una tortuga, no una liebre. —René se giró y empezó a caminar a paso lento y pausado. Yo la seguí, cansada y esforzándome por seguirle el ritmo.

Llegamos al campamento de avanzada de 3,000 metros de altura, una pequeña pradera verde rodeada de árboles y muros de roca. Estoy segura de que estaba rodeada de belleza, pero me había replegado en mí misma, consciente solo de lo incómoda que estaba físicamente y de la angustia que me causaba mi debilidad.

Me quité la mochila y la dejé caer al suelo con un ruido sordo. Solo habíamos caminado unas horas, pero me sentía agotada. Tenía los músculos como gelatina, y era plenamente consciente del esfuerzo que me suponía cada vez que levantaba un pie. Me senté en la suave hierba y me apoyé en el tronco de un gran pino. Me alegré de que hubiéramos planeado una parada rápida para desayunar allí. René se sentó a mi lado, con aspecto fresco y sin necesidad de descansar.

La cabeza me palpitaba sordamente. Sentía el cerebro hinchado y magullado dentro del cráneo, como si me presionara la parte posterior de los ojos. Tomé más Advil y bebí mucha agua. Tenía hambre, pero el estómago me daba náuseas, así que solo comí una barra de granola y unos M&M's de cacahuate. Cerré los ojos, ahuecando las manos sobre ellos, mientras masticaba y apoyaba la cabeza en el árbol. Una vaga sensación de pánico me invadía. «No vomitaré, no vomitaré...». Le pedí a mi cuerpo que cooperara.

—¿Por qué no dejamos nuestras pesadas mochilas aquí? —sugirió René.

Abrí los ojos y giré lentamente la cabeza para mirarla. Había preocupación en sus ojos azul pálido.

—¿Qué? —pregunté confundida.

—¿Por qué no dejamos nuestras mochilas aquí y solo llevamos nuestras mochilas con agua y comida? —repitió.

—¿Te refieres a acampar aquí esta noche, en lugar de arriba en el Campamento Trail? Eso significará una caminata más larga esta noche.

Intentaba asimilar su plan alternativo.

—Claro. Pero será mucho más difícil subir cinco kilómetros con este peso extra que bajar cinco kilómetros más solo con mochilas —explicó René—. Yo también estoy cansada.

Sabía que no estaba tan agotada como yo. Había sugerido el Plan B solo para mi beneficio, pero me pareció buena idea. Le agradecí y acepté de inmediato. Guardamos lo esencial en mochilas y dejamos las nuestras.

Mi creciente dolor de cabeza atacó nuevamente después de que dejamos el campamento de avanzada.

—Bebe mucha agua —es el consejo que todos dan al hacer senderismo a gran altitud—. Previene el mal de altura.

Así que bebí más agua y tomé más Advil. A menos de un kilómetro y medio, me dolía la cabeza, la luz me atravesaba los ojos como puñales, tenía el estómago revuelto y mis piernas, que apenas me sostenían en pie, eran de goma. Tenía unas ganas tremendas de dormir. Las dos nos quedábamos cada vez más atrás del grupo. En realidad, era yo quien flaqueaba, mientras que René, amablemente, decidió bajar el ritmo y quedarse conmigo.

Teníamos un par de walkie-talkies en aquellos tiempos, antes de los celulares en la naturaleza, así que cuando paramos de nuevo a descansar a la sombra de un enorme abeto rojo, hablé.

—Sigue, te estoy retrasando —insistí a René. Me quedé de pie a la sombra, intentando recuperar el aliento.

—No quiero dejarte sola —insistió René—. ¿Y si esto empeora?

Su rostro reflejaba preocupación, con la piel alrededor de los ojos y la boca tensa.

Estaba realmente mortificada. René es una persona muy competitiva, decidida a alcanzar esta cima, pero también es compasiva y profundamente cariñosa.

Levanté mi pequeño walkie-talkie azul.

—Nos mantendremos en contacto con las radios. Si pasa algo, te llamaré para pedir ayuda. No voy a llegar a la cima, pero tú no hay razón para que no puedas.

Fingí confianza.

La toma de decisiones empezó a girar en su cabeza.

—De acuerdo —dijo lentamente, queriendo confiar en el plan—. No quiero abandonarte.

—No me abandonas. Estoy tomando una decisión —insistí, intentando sonreír, pero incluso eso me dolió—. Mira, iré despacio al Campamento Trail. Encontraré la casa de Sue y esperaré allí. Te veo al bajar.

Ya no estaba de pie, sino que me había sentado, con la intención de quedarme allí un rato.

—De acuerdo —dijo René alargándole la palabra al aceptar—. Pero tienes que llamarme si empeoras.

—Lo haré. Lo prometo. —Me acosté en una repisa de roca y le sonreí—. Tómame algunas fotos desde arriba y llámame cuando llegues.

Se despidió con la mano y subió por el sendero de piedra. Yo permanecí a la sombra del abeto. Tomé más Advil y bebí más agua. Luego me acosté. Sentía el cerebro apretado dentro del cráneo. El estómago amenazaba con dar un vuelco. Y estaba mareada. El sol me atravesaba los ojos a través de los cristales oscuros de mis lentes de sol. Brillantes puntos iridiscentes giraban y se movían rápidamente en mi campo de visión, así que cerré los ojos y me puse el sombrero. El mal de altura puede ser peligroso cuando es intenso, y me sentía mal. Ni el agua ni el Advil parecieron ayudar. Reprimí el miedo que me invadía. Caí en la cuenta de que quizá ni siquiera llegaría al campamento.

Me desperté sobresaltado, sin saber dónde estaba. Miré mi reloj. Era bien pasado el mediodía. ¡Llevaba casi dos horas tirada a la orilla del sendero! Mi lugar a la sombra estaba ahora a pleno sol, y sentía calor en todo el cuerpo. Peor aún, me daba vergüenza pensar en toda la gente que había pasado junto a mí mientras yo estaba inconsciente.

Después de dormir, mi cabeza estaba un poco mejor, un poco más despejada, aunque todavía me dolía como un moretón gigante con la forma de una diadema ancha. Decidí seguir subiendo hasta el Campamento Trail, probablemente un kilómetro y medio más adelante y a menos de 300 metros de altura, donde seguro encontraría a René y a Sue en su descenso.

No sé cuánto tardé, pero me parecieron horas. Me arrastré hacia arriba, paso a paso, tambaleándome, deteniéndome para recuperar el aliento una y otra vez cada pocos pasos. Estaba sola en el sendero. Incluso los que habían salido tarde me habían adelantado hacía tiempo. Caminé, ajena a todo, mirando solo el suelo donde ponía los pies.

El Campamento Trail no era un lugar bonito. Estaba abarrotado y sucio. Las casas de campaña crecían como hongos entre las rocas. El campamento se encontraba al pie de las infames noventa y nueve curvas cerradas que llevaban a los excursionistas a la cima de la cresta. Desde donde yo estaba, el amplio pico del Whitney era invisible tras la imponente pared de granito.

Encontré la casa de campaña de Sue, que me resultaba familiar, tras un muro de roca construido por escaladores hacía mucho tiempo para contener los vientos constantes. Sentí como si hubiera encontrado a una vieja amiga. Se me llenaron los ojos de lágrimas de alivio y gratitud. Me metí dentro, me envolví en su bolsa de dormir y me quedé dormida. Sostuve el walkie-talkie en la mano, cerca del pecho, para no perderme ninguna llamada de René o Sue.

Mucho después, en el crepúsculo creado por la imponente montaña, me desperté con una voz que me llamaba. Tardé un instante en darme cuenta de que provenía de la radio que tenía en la mano y no de una persona.

La voz de René sonó entrecortada. Había llegado a la cima, había firmado el libro de registro, había sacado algunas fotos y estaba de regreso. Mi tristeza se alivió un poco al oír su voz. Me alegré de que lo hubiera logrado. Ni siquiera me decepcioné, solo me sentí aliviada de no haber arruinado también su aventura.

Con la cabeza aún palpitante por la sombra del dolor anterior, me senté fuera de la casa, en una de las paredes de roca protectoras, y observé cómo aparecía su avispa amarilla descendiendo por las curvas. René me había dicho que se había quedado sin agua, así que me recuperé lo suficiente para filtrar agua del estanque fangoso y llenar mis dos recipientes vacíos hasta el borde. Planeaba recibirla con el agua, para que pudiéramos bajar a nuestras mochilas antes de que oscureciera por completo.

Sentí un gran alivio cuando su chamarra color limón apareció como un punto brillante contra la montaña gris. No me había dado cuenta de lo sola que me sentía hasta que su figura familiar se acercó. Como corredores de relevos olímpicos en cámara ultra lenta, me puse a su lado y le di una botella de agua a modo de bastón.

—Lo lograste —dije.

Me sentí mejor con cada paso que bajaba.

Estar de pie junto a Cappy y Zoe y observar cómo el helicóptero de rescate despegaba, después de haber rescatado a una pobre alma de lo más alto de Whitney, agregó más leña al fuego de mi ansiedad.

«A veces te comes al oso, y a veces el oso te come a ti», pensé. Dos años antes, el oso me había comido. Esta vez, estaba decidida a comérmelo.

Estaba decidida a llegar a la cima de esa monstruosa montaña. Estaba decidida a estar con Las Tres Mujeres en esa cima y firmar mi nombre en el famoso libro de registro. Luego, íbamos a celebrar.

Punto de partida: Cruce del Sendero del Paso Shepherd en el Arroyo Tyndall, en la parte alta del Cañón Kern, 3,330 metros
Punto final: Campamento Crabtree Meadow, 3,261 metros
Punto más alto: Cruce del Sendero del Paso Shepherd en el Arroyo Tyndall, en la parte alta del Cañón Kern, 3,330 metros
Distancia recorrida: 14.1 kilómetros
Kilómetros acumulados: 286.7 kilómetros

ize
Paseando hacia Whitney

Vivir es lo más raro del mundo.
La mayoría de la gente solo existe, eso es todo.
~ Oscar Wilde, *El Alma del Hombre Bajo el Socialismo*, 1891

Día veinticinco
12 de agosto de 2006

Punto de partida — Campamento Crabtree Meadow — 3,261 metros

—¡Entra, Joan! —gritó Cappy—. ¡El agua está buena!

Este era el enésimo lago helado que Cappy había encontrado para nadar.

—Gracias. Creo que paso. —Ambas nos reímos mientras yo estaba parada con el agua hasta los tobillos en la orilla del Lago Guitar.

Una vez sumergida hasta la cintura, Cappy se zambulló de cabeza hacia aguas más profundas. Salió a la superficie con los ojos abiertos por el frío. A flote, se apartó la maraña de rizos mojados de la cara. Empezó a nadar a braza, de un lado a otro, paralela a la orilla, con una enorme sonrisa en el rostro. No entendía por qué esa experiencia la hacía feliz. Negué con la cabeza.

Zoe se tomó su tiempo para adentrarse en el agua, intentando aclimatarse, algo imposible en agua tan recientemente congelada. Finalmente, contó «Uno, dos, tres» y se zambulló para unirse a Cappy en aguas más profundas.

—Se siente genial —me gritó Zoe, balbuceando.

—Sí, claro, para un oso polar.

Justo al otro lado de la pequeña cuenca rocosa, un campista anterior había convertido una gran placa redonda de nieve en una cara sonriente de nueve metros. El astuto artista había tallado ojos y una sonrisa a través de la capa blanca para revelar rocas oscuras debajo. La nieve derretida goteaba directamente en el lago, a menos de 50 metros de donde nadaban.

Mientras me limpiaban el sudor y la suciedad del camino con agua helada, me aventuré a sumergirme hasta las rodillas y luego me detuve. Me dolían los dedos de los pies por el frío penetrante; sentía la sangre helada subir por mis piernas hacia el centro. Me salpiqué el cuerpo con puñados de agua, jadeando, y luego me froté con mi toallita. El polvo y la suciedad resbalaban como café por mis piernas.

—¡Joan, sería más fácil si nadaras! —dijo Cappy, saliendo limpia y temblando. Zoe también salió corriendo, hacia su ropa seca que se calentaba en las rocas. Sus labios morados se curvaron en una sonrisa.

«Dolorosamente fácil», pensé.

Que se divirtieran. El Lago Guitar era su última oportunidad para una fiesta en la alberca fría. La noche siguiente, estaríamos en la ladera este de la Sierra, y la noche siguiente, en las llanuras, camino a casa. Teníamos todo el día y el lago para nosotras solas; un dulce interludio, antes de salir del Universo Alterno que habíamos habitado durante semanas y volver al Mundo Real.

Limpias y vestidas, nos sentamos como marmotas, tomando el sol sobre las rocas, secándonos el pelo con la cálida brisa que subía del valle. Casi me sentía culpable por disfrutar de un día tan tranquilo. Habíamos caminado una distancia tan corta por la mañana por un sendero que serpenteaba bordeando prados, arroyos y bosques. No habíamos empezado a caminar hasta las diez. Ni siquiera había sudado.

—¡¿Eso es todo?! —dije cuándo, antes de comer, cruzamos una cuesta y llegamos al Lago Guitar—. ¿Ya llegamos?

El lago, con forma de guitarra acústica (un cuerpo de reloj de arena unido a un mástil largo y estrecho), estaba excavado en la roca al pie de la pared de granito que incluía el Monte Whitney. Rocas del tamaño de bancos, sillas y pelotas de béisbol se encontraban dispersas en las orillas. A los 3,500 metros de altura, apenas crecía vegetación; solo unas pocas matas bajas de plantas verdes y resistentes flanqueaban la orilla. Acampamos al abrigo de un montón de rocas que nos llegaba a los hombros, junto al cuerpo de la guitarra, y empezamos a disfrutar de nuestras primeras vacaciones de senderismo en casi tres semanas, las primeras desde nuestro día extra en Red Meadow el sexto día.

Pasé la primera tarde meditando, durmiendo la siesta y poniéndome al día con mi diario, donde escribí: «Toda esta relajación extranjera es un regalo, ¡un lujo extra especial para el cuerpo, la mente y el espíritu!». Interrumpía mi escritura repetidamente para mirar por encima del hombro y contemplar la torre de piedra que me llamaba.

—Visiones de hamburguesas con queso bailan en mi cabeza —dije esa noche mientras hervía agua para hidratar mi cena de pasta.

Estábamos acurrucadas juntas tras nuestra pila de rocas protectoras. El viento había arreciado; ráfagas frías azotaban el paisaje abierto sin que nada las frenara. Me había puesto todas mis capas, incluyendo un gorro de lana abrigado que me cubría bien las orejas, pero me quité los guantes para preparar la cena.

El pensamiento de las famosas hamburguesas del Café Whitney Portal me había visitado con frecuencia, desde que los letreros empezaron a medir las distancias cada vez más cortas. La mayoría de las veces, los pensamientos sobre comida me rondaban la cabeza, los guardaba para mí, pero el ansia por comida de verdad se estaba volviendo tan fuerte que tenía que expresarlo en voz alta. Vertí agua hirviendo sobre los fideos y la salsa.

—Papas fritas. Quiero un montón de papas fritas —intervino Zoe—. Con cátsup.

—Quiero mostaza con la mía, y una ensalada verde, una ensalada gigante con muchísimas verduras frescas —añadí—. Y aderezo de queso azul.

—¡Ya pueden parar! —nos regañó Cappy desde donde estaba sentada, agarrando y bebiendo su chocolate caliente de la tarde.

Me reí.

—¿Te estamos antojando, Cappy? ¿Qué es lo que más quieres comer cuando volvamos a la civilización?

—Fresas y melocotones —susurró Cappy. Luego, más alto, añadió—: Espero que Jim traiga fruta fresca a Whitney Portal.

Tenía una mirada perdida, como si se imaginara en otro lugar.

«No importaría qué comida trajera», pensé. «Cappy solo quiere ver a su Jim».

Nos habíamos transformado en un trío de viejos caballos de establo, vueltos hacia casa, con las fosas nasales dilatadas para percibir el aroma del heno y la avena del establo. Irónicamente, tan solo dos días antes, había fantaseado con vivir en la naturaleza para siempre, sin volver jamás a casa. Me había sentido parte de las montañas, como si hubiera echado raíces en la tierra. Sin embargo, a dos días de la llegada, mi cabeza daba vueltas como aquel caballo de establo.

Sufría de una relación de amor-odio con la civilización. Una parte de mí ansiaba una de las famosas hamburguesas con papas fritas del Café Whitney Portal, un helado de chocolate de Dryer, montones de fruta fresca, un baño caliente, champú y acondicionador, ropa interior limpia y mi propia cama suave. Pero otra parte aún quería permanecer en la naturaleza. Esa parte quería mantenerse lejos de la gente, los edificios y las carreteras, permanecer entre la naturaleza, con árboles y flores silvestres, junto a aguas fluidas, donde la Vía Láctea brillaba como farolas.

Mi provisión de comida se estaba agotando. En el fondo de mi contenedor para osos casi vacío, resonaban un plato principal liofilizado, cuatro barritas de proteínas y una bolsita de fruta seca, nueces, granola y caramelos. No podría haber seguido más tiempo en el camino. Sin el lujo de la comida civilizada que llevaba, me moriría de hambre. Tenía suficiente comida para cruzar Whitney y salir del Portal, y ni un bocado más. Por mucho que quisiera creer en mis propias ideas románticas, no éramos realmente criaturas de la naturaleza, solo éramos huéspedes, y nuestro tiempo estaba a punto de acabarse.

Cappy tenía una motivación extra para llegar a Whitney Portal. Jim nos encontraría allí y nos llevaría de vuelta a Yosemite. El día anterior, había mencionado su nombre cada vez que un cartel anunciaba la distancia a Whitney, con el rostro suave y los ojos llenos de luz. Cappy extrañaba muchísimo a Jim, estaba segura, aunque nunca lo dijo abiertamente.

—Jim estará emocionado de conocer finalmente a Zoe —dijo, y—, Jim dijo que conduciría hasta aquí la noche anterior, así que estará en el Portal temprano en la mañana —e incluso—, ¡Apuesto a que Jim apenas ha lavado un plato desde que me fui y se apresura a limpiar la casa antes de venir aquí!

Yo también estaba deseando ver a Jim. Tenía mi mochila con provisiones; ropa limpia, sandalias, champú y acondicionador, una maquinilla de afeitar y desodorante. La última vez que lo vimos, insinuó, con un gesto de sus pobladas cejas blancas, que nos recibiría con comida de verdad. Al igual que Cappy, esperaba que incluyera fruta, pero también tenía antojo de pan y queso. Hacía mucho tiempo que no probaba ninguna de esas delicias.

El viento azotaba nuestra pequeña casa de campaña y el refugio de Zoe. Nos metimos en nuestras bolsas de dormir temprano, después de que el sol rojo sangre se ocultara en el cielo nublado del oeste, pero antes de que la densa negrura de la noche lo llenara. Nuestro plan era madrugar y emprender el camino mucho antes de que el sol asomara por la imponente montaña del este.

Acurrucada en mi cálida bolsa, leí en voz alta nuestro último cuento antes de dormir, las páginas finales de *El Diablo en la Ciudad Blanca*, el epílogo, donde el autor Larson reflexiona: «La Feria [Mundial de Chicago] tuvo un impacto poderoso y duradero... en formas grandes y pequeñas» en todos los que participaron.[18]

Sabía que nuestra estancia en la naturaleza salvaje estaba teniendo un impacto similar, tanto grande como pequeño, en mis compañeras y en mí. Algunos eran obvios; era más fuerte, más valiente, tenía más confianza, y mi cuerpo estaba en la mejor forma física que había tenido en veinte años. Tendría que considerar el

---

[18] Eric Larson, *El Diablo en la Ciudad Blanca: asesinato, magia y locura en la feria que cambió Estados Unidos* (Knopf Doubleday Publishing Group, 2004), pág. 373.

tiempo transcurrido para tener una perspectiva más completa de cuáles podrían ser los impactos más importantes, pero sabía que había madurado.

Punto de partida: Campamento Crabtree Meadow, 3,261 metros
Punto final: Lago Guitar, 3,496 metros
Punto más alto: Lago Guitar, 3,496 metros
Distancia recorrida: 3.8 kilómetros
Kilómetros acumulados: 290.6 kilómetros

A veces te comes al oso

Prométeme que siempre recordarás:
eres más valiente de lo que crees,
más fuerte de lo que pareces,
y más inteligente de lo que piensas.
~ Christopher Robin a Winnie-the-Pooh,
en el video de Disney *La gran Aventura de Pooh*, 1997
(inspirado en los libros de *Winnie the Pooh* de AA Milne)

Día veintiséis
13 de agosto de 2006

Punto de partida — Lago Guitar — 3,496 metros

—¿Puedes ver a Hitchcock? —Cappy señaló con su bastón de senderismo.

—¡Guau! ¡De verdad que se parece a él! —rió Zoe.

Tenía razón. Desde nuestra posición privilegiada esa mañana en el sendero, muy por encima de la distintiva forma del Lago Guitar, pudimos ver un segundo lago, cuya forma era la viva imagen de Alfred Hitchcock de perfil, la silueta negra, mirando hacia la izquierda, usada como logo de *Psicosis*, *Los Pájaros* y todas sus demás películas.

—Los cartógrafos debieron de estar aquí arriba cuando bautizaron esos dos lagos —dije—. La forma de la guitarra no era tan evidente cuando estábamos en su orilla.

Desde arriba, el cuerpo en forma de reloj de arena y el mástil delgado de la guitarra eran inconfundibles. La gran cara sonriente blanca en la orilla opuesta del lago ahora era solo un pequeño círculo blanco.

Nos detuvimos unos minutos en un amplio banco de granito para tomar nuestro descanso matutino y disfrutar de la amplia vista hacia el oeste, sobre el Valle Central. Desde esa altura, imaginé que, de no ser por la neblina humeante en el horizonte, habríamos podido ver hasta el Pacífico. Me comí una de las últimas barras de proteínas de mi menguante reserva mientras admirábamos la espectacular vista.

Un par de horas antes, nos habíamos despedido de la sonriente escultura de nieve y desde entonces no habíamos parado de ascender. Habíamos llenado nuestras cantimploras y botellas de agua de repuesto hasta el borde. No hubiera fuentes de agua en el ascenso rocoso ni en el descenso; ninguna hasta que llegáramos a nuestro campamento de destino, a casi 16 kilómetros de distancia, al otro lado de la montaña.

Habíamos estado mareadas esa mañana, casi tan emocionadas como el día que Cappy y yo comenzamos nuestra gran aventura en el Sendero. El primer día, nos tomamos del brazo con Jane y cruzamos el puente de madera detrás de Tuolumne Lodge, saltando, cantando «¡Vamos a ver al Mago!», como si emprendiéramos un camino mágico. No nos habíamos ido del Lago Guitar cantando esa mañana, pero yo estaba ansiosa por conquistar Whitney y estar en la cima del mundo sería mágico.

¿Puedes creerlo? Estamos a punto de completar el imponente Sendero John Muir. Cappy estaba deseando empezar el recorrido.

Quería decir: «¡En sus marcas, listas, FUERA!» y verla salir corriendo. En cambio, dije:

—¡Cuesta creer que la aventura casi haya terminado! ¡Pronto estaremos en la cima! —Señalé hacia el muro que era Whitney y sus vecinos.

—¿Listas? —preguntó Zoe, y nos salimos. Cappy no salió corriendo. Pero si lo hubiera hecho, no me hubiera sorprendido.

La subida matutina, constante, atravesaba la parte trasera del Whitney y la amplia cresta que se extendía hacia el sur desde la cima. Durante la primera mitad de la subida de 900 metros, el sendero nos llevó por rocas cubiertas de grava y piedras. La subida fue constante, sin dificultad, aunque eso cambiaría.

El sendero se transformó entonces en una incesante serie de curvas cerradas. El suelo estaba agrietado y quebrado. Había talud disperso por el sendero en varios puntos, evidencia de deslizamientos que habían llegado casi hasta el fondo. Nuestras ansias por llegar a la cima hacían que el monótono sendero se sintiera interminable. ¿Estaría a la vuelta de la esquina? ¿A la siguiente? Pero no.

Una pareja de cuervos, sentados juntos en una cornisa sobre el sendero, conversaban enfrascados mientras yo pasaba. No sé si murmuraban sobre el tiempo, discutían sobre planes para la cena o chismeaban sobre los humanos que pasaban, pero sus voces profundas eran claramente conversacionales. Asintieron y se esponjaron las plumas al expresar algo. Eran las únicas señales de vida, aparte de algún que otro piloto de cielo que nos encontramos durante toda la mañana.

Esa pacífica soledad pronto cambiaría. A 4,094 metros; tres kilómetros y medio por debajo de la cima del Whitney, el sendero se bifurcaba. A la izquierda, el Sendero continuaba hasta la cima del Whitney y su propia conclusión. A la derecha, el sendero secundario se dirigía sobre la cresta y bajaba por el otro lado hacia Portal y el estacionamiento. En ese sendero, los excursionistas subían desde Portal hasta la cima del Whitney, solo para unirse al Sendero para la subida final a la cima. En un amplio y resguardado lugar junto a la intersección, había media docena de mochilas alineadas contra la pared de roca. Los del Sendero dejaban sus pesadas mochilas en ese pequeño hueco en la roca antes de continuar hacia la cima con una carga más ligera.

Sumamos nuestras tres mochilas al grupo de espera y nos reducíamos para la aproximación final. Saqué mi riñonera, la llené con mi almuerzo y una botella de agua, y me até el rompevientos a la cintura. ¡Ojalá tuviera una cámara!

Mientras nos preparábamos, un flujo constante de excursionistas que se dirigían a la cima desde el acceso este pasó junto a nosotras. Unas ciento cincuenta personas reciben permisos para ascender al Whitney desde el este cada día. En el poco tiempo que estuvimos allí, pasaron una docena. La cima prometía estar abarrotada.

—Definitivamente hemos vuelto a la civilización —dije. Ya se oían conversaciones en el aire.

—Ya verás. Va a haber más gente en la cima que la que vimos en un mes —dijo Cappy, tomando la delantera en el sendero.

El sendero era empinado y estrecho, a veces colgando de la ladera de la montaña. En otros tramos, estaba cubierto de pedregal, lo que hacía el paso precario. A pesar de esos obstáculos y de tener que compartir el sendero con tantos otros que iban en ambas direcciones, subimos la montaña prácticamente a toda velocidad. Liberada de mi pesada mochila, parecía caminar a treinta centímetros del suelo.

—¿Te sientes como si estuvieras flotando en esta colina? —preguntó Cappy.

—Levitando —dijo Zoe.

—Creo que podría correr hasta la cima. —No exageraba. Podría haber trotado.

—¡Y pensar que me preocupaba la altitud!

Durante un rato, el sendero discurría junto a la cresta, una larga y esbelta pared vertical surcada por agujeros erosionados similares a ventanas, de los cuales caía talud tanto al este como al oeste. Mirando hacia el este a través de las ventanas de la montaña, se veían las Montañas White, cerca del límite con Nevada, que se alzaban sobre el desierto. En algunos tramos, la delgada pared se alzaba formando pináculos. El más alto, bautizado como Monte Muir, era lo suficientemente imponente como para ser un cuatro mil. Nos detuvimos para admirar la montaña convertida en monumento, nombrada en honor a John Muir, el héroe de muchos senderistas de la Sierra. Aunque alta y bonita, no era impresionante. En realidad, era solo el diente más alto de toda una hilera de dientes, y estaba dominado por la imponente cabeza y hombros del cercano Monte Whitney.

—John Muir hizo tanto por explorar y preservar la Sierra. Me pregunto por qué los poderosos eligieron este humilde pico para él —pregunté. Ni siquiera Cappy tenía una respuesta, pero decidimos que probablemente era por motivos políticos.

Unas cuantas curvas más nos llevaron a la amplia extensión que era la cima del Whitney. A diferencia del Monte Muir y los demás pináculos afilados, el Whitney era un tazón de sopa invertido, un enorme trozo redondeado de granito. No parece correcto llamarlo pico; era más bien una cúpula. Incluso cuando estábamos lo suficientemente cerca como para ver la cabaña con techo de metal que se alzaba junto al punto más alto, aún nos quedaban 50 metros por recorrer a través de la curva cima de granito. Se había reunido una multitud, algunos en la cabaña, otros en la placa que marcaba la cima, otros dispersos por toda la extensión.

Cappy nos llevó directamente a la cabaña, donde una pequeña fila de personas esperaba para firmar el registro. Construida como refugio, la cabaña permanecía cerrada, sin usar ya su propósito original. Años atrás, se consideraba demasiado peligroso refugiarse en un lugar tan alto con techo de metal durante una tormenta en la Sierra. Una caja metálica plana, sujeta al costado del edificio de piedra, contenía un grueso libro de registro. Las páginas anteriores estaban llenas de los nombres de quienes nos habían precedido.

Zoe levantó la pesada tapa protectora para que Cappy firmara el libro. Yo hice lo mismo por Zoe, y Cappy por mí. Aparte de mi nombre y ciudad natal, no estoy segura de qué escribí en el espacio reservado para comentarios. Supongo que escribí: «A veces el oso te come, y a veces tú te comes al oso», pero la verdad es que no estoy segura de haber tenido la presencia del ánimo para ser tan ingeniosa. Hace poco le pregunté a Cappy, y ella tampoco recuerda las palabras que escribió. Uno pensaría que sería un detalle que ambas habríamos memorizado, o al menos escrito en nuestros diarios esa noche, pero toda la emoción del momento debió de borrar las palabras.

Desde allí, nos abrimos paso entre la multitud festiva hasta el punto más alto de la gran cúpula. Mientras esperábamos nuestro turno, fuimos testigos mientras otros posaban para fotos en la cima del Monte Whitney. La placa, que marcaba tanto la cima de la montaña como el final del sendero, indicaba una altitud de 4,419.9 metros. Las mediciones modernas la sitúan en 4,421.7 metros. De alguna manera, desde 1930, ¡la montaña creció dos metros y medio!

Servicio de Parques Nacionales
Departamento del Interior de los EE. UU.
Monte Whitney — Elevación: 4,419.9 metros
Sendero John Muir — Sendero Sierra Alta
5 de septiembre de 1930
Esta placa marca la construcción del sendero más alto de los Estados Unidos. Iniciado en 1928, fue completado en 1930 bajo la dirección del Servicio de Parques Nacionales en colaboración con el Servicio Forestal de los Estados Unidos.

Nos tomamos nuestro turno y nos tomamos una foto de grupo, las tres de pie, una junta a la otra, en la roca más alta del pico más imponente de la Sierra. Puse mi mano sobre el hombro de Cappy; su mano estaba sobre la de Zoe. Llevábamos nuestros uniformes del Sendero, enormes sonrisas de satisfacción y un manto de confianza sobre nuestros hombros bronceados y musculosos.

Tras cederles ese lugar privilegiado a los recién llegados, nos alejamos para encontrar un lugar donde relajarnos mientras almorzábamos. Tenía ganas de bailar, de cantar, de saltar y gritar. Quería una bocina para hacer sonar, una bandera para ondear, confeti para lanzar.

—¡Lo logramos, Joan! ¡Lo logramos! —Cappy seguía dando saltos—. ¡Lo hicimos todo caminando!

Cappy y yo nos abrazamos y dimos vueltas abrazadas, riéndonos.

—Lo logramos —repetía una y otra vez.

—Me duele la cara de tanto sonreír —dije—. Es surrealista, un sueño.

Extendí los brazos y eché la cabeza hacia atrás, expandiéndome para abarcar el mundo entero.

Luego Zoe se unió a nosotras para un abrazo circular de Las Tres Mujeres. De nuevo, giramos, bailando junto al punto más alto del cielo.

—Me alegro de llevar estas botas pesadas —dijo Zoe—, ¡o podría flotar hacia el espacio!

Encontramos un par de bloques rectangulares de granito, tan altos como mesas de centro y anchos como alfombras, apartados de las multitudes. Allí nos extendimos para disfrutar de un picnic en el cielo. Esperando junto a mi asiento, encontré un trozo casi cuadrado de granito Whitney con motas blancas y negras, la pieza final perfecta para mi colección. Me levanté para guardar la piedra del tamaño de un dado en mi bolsillo.

La vista era un panorama infinito de trescientos sesenta grados con sonido envolvente. Nada se interponía entre nosotras y el horizonte lejano, salvo un amplio espacio abierto. Al este se extendían el desierto de Nevada y las Montañas White; al sur y al norte, hilera tras hilera de crestas separadas por valles invisibles; al oeste, el Valle Central y tal vez, solo tal vez, el mar. El cielo despejado brillaba de un azul intenso y brillante, excepto donde el humo del oeste lo ensuciaba. Nos sentamos a comer, rodeadas por ese tazón invertido de cielo azul. El sol, justo encima, se sentía tan cerca que podíamos tocarlo.

Saqué la comida. Tenía hambre, como siempre. Pero distraerme de celebrar ese momento culminante lo suficiente como para comer fue difícil. De hecho, es difícil masticar y tragar cuando no puedes dejar de sonreír. Logré acabar con mis últimas nueces pecanas y arándanos secos y otra barra de Odwalla.

—Nunca hubiera terminado si ustedes dos no me hubieran adoptado.

Zoe se había vuelto seria.

«¿Se le estaban acumulando lágrimas en los ojos?»

—¡Estamos muy contentas de que te hayas unido a nosotras! —le aseguró Cappy, radiante como una mamá orgullosa.

—¡Formamos un gran equipo! —dije—. ¡Ojalá tuviéramos champán! Pero brindemos de todas formas.

Levanté mi Nalgene medio lleno. Los demás se unieron a mí.

—¡Por Las Tres Mujeres! ¡Salud!

—¡Las Tres Mujeres! —repetían.

Nos quedamos en silencio unos instantes, luego Cappy volvió a hablar:

—¡No hubiera sido la misma aventura sin ti, Zoe!

Hablamos con el corazón. Era importante que Zoe creyera en lo que ambas sabíamos. Aportó un ingrediente importante a nuestra experiencia; una perspectiva diferente, energía juvenil y buen humor. Toda nuestra experiencia fue más enriquecedora gracias a que ella nos acompañó durante dos semanas de senderismo.

Podría haber centrado toda mi atención en las impresionantes vistas que nos rodeaban; el cielo, las montañas, el horizonte, pero en lugar de eso, mi atención se vio atraída magnéticamente por lo que últimamente se había convertido en peculiaridad en mi mundo: la gente.

Era una interesante mezcla de gente la que se había congregado a esa altitud, al menos cincuenta. Había parejas y familias, parejas de amigos, grupos de amigos y senderistas solitarios. Hablaban y reían, tomaban fotos y se relajaban almorzando como nosotras. La mayoría se parecía a nosotras: senderistas experimentados vestidos con ropa de senderismo, mochilas y bastones de senderismo. Otros vestían pantalones cortos y tenis de verano, como si hubieran ido a pasar el día al lago.

Había una fila constante en el registro y otra en el punto de fotos en la cima. Tan rápido como un grupo se alejaba, otro se unía a la fila. Sin embargo, entre todos los rostros que nos rodeaban, ninguno nos resultaba familiar. Nadie de nuestras cuatro semanas en la naturaleza nos acompañaba entre la multitud en la cima.

Aunque aún nos quedaban varios kilómetros de bajada desde Whitney hasta la cafetería y el estacionamiento, para el Sendero John Muir, este era el final. Sentía una mezcla de emociones en mi pecho, mientras mi mente intentaba desenmarañarlas. Era un punto agridulce en el camino. Estaba rebosante de emoción, efervescente. Me emocionaba pensar en lo que mis compañeras y yo habíamos logrado. Sentía una sonrisa permanente en mi rostro. Las cuatro semanas anteriores habían sido un éxito rotundo en ese punto, y era un momento de celebración, en la cima de la joya de la corona de la Sierra. Al mismo tiempo, era el final del Sendero. El sendero estaba terminado, y nuestra aventura llegaría a su fin en veinticuatro breves horas y 16 kilómetros.

—Hay que tomar más fotos. —Zoe saltó, dejándose llevar por su carácter juguetón—. Hagamos algunas poses de la Mujer Maravilla.

Levantó los brazos y las piernas, como si se hubiera detenido a mitad de un salto de tijera, y sonrió con orgullo. Cambió de posición para mostrar sus bíceps flexionados, luego se inclinó hacia adelante, con ambos brazos y una pierna estirados, como si sus superpoderes le permitieran volar por el cielo como Superman.

Cappy y yo nos unimos al juego de Zoe. Nos turnamos para posar triunfantes. Fue divertidísimo, y nos reímos a carcajadas. Me reí tanto que, en un momento dado, se me saltaron las lágrimas.

Liberarnos del campo magnético de la cima fue difícil. Serpenteando a regañadientes hacia el sendero, contemplando las vistas por última vez, nos vimos envueltas en el desfile de excursionistas que abandonaban la cima de Whitney. Retrocedimos por el Sendero, pasando los pináculos, las ventanas erosionadas y el Monte Muir, hasta la intersección del ramal, donde nos esperaban nuestras mochilas. Había dos docenas de mochilas allí, apretadas en el hueco, y tuvimos que abrirnos paso y mover algunas de las nuevas para llegar a las nuestras, al final de la pila.

Allí dejamos atrás el Sendero Muir. El ramal del sendero comenzaba a través de una estrecha brecha en la montaña, un túnel sin techo, que nos llevaba del lado oeste de la Sierra al este. Nos llevó por el Sendero Crest, que resultó ser el paso más alto que habíamos superado en todo el viaje. Con 4,300 metros, era más alto que los Pasos Mather, Forester y todos los demás, aunque oficialmente no formaba parte del Sendero.

El sendero hacia el este se volvió inmediatamente verdaderamente peligroso. Muy empinado, era el sendero peor mantenido que había visto en cualquier lugar. Había secciones donde partes del camino se habían desprendido completamente de la montaña, dejando apenas un estrecho fragmento del sendero aferrado a la ladera, apenas lo suficientemente ancho para que una persona pudiera pasar. Tuve que inclinarme hacia el acantilado, prácticamente deslizarme pegada a la pared, para poder avanzar.

La superficie rocosa del sendero a veces era lisa como el satén, otras veces se desmoronaba en pedazos. Algunos segmentos estaban cubiertos de arena ondulada o enterrados en taludes móviles desprendidos desde las alturas.

—¿Cómo voy a cruzar esto? —Cappy se había detenido al borde de una amplia franja de hielo.

Zoe y yo estábamos amontonadas detrás de ella, mirando al frente con incredulidad. Los ojos de Cappy, abiertos como platos y rodeados de líneas tensas, reflejaban su ansiedad. Nos quedamos un rato observando el obstáculo que teníamos delante. El hielo caía por la pared de roca junto al sendero en gotas sólidas y se extendía por el sendero en láminas heladas antes de caer por el otro borde, formando carámbanos gigantes.

Haciéndonos a un lado, dejamos que un par de jóvenes con pequeñas mochilas cruzaran el diminuto glaciar que teníamos delante. En lugar de cruzar despacio, sortearon el obstáculo con rapidez, usando sus piernas larguiruchas para dar seis largas zancadas, minimizando así el contacto de los pies con el hielo. Cappy y yo nos miramos.

—¿Entonces la mejor manera de cruzar es rápidamente? —le pregunté. Tenía dudas—. Creo que voy a dar pasos lentos, firmes y planos, y usaré mis bastones.

—No estoy segura de querer depender de mis bastones —dijo—. ¿Se sujetarán al hielo si los necesito?

—Vayamos una a la vez, como hicimos con los cruces de ríos —dijo Zoe.

Con cada paso, probé con cautela la superficie helada, buscando zonas con más arenilla que hielo. Mi paso plano me mantenía erguida. El corazón seguía latiéndome con fuerza en el pecho y resonando en mis oídos mucho después de haber cruzado. Respiré hondo, observando cómo Zoe cruzaba de última. Increíblemente, el hielo no sería la peor sección del sendero que recorrimos ese día.

Un largo tramo del sendero había sido alcanzado por un deslizamiento de tierra desde arriba en algún momento del pasado. Partes yacían enterradas bajo montones de rocas inestables, mientras que otros segmentos habían desaparecido por completo, tras ser empujados por la ladera con la caída de rocas. Se habían colocado una larga serie de postes metálicos en lo que quedaba del sendero, justo a lo largo del borde del precipicio. Luego, se había tendido un cable metálico entre los postes, muchos de los cuales estaban oxidados o inclinados en ángulos abruptos. No sabía qué era peor, si el estado del sendero o el estado del cable de seguridad.

Intenté no apoyarme demasiado en la barandilla, no apoyar todo mi peso en ella. Pero si resbalaba en la superficie podrida, quería agarrarme al cable para no seguir el derrumbe anterior hasta el fondo. Tanta gente recorre ese sendero cada temporada, cada fin de semana, un número significativo de ellos senderistas con poca experiencia, que es un milagro que no haya más heridos graves o muertos en ese angustioso sendero.

—Odiaría haber caminado más de 300 kilómetros del Sendero, solo para morir en el último tramo, solo tratando de llegar a casa —comentó Zoe cuando nos detuvimos a descansar a mitad de camino.

—Muy anticlimático —estuve de acuerdo.

Su irreverencia me hizo reír, buena medicina para la ansiedad.

El sendero estaba abarrotado de gente. Los últimos excursionistas que aún subían a la cima nos adelantaban por un lado. Otros, los que ya habían llegado a la cima, nos adelantaban por el otro. Ninguno llevaba una mochila llena, así que querían ir más rápido que nosotras. Algunos descendían a una velocidad que consideré temeraria, apresurándose para llegar abajo, y no quería que, con sus prisas, me pusieran en peligro. Cuando alguien se acercaba por cualquier dirección, me detenía, me hacía a un lado, me apoyaba en la sólida pared del acantilado para reclamar el interior del sendero y cederles el estrecho borde exterior para pasar.

La última parte del descenso del día, ampliamente conocida como los «Noventa y Nueve Zigzags», fue quizás la única serie de curvas en todo el viaje que no intenté contar. Estaba demasiado ocupada observando cada paso y planificando mi ruta entre los escombros y las zonas resbaladizas, así que no puedo confirmar la cantidad exacta.

Nuestro destino era el Campamento Trail, tres kilómetros más abajo de Trail Crest y solo diez kilómetros más arriba de Whitney Portal. El campamento había permanecido invisible durante la mayor parte del descenso. Solo después de que las curvas nos llevaran a una curva formada por una larga cresta vertical, lo vimos.

Un pequeño estanque, en realidad un gran charco de nieve derretida servía como única fuente de agua para todos los visitantes. Extendiéndose desde el estanque, cientos de pequeñas casas de campaña se apiñaban unas contra otras. Parecía como si un campamento de refugiados hubiera surgido en la ladera de la montaña. Aún por encima del límite arbóreo, a más de 3.600 metros, no había árboles ni vegetación. Era el campamento base para la mayoría de los excursionistas que ascendían al Monte Whitney por el Portal. Era el mismo lugar donde, bajo los efectos del mal de altura, había esperado, durmiendo en la casa de campaña de Sue, a que René regresara de la cima, dos años antes.

Nadie hubiera elegido acampar allí si no fuera por el acceso que proporcionaba a Whitney. No ofrecía ningún servicio. Incluso los baños de pozo con energía solar, que habían estado semi operativos dos años antes, habían sido retirados. Era un lugar horriblemente feo para acampar. La estación de entrega de bolsas WAG estaba a rebosar. A pesar de un cartel que advertía a la gente de no dejar sus bolsas de excrementos junto a los contenedores repletos, muchísima gente lo había hecho. Montones de bolsas de plástico malolientes se apilaban alrededor de los contenedores, que estaban llenos de moscas, los únicos seres vivos, aparte de los humanos, que parecían dispuestos a sobrevivir en ese entorno. Estuve muy tentada de añadir mi propia WAG a la pila maloliente. Había querido deshacerme de ella todo el día. Estaba completamente llena e inservible. Esperaba recoger una segunda en la estación de bolsas WAG, pero no había ninguna. El cartel decía que la siguiente estación de entrega estaba cinco kilómetros cuesta abajo, en el Campamento Outpost. Pasaríamos por allí por la mañana.

Zoe encontró un lugar protegido entre la multitud donde pudimos acampar tras un muro de piedra construido como rompevientos. Con agua filtrada y botellas llenas de la pequeña charca, nos sentamos en bancos de piedra en nuestro pequeño espacio y preparamos la cena.

Me quedaba un último plato principal para la cena. Era la primera vez en todo el viaje que me iba a quedar sin comida. Después de cenar, lo único que me quedaría en el bote de comida sería una bolsa Ziploc con granola para desayunar, dos barritas energéticas para la caminata de más de nueve kilómetros del día siguiente hasta Portal y un puñado de caramelos duros.

—Es una planificación perfecta o pura suerte, pero esta es mi última comida —dijo Cappy.

De espaldas al viento, estaba abrigada contra el frío penetrante. Parecía cómoda bebiendo una taza de chocolate caliente, mientras la comida se remojaba en su taza de cocina a su lado. El vapor se elevaba de la taza en sus manos enguantadas, envolviendo su rostro con una pequeña nube blanca.

—Un poco de ambas cosas, supongo. —Estaba abrigada y sentada a su lado, de espaldas al viento. Había terminado mi té caliente y estaba preparando la pasta humeante con salsa de carne en mi taza—. Lo planeamos bien, sobre todo eso de llevar una comida extra en cada caja.

Levanté mi taza.

—Esta es la comida extra de mi última etapa.

—Fue una buena idea —coincidió Cappy. Había pasado del cacao a algo con curry.

—Para mí —dijo Zoe—. Fue pura suerte y muy poco planificado.

Había comido su último plato principal la noche anterior en el Lago Guitar, así que cenaba barritas energéticas y botanas, algunos de los cuales habíamos aportado Cappy y yo. Era una combinación extraña, probablemente no la que ella hubiera elegido, pero nos aseguramos de que tuviera suficientes calorías. Era como cenar cereales con leche o desayunar pizza fría sobrante. No es la primera opción, pero serviría en un apuro. Y esto sí que era un apuro.

El Campamento Trail albergaba a tantos excursionistas; los que planeaban subir temprano a la mañana siguiente y los que, como nosotras, bajaban tras alcanzar la cima, que emitía una cacofonía. Durante semanas, los ruidos nocturnos más fuertes a los que nos habíamos visto expuestas eran nuestras propias voces, el suave roce del nailon contra el nailon y el crujido de nuestros pasos contra el suelo. En el Campamento Trail, el estruendo era constante y estridente. El viento rugió por el campamento toda la noche, sacudiendo nuestra casa a pesar del rompevientos. Sin embargo, los ruidos humanos, bulliciosos y festivos; el ruido metálico del equipo, el montaje de las casas, la preparación de la cena, las botas sobre la roca, las conversaciones, los gritos, las discusiones y las risas, eran más fuertes que el viento. Estábamos inmersas en la humanidad, y era ensordecedor.

Di vueltas en mi bolsa de dormir. Cappy hacía lo mismo a mi lado.
—¿Estás despierta? —susurré. Debía ser más de medianoche.
Un susurro.
—Sí —se escuchó desde ambas direcciones.
—Bienvenido a la civilización —dije en voz baja—. Hay demasiada gente por aquí.
—Hay demasiada gente ruidosa —asintió Zoe.
—¿Por qué no duermen? —preguntó Cappy—. ¿No tienen que madrugar también?
—Ya no estoy segura de que me guste la gente —dije, mientras me daba la vuelta otra vez ante el suave ruido del nailon contra el nailon.
—Buenas noches, Joan —murmuró Cappy.
—Buenas noches.

Punto de partida: Lago Guitar, 3,496 metros
Punto final: Campamento Trail, Zona Whitney, 3,670 metros
Punto más alto: Cima del Monte Whitney, 4,421 metros
Distancia recorrida: 14.9 kilómetros
Kilómetros acumulados: 305.6 kilómetros

En algún lugar sobre el arcoíris

En algún lugar sobre el arcoíris, los cielos son azules,
y los sueños que te atreves a soñar realmente se hacen realidad.
~ Dorothy Gale (Judy Garland) en la película *El Mago de Oz,*
Letra y música de Harold Arlen y Yip Harburg, 1939

Día veintisiete
14 de agosto de 2006

Punto de partida — Campamento del Sendero, Zona Whitney — 3,670 metros

La mañana llegó con estruendos y golpes. Las hordas que ascendían estaban en movimiento. Habían comenzado a recorrer el Campamento Trail desde la madrugada. Asumiendo que todos en el campamento estaban tan ansiosos por llegar a la cima como ellos, no mostraron ningún reparo.

—Buenos días —cantó Cappy, para que Zoe escuchara en su refugio de nailon. Jim nos esperaba al final de la caminata de hoy, y ella rebosaba de alegría. Se vistió rápido y salió por la puerta de la casa, dejándome a mí para que la siguiera.

—Todavía hace frío aquí afuera —gritó.

Entendí la indirecta, me puse todas mis capas y aparecí justo detrás de ella.

—Mira eso. —Señaló la enorme pared de granito a unos metros al oeste.

—¡Guau! —Fue una vista impresionante.

La imponente cara este resplandecía con la luz que reflejaba el sol naciente, una versión de «¡Buenos días!» del resplandor alpino. La luz, desde un ángulo bajo, enfatizaba la textura rugosa de la roca, convirtiendo cada grieta y risco en una grieta negra. Cada trozo de talud proyectaba una sombra. Sobre los afilados picos que bordeaban la cima de la cresta, el cielo era del intenso Azul Pacífico que se encuentra en la gran caja de crayones Crayola de sesenta y cuatro colores. Las propias montañas brillaban con un color mandarina atómico, un color más raro que solo se encuentra en la caja más grande de Crayola de noventa y seis colores. Algunos parches dispersos de nieve sucia cerca de la cima relucían de color rosa.

Cappy se metió de nuevo en la casa en busca de su cámara y salió tomando fotos. Nuestras voces emocionadas hicieron que Zoe se quitara la ropa que la cubría, y saliera sin botas y aun poniéndose el sombrero y los guantes.

Después del desayuno, mientras me aplicaba la típica capa de cinta adhesiva en los pies, Cappy dijo:

—Ojalá pudiera arreglarme los pies con cinta adhesiva. No sé si puedo hacer algo para que no me duelan.

Levanté la vista del banco de piedra donde estaba sentada. Zoe dejó de empacar.

—¿Cuánto te lastimaste ayer? —pregunté—. No recuerdo que los mencionaras.

No había dicho nada hasta las últimas curvas, y solo que quería descansar un rato aquí y allá.

—Esta mañana los tengo muy sensibles. Todos estos días escalando en roca dura me han pasado factura. —Cappy se sentó cerca de mí, se quitó la bota izquierda y movió los dedos—. Es como si me doliera cada huesito y articulación del pie.

Desvié mi atención de mi pie al suyo y observé cómo se masajeaba la planta del pie. No vi hinchazón, ni moretones, ni enrojecimiento.

—Lo siento. No me había dado cuenta de que te dolía ayer —dije. Dejé la cinta y las tijeras que había estado usando—. Por alguna razón, pensé que habían mejorado después de descansar en el Lago Guitar.

—Ese descanso me ayudó —dijo, quitándose la otra bota—. Pero la subida de ayer me los volvió a irritar mucho. Sobre todo, esa bajada final.

Empezó a frotarse el pie con cuidado, lo que le provocó una mueca de dolor en el rostro.

—La cinta me ha funcionado. Las almohadillas le funcionaron a Zoe. Pero no sé cómo protegerte los pies —pensaba en voz alta—. Puedes usar cualquier cosa que tenga en mi botiquín —dije, levantando la bolsa azul del suelo y buscando inspiración—. ¿Alguna idea? ¿Qué tal un molesquín? ¿Advil?

—¿Tienes llagas en la piel? ¿O el dolor es interno? —preguntó Zoe.

—Todo está dentro —dijo Cappy—. Cada vez que doy un paso, siento un dolor agudo en el pie.

—Ya casi llegamos al final. ¿Podrás con estos últimos diez kilómetros? —Intenté disimular mi creciente preocupación, mientras mi mente daba vueltas a las ideas sin éxito.

—¿Tengo opción? —rió Cappy, mientras se concentraba en cambiarse las botas.

—Me dirás si empeora, ¿verdad? —La observé mientras se atendía los pies.

Cappy es una mujer estoica. ¡Nunca se rinde! Supongo que, como yo, nunca admitiría la derrota ni mostraría debilidad, no hasta que no tuviera otra opción. Me preguntaba si estaba siendo completamente honesta sobre el dolor que sentía. Tendría que vigilarla.

En nueve kilómetros, el sendero descendería casi seis kilómetros. Los pies de Cappy tendrían que soportar mucho impacto en la roca dura.

Montones de gente nos adelantaban, subiendo para turnarse en la cima, mientras que la multitud de ayer bajaba. El sendero parecía una autopista con atascos en los tramos estrechos. Como llevábamos mochilas grandes y movíamos más despacio que quienes llevaban menos equipaje, nos hacíamos a un lado constantemente para dejar pasar a quienes llevaban menos.

Poco después de pasar el Lago Mirror, llegamos al punto intermedio del día, el Campamento de Avanzada, que marcaba el límite exterior de la Zona Whitney. No había baños disponibles, pero seguimos el hedor insoportable hasta el gran contenedor de recogida de bolsas WAG.

Tiré mi bolsa de plástico al contenedor medio lleno.

—¡Qué alivio deshacerme de ella! —exclamé.

Nos alejamos del contenedor hacia un lugar con pasto y sombra. El plan era descansar unos minutos y comer nuestras últimas barritas energéticas.

—¿Están cansadas? ¿Necesitan este descanso? —preguntó Cappy—. Si nos lo saltamos, podemos llegar más rápido al fondo, a bañarnos y a comer de verdad.

«Y Jim», pensé.

—¿Segura que no quieres descansar, Cappy?

—No. No quiero prolongar esto. Solo quiero llegar al final —insistió—. No me van a dejar de doler los pies hasta que terminemos en el Portal, así que prefiero no sentarme.

Su rostro y su voz eran firmes; parecía decidida.

—Está bien entonces —dije y me volví hacia el sendero.

Quedaban menos de cinco kilómetros de nuestro viaje de más de 300 kilómetros.

Esos cinco kilómetros se sumergieron a 700 metros de altura e iban a ser particularmente castigadoras para los pies de Cappy.

La multitud de excursionistas se había dispersado, así que había mucho espacio para caminar en el sendero. Pero en ese descenso, quería estar cerca de Cappy, por si acaso pedía ayuda. Zoe tenía el mismo plan, así que redujimos nuestra velocidad habitual para seguir el ritmo de los pasos más lentos de Cappy. Caminando justo delante de ella, nos resultó sorprendentemente difícil mantener ese ritmo. Después de unos instantes, nos dábamos la vuelta y descubríamos que se había abierto un gran hueco entre nosotras. Nos deteníamos y esperábamos a que Cappy nos alcanzara, observándola atentamente mientras se acercaba.

Una mueca de dolor le recorrió el rostro a cada paso. Intentaba caminar solo sobre los talones, permitiendo que estos aliviaran el peso de la parte delantera de sus pies, pero en las empinadas curvas, eso era casi imposible. Se apoyaba con fuerza en sus bastones de senderismo, dando cada paso con cautela, como si caminara sobre brasas. Su rostro estaba arrugado por la concentración.

Cuando Cappy nos alcanzó, esperamos para que pudiera respirar profundamente unas cuantas veces.

—¿Hay algo que podamos hacer para ayudar? —preguntó Zoe.

—No, la verdad es que no —dijo Cappy, y luego añadió—: Pensándolo bien, quizá hablar. Distráeme un poco.

Hablamos de comida de verdad y baños calientes. De ver a Jim y lo que podría haber traído en su carro. De buen champú y ropa limpia. De rasurarnos las piernas y ponernos crema corporal. De sentarnos en una silla de verdad y dormir en una cama de verdad. Bromeamos sobre lo que veríamos al mirarnos al espejo. Zoe y yo incluso nos aventuramos a hablar del trabajo y de lo raro que sería volver a nuestros trabajos. Sin embargo, la conversación seguía girando en torno a la comida de verdad y los baños calientes.

—No puedo dejar de pensar en hamburguesas con queso y tocino con papas fritas —dije—. ¿Crees que podría pedir doble tocino?

La idea de carne grasosa y salada era celestial. Hablar de ella me hacía agua la boca y me daban gorgoteos en el estómago.

—¡Para ya! —se rió Zoe—. Ahora mi mente estará llena de pensamientos de papas fritas grasientas el resto de la caminata.

—¿Eso es malo? —dije—. ¿cátsup o mostaza?

—Cátsup. Y pepinillos. Quiero pepinillos en mi hamburguesa.

—¿Y tú, Cappy? ¿Qué es lo que más te entusiasma? —Me volví hacia ella—. Aparte de Jim, quiero decir.

—Jim sería lo primero, seguro.

«Es bueno verla sonreír», pensé.

—Luego un baño caliente. Luego comida —concluyó Cappy.

—¡No lo había pensado! —dije—. ¿Me baño o me voy a comer primero?

Hice una pausa para que las alternativas me dieran vueltas en la cabeza.

—La comida es mi primera opción —decidió Zoe sin dudarlo.

—Voy a pasar un rato delicioso imaginando ambas opciones por un tiempo —dije.

Cappy fue una verdadera luchadora, sin quejarse en todo el camino, aunque era evidente que tenía un dolor constante. A menos de 400 metros de la meta, hicimos una última parada para descansar. Cappy se recargo contra una gran roca que bordeaba el sendero, quitando el peso de su mochila de las puntas de los pies. Cerró los ojos y suspiró, respirando hondo. Ojalá pudiera llevarle la mochila, pero era imposible.

Fue tristemente irónico que, más que Zoe o yo, Cappy quisiera bajar corriendo para ver a Jim, pero su cuerpo no le cooperaba. No había sufrido ninguna lesión en todo el viaje, pero ahí, en el último día, su cuerpo le fallaba. Menos mal que el dolor solo había aparecido al final de la caminata, solo el último día se había vuelto tan intenso. No sé cómo habríamos lidiado con una lesión así en pleno viaje. Podría haberlo terminado prematuramente.

Salimos del sendero como si hubiéramos entrado a un escenario. Desde la naturaleza, entramos por la izquierda del escenario, en el espacio civilizado de Whitney Portal. El sendero se volvió de hormigón. Los árboles retrocedieron. Se levantó el telón. El espacio se abrió. Un estacionamiento. Con carros. Un edificio se alzaba sobre hormigón. Sillas, mesas, sombrillas. Gente. Gente civilizada, que entraba y salía del escenario por todos lados. Éramos gente salvaje. Habíamos sido salvajes durante un mes. Nos detuvimos, permanecimos juntas, observando el espacio.

«¿Podríamos seguir siendo salvajes un poco más?», me pregunté. «¿Cuánto tiempo nos queda? La civilización es contagiosa, como un virus. Seguro que nos contagiaremos», pensé.

Me quité la mochila, la dejé junto a una silla y apoyé los bastones de senderismo en la mesa. De repente, me sentí sucia. Bajé la mirada a mis espinillas sucias. A la mugre bajo mis uñas. El aroma a carne asándose impregnaba el aire. Venía de la puerta de la parrilla.

—Quiero encontrar a Jim —soltó Cappy mientras se quitaba la mochila. En una misión, entró al estacionamiento. La seguí. Zoe me siguió.

Al otro lado del asfalto, Jim esperaba junto a su carro. Reconocí al instante su brillante cabello blanco y su figura alta y esbelta. En una escena que recordaba a cualquier película romántica digna de un pañuelo de papel, liberada del peso de su mochila, Cappy corrió cojeando sobre sus pies doloridos por el asfalto hacia él, gritando:

—¡Jim! ¡Jim! —Sus brazos ya estaban extendidos para abrazarlo.

Al verla, corrió a su encuentro. Y, en una escena inmejorable, incluso en cámara lenta, ella se arrojó a sus brazos. En medio del estacionamiento, se abrazaron y besaron, con lágrimas corriendo por sus rostros. Se apartaron, se miraron las caras sonrientes y los ojos llorosos, ¡y luego lo hicieron todo de nuevo!

¡Fue mejor que las películas!

Esa podría haber sido la escena final, el desenlace de nuestra historia. Solo que aún no había conseguido el baño caliente ni la hamburguesa doble con queso y tocino que tanto ansiaba. Hasta que ocurrieran esos dos últimos eventos, no podíamos decir: «...y vivieron felices para siempre».

Zoe y yo nos quedamos un rato a solas con ellos. Un poco incómodas, observamos a la pareja besándose desde el otro lado del estacionamiento.

—¿Crees que lo extrañó? —preguntó Zoe.

—¿Crees que la extrañaba? —respondí. Ambas nos reímos.

Finalmente, se separaron y nos hicieron señas para que nos acercáramos. Jim y yo nos dimos un rápido abrazo de saludo; su cuerpo larguirucho se inclinó mientras yo me ponía de puntillas. Cappy le presentó a Zoe.

—Me alegro mucho de verlas, señoras —brillaron los ojos claros de Jim. Estaba impaciente por mostrarnos su sorpresa.

—Tengo un carro lleno de las delicias que les traje. —Estaba emocionado, a punto de reventar de orgullo. Abrió la parte trasera del carro y vimos hieleras portátiles y bolsas de la compra llenas de comida fresca—. Pensé que tendrían antojo de fruta fresca, así que traje un montón.

Nos enseñó cestas de cerezas y bayas, bolsas de melocotones y albaricoques. Sonreía radiante mientras gemíamos de placer.

—Hay más, pero apuesto a que quieren bañarse primero.

Agarré una canastilla de fresas, me la llevé a la nariz para aspirar su rico aroma a miel y luego me tragué cuatro enseguida. El rojo dulce era embriagador. Les tendí la canastilla a las demás. Zoe tomó un puñado, pero Cappy negó con la cabeza, con la boca llena de cerezas.

—Llevamos un par de días hablando de las hamburguesas de la cafetería —le dije a Jim—. Me muero si no consigo una pronto.

Tomé mi bolsa de ropa limpia y mi toalla de baño del carro de Jim y volví a la cafetería. Cappy tomó su propia bolsa de ropa. Las cuatro llevamos fruta a la mesa donde nos esperaban nuestras mochilas.

Podía oler el tocino en cuanto entré en la cafetería, que también hacía las veces de tiendita. Cada uno pidió comida y pagó por un turno en su baño individual. Cappy pidió primero el agua caliente. Yo ni siquiera competí. Me conformé con sentarme en una de las mesas de picnic de plástico del patio, comiendo bayas tras bayas mientras esperaba a que llamaran el pedido número dieciocho. Mi turno con el champú y el agua caliente llegaría; la anticipación era parte de la diversión.

Zoe no tenía una bolsa de ropa limpia esperándola. Ella y Nemo habían planeado tomar el autobús de regreso al valle de Yosemite, donde su ropa y provisiones estaban esperando en su carro. Por suerte, yo había empacado dos conjuntos, por si acaso, así que le presté algo limpio.

Jim hacía preguntas. Y Zoe y yo contábamos historias, a veces hablando al mismo tiempo. Sin embargo, cuando llegó la comida, comí en silencio absoluto, concentrada solo en los sabores y las texturas: carne, queso, cuatro rebanadas de tocino, jitomate fresco, pepinillos en vinagre y montones de mostaza picante. Saboreé cada bocado de la hamburguesa. Luego lo acompañé con una Pepsi Light bien fría y con gas.

Cappy se reunió con nosotros, luciendo impecable. Terminó de peinarse sus largos rizos antes de sentarse. Jim ya había traído su hamburguesa. Al verla, dejó el peine en el banco junto a ella y se abalanzó sobre sus papas fritas.

Después de un par de mordiscos con entusiasmo, Cappy se volvió hacia Jim:

—¿Sabes? Nunca recibimos la casa. Recibimos la lona, pero no la casa. La enviaste por correo, ¿verdad?

Jim dejó de comer a medio bocado.

—¿¡Qué!? ¡Claro que sí!

—Me pregunto dónde terminó —dijo Cappy.

—El misterio se profundiza —rió Zoe.

—¡Y ahora me toca a mí! —dije.

Me levanté de un salto, con la bolsa de ropa y botellas al hombro, y los dejé contándose historias.

La regadera era una pequeña cabina con cortina en la esquina de un baño en miniatura, pero el agua estaba deliciosamente caliente y tenía mucha presión. Me enjaboné el pelo con el champú hidratante. Tres veces. Luego me puse una capa de acondicionador, dejándolo actuar mientras me lavaba el resto del cuerpo. La suciedad se arremolinaba por el desagüe. Me puse un limpiador hidratante en la cara, me rasuré, me enjuagué el pelo y, a regañadientes, cerré la llave del agua.

De repente, la vibrante melodía de la película *Carros de Fuego* me llenó la cabeza. Mientras sonaba una y otra vez, una creciente sensación de triunfo me invadió el corazón. ¡Lo habíamos logrado! Lo había logrado. Había recorrido todo el Sendero John Muir. Me encontré tarareando la música victoriosa de los campeones olímpicos mientras me secaba con la toalla gruesa y me la envolvía en la cabeza. «La la-la, la la-la. La la-la, la la...».[19]

---

[19] *Carros de fuego*, banda sonora ganadora del premio Oscar compuesta por Vangelis Papathanassiou para la película británica *Carros de Fuego*, 1981

Mi ropa, suave como el algodón contra mi piel curtida, me quedaba holgada. Los pantalones cortos me colgaban sueltos de la cadera. No sabía cuánto peso había perdido, pero era considerable. Mi figura se había estilizado, mis músculos firmes y definidos, y los huesos se veían a través de la piel tersa. Me subiría a la báscula del baño en dos días y descubriría que había perdido cinco kilos.

Limpié la condensación de un pequeño espejo en lo alto de la pared, de modo que solo podía verme la cara y el cuello. Era la primera vez que me veía claramente reflejada desde el espejo aún más pequeño en el oscuro baño de RVV. Mis rizos eran rubios pálidos, mi rostro bronceado, mis pómulos prominentes. Al ver mi collar de plata en el espejo, toqué sus tres anillos e hice una pausa para susurrarme: «Fuerza. Valor. Espíritu». Cerré los ojos un momento y susurré: «Lo logramos, Krei, de verdad lo logramos».

Mi cuerpo no era el único aspecto de mí que había sido alterado por mi experiencia. En ese espejo no eran visibles toda una serie de cambios internos que había experimentado. No podría haberlos expresado con palabras esa tarde en Whitney Portal. Me tomaría tiempo y una reflexión más profunda apreciar plenamente todo lo que había aprendido de mi aventura en el Sendero.

Senderismo
Punto de partida: Campamento del Sendero, Zona Whitney, 3,669 metros
Punto final: Portal Whitney, 2,548 metros
Punto más alto: Campamento del Sendero, Zona Whitney, 3,669 metros
Distancia recorrida: 9.6 kilómetros
Kilómetros acumulados: 315.2 kilómetros

Regresando a la línea de partida
Punto de partida: Portal Whitney, 2,548 metros
Punto final: Estación de Guardabosques de la Zona Agreste Tuolumne Meadows, 2,645 metros
Punto más alto: Paso Tioga, 3,030 metros
Distancia recorrida: 246.2 kilómetros

… Joan M. Griffin

El otro lado de la montaña

En cada paseo por la naturaleza uno recibe mucho más de lo que busca.
~ John Muir, *Mormon Lilies*,
San Francisco Daily Evening Bulletin, 19 de julio de 1877

Mucho más tarde
2023

Hogar, dulce hogar, Colfax, California

—¿Por qué decidieron recorrer el sendero John Muir? —El día veintidós, los dos fotoperiodistas, Monika y Gary, le hicieron esta pregunta a cada una de Las Tres Mujeres. Solo con el paso del tiempo y tras reflexionar mucho, he llegado a comprender la complejidad de las respuestas a sus dos sencillas preguntas: «¿Por qué?» y «¿Valió la pena?».[20]

El objetivo de completar el Sendero John Muir, con su meta en la cima del Monte Whitney, comenzó con la urgencia de la pérdida y el dolor. Mi deseo creció con el aliento de los sabios consejos sobre el poder sanador de estar en contacto con la naturaleza. Pero se convirtió en algo más que eso, adquiriendo significados más amplios. Mi motivación surgió en parte del deseo humano instintivo de ponerme a prueba ante uno de los desafíos supremos del universo. Con la mediana edad, llegó la necesidad de demostrarme a mí misma que poseía la fuerza para afrontar y superar cualquier desafío que me deparara la segunda mitad de mi vida.

Me atrajo la sublime combinación de dificultad y belleza, esfuerzo y paz que ofrece el Sendero John Muir. 300 kilómetros exigentes pusieron a prueba mi fuerza y mi coraje, mientras que esas mismas 300 kilómetros cautivaron mi espíritu con su elegancia a veces encantadora, a veces imponente grandeza, y su naturaleza siempre hipnotizante.

Poca gente en la Tierra aprovecha la oportunidad de alejarse de la civilización por más de un fin de semana. Sin embargo, junto con mis compañeras de senderismo, pude vivir en la naturaleza, inmersa en su belleza salvaje durante casi un mes.

—¿Valió la pena?

Sin duda alguna.

Superar un reto personal tan grande cambia a la persona. Mi experiencia en el Sendero quitó gran parte del poder que el miedo a lo desconocido ejercía sobre mí. Cuando afrontamos lo casi imposible y lo logramos, lo imposible empieza a parecer alcanzable.

---

[20]Fotoperiodistas Monika y Gary Wescott de Nevada City, California. *The Turtle Expedition, Unltd.*, https://turtleexpedition.com/contact/

Podía ver más lejos, tanto literal como figurativamente, cuando subía a la cima de una montaña tras otra. Desde esa perspectiva, el horizonte se ensanchaba. Las distancias se acortaban. Después de caminar 300 kilómetros cargando todo lo necesario a la espalda, las dificultades de la vida diaria se aliviaban. Equilibrar las diversas facetas de mi vida se volvió menos complicado una vez que aprendí a vadear ríos y a caminar sobre troncos estrechos.

El miedo pierde su poder ante alguien que ha conocido el coraje.

Que encuentres la fuerza, el valor y el espíritu para abrazar tus sueños y metas.

Agradecimientos

Resulta que escribir es más difícil que hacer senderismo. Crear este libro ha sido una aventura aún más desafiante que nuestra caminata de 320 kilómetros por el Sendero John Muir. Nunca hubiera logrado ninguno de los dos objetivos sin la compañía, el ánimo y el apoyo de muchas otras personas.

En primer lugar, por supuesto, en la larga lista de personas con quienes estoy en deuda, están **Caroline «Cappy» Hickson** y **Jane Riedel**, mis compañeras de senderismo del Sendero, cuyas historias se entrelazan profundamente a lo largo de este libro. Sin ellas, el viaje no hubiera comenzado, y mucho menos terminado. Las he acosado con preguntas a lo largo de los años y ellas las han respondido pacientemente, mientras verificaba la exactitud de mis recuerdos. Las tres seguimos siendo hermanas del sendero, nuestra amistad pulida por los desafíos que enfrentamos y superamos juntas durante el verano de 2006. Somos heroínas en la vida de la otra. Como Las Tres Mujeres, seguimos caminando juntas por senderos locales y disfrutamos inmensamente de la compañía mutua. Aprecio mi amistad con estas mujeres fuertes, valientes y llenas de energía.

«Zoe» ahora es guardabosques del Parque Nacional y trabaja en Yosemite. Agradezco la dimensión adicional de exuberancia juvenil que inyectó en nuestra aventura en el Sendero. No hubiera sido el mismo viaje sin ella.

Sue Abeloe, mi compañera de caminatas de toda la vida, nunca pudo caminar con Las Tres Mujeres, pero sin ella, nunca hubiera existido el objetivo original ni el plan de caminar por el Sendero, y yo nunca hubiera invitado a Cappy y Jane a unirse a la aventura.

A menudo se describe la escritura como una actividad solitaria y aislada. En mi experiencia, nada más lejos de la realidad. Desarrollarse como escritor y crear un manuscrito implica interactuar y aprender de, o junto a, innumerables personas. A cada uno de esos colegas les estoy profundamente agradecida.

Entre estos escritores, debo destacar a los espectaculares e inigualables **Willow Valley Writers** (WVW), mi querido grupo de crítica durante muchos años. Este dedicado grupo de escritores hábiles y elocuentes son también los mejores críticos del mundo de la escritura. ¡Me han brindado la retroalimentación más sabia y enriquecedora posible! **Patricia Dove Miller** fue originalmente nuestra maestra y guía. Su amabilidad y profundo conocimiento del estilo y la narrativa han sido indispensables para mi crecimiento como escritora. **Barbara Olson Lawrence** y yo, ex alumnas de Pat y ahora sus colegas, hemos recorrido este camino de la escritura juntas desde el principio, al igual que Cappy y yo recorrimos cada paso del Sendero, ayudándonos mutuamente a crecer más fuertes y ágiles a medida que desarrollábamos nuestras habilidades narrativas. Sin mi WVW, en serio, ¡este libro no existiría!

Gold Country Writers (GCW) del área de Auburn es una comunidad de escritores que se animan mutuamente, comparten recursos y patrocinan oportunidades educativas para escritores. He aprendido y crecido como escritora gracias a mi pertenencia a este acogedor grupo, que incluye tanto autores veteranos como completamente nuevos. Agradezco profundamente a todas las excelentes personas que hacen de esta organización algo tan valioso y único.

He recibido un aliento inquebrantable y un brillante apoyo de un encantador círculo de queridos amigos. Algunos me obsequiaron con sus reacciones detalladas como perspicaces lectores tempranos y entusiastas de las actividades al aire libre, las mismas personas para las que está escrito este libro. Mi compañero de aventuras y animador personal, **Bill Currie**, no podría haber sido más alentador. Lamentablemente, falleció en 2020, por lo que no verá este proyecto concretado, lo que me entristece. Otros sí lo harán, y celebraremos juntos cuando se impriman los primeros libros y brindaremos por Bill. **Sandra McPherson**, mejor amiga de casi 40 años, excursionista y clarinetista estelar. **Pamela Adams**, compañera docente, amiga de toda la vida y mi «susurradora de voz reflexiva». **Jodi O'Keefe**, compañera de enseñanza, amiga leal, poderosa mujer al aire libre y veterana de Sendero. Mi familia elegida y confidentes de confianza, **John y Janiene Lynch**. **Holly Bundock** y **Mack Shaver**, entusiastas de la naturaleza y amigos cercanos, quienes me acompañaron en mi camino de escritura con constante aliento. Y dos amigos escritores creativos, que siempre me recuerdan la alegría que nos brinda escribir nuestras historias, **Del Dozier** y **Philip Jacques**.

Mis padres, **Louise y Wally Griffin**, me adoptaron cuando era una bebé allá por los años cincuenta. Fui una niña con suerte y soy una adulta con suerte. (Y esa es otra historia esperando ser escrita). Me alentaron en todos mis esfuerzos, inteligentes o tontos. Con su ejemplo, me encaminaron hacia el amor por los libros, la escritura, los viajes y la vida al aire libre. Honestos y generosos hasta la exageración, su filosofía de vida, que yo adhiero con entusiasmo, era que el propósito de la vida es dejar el mundo en un lugar mejor que cuando lo encontraste. Ambos se fueron hace varios años, pero sé que estarían tremendamente orgullosos de mí y de este libro, y eso me hace feliz. Una profunda reverencia a mamá y papá. Y otra profunda reverencia a mi brillante y amoroso hijo, **Dean Griffin Eckles**, el centro del universo de sus abuelos y mi propio héroe personal, que ha heredado su espíritu generoso y alegría de vivir. Dean y su esposa, **Marta Franco**, han acogido y alentado todos mis proyectos de escritura. No podría estar más agradecida por las cartas que me dieron.

Agradezco a todos mis alumnos, tanto pasados como actuales, quienes a lo largo de los años me han enseñado más que yo a ellos. Perfeccioné mis habilidades para explicar y contar historias, así como mis habilidades de escritura y edición, trabajando con alumnos de séptimo y octavo grado en la Escuela Primaria Colfax durante veinticinco años, y sigo haciéndolo junto a mis alumnos jubilados en los programas OLLI de Sierra College y OLLI de UC Davis (Instituto de Aprendizaje Permanente Osher). Cada año, mientras participábamos juntos en NaNoWriMo, les prometía a mis alumnos de octavo grado que les expresaría mi más sincera gratitud en mis agradecimientos cuando se publicara mi libro. ¡Brindemos por cumplir las promesas a mis compañeros escritores!

Mi más sincero agradecimiento a mi amiga y talentosa artista **Laurel Mathe**, de Mystic Designs, por el magnífico diseño de la portada que creó para este libro. Captó mi visión cambiante y capturó la imponente majestuosidad de la Sierra Nevada.

Mi editora, asesora literaria y compañera de GCW, **Rebecca Inch-Partridge**, ha trabajado conmigo durante varios años. Este libro no hubiera llegado a la meta sin su lealtad y dedicación. Ha desempeñado un papel más importante que el que le correspondía oficialmente, convirtiéndose en mi amiga, colaboradora y confidente. Especialmente durante la pandemia, cuando mi entusiasmo flaqueó, Rebecca me animó y me convenció, mientras juntas llevábamos el borrador final de este manuscrito camino a la cima. Estoy profundamente agradecida y eternamente en deuda con su incansable apoyo y sus sabios consejos.

Me siento honrada de que **Reagan Rothe** y el equipo de **Black Rose Writing** hayan decidido incluir mi historia en su colección. Agradezco su guía durante los últimos pasos de mi manuscrito, desde los bytes digitales en mi computadora hasta el libro impreso en mis manos.

Nota del autor

He intentado con diligencia ser honesta y precisa en mi narrativa. La representación de lugares, épocas y eventos es mi responsabilidad. Cualquier error lo atribuyo a mí. Las elevaciones específicas de varios pasos de montaña y otros lugares son confusas, ya que los números en señales y mapas antiguos difieren de los de libros y sitios de internet más recientes, pero no he encontrado una fuente definitiva. He cambiado los nombres de muchas de las personas que encontré en el camino para proteger su privacidad. En un par de ocasiones, cambié algunos detalles de identificación menores, pero específicos, por la misma razón.

A lo largo de *Fuerza de la Naturaleza*, describo la toma de fotografías. No olvides consultar el álbum de fotos de *Fuerza de la Naturaleza* en mi página web: www.joangriffin.us/book

Nota de Joan M. Griffin

Gracias por leer *Fuerza de la Naturaleza*. Espero que hayas disfrutado de la aventura.

El boca a boca es la mejor recomendación y crucial para el éxito de cualquier autor. Por favor, considera apoyarme dejando una reseña honesta en tu tienda o página web de libros favorita.

Con gratitud,
Joan.

Esperamos que hayas disfrutado de esta obra de:

www.blackrosewriting.com

Suscríbete a nuestra lista de correo, *The Rosevine* (solo disponible en inglés), y recibirás libros GRATIS, ofertas diarias y te mantendrás al tanto de las noticias sobre próximos lanzamientos y nuestros autores más populares. Escanea el código QR a continuación para suscribirte.

¿Ya estás suscrito? Acepta nuestro sincero agradecimiento por ser un fan de los autores de Black Rose Writing.

Consulta otros títulos de Black Rose Writing en www.blackrosewriting.com/books y usa el código de promoción PRINT para recibir un 20% de descuento en tu compra.

www.ingramcontent.com/pod-product-compliance
Lightning Source LLC
Chambersburg PA
CBHW030224100526
44585CB00012BA/211